全国教育科学“十五”规划课题项目
广东省优秀教学成果奖获奖项目

写作学新教程

（第3版）

主　编　刘海涛　金长民
副主编　祝德纯　毛岫峰　王　岩
编写者（以姓氏笔划为序）
毛岫峰　邓玉环　邓晓成
刘海涛　金长民　段克宁
祝德纯

扫码获取更多资源

南京大学出版社

图书在版编目(CIP)数据

写作学新教程 / 刘海涛，金长民主编. —3 版. —南京：南京大学出版社，2022.1(2025.7 重印)

ISBN 978-7-305-25308-9

Ⅰ. ①写… Ⅱ. ①刘… ②金… Ⅲ. ①写作学—教材 Ⅳ. ①H05

中国版本图书馆 CIP 数据核字(2022)第 004791 号

出版发行　南京大学出版社
社　　址　南京市汉口路 22 号　　　　邮　　编　210093

书　　名　写作学新教程
　　　　　XIEZUOXUE XINJIAOCHENG
主　　编　刘海涛　金长民
责任编辑　刁晓静　　　　　　　　　编辑热线　025-83592123

照　　排　南京开卷文化传媒有限公司
印　　刷　南京新洲印刷有限公司
开　　本　787 mm×1092 mm　1/16 开　印张 18　字数 410 千
版　　次　2022 年 1 月第 3 版　　2025 年 7 月第 2 次印刷
ISBN　978-7-305-25308-9
定　　价　48.00 元

网　　址:http://www.njupco.com
官方微博:http://weibo.com/njupco
官方微信号:njupress
销售咨询热线:(025)83594756

目录

Contents

下编 文体与案例

绪 论

写作学科是实施素质教育的重要学科。

写作课是理论与实践相结合,"教人写"和"教人教写"的高校基础课。

写作是人的主体、复合、动态的行为活动和创造性脑力劳动过程。它具有个体创造性、实践操作性和动态综合性三大特点。写作学是研究写作规律、特点以及实践操作和运用的学科。写作过程呈现立体复合状态下的三重转化规律。写作学与写作教学交织发展,源远流长。《写作学新教程》遵循"从实际出发、突出训练、守正出新"的编写原则,构筑上下两编、理论和训练两大系统的基本框架。

第一节 写作学与写作教学

一 写作学的含义

要了解写作学的含义,必先了解什么是写作。写作,源远流长,它是人类有文字以来的一种特殊的社会劳动。从汉字数千年积淀的含义中可知,"写"读作"xiè"时,有"写意""写怀"之意,即表露心意、抒发胸怀,以求信息的传达或情感的宣泄和解脱。"写"读作"xiě"时,有抄录、誊写、描摹、模拟之意,即用笔书写、记写和描画,这指的是操作和劳动。写作的"写",就包含这两种读法的基本义。"作",可看作劳动和制造。古人所谓"日出而作,日入而息","作车以行陆,作舟以行水"中的"作",就是这个意思。写作中的"作",因为以语言文字为媒介,所以有了"撰述""创制"的含义。以上是从字面义来解释的。如果放在人类社会的大背景下看,写作活动一直在开发、记载和发展着人类的物质文明和精神文明,积蓄着不同的民族文化,影响着个人的成长,甚至成为人生的一种追求、生命的一种体现。

写作的过程,既受心理的支配,又表现为行为活动,必须手脑并用,或用笔"记写",

或用电脑“制作”，以创造出“成品”。因此，从形式上看，写作是人们运用语言文字记写思维成果的一项行为活动。它随着文字的诞生而开始，随着文字的演变而发展。从本质上说，写作不仅是个人情感的抒发和宣泄，而且也是交流思想、传递信息，进行精神生产的创造性劳动过程。也可以说，写作是人类社会客观存在的一种社会现象、文化现象和生命现象。

写作学，正是以客观存在的写作现象、人们的写作实践和实践的结果为研究对象，探讨其发生、发展规律、特点，和如何掌握、运用其规律的一门学科。从现代写作学的角度说，它是以主体(作者)和主体的“写”为研究中心，横向考察外物(客体)、作者(主体)、成品(载体)、读者(受体)在写作活动中的作用和动态组合过程，纵向探讨“物⇄感⇄思⇄文”的转化和生成规律、技法以及各类文体的特性的一门学科。

二　写作学与写作教学

写作学科的建设与写作教学的发展由来已久，它与古人的写作活动和写作理论研究密不可分。我国文化积淀深厚，又号称文章大国，但写作活动在封建时代却受着隋唐以来科举取士的制约。尤其是明清两代，专考八股文。于是八股文写作被发展到极致。那时的文言八股被看作至高无上的正宗，而用俗语写的小说却被视为“残丛小语”，引车卖浆者之说，文人们是不屑一顾的。但也应承认，八股文写作和散文、小说、诗歌以及戏文创作一样，从不同的侧面为人们积累着不同的写作经验。古代写作理论的探讨也历来受到文人的重视。从曹丕的《典论・论文》、陆机的《文赋》、刘勰的《文心雕龙》到李德裕的《文章论》、朱熹的《朱子语类・论文》、真德秀的《文章正宗纲目》、李耆卿的《文章精义》，再到魏际瑞的《论文偶记》、刘熙载的《艺概・文概》、唐彪的《读书作文谱》以及20世纪初出版的《涵芬楼文谈》《汉文典・文章典》等著述，不仅有精辟独到的见解，而且有系统的阐述，是中国古代写作理论的宝库，对现代写作学科建设有很大启示，为写作教学提供了丰富的资料。

正是在继承古代写作理论的基础上，现代写作理论研究才有了长足的进步，同时促成了人们对中学作文的重视和高校写作课的普遍开设。写作教学又为写作学科建设提供了环境条件。从20世纪初至今，写作教学从“文选”到“文选与写作”，从“写作知识”到“写作原理”或“写作学”，走过了一条漫长而曲折的道路。理论的研究、学科的建设与教材、教学相交叉甚至重合。这期间有三个重要的发展时期。

第一个时期在20世纪的20年代至40年代。辛亥革命前后，写作研究和教学曾在提高和普及两个层面展开。在提高层面，写作学以不同的内容和形式成为高校的一门课程。其代表性教材和著作有姚永朴的《文学研究法》、林纾的《春觉斋论文》、黄侃的“文章作法”课教材《文心雕龙札记》、刘师培的《论文杂记》等，为高校写作理论研究和写作教学奠定了最初的基础。

在普及层面，“五四”时期，陈独秀、胡适、鲁迅等一大批仁人志士呼吁用白话写作，强调“作文如说话”，“白话是文学的正宗”，应该“言文一致”，不仅从根本上动摇了文言文的地位，为白话写作代替文言写作大造了舆论，而且为写作体式及内容的革新、写作的普及创造了条件。受写作大众化的启蒙，一大批总结中学写作教学经验，深入思考、探讨写作和文章基本原理的著述先后问世。如叶绍钧的《作文论》，为“文风・结构・文体・表达”的理论框架投下了第一块基石；陈望道的《作文法讲义》，对现代文的基本构成要素及文体分类进行了可贵的探索。还有夏丏尊、刘薰宇的《文章作法》，周侯于的《作文述要》，夏丏尊、叶圣陶的《文章讲话》，唐弢的《文章修养》等都曾产生过广泛的影响。这些著述虽属普及层面，却都有自己独特的理论视野和研究框架，无一例外地打出了有别于其他学科的旗帜，从另一个侧面为写作学科基本理论的研究和写作教学的普及开辟了道路。

第二个时期在20世纪的50年代至60年代初。这时的“文选与写作”或“写作基础知识”课已在高等师范院校普遍开设。写作理论的研究与教学紧密结合。研究者接纳了前人从文章要素角度解析写作过程的成果，同时受苏联介绍到中国的文学理论的影响，以此为理论支点，并向语言学、修辞学、逻辑学借鉴，开始系统阐释写作的基本理论和知识。如纪纯的《写作方法》、何家槐的《作文基础知识讲话》，以及后来出版的《文章讲话》《作文指导》《写作基础知识》等。逐渐形成了“绪论、题材、主题、结构、表达、语言、修改、文风”的所谓“八大块”理论知识体系。它侧重于对写作成品——文章的静态探讨，较少涉及写作的动态过程。但这一体系的建立和逐渐完备，毕竟是写作理论研究的重要成果，它对推动写作教学和写作学科的发展起了承前启后的作用。但也应看到，直到20世纪的70年代后期和80年代初，写作基础知识八大块体系的写作教学还在高校和社会上有广泛的影响。因此，这一体系不能不长期束缚着写作学研究的思想和思路，使理论研究陷入简单化和静态化的困境。

20世纪60年代后期至70年代初期，写作教学呈现畸形状态：或停滞，或因写所谓的大批判文章而膨胀。教材中充满了时尚的术语，理论研究停滞不前。

第三个时期在20世纪70年代后期至今。1977年全国恢复高考，写作课在高校普遍开设。1980年中国写作学会成立，《写作》杂志创刊，随之在写作学界展开了有关文章学和写作学的大讨论，唤醒了研究者和写作教师的自强自立意识，引发了对写作教学和写作学科现状的深刻反思。学科建设的问题被鲜明地提了出来，写作教学从内容到形式的改革活动在高等师范院校兴起，部分高校开始招收写作方向的硕士研究生。为满足本科选修课程和硕士研究生课程的需要，为总结学科研究的新成果、新经验，一大批既有教材性又有学术性和探索性的有价值的著述相继问世。如《基础写作学》《普通写作学》《写作学新稿》《写作学概论》《写作学高级教程》和《高等师范写作教程》等。一些专题性的深入探讨理论的著作也逐渐增多。如《文学创作论》《写作运思学引论》《写作智慧论》《现代写作学基本原理》和《写作心理初探》以及各类文体的论著等等。

这一时期的研究带有根本性的变化。研究者在从研究对象的动态和静态相结合、客观和微观相结合、人本和文本相结合的角度思考问题时，终于从静态、单一、封闭的旧思路中挣脱出来，代之以动态、立体、开放的新思路，并逐步走向动静结合；为反叛“以文为本"的片面倾向,"以人为本"的研究充分展开,并趋向二者的结合。这是一个研究者由躁动不安到沉潜下来思考问题的时期,是教学与理论研究紧密结合的时期,也是写作学科获得重大发展的时期。正是在这个时期,研究者的意识中开始区分写作理论的哲学层次与基本原理和操作理论层次,区分写作学与写作教学学,并开始关注"学"(原理)与"术"(操作)并举、学科建设与教学改革并重的问题。高校写作教学迅速发展,已由一本教材一门课发展到有各类教材、四个层次(基础课、专业课、提高课、硕士学位课)的二十几门课,基本理论和分支理论研究、跨学科和综合研究以及教学和训练研究正向深入拓展。在这一时期,学科理论的基本框架大体形成。

至此,写作学与写作教学步入正常发展的轨道。

第二节　写作的特性与规律

一　写作的特性

(一) 个体创造性

所谓个体创造性,是指写作这种特殊劳动的个体化和创新性。作为精神生产的写作是一种个体劳动,这个人的"写"绝不能用那个人的"写"来代替。电脑网络上的交流对此更有所突破,但完全替代仍是不可能的。这种不可替代性主要来源于主体思想和思维的不可替代。"个体",是形式上的表现;"创造",是写作本质属性的揭示。写作的关键是思维,思维的关键是认识,认识的关键是创造。写作中的认识过程不仅体现着认知心理的一般规律,而且体现着个体独创的特性。凡成功的写作,每一次都是创造性的,是既不重复别人也不重复自己的。创造,不仅是对写作的要求,也是写作主体本质力量的体现。从结果说,凡是产生了新产品的写作活动,也都具有创造性的品质。从写作过程说,创造性是感知、运思、行文的灵魂。没有创造性的"感"是迟钝笨拙的"感",没有创造性的"思"是"废思",没有创造性的心理活动是惰性心理,没有创造性的行为(行文)活动必然陷入依葫芦画瓢的困境。

(二) 实践操作性

所谓实践操作性,是指写作既是一种社会实践活动,又具有劳动操作的性质。在社会实践中,人类的生产活动是最基本的实践活动,它决定其他一切活动。作为精神生产活动的写作是人的社会实践的一个特殊组成部分,同时它总是与具体的操作紧密联系在一起的。

实践操作性具体体现在"写"上。"写",就是既动脑又动手操作,身体力行;"写",就是主体能动地使心理操作和行为操作相互协调向前推进的活动。有了"写"才会有"写"

的产品;有了“写”,才会使人们积累起写作经验、知识,逐步认识写作原理,掌握一定的写作规律和写作技法、技巧。只有进行“写”的实践活动,才能最终实现写作目标。

实践操作性还体现在劳动的性质上。这种劳动类似能工巧匠的操作,它是以主体的创造性思维活动为基础的,既按照又不完全按照一定规矩和程序,在已掌握技能、技巧的前提下,努力突破思维惰性障碍,创造性地进行手脑并用的活动。在形式上,表现为纸笔的运用和电脑操作;在内容上,表现为对主体思维的检索和创造。

(三) 动态综合性

所谓动态综合性,是指写作不仅是各种因素的综合体现,而且这些因素是变量的、动态的、不稳定的。

首先,写作与人的基本素质密切相关,它是作者生活、思想、知识、语言、技巧的综合体现。生活是写作的源泉。古人所谓“读万卷书,行万里路”的见解,指的就是间接和直接地积累生活经验。经常变化、不断丰富着的思想是写作的支撑点,舍此,写作即变为纯文字游戏。知识是精神财富,是产生想象和联想的基石,是使写作厚重和凝练的保证。语言是心灵的窗子,写作的媒介。思想存在于语言之中,存在于语汇、字句、篇章和声调里。技巧,是作者写作经验和艺术修养的综合性集中表现,它是对写作方法的别出心裁的创造性灵活运用。这些处于变化中的诸多因素体现着一个人的综合素质,又与其思维、心理、审美活动及交际传播等相关联。其次,从写作的过程来说,感知、运思、行文的相互交叉融合,内化、意化、外化时的复杂多变,也充分体现着写作的动态综合特性。再次,从学科的角度来说,写作学理应密切关注各类学科的动态和发展,并随时汲取营养、借鉴经验,以丰富自己、提高品位。这些反映在写作思维、写作心理以及写作理论和操作中,体现出写作的动态综合性。

二 写作过程的规律

我们认为写作过程的规律呈现为“物⇄感⇄思⇄文”立体复合发展状态下的三重转化:由写作内化到写作意化再到写作外化。

(一) 写作内化

写作内化,是写作主体化客观“外物”为“内物”,也即主体身外之物内化为大脑存储之物的过程。内化,也就是在发现中化解,在化解中融为己有,这是一个写作的准备、感知的积累阶段。在内化的过程中,从主体看,有无意的和有意的。无意的内化,是主体在长期的摄取、记忆与积淀的潜移默化中完成的;有意的内化,与主体的写作目标和写作计划相联系。从时间看,有长期的和短期的。从内容看,有思想认识、情感、知识的,也有社会、人生等不同领域的。

写作的内化,是由“物”到“感”,围绕着积材蕴意的目标进行的。它伴随主体对客观外物的洞察与发现、触感与情动、理智与推断而展开,与写作心理、写作行为的发生同步。正是积材蕴意的目标调动起写作主体的主观能动性，最大限度地积累可供写作提取的信息材料。

写作内化，是整体进行着的过程，是写作主体创造性思维活跃状态下的动态心理和行为活动。它的关键是在采集中对事物的敏锐感知。感知是写作主体的积极的心理活动，采集是写作行为发生时主体的能动性活动。作者在这种早期行为的实践过程中，与感知相依相伴，汲取信息，积累材料，为“内化”提供多色多彩的依据。写作内化，可以示意为：

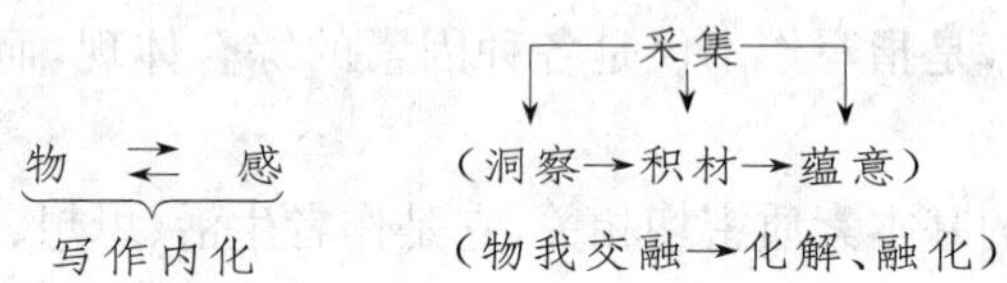

（二）写作意化

所谓写作意化，是写作主体在心理操作下，将内化的感知之物化为意象之物或某种观念，并在意识和潜意识系统中或分析归纳、辨识明理，或想象联想、孕育形象，或立意塑体、勾画轮廓，最后逐步形成“意态文”的过程。它是写作的酝酿阶段。换句话说，写作意化，就是将内化物在运思的熔炉里进行重新组合的意态化和意识化，它是一种写作设计、意象孕育的心理构筑。这一过程，从主体看，是能动的心理内视活动，是运思中的心理推导或情感灌注。从内容看，是内化物经过思维熔炉的烧炼，使物我交融、情理化合，并为之塑体赋形，以孕育出有生命的精神胎儿。

写作的意化，是由“感”到“思”，围绕着立意塑体的目标进行的。立意，就是从不确定到确定文意的过程。“意”的心理认定，意味着“意态文”灵魂的诞生。我们把在意识系统中凸现出来的“文”的雏形称作“意态文”。它具有粗糙、可塑的特性。塑体，就是在心理上为“意态文”赋形的过程。主体既要考虑意化中趋向某种文体的适应性，又要有创新意识。“意”是内容，“体”是形式，“意”“体”的统一就是内容和形式的完美结合，二者不可偏颇。

写作意化的关键是主体的运思活动。意化对象由“内化物”而来，经由“运思”，在被主体认识和意态化时，保留着“亦此亦彼”的状态，并向“外化”变迁，向明晰、“非此即彼”发展。因此，在运思中的“意化物”身上存在着“内化物”和“外化物”的双重属性。意化中的“思”空前活跃，可能因触感而一发不可收，可能在静中蓄聚起惊人的力量，也可能在入迷中灵感突现。正是通过运思，写作才得以完成它异常复杂、令人难以想象和描述的酝酿期。写作意化，可以示意为：

发散、收敛、突现

感 ⇄ 思
写作意化

（信息碰撞 → 立意 → 塑体）
（沉思 → 发现 → 意态文）

（三）写作外化

所谓写作外化，就是将意化中孕育成型的精神胎儿定型于身外，使之书面化和外观化的过程。它是写作的成熟和完成阶段。外化，也即思维成果的物态化。这一过程，从写作主体看，表现为紧张、持续的书写（或电脑操作）行为；从时间看，及时、集中；从内容看，表情达意，化“思”为“文”。

写作外化，是由“思”到“文”，围绕着表意行文的目标进行的。表意，就是对运思中孕育成熟的“意”进行表述和传达；行文，就是用文句、语词、标点、一定格式和构成形式及其规则进行书写或操作。

写作外化最基本、最主要的条件是主体能动的行为和思维的活跃。外化的关键是将思维内容和内部言语转化为文字符号。转化过程的基本形式是行文操作，通过一定体式的句、段、篇的创造性建构，将运思孕育的“意态文”符号化。符号化是实现写作外化的鲜明标志，也是衡量写作成败得失的依据。写作外化，可以示意为：

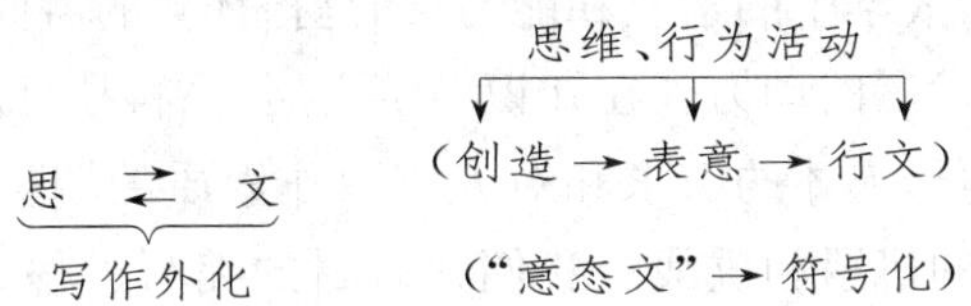

综合来看，写作过程的规律，可以示意为：

物 ⇄ 感 ⇄ 思 ⇄ 文

写作内化 写作意化 写作外化

（发现、物我交融）（孕育意态文）（创造、符号化）

应当指出的是，写作在个体身上发生时的现象和过程是动态的，“物、感、思、文”的三重转化并不是线性平面的，各环节不仅互逆互动互摄互生，而且思维活动无处不在，同时又受客体、主体、载体、受体诸因素的影响和制约。纵横各因素的渗透、交叉、整合，写作过程呈现立体复合状态，其规律只是文字表述时的线性展开，切不可机械地理解。

第三节　本教材的编写原则

一　守正出新

我们以马克思主义为指导，坚持“守正出新”的原则，既注重继承传统的优秀写作理论遗产，坚守一切正确的东西，又以开放的思维，实行“拿来主义”，注重借鉴一切对我有用的其他学科理论，立足学术的前沿，认真总结和消化并有选择地吸收和接纳从 20 世纪至今写作学科的重要成果,力求在教材中能够准确地表述和阐释写作理论。

追求新,并不是追求时髦,而是在建构完整理论体系的基础上,有自己的突出特色,较之其他现行教材有明显不同之处。这正是我们的新意、新见地。我们所追求的"新",对高等师范院校学生"学写"和将来"教写"是大有用处的。例如:写作思维及其训练的问题,训练的内容、程序、方法、步骤及鉴评的问题,全书的内容和体系与中学语文教材接轨的问题,如何体现写作的"研究性学习状态",促使学生自由快乐地学习和研究写作的问题等。针对这些问题,我们有的辟出专章专节,有的散见于其他各章节,或进行切合实际的探索和阐述,或精心设计出练习方案,指明训练途径。我们相信这对启迪学习者的心智将大有裨益。

二　从实际出发

这里说的实际,一是指写作学科发展的历史和现状;二是指高校写作课和中学语文课的联系与关系;三是指大学生的素质和能力;四是指社会的需要和认可。

社会的需要是学科发展的动力。在知识经济发展、高科技日新月异的今天,由于信息传播的加快,社会对写作人才的需求和对人们写作素质的期望越来越高。这给写作学科的发展带来了空前的机遇和挑战。我们在教材的编写过程中,始终保持清醒头脑和对写作学科建设与写作教学的深刻反思,不为成见、偏见所左右,该扬弃的扬弃,该固守的固守,该"立异"的"立异"。一切从实际出发,贯彻学术性与教材性、理论性与可操作性、素质教育与能力提高三个方面相结合的精神,力求体现出较高水平,贴近实际,可行实用。

从学科实际出发,努力体现学术性和理论性。学术上,不仅追求科学系统、整体把握、概念准确、阐述确切、持之有故、论之有据、言之成理、深入浅出、自圆其说,而且追求能够反映写作学科最新、最前沿、最高层次的理论研究成果。为此,教材贯穿"五突出"的编写精神:一是以主体和主体的"写"为中心,突出写作主体素质的理论概括和训练;二是以写作行为和写作心理的过程为中心,突出写作主体能力的理论概括和训练;三是以写作思维为中心,突出写作主体创造性的理论概括和训练;四是以成品的读者为中心,突出写作受体阅读的理论概括和训练;五是以四类文体的适量文种为中心,突出案例的分析和训练。努力在系统理论与实践操作的完美结合上有新进展。

从教学实际出发,力求简明,体现教材性和可操作性。回顾20世纪高校写作教材的状况,由于反叛知识性教材的单纯和单薄,80年代后期写作教材的理论体系无限地膨胀和庞杂起来,尽管理论厚重、体系完备,但面面俱到,处处如蜻蜓点水,很难适宜"教"和"学"。认真总结教学实践和经验,我们认为高校写作教材应该体现两个联系和区别:一是教材与学科的联系与区别;二是教材与中学语文教育的联系与区别。如果把写作学科的基础研究、个体研究、文体研究的成果都涵盖在教材里,教科书会变得密不透风,教与学都会显得困难。因此,我们力求撷取写作理论的精华,削去烦冗的内容,简洁明快,有突出有省略,给师生多留一些思考的空间,以此体现好教好学的教材性。

关于实践操作，我们是在总结中学语文教育的基础上，充分注意交叉与提高，来安排较大的篇幅进行系统训练的。它摒弃了“思考题”的做法。因为问题式的思考和散漫的练习缺乏系统性和可操作性，重点又不突出，很难实现编写者的初衷。

从高等师范院校学生的实际出发，注重与中学基础教育和综合素质教育的接轨。先说教材内容的接轨。考察部编本语文教材内容可知，大学生在中学阶段已对“读、写、说”理论较过去有了更多的了解，他们“解析、鉴赏”文章的研读能力，“构段、谋篇、立意”的能力，“会话、讲解”的论辩能力都有不同程度的提高。对写作的基本知识，如材料、主题、结构、语言等也比较熟悉。据此，教材紧扣各个环节，既避开中低层次上的重复，又不使基础教育与高等教育脱钩。一方面注重高层次写作理论的系统阐述，另一方面注重系统训练与阅读辨析的有关问题，突出写作主体和接受主体的地位。力求与基础教育课程改革中的中学语文新教材紧密结合，凸显出教材编写的特色。

再说与素质教育接轨的问题。高等师范院校学生将来要从事教书育人的工作，对其素质应有高要求。他们的实际情况是：在中学阶段，心理上活跃但承受能力弱；思想上对事物敏感但不稳定；文化上有所积淀，接纳了一定的知识，但尚浅薄。大一写作课，可以看作一门综合素质教育课，应该考虑这些因素并作深入探讨。

素质是一个人的精神品质和素养，它是先天遗传和后天培养相结合的产物。写作能力，综合体现着一个人的心理、思想、文化素质，体现着一个人的智力结构。智力是在掌握人类知识经验和实践活动中发展的。认识事物的深刻程度以及解决实际问题的速度和质量，反映着一个人智力水平的高低，它往往通过观察、记忆、想象、思考、判断等表现出来。这些正与一个人的写作能力相吻合。大凡写作能力强的人，智力水平也高。因此说写作可以造就人才、提高人才素质，这早已是不争的事实。写作能力，不仅是当今社会人才素质的一项基本要求，而且是衡量一个人智力水平高低的重要指标。

写作能力，实质上是一个人智力、专门能力、创造力的综合体现。智力在写作活动中的表现，主要融合于感知能力、运思能力和行文能力之中。专门能力是不同专业领域的一些特殊能力，写作中主要表现为观察力、思维力、文字表现力等。创造力是在不同领域解决新问题、进行独特创新的能力，写作中表现为想象能力、联想能力、感悟能力等。这些在教材中，从理论到训练都有突出的体现。高等师范院校学生通过认真学习并有所领悟，其综合素质定会得到提高。

三 突出训练

在高校写作教材中如何实施训练一直是一个备受关注的问题。正如前文指出的，“思考与训练”的模式已远远不适应大学生的客观需要，不适应基础教育改革与高校教材接轨的需要。因此，我们从突出训练的新思路出发，以上编“原理与训练”与下编“文体与案例”并举的安排，体现训练系统的要件和特点，满足新形式的接轨和大一学生的需要。

第一章突出素质，加大对大学生素质后天培养的力度，结合具体实例，进一步完善大学生的心理、思想、文化素质结构，目的是增强智力，发挥创造力，提高综合素质。第二章突出能力训练。与素质训练紧密相连，具体展开感知能力、运思能力和行文能力的训练。第三章突出创造性训练。要提高创造力，必须提高创新思维能力，消除传统的应试教育给创造性的写作带来的不可低估的负面影响。创造力是人们心理活动高水平上的综合能力。它不仅需要想象力、联想力和多种思维能力的协调活动，而且与一个人坚忍的意志和信念，以及顽强追求精神的个性心理品质密切相关。因此，我们具体设计了想象、联想、创新能力的训练，设计了“面壁、设问、生发”“辐射、旁通、出奇制胜”“越轨思维、他山攻错、超越自己”的训练，以此开发学习者的思维能力和创造能力。第四章突出阅读训练。对速读、精读、解读以及记忆进行了概述和训练举例。其他各章的案例解析，也是给学习者提供训练的借鉴范例。

整体来说，本教材对训练的安排，不仅每一种训练都有具体的个性内容和程序，或有名家名作，或有带一定趣味性、可读性和时代感的短小文章（片段）作为例文，而且上编原理的训练可以单独构成一个完整的体系。从写作主体的角度看，“素质→能力→创造”是一个合乎逻辑和规律的渐进过程：一个人，只有素质高了（这是基础），能力强了（这是进展与提高），才会有创造（这是目的）。当然“创造”本身的训练，还是一种过程，是培养人的创造力的。通过这种系统训练，我们期望高等师范院校学生的素质、能力和创造性有较大提高。从接受主体的角度看，“阅读→理解→记忆”以及运用，也是一个有规律的渐进过程：阅读是基础，理解是关键，记忆是运用的前提条件。通过这种系统训练，高等师范院校学生可以对各体文章、文学作品、文化著作的解析、鉴赏和研究以及阅读领域有初步了解，这对提高其阅读素质和将来指导中学生读写大有启迪意义。

第四节　本教材的理论框架与使用方法

一　本教材的理论框架

本教材的理论框架，是建立在我们对“写作学”理解和认识的基础之上的。写作学应有三个组成部分。一是写作科学。这是写作学的基本理论部分。它通过研究写作活动和写作过程，总结和发现写作的特点与规律。二是写作教学学。它研究人的写作能力的开发和运用，以教育、培养、造就写作人才和提高写作能力为主，并提供必要的理论依据。三是写作工程学。它研究写作的具体操作和方法、技巧，有广泛的应用性。这三部分都可以从写作思维的角度或写作现象的角度切入研究。简单概括来说，写作学中的写作科学，是研究基本理论的；写作教学学，是研究写作人才培养的；写作工程学，是研究操作的。我们吸收了这三个方面最新的研究成果，并借鉴相关学科的经验，融基本理论、人才培养、实践操作于一体，构筑了这部教材的两大系统：理论系统和训练系统。

上编“原理与训练”可示意为：

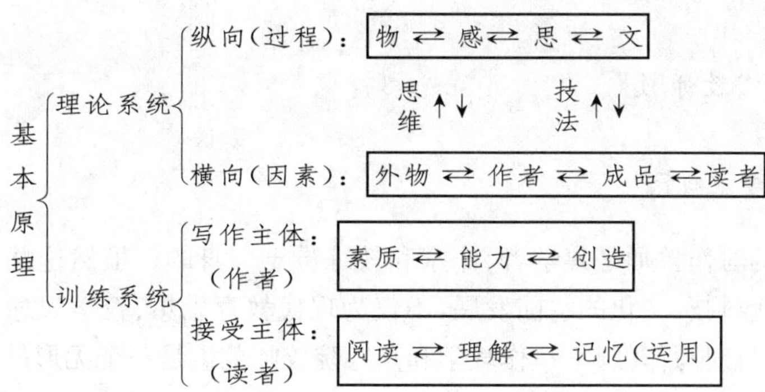

关于写作文体，从理论系统看，我们从功用的角度分为四类：应用体、新闻体、理论体、文学体。从教学实际出发，每一类只是有选择地讲常用的几种，大部分的文体留给师生去思考和在举一反三中把握。这四类文体除文学体是审美非实用的，其他三类均是实用非审美的。从训练系统来看，凡安排案例解析的文体，都尽可能做到正反对照，分析、说明这种文体“应该怎样写”和“不应该怎样写”。

下编“文体与案例”可示意为：

文体理论
- 理论系统
  - 实用类：应用体、新闻体、理论体
  - 审美类：文学体
- 训练系统
  - 案例（正反）
  - 析解——提出问题——思考——练习

这部教材除绪论外，只安排上述的上下两编内容，不再涉及其他。我们这样做是出于以下考虑：一是教材就是教材，不能把教材写成“学科著作”。既不与相邻学科争地盘，也不抢占本学科中不属于“教材”的地盘。二是融会贯通写作学所属三部分的内容，突出人才的培养。三是“删繁就简”，借鉴国画的精髓，给师生留下较宽广的空间。因此，我们对每章每节的安排，每个问题、每个观点的提出，都力求能贴近实际，便于操作，真正好教易学。

本教材的理论框架，可以综合示意为：

教程（绪论）
- 上编
  - 写作原理：过程、四因、思维、技法
  - 写作训练：素质、能力、创造、阅读
- 下编
  - 写作文体：实用体（应用、新闻、理论）、文学体
  - 文体案例：例文、训练

但愿这部教材的整体思路能够适合师生们的口味，但愿这部教材能够起到它应起的作用，满足知识经济时代人才培养的需要和写作教学改革的需要。

二　本教材的使用方法

《写作学新教程》是供普通高校尤其是师范高校学生使用的教材，上下两编，分别供

大学一年级上下两个学期使用。为便于教师教和学生学，我们提出以下使用方法及要求，供参考。

（一）关于“教师教”

1. 高标准要求自己

一名优秀的写作教师是集学者、作家和教练员于一身的。虽然这并非人人都能做到，然而，新时代科技、文化的空前发展，不仅为现代教育思想、教学观念和教学手段注入新鲜内容，而且对写作教师、写作教学和高等院校师范生是一个无形的鞭策。高校写作教师应知难而进，朝着学者的理论修养、作家的写作能力、教练员的教练本领和操作技艺的方向发展，按照他们的高标准严格要求自己，塑造自己的形象。尤其是要练好“教练员”的基本功，做好学生的“导师”，切实起到“引导”和“示范”的作用。

2. 整体把握教材

对教材的整体把握，就是要吃透教材、驾驭教材，全面系统地理解和掌握教材。不要纠缠枝节，只见树木不见森林。在此基础上，根据自己的质疑和解惑、理解和掌握的理论及备课获得的新资料，充实甚至纠正教材，提高教材的容量和质量。

整体把握教材，还要充分认识教材的特色，在教学中体现这些特色。为此，我们提出三点供思考。

一是关注侧重点。讲理论，侧重完整、高层、与中学教育接轨；讲训练，侧重实际、操作、可行；讲文体，侧重少而精。

二是填充空白点。正如前述，我们没有把教材写得很满很密，而是有取有弃，有所写也有所不写。因此，教师也完全可以有所教和有所不教。充分发挥个人的潜能和智慧，对教材中的空白点该填充的填充，该扬弃的扬弃，根据学生实际和教学需要灵活安排。

三是开发创造力。从教材的训练系统来看，创造，是最后一环，也是关键的一环，因为一个人的素质和能力最终总要落实和体现在他的创造上。对写作来说，就是要创造出精神产品。对学生创造思维、创造性、创造力的开发，应是写作教学的要义。对教材中有关创造性的训练，还可进一步展开，以求取得较好效果。

3. 运用多种教学方式

课堂教学是一种重要的形式，但不是唯一的形式。根据各校情况的不同，在条件允许时，可采用课堂教学与课外教学相结合的方式，如教师带队，到社会中去调查采访、体验感受生活。课堂教学也不一定全由教师讲，可采用讨论、答辩、操作指导等方式；也可用科技手段进行教学。课堂教学也可与学生第二课堂、第三课堂活动相结合，如开展征文、演讲比赛。教师还可创造性地开发出新的有效的教学方式，如快乐教学法、研究式教学法、引导式教学法等。至于是先讲后练或先练后讲，是以讲为主或者以练为主，或者是讲练结合，我们认为不必绝对化，教师可根据具体情况具体把握。

(二) 关于“学生学”

1. 理解与领悟

任何理论都在不断地充实和发展之中。具有很强实践性的写作理论尤其如此。尽管新编教材是学科发展前沿理论的概括与综述，但其前沿性是有限度的，它不过是处于时间过程中的事物性质。因此，我们认为大一学生对写作理论的学习，关键在于理解与领悟。既信书，又不尽信书，要有自己的独立思考；既领悟理论的精神，又灵活运用理论，在实践和操作中检验理论，以加深理解，切实掌握理论。

2. 实践与提高

高等师范院校学生学习写作，具有双重的任务：一是掌握理论的同时，要自己“学会写”；二是要“学会教写”。因此必须打好教练基本功，一心扑在写上，通过切实可行的实践练习，提高自身的写作水平和将来“教写”的能力。大学生应该有一种自觉精神，不能靠外力，要靠内力。在学习教材和教师引导的基础上，可以自行设计新的训练项目，有目的地弥补自身存在的缺憾和不足，以提高智力、增强本领。

3. 追求与完善

写作能力是一种综合能力，它体现着一个人的综合素质。大学生要追求高素质高水平，就应该努力树立自己的人格精神，加强综合素质的锻炼，完善自身。一个人的人格是由遗传、文化、社会、自我意识与潜意识等诸多因素决定的。意志、道德、智慧，是人格的三大力量支柱，大学生在提高综合素质的过程中，为塑造自己的人格精神，必须努力营造自我完善的心理环境和树立完美的人格意识。要营造这种心理环境和树立人格意识，就必须对人格的三大力量支柱进行不懈的追求，用“至真”“至善”“至美”的标准，完善和塑造自己的灵魂，使自己成为一个有理想、有高尚道德品质的真正的作者，成为一个有毅力、有智慧、有水平的高素质写作人才和写作教学人才。

三 教学活动提示

(一) 就下列问题组织一次课堂讨论

(1) 什么是写作？什么是写作学？写作学应该由几个部分组成？你是如何理解和认识这些问题的？

(2) 为什么说写作学科的建设与写作教学活动相交错甚至重合？其发展情况如何？

(3) 写作的三大特性和写作过程的规律是什么？认识这些，对提高写作能力有何好处？

(4) 本教材贯穿的"五突出"精神是什么？你认为哪一种"突出"对你最有用处？为什么？

(5) 为什么说写作能力是一个人的智力、专门能力和创造力的综合体现？

(6) 你是如何理解基本原理和文体原理两个示意图的？具体来说有何想法？

(二) 选出下列问题中的一个，组织一次课外辩论会。辩论会要设正方、反方，并做好充分准备

1. 关于写作过程的规律问题

正方：写作过程的基本规律应该是"物、感、思、文"立体复合状态下的三重转化。

反方：写作过程的基本规律不是"物、感、思、文"的三重转化。

2. 关于写作的个体创造性问题

正方：写作在形式上的表现是个体的，在本质上的表现是创造的。

反方：写作在形式上的表现不能说都是个体的，在本质上的表现也不能说都是创造的。

3. 关于写作能力与人才素质的关系问题

正方：写作能力是现代社会对人才素质的一项基本要求。

反方：写作能力不是现代社会对人才素质的一项基本要求。

4. 关于高素质写作人才与完善和塑造自己形象的问题

正方：我们要想成为高素质的写作人才，就必须用"真、善、美"的标准来完善和塑造自己的形象。

反方：我们要想成为高素质的写作人才，也不必用"真、善、美"的标准来塑造自己的形象。

5. 关于写作训练问题

正方：写作能力可以通过系统训练得到提高。

反方：通过系统训练，写作能力不能提高的照样不能提高。

(三) 组织一次习作鉴评活动

先请同学们每人修改一篇自己以前最得意的习作，然后以小组为单位，个人宣读，请大家鉴评。再每组推荐出一篇，到班上宣读，请全班同学鉴评。最后，请老师点评并指导。

上编

原理与训练

写作，说到底，是一种社会现象、文化现象和生命现象。

写作，又是一个现代人不可缺少的基本素质、思维方式和工作方式。

原理，是具有普遍意义的最基本也是最本质的能够指导实践的理论。现代写作原理，是以主体和主体的“写”为研究中心，并以此为理论的出发点和最终的归宿。

它横向考察写作的本源（客体）与作者（主体）、写作的成品（载体）与读者（受体）的关系和相互作用，纵向考察写作的过程与操作，“物⇄感⇄思⇄文”的转化与生成。客、主、载、受、物、感、思、文，是现代写作原理大厦的八根支柱。同时，在纵横理论的阐释中，专章探讨思维与技法以及“仿作”“影子”等现象，各章又设专节分别讨论素质、能力、创造性和阅读的训练与提高。

原理，是讲道理的；训练，是讲实践的。二者缺一不可。

第一章　写作本源与作者

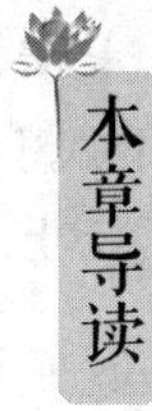

物质是标志客观实在的哲学范畴，这种客观实在是人通过感觉感知的，它不依赖于我们的感觉而存在，为我们的感觉所复写、摄影、反映。

——列宁

外物，是写作的本源和坚实的基础，它是在写作主体的认知结构中被感知、认识和接纳的。作者的主导作用和人格精神以及素质、修养和能力，左右着写作的过程，体现着人的本质力量和主体地位。要增强写作素质，需要有积极的态度和进行自我完善的练习。

第一节　外物——写作的本源

一　外物的内涵

外物，指客观世界中存在的被人类认识和没有认识的种类繁多、千姿百态的自然物。由众多的自然物构成了景象万千、令人迷醉、促人感思的自然界。人和人的意识是自然界发展到一定阶段的产物，不断发展变化的人类社会是统一的自然界的一个特殊部分。

外物与内物（头脑中的储存物）相对，内涵丰富，它具体包括以下内容：

（一）灿烂斑驳、奥妙多变又实实在在存在着的物质世界

原始人无法理解日月水火、风雨雷电等自然现象，视之为灵异，顶礼膜拜，编制了各种神话。这些神话实际上是原始人对物质世界的一种诠释。客观的物质世界是写作首先遇到并要完全面对的不可逾越的外在实体。中国文字最早从视觉出发，以象造字，必以外物为模本。如甲骨文的[illegible]、[illegible]、[illegible]（即现代体的“林”“泉”“雨”）就是外物形象的仿造。《山海经》中《精卫填海》的故事，对精卫鸟“文首、白喙、赤足”的描写，对“女娃化鸟，

口衔木石，填塞东海，溺而不返”的描绘，即以外物的形象和象征为凭借。可见外物与文字和以文字为工具的写作活动最早就结下了不解之缘。

（二）进步发展中的人类和人类社会以及五光十色的社会生活

人类社会发展和生活演变的轨迹所展示的是五彩缤纷的世界：政治、经济、宗教、科技、文化；国家、机关、军队、厂矿、农村、学校以及五行六作、各色人等所交织形成的社会网、生活网、关系网、情感网。每当利益发生冲突，大则战之以干戈，拼杀征伐，血溅泪流；小则口角纷争，矛盾纠葛，恩恩怨怨，明争暗斗；或和之以玉帛，笙歌笛韵，情浓意切，和睦共处。人们为了生存和生活所进行的一切交往活动，所表露的喜怒哀乐、七情六欲，以及所形成的道德规范、风土人情、情爱习俗，等等，这一切都客观地展示出波澜壮阔的社会进步的画卷、五光十色的人生彩图，为写作的发生和发展提供着富饶的沃土。

（三）物化形态存在的精神产品，既是人类智慧的结晶，也是“外物”不可缺少的组成部分

浩如烟海的书籍（包括一切文字记载的资料），给人以教育和愉悦的音乐、绘画、雕塑以及集绘画、音乐、雕塑、文学等艺术于一体的影视，等等，都是人类创造的而又独立存在的特殊形式的外物。它虽由物质世界和人类社会生活派生而来，但其内容的时间和空间跨度大，信息密集，对写作有举足轻重的影响，不可等闲视之。

二　外物在写作中的地位

（一）外物是写作的本源

物质世界的客观存在，大至日月星辰、江河湖海，小至花鸟鱼兽、山石草木等自然界的外物，是写作的第一本源。在这一本源中，物质本身及其表现形态具有客观实在的特性，同时还具有变动性、持续性以及广延性等。这些性质连同外物本身都存在于人的头脑之外，人可以认识它、识别它，但它不以人的意识为转移。物质世界中纷繁复杂的事物和现象，是写作首先要触及、要描述、要阐释的对象。古今中外，几乎所有的作家和批评家无不强调观察。观察，自然是指主体对外物的视觉投射，通过生理的和心灵的慧眼去感受。朱自清写《匆匆》，600 余字的文章涉及外物 45 处；《绿》约千字，涉及外物 61 处；《背影》千余字，涉及外物 81 处。可见外物在写作中处于第一本源地位，任何作者都应给予足够重视。

（二）外物是写作的依据

无论是物质世界，还是社会、人生，都在为写作提供着丰富的依凭物，如作品中的人物，大概都有现实生活中的原型，可能是一鳞半爪、精神皮相，也可能是奇特经历、坎坷命运，一点生活的影子都没有的作品是不存在的。哪怕是荒诞、幻想小说也不

例外。

人们不可凭空想象,想象也必以外物为依托。鲁迅说:"天才们无论怎样说大话,归根结蒂,还是不能凭空创造。描神画鬼,毫无对证,本可以专靠了神思,所谓'天马行空'似的挥写了,然而他们写出来的,也不过是三只眼,长颈子,就是在常见的人体上,增加了眼睛一只,增长了颈子二三尺而已。"①

(三) 外物不同,在写作中的地位也不同

如果把客观的物质世界和社会生活称为第一自然客体,也可看作第一写作客体,或叫写作中的第一外物,精神产品则可称为第二自然客体,也可看作第二写作客体,或叫第二外物。那么二者的关系是:后者来源于前者,前者决定后者;后者对前者的影响又是深远的,前者对后者的制约是绝对的。严格地说,只有第一外物才是写作真正的源泉,精神产品尽管也可称为第二外物,同时客观存在于人类社会生活之中,但与第一外物相比,对写作来说,它还是第二位的。

三　外物在写作中的作用

(一) 外物激发写作

外物激发写作,是指外物激发作者的感知体验和思维活动,从而导向写作行为的发生。刘勰在《文心雕龙》中专列《物色篇》,阐述外物在写作中的作用。他说:"物色之动,心亦摇焉。""岁有其物,物有其容,情以物迁,辞以情发。"从物、情、辞三者的主从关系看,外物、外境是首位的。"是以诗人感物,联类不穷;流连万象之际,沉吟视听之区;写气图貌,既随物以宛转;属采附声,亦与心而徘徊。"他强调"窥情风景之上,钻貌草木之中"。外界外物的变化,会激起心情的动荡。气、貌、采、声是自然的气象和形貌,属外物的范畴;写、图、属、附,是作者的表达,属写作的实践范畴。没有前者,便没有后者,"窥""钻"也便不会存在。物的激发作用是明显的。

外物是通过内物起作用的。外物的激发信息是通过主体需要的信息的平衡和调节来施放能量的。没有外物的激发,就有可能调动不起来作者的写作热情;没有主体需要的调节,外物中客观存在的信息也可能会被埋没,得不到开掘。受外物激发,拨动作者的心弦,引起写作冲动,从而进入写作状态者,古今中外,不胜枚举。琼瑶写《烟锁重楼》,是受安徽古迹七道牌坊的激发。托尔斯泰写《哈吉穆拉特》,是受路旁一株顽强生长的牛蒡花的激发。画家画竹,要胸有成竹。作家写小说,心中要有人欢马叫。工程师设计飞机,头脑中要有群燕展翅。生物学家研究生物学,心灵中要有一个"动物园"。②客观外物的形象在写作中的地位是不可低估的。

---

① 鲁迅:《且介亭杂文二集·叶紫作〈丰收〉序》,《鲁迅选集》第4卷,人民文学出版社1983年版,第133页。

② 王南:《论形象思维的普遍性》,《求是学刊》1984年第2期。

(二)外物检验写作

客观外物是检验写作真实与否的标尺。因为外物不仅有自身发展的规律,而且有自身存在的特点。它容不得写作中的任何想当然的编造和虚假,稍有观察和认识上的疏忽与偏差,就会造成笔误或失言的遗憾。写作中的那些一厢情愿,不顾实事、实物和实貌的写法与描绘,都会一无例外地被抛弃。假的与外物不符的东西,总要在真的客观外物的无情检验中露出马脚。高尔基曾十分自责地承认:“笔误”和“失言”,在他的每篇小说里几乎都可以遇到。这即是在一种严肃认真的态度支配下,以外物的检验为标准反省个人写作所得出的看法。

(三)外物制约写作

外物激发写作,指的是写作发生时的情景;外物检验写作,指的是写作的结果如何;外物制约写作,指的是整个写作过程的情况。客观外物不仅是作者取之不尽的用材矿床,还为思维插上了多姿多彩的灵巧翅翼,而且它无时无刻不在限制着作者的取材活动,限制着思维翅翼的张合度和语言文字的生成与思想情感的抒发。

外物制约着写作的感知活动。从客观上讲,外界事物对任何人都不会轻易地减弱它的约束力;从主观上讲,面对同一外物的刺激,由于主体生理和心理的素质不同,其反应会有很大差异。外物制约着写作的运思活动。由外物演化而来的表象是一切思维的起点,运思离不开语言,更离不开表象。表象,说到底,只不过是客观外物在头脑中的一种存在形式。其活动一般呈现如下程式:外物—感知形象—表象—意象。外物制约着写作的行文活动。正是外物在行文中的导引和活跃,才会有山河风光的瑰丽画卷和人类进步与发展的壮丽史册。外物在写作中既是一种形象的展现,也是一种依托和制约。

四　外物与作者的关系

(一)外物哺育作者,作者反映外物

唐人孔颖达在《毛诗正义》中解释“诗言志”的“志”时说:“感物而动,乃呼为志。志之所适,外物感焉。”这是对外物与作者的关系的中肯判断与解释。正是外物的恩泽和哺育,使作者充实了、感触了、动情了、领悟了,才会开始写作。作为外物重要组成部分的环境和社会,对每个人来说,都有一个生活与活动的空间。在这一空间里,每个人都要进行各种各样的表演。漫长的历史,不同的地域环境,不同的社会与时代,便形成了不同的习俗、生活方式和文化背景,它以惊人的力量影响、渗透并培育起不同的人文景观。正是由外物所酿造的乳汁在哺育着作者,不管是甜美的或是苦涩的,尽情地吮吸了、消化了,作者才会丰富、成长起来,才有了反映生活的“资本”。

作者反映外物(反映生活)有两条路可走:一是科学地真实地反映;一是艺术地真实地反映。艺术的真实和科学的真实是两回事。文学家和科学家总是按照不同的思维方

式朝着不同的方向反映事物。在写作领域，科学的反映包括科技写作、新闻写作、司法财经写作及其他一切实用性较强的写作；艺术的反映包括文学创作、影视制作和音乐、美术、舞蹈、雕塑创作等。

（二）外物赐予作者，作者索取外物

客观外物都有显露的部分和隐蔽的部分。其显露的部分（如外形、色彩等）对任何人都是慷慨地赐予；其隐蔽的部分（如个性特征）总是偏爱钟情于它的有心人。对于写作，作者们也总是不满足于从客观外物轻易得到的赏赐以及它那“显山露水”“一目了然”的状貌，不满足于生活的自然安排和与有限的外物有限相遇的机会，而是最大限度、最大能量地争取与更多的客观物相遇合，以便索取到更多的对写作有价值的东西。即使一时派不上用场，积累起来，“文思泉涌”也便有了基础。

在外物与作者的这种赐予与索取的关系中，常表现出以下三组矛盾：

1. 遇和求

作者与外物可以不期而遇，也可以相期而遇。前者是一种偶然的际遇，带有随意性和自然性；后者是一种必然的际遇，带有有意性和主动性。前者是外物向作者走来，因相遇而得到；后者是作者向外物走去，因追求而相遇。前者是一种“遇”，后者则是一种“求”。

2. 积和识

积，就是积累外物传递的各种信息，不厌其多、不厌其细，也不必过多地考虑其有用或无用。积累与写作之间呈正向发展之态势。积累愈多，写起来愈顺手；积累不够，写时就会捉襟见肘。但光积不识，或识之甚少甚浅，就会被积的东西拖累，如同蝜蝂背物，积愈多，负愈重，垮愈快。写作中的“积”材，其全部意义就在于“识”材，以便“取”材和“用”材。对外物的积累是写作的一个方面，对外物的认识是写作的另一个方面。积累是汲取，认识是消化。消化，包括用心灵的眼睛去洞察世间万事万物，发现不易被人发现的东西，在积的过程中消化，在消化中汲取。

3. 入和出

“入”和“出”是相对的。接纳外物，观察自然、社会、人生，体验生活，不入不行，只入不出也不行，要能入能出。“入”，就是进入境界之中；“出”，就是从入的境界中走出来。如果走不出来，就识不得“庐山真面目”。“入”时热情似火，“出”时冷静似水。“入”，要身心完全投入；“出”，要身心完全超脱，立于物外，从旁观物。王国维说：“诗人对宇宙人生，须入乎其内，又须出乎其外。入乎其内，故能写之。出乎其外，故能观之。入乎其内，故有生气。出乎其外，故有高致。”①作者观物，不“入”便没有真切的体验和感受，所知很可能只是事物的皮毛，故不能写；不“出”便不能通观全局，把握不住事物的全貌，也

---

① 王国维：《人间词话》，中华书局 2012 年版，第 37 页。

就很难再现事物的神韵、情致与义理。王国维又说:“诗人必有轻视外物之意,故能以奴仆命风月。又必有重视外物之意,故能与花鸟共忧乐。”[①]重视外物,必入乎其内,我与物交融,物我两忘;轻视外物,必出乎其外,我旁观外物,驾驭和役使外物,物为我用。

写作对“入”与“出”的要求应是:观察、体验、积累,要能“入”能“出”;写作过程中要“入”“出”并举、得法;文章告蒇,要给人“入”“出”得体、适当之感。

(三) 外物制约作者,作者凭借外物

外物与作者之间正如外物与写作之间一样,还存在着一种制约和凭借的关系。如前所述,作者写作,记人叙事、写景状物,要以人、事、物、理、景为依据;阐理抒情,也必以外物为依托。外物在与作者产生对应关系时的状态和情景,影响和制约着作者的感受和思维活动。

第二节 作者——写作的主体

一 作者的主体地位

写作是一种特殊的劳动,作者是实施这种劳动的主体。写作是一种心灵工程,作者是这种工程的建构者。写作,正是通过这种特殊的劳动过程,体现人的精神、人的本质力量的一种方式。只有人(作者)才有这种智慧和才干,也只有人(作者)才能进行这种特殊的劳动,并在这种劳动过程中发挥着主体地位的作用。

作者在写作中的主体地位是与写作行为的发生、发展和归宿紧密相连的。在这一进程中,作者的写作欲望是启动器,它被“拨”了一下,于是写作行为随之发生,作者的主体地位也便确立。

(一) 写作行为的发生

写作行为的发生,对写作个体来说,是从感性认识开始的。感知表象,是人们认识事物的初级阶段。正是在这个阶段,作者找到了使主体心灵与客观外物相沟通的渠道,也找到了体现自身主体地位的感觉。

感受,是写作行为发生的关键一步。作者独特的感受和体验拨响了写作行为发生的琴弦,引导着作者思维活动的发展。作者是外界所传递信息的承受者和接纳者,是感受产生的主体,是通过写作活动来完成心灵工程建构的实践者。“我感受了,我才写”,是写作行为在个体身上发生的基本根由。但感受和观察,在写作行为发生时的情形是有所不同的。它们虽然同为创作心理活动的起点,但“感受偏重于感知和情感的结合,

① 王国维:《人间词话》,中华书局 2012 年版,第 38 页。

观察则偏重于感知和思维的结合；并且二者在动态的趋向上也不相同，感受是客体向主体方向的运动，因此，偏重于心灵的感应；观察是主体向客体方向的运动，因此偏重于对象的发现”[①]。无论是观察还是感受，由于作者的主观能动性的发挥，其主体地位也得到了初步体现。

（二）写作行为的进展

写作行为的进展，是作者有了对事物的某种感受，进入写作状态后所主动采取的一系列活动。如调查采访、观察体验、读书研究、运思谋划等，这些都是作者处于主体地位所进行的实践与思维活动。从实践的观点考察写作行为，它具有一定的社会历史性和客观性，因为有实践的主体（作者）、实践的对象（客体）、实践的手段（操作和操作工具）、实践的结果（书面语言形式），同时它也充分体现着能动性，因为写作自始至终都是作者的一种能动性自觉活动。正是这种能动和自觉，使作者处于“号令”一切的主体地位。

（三）写作行为的归宿

写作行为的最终归宿是写作目的的实现。它是通过作者的脑手并用，即思写并举活动完成的。“寻思是作文的第一步重要工作”；动手写是思的延伸，不写就不能想得周全。这是因为：“第一，我们的注意力和记忆力所能及的范围有一定的限度，把几千字甚至几万字的文章都一字一句地记在心里，同时注意到每字每句每段的线索关联，并且还要一直向前思索，纵假定是可能，这种繁重的工作对于心力也未免是一种不必要的损耗。其次，这也许是我个人的心理习惯，我想到一点意思，就必须把它写下来。否则那意思在心里只是游离不定。好比打仗，想到一个意思是夺取一块土地，把它写下来就像筑一座堡垒，可以把它守住，并且可以作进一步袭击的基础。第三，写自身是一个集中注意力的助力，既在写，心思就不易旁迁他涉。还不仅此，写成的字句往往可以成为思想的刺激剂，我有时本来已把一段话预先想好，可是把它写下来时，新的意思常源源而来，结果须把预定的一段话完全改过。普通所谓‘由文生情’与‘兴会淋漓’，大半在这种时机发现。只有在这种时机，我们才容易写出好文章。”[②]这种脑手并用、思写并举的行文活动，正是作者发挥主体地位作用最生动最具体的体现。

正确把握作者在写作中的主体地位，也就是正确把握写作的行为活动，认识主体自身的潜能和显能。一要抓住一切接触外物、认识世界和社会生活的机会，主动地去感知事物、接纳信息。二要善于动脑，积极展开思维活动，消化主体获取的信息，拓展思路，进行实现写作目标的心理预构。三要大胆地写，不要等想好了、想满意了再写，而是有了感受、想法和一个大致的轮廓就把它写下来，边想边写，边写边想，直到把想要说的话写完，回过头来再修改、充实、提高。

---

① 黎山峣：《文艺创作心理学》，长江文艺出版社 1988 年版，第 116 页。
② 朱光潜：《朱光潜美学文学论文选集》，湖南人民出版社 1980 年版，第 265 页。

二　作者的主导作用

作者在其写作行为活动中的主导作用有三种情况：正常的导引、良好的导引和错误的导引。

（一）正常的导引

这是一种目的明确、方法得当、按部就班、循规蹈矩的引导。作者的思路往往循常规发展，其思维属循轨思维的范畴，不敢越雷池一步。行文有序，叙事、说理、释义有板有眼，引经据典，像教科书和老师要求的那样在既定框子里描红涂鸦，在已经有轨可循的旧道上缓行，试图用正常的、经常的方法或途径达到写作的目的。但作者良好的心理素质，也可促进"常导"转化为"良导"。

（二）良好的导引

这是一种有着正确方向、目标和灵活的思路与方法的超越常规、充分发挥了能动性和创造性的引导。在此情况下，作者思维活跃，新见不断涌出，思路开阔，感应事物灵敏。行文循思维的驰骋而奔放，叙事奇巧，说理中肯，释义流畅。作者的思维是越轨思维，不为旧框陈规束缚，善于创新，不满足于行文的一般顺畅和圆合，常常别出心裁，创造性地发挥主体的能量，引导写作走向成功之路。

（三）错误的导引

这是作者思路偏离常规，方向不明，目标不准，方法失当，陷入误区而不可自拔的一种引导。在这种情况下，作者可能受名利或其他外在力量的驱遣，正常的思维被不着边际的想入非非替代，对事物的感受和认识是一厢情愿的，凭主观臆断；也可能受惰性心理支配，不动脑子，应付差事。行文不合章法，且思想混乱，技法技巧多是生搬硬套。也许作者有良好的愿望，但缺乏良好的素质，其主导作用很难正常发挥。若能调整思路，端正思维方法，扫清障碍，丢掉心理负担，既练好扎实的基本功，又有追求创新的勇气，"误导"也可以转化为"良导"。作者的自知之明和能动性，是促使这种转化的前提条件。

除了上述三种导引，作者主导作用还受两个因素影响：

作者正常尤其是良好的主导作用的发挥，既受制于客观环境和条件，有受动性，同时也受主观心理素质、目标的确认、激励因素等内部要素的驱使，有能动性。因此，写作目标和写作动力是影响作者发挥主导作用的两大因素。

目标有大有小，有长期的有短暂的。要踏入写作的门槛，完成大的写作计划需要确立大的长期的目标，写一篇文章则需有一个短暂的具体目标。无目标的写作很有可能会产出废作。

动力由主体因素和外界因素构成。主体因素合成自动力，外界因素合成外推力。自动力由作者的自身因素、内在要求、个人精神、能力、性格、感情和情绪等凝聚而成。

自动力常以感情波澜的形式表现出来，以很大的力量推动作者从事创作活动。自动力也有理性因素，如以某种需要为动力而进行的写作活动，一些新闻、文秘、商务类写作，或为工作与生活，或为功利，都渗入很强的理性。外推力主要是外界激励因素使然。外界刺激可以成为一种激励；写作目标、成就感、创造和创新的欲望产生的外因也可以成为某种激励。完成任务、做好工作、获得某些眼前利益等因素是产生激励的杂入成分。个人、家庭、社会发生了重大或急遽的变化，使作者刻骨铭心，因而激励其著书立说者，并不鲜见。

外推力与自动力都是变量因素。外推力愈大，对作者的影响和吸引力愈强，转变为自动力的能量也愈大，作者在写作中的主导作用愈能发挥。

三　作者的人格精神

人格，说到底就是做人的资格。人格一词，源于拉丁语，其本意是“面具”的意思。作者，从整体来看，也应有既相同于又不同于其他行业的人的“面具”。作者的人格，也即作者作为写作主体的资格，它应包括道德品质、性格、气质、能力等。其中，意志、道德、智慧，是人格力量的三大支柱。作者要塑造自己的人格精神，必须努力营造自己完善的心理环境和美好的人格意识，也即按照意志、道德、智慧以及真、善、美的标准塑造自己的灵魂。

（一）意志

意志，是意识的能动表现，是作者所追求并且应该具有的一种品质，它与人的认识过程以及情感、情绪有着密切的联系。作为人的一种品质，它表现为：自觉性、坚定性、果断性和自制力。人的意志品质的差别，在写作中表现为对待困难、挫折和失败的态度。

我国明代文学家张溥刻苦攻读，毅力惊人，他把自己的书房叫“七焚斋”或“七录斋”，每读文一篇，都要读七遍、抄七遍、焚七次，直到背熟、记牢为止。俄国作家列夫·托尔斯泰的处女作《童年》是个中篇，他却花了整整一年半的时间，写了改，改了抄，抄了再改再抄。他倍感写作的艰辛，但没有退却，直到《现代人》杂志发现他，从此开始步入世界文坛。我国人民艺术家老舍的话剧《春华秋实》，曾经从头到尾重写过 10 次，这是何等艰巨的劳动。中国当代的一批作家如铁凝、叶辛、张抗抗、韩少功、张承志等，都曾下过乡，在农村艰苦的环境里受过磨炼，但赤心不变，靠意志步入了文学的大门。

（二）道德

道德，是人的行为的准则和规范。不同的时代有着不同的道德标准，各个国家和民族也都有自己的道德准则。我们认为，在我国应该用社会主义、共产主义的道德标准要求作者。一个作者要想真正获得人格的精神力量，只有把高尚的情操、进步的思想融入自己的血肉，化为自己的灵魂；也就是灵魂要干净、人格要高尚、作风要正派，才能遂愿。

正如鲁迅所说:“从喷泉里出来的都是水,从血管里出来的都是血。”伪装的道德会很容易被识破的。鲁迅在《热风·随感录》中还说:“美术家固然须有精熟的技工,但尤须有进步的思想与高尚的人格。他的制作,表面上是一张画或一个雕像,其实是他的思想与人格的表现。”进步的思想、高尚的人格,应该是对作者最起码的道德要求。

文人不能无行。行,就是品行、德行。作者要有德,有美德,爱人之德,为他人之德,为众人之德。作者的道德与作者使用的语言是一致的。因为语言是精神之相。道德品质好坏,思想境界高低,语言的高尚与鄙俗,是作者人格的集中表现。

(三)智慧

智慧,也可叫智力,是一个人的聪明才智。人,都是有智慧的,但因先天素质、社会历史文化的影响不同,所受教育的差别,尤其是后天个人努力程度的悬殊,其智慧便明显地表现出差异。有的人悟性高,智慧颖达;有的人悟性低,智慧迟钝。心理学研究表明,个性的智慧品质可以分为四种:首先是思维的智慧。它的深刻性在于善于提出问题,正如巴尔扎克所说:“打开一切科学的钥匙毫无疑义地是问号。”思维的智慧还表现为机敏性、独创性和逻辑性。其二是审美的智慧。它对事物的原因和实际应用不感兴趣,它关注的是事物的形式。美感是一种感性认识和形象思维的品质。其三是社会的智慧。这种智慧品质同崇高的社会责任感相联系。其四是工作的、生产的或技术的智慧。它也可以称作实际的智慧,在人类智慧的进步和发展中,各种智慧都是从它分化和发展而来。一个人的智慧就是这几种智慧品质的总和。每个人都有这四种智慧,但其发展程度和相互关系却因人而异,不能单独地衡量和考察。[①]

作者的智慧是上述四种智慧在个体身上的有差异的综合体现。具体又表现为健康的心理结构、良好的心理品质,以及对事物的敏感和写作中的独创性与超越性。智慧是可以培养的。作者智慧的培养主要靠个人的自觉和努力,从悠久的历史文化中汲取营养。通过学习积累知识,通过实践积累经验。只要勤于用人类智慧武装自身,在写作中也定能绽放智慧的花朵。

(四)真、善、美

真、善、美,是人格精神的指标。一个作者对真、善、美的追求是一生的事业。应该用真、善、美的标准塑造自己的人格,完善自己的精神;用真、善、美的标准,创作文章,完善写作。“真是我们对于世界的认识;它给予我们对于未来的信赖。善是社会的功利性;善的批判以人民的利益为准则。没有离开特定范畴的人性的美;美是依附在先进人类向上生活的外形。”[②]这是对真、善、美最简明的概括。

所谓“真”,对作者来说,是一种品质。要求他以真挚的情感、真诚的态度对待写作;要求他真诚地对待生活,真诚地爱和恨,没有无病呻吟之状,不做装腔作势之态。对写

① 朱光潜:《朱光潜美学文学论文选集》,湖南人民出版社 1980 年版,第 265 页。

② 艾青:《诗论》,人民文学出版社 1980 年版,第 171 页。

作对象来说，这个“真”，就是真实、真切、实在。文学写作要求艺术的真实，实用写作要求事实的真实。这样才能得到读者的信赖。

所谓“善”，是作者所要坚持的社会功利原则。善的动机是写作的出发点，也是写作的归宿。应以国家和人民的利益为准则，不应把写作当作谋取个人和小集团私利的手段。善，要求作者有社会责任感。“在伪文学的泥潭中打滚，沽名钓誉，是作家的卑微。但在超世文学的涅槃中幻想追求到文学的永恒价值，也未必就多么高洁。对所谓文学的永恒价值的痴迷追求，恰恰与闻风下笔，为了紧跟某种形势而写的动机一样，也是功利主义的体现。手中之笔，受命于民，笔下文章，不负时代。”①作者所坚持的功利原则是社会的功利、国家和人民的功利，不是个人的功利、私利。作者对“善”的追求，既是高扬人格精神的旗帜，也是创造出合格的完美的精神产品的前提。

所谓“美”，就是作者对成品内容与形式完美统一的追求，对自身品德品格完美的追求。无论从事什么样的文章写作，都需要这种追求。但对文学写作来说，它更关注自然美、人体美、人格美、情感美以及悲壮美、崇高美、伟大美等一切美的情愫；它更追求给人以美的享受、美的陶冶，以净化人的灵魂。美的文品，应出自具有美的人品的作者之手。要追求完美的文品，必先追求完美的人品。

四　作者的素质、修养和能力

（一）素质

素质，是一个人的精神品质和素养，它是先天遗传和后天培养相结合的产物。素质上的缺陷可以通过实践和学习、训练得到某种程度的补偿。素质的遗传因素，只是人的心理发展的条件，不能决定人的心理内容和发展水平。人的心理归根结底还是来源于社会实践，并通过社会实践活动逐步发展和成熟起来。因此，素质也是可以通过实践培养和提高的。每一个作者，都须在培养自己良好的心理素质、思想素质和文化素质方面下功夫。

1. 心理素质

心理素质，是指表现在个体身上的稳定的个性心理特征。由于自然条件和后天条件的不同，每个人的心理特征的形成与个性心理素质也会表现出不同，如气质、性格、兴趣、禀赋等，这些都会影响作者并通过写作活动有所体现。

气质，主要表现在情绪和情感体验的快慢、强弱，行为动作的灵敏或迟钝，感知觉的速度和思维的灵活度等方面。一个人的气质，根据类型说，可分为多血质、胆汁质、黏液质、抑郁质四种。影响一个人气质的因素很多。如作者的情绪和情感体验，既关系着他的生活质量，也关系着他的写作质量。在情绪稳定、心境平静、热情满怀的状态下写作，

① 梁晓声：《“陈词滥调”重弹》，《中篇小说选刊》1986年第4期。

就会思路顺畅、行文有序；在情绪躁动不安、情感强烈而不可控制的状态下写作，就会思路紊乱、行文无序。因此，自觉地调整情绪、稳定情绪、调节情感、培养和激发健康的情感，并使之适度，对作者来说是十分必要的。作者应既能驾驭自己的情绪、情感，又能洞察他人的情绪、情感，并能恰当地表现这种情绪、情感。

性格，是指表现在对人、对事物相对稳定的态度和经常的行为方式上的特征。表现在对待生活和他人的态度上，如有的正直、诚恳，有的虚伪、奸诈；有的勤劳，有的懒惰；有的谦虚、自爱，有的傲慢、卑微。表现在意志品质上，有的自觉、坚强、果断，有的盲从、懦弱、寡断。表现在情绪上，有的暴躁，有的温和。还有表现在理智上及思维方面的种种不同等。一个人的性格并不是单一的，其心理构成十分复杂，它包含着许多甚至是相反的性格特征，如阳奉阴违、表里不一等。

性格与气质关系密切，但又有所不同。气质是性格形成的基础；性格也会影响、强化或弱化某些气质特征。文学作品中人物鲜明的个性，都是作者运用性格特征以及与气质的关系进行准确把握和处理的结果。每个人都有自己独特的性格。这些独特的性格会给作者的写作活动带来明显的影响，使其语言表达和文章风格显示出个性色彩。明代李贽曾阐述说："盖声色之来，发于情性，由乎自然。""故性格清彻者音调自然宣畅，性格舒徐者音调自然疏缓，旷达者自然浩荡，雄迈者自然壮烈，沉郁者自然悲酸，古怪者自然奇绝，有是格，便有是调，皆情性自然之谓也。莫不有情，莫不有性，而可以一律求之哉！"[①]由于作者性情、性格的不同，其作品的声色与格调、风格与品位必大异其趣。

清人叶燮曾论述过"诗以人见，人以诗见"的道理。他考察了许多文人大家的诗文后说："无不文如其诗，诗如其文，诗与文如其人。"[②]从诗文中可见作者的面目，可见作者的性格。文章风格之不同，如作者面目的不一，这些都与一个人的性格有紧密的关联。

志趣，是指一个人的志向、兴趣和爱好。志趣是行动或意志的趋向，是心所想意所向。它是积极探究某种事物或进行某种活动的心理趣向。志趣是作者从事写作活动的内驱力。有的人兴趣广泛、强烈，但来得快，去得也快，缺乏一定的深度；有的人兴趣单纯，却矢志不移，有深度，有方向目标，也必有所得。有志于写作的人既要有坚定的从事写作的志趣，也要有广泛的爱好。对世上一切事物、一切活动，只要有机缘相遇，都应敏感，有兴趣接触或参与。爱好是一种兴趣，要把它培养成一种志趣，需有情感的灌注、意志的支撑。爱好一种事物或活动，必须倾情于它、痴心于它、专注于它。爱好写作，就必须立写作的志向，培养起浓厚的写作兴趣。张洁说："除了文学，没有一件事情可以长久地吸引我的兴趣和注意力。……只是在文学里，我发现了我自己。不论成功或失败，都是那样地锲而不舍，那样地不顾一切，那样地执着，那样地一往情深。"[③]正是兴趣和爱好，促使作者立定志向，不懈地探索与追求。

---

① [明]李贽：《焚书》卷三《杂述·读律肤说》。

② [清]叶燮：《已畦文集》卷八《南游集序》。

③ 张洁：《我的船》，《文艺报》1981年第15期。

以上所说气质、性格、志趣，是构成一个人心理素质的主要内容。作者应能把握、培养、发展和完善它们，使之在写作中发挥积极作用。

2. 思想素质

思想素质，主要包括世界观、方法论、理想、信仰、道德、情操等诸多方面的内容和因素。其中世界观和方法论是一个人思想素质的核心，它影响和制约着人们各种具体的社会实践活动。在整个写作过程中，它起着关键性作用。“没有一个作家是纯然客观地在观察生活的。纷纭复杂的现实，在作家的头脑中所产生的各种各样的反应——他所接受的或者排斥的，喜欢的或者憎恨的，唤起他想象或者引导他作推论的，都是受他的身世、教养、生活方式等等所形成的思想意识的操纵。”①

古人论诗文，强调“诗品出于人品”“心正则笔直”，应该说是很注重思想素质和道德品质的修养的。在动笔写文章之前，“先学会为人”“作文立志要高”“要从做人起”“须先打扫心地洁净”“人若存一毫名利心未净，则文字间必有一分俗”，要“养气”，要“脱出尘俗”，要“洗去名利二字”，要“重内美”，等等，这些真知灼见，都说明诗文的内容倾向、格调境界、情感趣味，与作者的思想素质密切相关。一个人的思想水平、素质的高低，决定着他认识事物的态度、深度和价值取向，即使是写作的一些技巧，也与作者的思想方法和作风相联系。

思想素质不是先天的。它在一定的社会环境中通过学习、实践和潜移默化的熏陶逐渐形成。自觉地有意识地进行锻炼、培养，可以提高个人的思想素质。这可以从三方面努力：一要树立正确的世界观和人生观；学会用辩证唯物主义和历史唯物主义的立场、观点、方法看事物、分析问题。二要投身社会实践，拥抱社会生活。通过身体力行，体察民情、了解民俗、获得真知。三要关注新事物，注重思想上的吐故纳新。作者的思想应跟上时代的步伐，辨析新情况、排除旧观念、关心新事物，始终保持新鲜活力。

3. 文化素质

文化素质，是作者知识和智能的素养，具体是指作者在文化知识储备和运用上所达到的水平。“文化”一词，在英语和拉丁语中具有“耕作”或“掘种土地”之意，它是一个与天然事物相对的概念，也即指人类创造的事物。所以，文化一经产生，便会通过教育和学习的手段代代相传，并被弘扬和丰富起来。

文化具有阶级性、民族性和历史的边疆性。一个民族有一个民族的文化。文化对一个群体或民族来说，是一种结构、一个系统、一个整体，是维系社会、使社会得以结合起来的一种黏合剂，也是群体成员思维与行为的有效规则。文化中也有垃圾，如把色情、暴力、唯利是图等社会病态和丑恶现象拿出来进行宣扬的文化就是一种文化垃圾。作者在接纳历史文化遗产时应有选择，弃糟粕、取精华，用优秀的文化武装自己。

---

① 茅盾：《茅盾评论文集》，人民出版社 1978 年版，第 61 页。

作者文化素质的主要构成因素有：一是个体的生理心理结构。感知觉的灵敏度、记忆的强弱、兴趣的浓淡、思维的敏捷与否以及气质如何等，都直接影响着对文化知识的汲取，是形成个体文化素质的前提条件。二是环境的影响。家庭的诱导、学校的教育、社会实践的陶冶，从不同方面促使着文化素质的形成。三是文化传统的渗透。每个民族都有自己的文化传统，每个作者在形成自己文化素质的过程中必然受文化传统的影响。这种传统文化的积淀和渗透，使作者的写作活动和写作成品必然打上本民族的烙印。

广博的学识和丰厚的文化功底来自博览群书、勇于社会实践，以及对个人文化意识、文化心态、文化情趣、文化习惯的品位的提高。"'五四'以后鲁迅等一代作家，一般来说旧学的功底都很好，通典籍、工经史，民族传统文学的营养溶化于血液骨髓。他们有了这个雄厚的基础，站稳了，再眼光四放，游历海外，拿来新学（西学），自然把外来的营养消化得很好。对中华文化的深刻了解和批判以及兼收并蓄，自然使他们活力无穷，一经革命思想的启发，就创造了一个民族文学的灿烂期。而国外很多有成就的大作家，如东方的川端康成和泰戈尔，也莫不是首先精通于本民族文化底蕴，然后才有自己独特性的创造的。"①可见知识储备、文化品位对作者来说，是何等重要。

（二）修养

作者的修养，是指作者在理论、知识、艺术、思想、道德、文化等方面经过长期锻炼和培养提高所达到的综合水平。关于思想、道德、文化，已有阐述，这里仅概述知识、理论和艺术审美修养的问题。

1. 知识修养

知识修养，对作者来说是个永恒的话题。从广义来说，凡人类创造的一切知识都应该有兴趣去学习和汲取。但这只能是一种美好的愿望，读书还需取"有止原则"，决不能没有选择。从狭义来说，作者应具有四个方面的知识修养：一是基础知识。包括文史哲、数理化等方面的社会科学和自然科学的知识以及生活常识。这是打好写作功底的重要成分。二是专业知识。任何专业领域都有自己的知识、理论、概念系统，有本专业的发展历史和专业术语，作者要从事这一专业的写作，就必须熟悉它、掌握它。三是文体知识。作者只有懂得不同文体的特点、规范和要求，才会在写作中保持一种清醒的文体意识和文体感，按照文体规矩和要求，采取不同的表达方式。四是其他知识。写作有很强的综合性特点，任何知识都与写作有关。知识是精神财富，知识是力量，知识是作者思维领域里的一盏盏明灯，是写作生发联想的河道上架起的一座座桥梁。无论什么知识，对写作来说说不定什么时候就会派上用场。知识储备越多对写作越有用。

① 韩少功：《谈作家的功底》，《当代作家谈艺术技巧》，人民日报出版社 1987 年版，第259 页。

2. 理论修养

理论是系统化的理性知识，是知识中具有更高的概括性和指导性的部分，是形成了概念和原理体系的知识。理论修养高，洞察事物幽微之处的能力就强，写出的文章就会有深度。

理论修养包括一般理论修养和专门理论修养。一般理论是指哲学与其他具有方法论意义的理论。任何一个作者都应以马克思主义哲学为理论基础指导自己的写作活动，自觉地提高辩证唯物主义和历史唯物主义的修养。其他具有方法论意义的理论也应尽可能地了解和借鉴。如“老三论”“新三论”、阐释学方法、现象学方法等，还有哲学上的分支，如艺术哲学、宗教哲学等。对这些既不能采取简单的一概拒绝的态度，也不能生吞活剥地接纳。正确的做法，是通过学习，借鉴其有用的成分。马克思说，哲学是“时代精神的精华”，列宁说，哲学是“高耸入云”的意识形态，科学家钱学森说，没有哲学头脑的科学家不是真正的科学家。我们也可以说：没有哲学头脑的作者不是真正的作者。

专门的理论是指与个人专业一致的某一学科的基础理论。钱学森曾把各学科划分为八类：自然科学、社会科学、数学科学、系统科学、思维科学、人体科学、军事科学、文学艺术的理论科学。每一类在其基础理论层次中又包括几种理论和学说。[①] 不同专业的作者可根据情况有针对性地学习，以提高专业理论修养。如文艺理论修养越高，对文学艺术领域内的专业写作会越有好处。

3. 审美修养

审美修养，是指作者运用自己的审美思想、审美情感、审美趣味以及审美创造对人类社会、自然界和文学艺术的审美感觉所达到的水准。能否从社会、自然和艺术中发现美、感悟美、鉴赏美，和这种发现、感悟、鉴赏的水平，是审视和衡量一个人审美修养的尺度。

作者的写作活动离不开审美活动。审美活动是直觉的、感性的，同时也是思维的、理性的。写作中不仅要追求作品（或文章）的结构美、逻辑美、语言美，而且有的还要追求情感美、形象美、哲理美，追求内容与形式的统一美等。尽管文学艺术和一般文章对审美的要求是有区别的，但作者的审美修养对写作却同等重要。提高审美修养，一要有意识地从事一些审美活动，以丰富审美经验。二要结合审美欣赏活动，由浅入深地学习一些审美理论，以提高审美的层次。如读“巧笑倩兮，美目盼兮”这样的诗句，为什么会有美感？有没有移情作用？什么是移情？审美中的客观对象和主体的评价是欣赏关系还是别的什么关系？提出一些问题并对照学习理论，审美层次定会有所提高。三是要通过实践和思想锻炼，陶冶自身的审美情操，改善和丰富审美趣味。

---

① 钱学森主编：《关于思维科学》，上海人民出版社 1985 年版，第 20 页。

（三）能力

作者的能力是综合性的素质体现，它包括的内容很广泛。如观察能力、阅读能力、采集信息的能力、感知事物的能力、思维能力（分析综合能力、想象联想能力）、结构文章的能力、行文能力（语感、语言文字表达能力）等等。

写作能力的高度综合，实质上是作者的一种智力结构。智力也叫智慧，它是人们认识客观事物并运用已掌握的知识解决实际问题的能力。认识事物深刻、正确和完全的程度以及解决问题的速度和质量，反映着一个人智力的高低，它往往通过观察、记忆、想象、思考、判断等表现出来。智力是在掌握人类知识经验和从事实践活动中发展的，但又不能等同于知识和实践。作者的智力，表现在写作活动中主要融合于感知能力、运思能力和行文能力之中。

第三节　素质鉴评与训练

一　心理素质鉴评与训练

（一）内容

训练是一种自觉的培养和练习提高的过程。作者进行心理素质训练时，应先对自己的气质、性格和志趣进行自我认识和评价。如果所立志向有偏颇，应尽快校正；无偏颇，就要坚定下来，不要犹豫不决。“无志之人常立志，有志之人立长志”，立志贵在恒定和专一。如果气质和性格特征与写作发展方向不一致，本来气质中的情感和情绪发生得快而多变，却不能有效地控制和稳定，本来是思维型的却定了个文学创作的目标，是内倾型的却不能发挥主观感受与想象丰富的特长等，就应该及时刹车，或调整目标与方向以顺应自身的气质与性格，或弥补气质与性格上的缺陷，去适应目标与发展方向。

由于人的气质类型不同，其高级神经活动类型也不同。有的是艺术型：知觉印象鲜明、清晰，记忆侧重于形象性，有强烈的情绪易感染性，想象力丰富，形象思维活跃。有的是思维型：感知事物侧重于抽象、分析、综合，逻辑性、推理论证能力强，遇事冷静、沉着，爱动脑子进行评论、推断。有的是中间型：多数人在艺术型和思维型方面的特征都是不大典型和突出的，属于中间型状态。这要根据个人所处环境、受教育情况和努力方向来决定朝哪个方向培养和发展。

人的性格类型，划分方法很多，通用的有三种：一是根据理智、意志、情绪三者其一在性格结构中占优势划分为理智型（用理智衡量一切事物和支配自己的行动）、意志型（有着明确的行动目标和积极主动地对待事物的态度）、情绪型（个人情绪体验深刻，行为活动受情绪支配）。二是根据个人注意力倾向于内部世界（主观世界）或外部世界（客观世界）划分为内倾型（个人注意力和兴趣往往集中于内部世界，想象力丰富，但性格孤僻）、外倾型（注意力和兴趣倾向于外部世界，性格开朗，善于交际，活泼好动）、中间型（介于前两类之间，多数人属于此类）。三是根据个体独立性的程度划分为顺从型（独立性差，顺从权势，易受暗示；按照别人的意见办事，在紧急情况下不能应变）、独立型（个人信念坚定，善于独立思考，遇紧急情况能沉着对待；能独立发挥自己的力量，不喜欢别人把意志强加给自己，却喜欢把自己的意志强加于别人）、中间型（介于前两类之间，多数人属于此类）。当代作家从维熙曾说他的气质“属于黏液质”，他的性格类型属于“情绪型＋内倾型＋独立型”。只有认识自己，才能改善个人的气质条件，锻炼个人良好的性格特征。

作为心理素质的志趣虽不分什么类型，但兴趣却有直接的，也有间接的；有短暂不稳定的，也有长久稳定的。写作所要培养、训练并促其发展的是与一定志向相结合的稳定的兴趣。

训练要结合自我调控进行。自我调控，是在作者正确认识自我的基础上，根据客观环境和条件以及某种发展的可能性，对自身生活、心理、情感和情绪等进行与目标、发展方向相一致的合乎写作需要的调整与控制。也可对照自己写作中的每一层面和环节，监测和调节自身，是定向、延续，还是调整、转向；是发动、强化，还是停止活动。并预测为实现写作目标所带来的结果，以目标和结果相对照来确定自身素质条件、调整写作的起点或过程。

作者的自我调控，一要结合写作目标和发展方向进行。目标确定后，还要审视一下实现目标的手段与自身的能力是否匹配、适当。二要保持良好的心理状态，不能违背心中所思，勉强去做不愿做的事。三要通过反馈，及时进行内省，做出合理的抉择。缺少阅读的人要学会如何读书，缺乏生活体验的人要学会怎样生活，气质不健全的人要健全起来，性格有偏颇的人要摆正自己在写作中选择的方向等。

（二）材料

某高校中文系新生张大平、王一凡、李小敏、赵冬梅四人原为某县高中同学。平时非常要好，但四人的气质、性格、志趣却明显不同。

> 张大平　男，家住农村，父母都是农民，没有文化。他平时对任何事物的反应都比较迟缓，情绪发生慢而弱，不易兴奋。为人处事沉稳、庄重，又显得执拗、少灵活性，一副老气横秋的样子。言语动作和思维缓慢，有板有眼。他对事物的感知比较深刻，但感受性低，耐受性较高。从气质类型来说，他应该属于黏液质型的。
>
> 他对待世上的一切事物和自己的行为活动，常用理智去衡量和支配。他把注意力和兴趣都投入内心之中，不大外露，性格孤僻。有着坚定的信念和善于独立思考问题的能力。能够沉着冷静地对待突然发生的事情，即使是紧急情况也不慌张。

他认准的事，别人不好改变和指挥他；他却喜欢按照自己的意见去指挥别人。

读高中时曾担任过班长。办事有一定魄力。

在写作练习中他醉心于抒发情感，一心想当个诗人。但作文从未得过高分，文笔平平。

王一凡　男，家住某县县城，父母均为小职员，中学文化。他对事物反应灵活，情绪发生得快，去得也快，而且多变，遇事很容易兴奋，但注意力和兴趣也容易转移。平时他活泼、好动、热情、敏感、思维敏捷，善于捕捉新事物，富有激情和创新意向，能适应外部环境的不断变化。善于交际，为人亲切，有生气，但又常表现出轻率和不诚挚，语言表达能力和分析事物的能力都比较强。感受性低，耐受性较高。他属于气质类型中的多血质型。

他善于情绪体验，说起话来绘声绘色，模仿起人来，惟妙惟肖。干什么事常受情绪支配。他的注意力和兴趣都在同人的交往和外在的行为活动上，性格开朗、坦率。讨论什么问题，他很少有主见，愿意听从别人的意见并按别人的意图办事；个人独立性较差，不计较说他盲从。

中学时曾任班级文体委员，但组织能力不强。

在写作中没有固定爱好，但每有抒情、叙事性的习作，一般都得高分，受到老师好评。文字的色彩浓重。

李小敏　女，家居小镇上，父亲下岗后做小生意，母亲是小学教员，中学文化。她情绪发生快而且强烈；很容易兴奋，但抑制能力差；对事物的反应速度快，但不灵活。精力旺盛，言语动作急速而又往往难于自制。热情、直爽、胆大，但急躁、易怒。感知外界事物敏锐，情感外倾，对事物的认识往往偏执一端，缺乏灵活性。逻辑思维能力和语言表达能力较强。感受性低，耐受性高。按气质类型分属胆汁质的人。

平常做事行动目标明确，无论干什么都预先有打算，心中有数；对待事物的态度也比较积极主动，意志力强。有时候表现出善于独立思考问题的能力，有时候又易受暗示，顺从别人的意见办事。其性格很不稳定。

中学时曾任班级学习委员，但她个人的学习却很一般。

在写作练习中，她很喜欢编排故事，一心想着将来能做个小说家，但投稿如石沉大海，从未被编辑看中。作文得分有时高有时低，文字却比较干净。

赵冬梅　女，家居农村，父母早逝，靠兄嫂养活长大并供给读书，兄为农村电工，嫂为小学代课教师。她情绪发生缓慢却强烈，内倾性很重，体验深沉，反应慢、刻板、不灵活。情感丰富、内蕴，感受事物往往侧重于心理体验，细腻、深刻，又善于想象；善于观察别人不易觉察的细小事物、细小环节，但容易沉湎于个体情感的小圈子。逐渐变得孤僻、不合群，喜欢天马行空似的独来独往。感受性高，耐受性低。按照气质类型属抑郁质人。

为人处事比较冷静，能够理智地衡量事物、支配自己的行动。注意力和兴趣倾向于内心主观世界。喜欢一个人默默地思考问题、不声不响地做事，常常期待着自己有所作为，将来能够报答兄嫂之恩。

中学时曾任班级语文课代表，但她的语文成绩并不理想。

在写作中，她常爱发一些不着边际的议论，梦想着自己有一天能够当上评论家。但她说理爱偏执一隅，文中也常夹杂些絮絮叨叨的述说，老师给她打高分的时候很少。

（三）过程

对照训练内容和所给材料，请分组对张大平、王一凡、李小敏、赵冬梅进行会诊，并按下列问题做出判断、回答和练习。

（1）综合分析张、王、李、赵四位学生的气质和性格类型、志趣爱好，指出他们每个人的良性强项特征和不良弱项特征。

（2）张、王、李、赵四位学生的心理素质有无缺陷？如何理解这种缺陷并弥补它？他们的气质、性格与其在写作中的表现、爱好、志向是否一致？有没有需要调整的地方？如何调整？请你为他们设计发展方向。

（3）对照这四位学生的心理素质特征，综合考虑个人的情况，想想自己与张、王、李、赵中的哪一位比较接近。归纳自己的心理特征，需要加强和发展的有哪些？需要弥补的不足处是什么？能否使自己的心理素质与写作的发展方向一致起来？

（4）阅读并分析以下诗句，说明诗人主观心理上主要受什么影响而写成。

① 感时花溅泪，恨别鸟惊心。（杜甫《春望》）

② 浮云游子意，落日故人情。（李白《送友人》）

③ 鸿雁不堪愁里听，云山况是客中过。（李颀《送魏万之京》）

④ 愁因薄暮起，兴是清秋发。（孟浩然《秋登万山寄张五》）

⑤ 羌笛何须怨杨柳，春风不度玉门关。（王之涣《凉州词》）

（5）制订调整和培养良好的心理素质的“三・九・三”计划。所谓“三・九・三”是指三个月、九个月、三年，也即短期、中期和较长期计划。对学生来说，三个月，差不多是一个学期，九个月，差不多为一个学年，作短中期调整也就够了；三年，是较长期，四年制本科生如能在这期间调整好心态，为未来的工作和事业做好准备，时间也足够了。关键是计划要具体、切实可行。

（四）结果

心理素质和其他素质的训练一样，并不是一朝一夕所能奏效的，而且素质训练常常表现为一种鉴评、自我认识和调控，这是一个潜移默化的过程。自觉培养、自觉调控有利于发展。有意识的练习，可以对个人的心理素质有一个正确的评价，认清自我。并能自觉加强和调整个人的心理素质，确立正确的写作方向，既不会想入非非、做力所难及的事，也不会妄自菲薄，不敢做本来可以做到的事。

二　思想素质鉴评与训练

（一）内容

一个人的思想水平、素质高低，决定着他认识事物的态度、深度和价值取向。写作活动自始至终都与作者的世界观和思想、作风相联系。所谓“文德”“文心”“文品”，应出自“人德”“人心”“人品”。“有德之文信，无德之文诈。”写诗作文，切不可轻视思想上的历练和品德上的修养。对照前文有关思想素质的阐述，首先对个人目前状况要有一个清醒的认识和客观的评价；在此基础上，找出不足和缺陷；从下述材料中，找出自己应该借鉴和学习的地方；最后确立今后提高的目标，制订通过实践、学习、锻炼实现目标的计划。

（二）材料

材料一：诗六首

1. 旧社会打油诗一首

纷纷大雪添皮袄，且把米价再提高；
趁此正好抓壮丁，老子一人给一刀。

2. “蜜蜂”诗二首

不论平地与山尖，无限风光尽被占。
采得百花成蜜后，不知辛苦为谁甜？
（[唐] 罗隐《蜂》）

衔脂窃粉笑蜂忙，只为微躯急聚粮。
念到蜜成无己份，何如花底剩余香！
（《题画诗选 · 题蜂》）

3. “云”诗二首

片片飞来静又闲，楼头江上复山前。
飘零尽日不归去，点破青光万里天。
（[唐] 郑准《云》）

千形万象竟还空，映水藏山片复重。
无限旱苗枯欲尽，悠悠闲处作奇峰。
（[唐] 来鹄《云》）

材料二：四位大学生思想现状自述

1. 刘××

我是农民的儿子，能够考取并读上大学真不容易。我爱我们那个小山村，又恨自己出生的地方太穷。我思想单纯，不会想入非非；也热爱集体生活，愿和大家和睦相处。我对黑灯瞎火的夜晚仿佛有着一种莫名的恐惧，可能是受迷信的影响，对鬼神半信半疑的缘故。

我基本没读过马列著作，毛泽东思想和中国特色社会主义理论体系方面的论著读得也很少，对现实的政治、政策、法规的学习，只是随大流。现在的国内、国际新闻，我总觉得离自己太遥远，不愿多了解。我最关心的是毕业后的就业，个人和家庭的生活条件能否改善一点。有人问我愿不愿意回去为改变家乡面貌做贡献，我觉得不是不愿意，而是自己无能为力。

2. 乐××

我，一个大男孩，以前性格内向胆小。现在却爱轰轰烈烈、热热闹闹，简直是180°大转弯。爱爬山，可以登高望远，不是有“会当凌绝顶，一览众山小”之说吗？那个心情真叫痛快。爱钓鱼，可以陶冶情操，心静似水，专心一事，总会有收获。不爱读书，尤其不爱读枯燥无味的理论书，因此思想觉悟不高。常冷眼旁观世间的灯红酒绿、是是非非。懂一点道理，也有爱人之心，但胸无大志，只求一生平安，不愁温饱。

3. ×平

我，男子汉，相貌平平，知识平平，内心也平平，平常人平常心。

当然，我也有过理想和希望，在中学当过班长，受过表彰；也有悲观和失落的时候，因成绩差，挨过批。初中毕业没考上高中，我仿佛掉进冰窟，艰难地爬上来，一咬牙跑到广州去打工，干过油漆、建筑、修理等方面的工作，也开过汽车，尝尽了苦涩和无奈。

嘴上说我是平凡的俗子，心里头却梦想着自己有不平凡的一天；生活和学习中的挫折使我变得更加坚强；我在政治上的追求是，将来能成为一名真正的共产党员。同时，我还相信，“大鹏展翅会有时”，只要有恒心，我在写作上也定会有建树。

4. ×芳

我是个女孩，智商不高。不大关心外界的玉帛干戈、风云变化，也不注重对时事政治的学习，生活、与人相处只求平静和平安，却一门心思地迷恋于读小说、看电视。像金庸、古龙、卧龙生的大作，只要能弄到手，非一口气读完不可；琼瑶、岑凯伦的言情小说也读得津津有味，而古今中外的名著却似乎与我无缘。我也爱写写画画，还当过雏鹰文学社的副社长，但对文学只凭兴趣，心里懵懵懂懂，终不成气候。这些都是读中学时候的事了。

现在，我要想改变自己也不是一件容易的事。我也想成为有理想有抱负有作为的人，但谈何容易，面对着学校的种种要求和社会的发展，我又兴奋又无奈，简直是无所适从。

(三) 过程

(1) 结合上面的解析，鉴评下面一段文字：

主题不能外加，不能强植，它是通过作品的一种自然的流露。因此有了题材以后就需要慎重地从题材里引出主题，使反映主题的思想和故事情节、生活场面血肉相关地结合起来。作者观点的渗透可以是不自觉的，但更多的时候却是自觉的，只有掌握了科学的世界观，才能有保证地孕育完美的主题。我们的任务是用共产主义精神教育人民，要使作品达到这一目的，作家要有正确的世界观，作品要有一个健康的灵魂。

(唐弢《创作漫谈》)

(2) 打油诗共四句，却代表了四类人物的不同身份立场、思想和情感，请解析并对号入座，指出每句诗所代表的人物身份，还要分析其语言与思想的关系。

(3) 分析两首“蜜蜂”诗和两首“云”诗作者的思想境界，为何面对同一事物，其认识、观点和思想情感却会不同，甚至大相径庭？这对你有何启示？如果让你写该是什么样子？为什么？

(4) 对四位大学生思想现状的自述，分别进行鉴评，你认为他们各自的长处和弱点是什么？与20世纪初闹革命的仁人志士、一大批热血青年相比，与解放初期投身新中国事业的知识分子相比，与在当前的改革开放大潮中勇于搏击奋进的青年相比，他们的思想和心态如何？精神境界怎样？

分析一下，你与哪一位的思想比较接近？打算如何提高自己的思想素质？

(5) 高尔基曾说，马克思主义世界观“为我们创造了最高的精神高峰，从那里可以清晰地看见过去，指出一条走向未来的唯一途径，从‘必然王国到自然王国’的大道”。作者的世界观和人生观树立起来了，写作的目标和理想问题就会解决得好，真实的社会生活，健康的思想情感不必刻意追求，也会自然地涌向笔端。但正确的世界观的树立却是长期的，应不懈地自觉追求。尤其是当新生事物随着社会的发展、时代的前进步伐层出不穷时，更需坚持用马克思主义的立场、观点、方法，辨析新情况，排除保守、落后、僵化的旧思想，及时接纳科学、有用的新思想，关心新事物，积极参与社会的变革活动，这样才能使自己的思想素质保持新鲜活力。但这绝不是通过课堂上的简单练习和鉴评所能及时奏效的。它需要在长期的劳动实践中锻炼提高。

通过课堂上的鉴评和训练，我们所要求达到的目标是：① 充分认识提高思想素质的重要性；② 认清自我，找出差距；③ 制订提高思想素质的计划；④ 正确处理思想与写作的关系。

（6）在自己现有的思想水平和写作水平上写一首咏物诗，在注重提高个人的思想素质一年后重写这首咏物诗，毕业前夕再重写，比较其有何不同。

（四）结果

思想素质的锻炼和提高应该重视过程，不要简单地强调结果，也不能形式化、表面化，应关注内在的锤炼，质的飞跃。

各人情况不同，不要强人所难，只要自觉学习和实践，完善自身，在写作中保持健康的积极向上的心态，就可认为达到了目的。

三　文化素质鉴评与训练

（一）内容

文化，对一个国家、一个民族来说，有优秀的精华，也有低劣的糟粕。一个作者，切不可被媚俗的小市民文化、圆滑的市侩文化以及其他乱七八糟的文化垃圾挡住了视线，应该用古往今来的一切优秀文化成果充实自己，站在人类积累起来的文化基础上从事写作活动，才能真正弄懂辩证唯物主义和历史唯物主义，获得崇高恢宏的精神境界、广阔从容的胸怀和气度，写出有深厚感、为社会所需要、为人民群众乐见的华章。

每个人的文化素质，由于受社会时代、环境条件、学校家庭的影响，且个人主观努力的程度不同，客观上存在着很大的差异。也可以说，任何人的文化素质都不是十分健全完善的。写作追求的是高文化素质，应弥补那些明显的缺陷，以利于写作的发展。

（二）材料

1. 关于人才的图形解释

（1）正三角形人才△。

底部平，表示基础知识厚实，文化素质高。

上部尖，表示在事业上冒了尖，有发明创造。

（2）倒三角形人才▽。

底部尖，表示基础知识差，文化素质低。

上部平，表示事业平平，无作为，无创造。

（3）菱形人才 ◇。

底部尖，表示基础知识薄弱，文化素质低。

上部尖，表示事业有成，冒了尖，善于发明创造，被称为“鬼才”。这类人才能扬长避短，独辟蹊径，利用空白点，出奇制胜。

(4) 梯形人才⏢。

底部平,表示基础知识扎实,文化素质也不低。

上部也平,表示事业平平,没有冒尖,无创造发明,被称为"庸才"。

(5) T形人才丅。

一横,表示横向知识丰富,有管理才干。

一竖,表示专业知识牢靠,专业领域内的业务能力强。这类人被称为"全才"。

2. 关于知识的一种见解

世界上有四种知识,可用四个"W"来说明。

第一种知识是:是什么(WHAT)——事实本身,它是实实在在、客观存在的东西。

第二种知识是:为什么(WHY)——解说阐释事物的原理,是讲道理、谈理论的,具有抽象性。

第三种知识是:如何做(HOW)——是讲技术和操作、告诉人技法和技巧的,具有实践的特性。

第四种知识是:谁掌握(WHO)——专家是谁,谁最精通这一知识。

第一、二种知识是硬信息,第三、四种知识是软信息,相互依存又相互制约,任何一种知识,在当今社会都是无价之宝。

(三) 过程

(1) 对照人才图形解说,分析个人当前的情况,属于何种图形之人才。面对这种状况有何想法？在未来的事业上想不想冒尖、有所作为？愿实现哪一类的冒尖？如何实现你美好的愿望？

(2) 对照中国现当代文学史中的作家如陈登科、高玉宝等的情况,进行分析和用人才图形套解,该作何种解释？分析和解释应适当,不能牵强附会。

(3) 我国古代南阳人江淹,幼年家中贫寒,常受人欺凌,甚至身陷囹圄。但他心强志坚,发愤读书,终于"才思藻丽",文章超群,成为少年才子。江淹出名后,在宋、齐、梁各代先后为官,官至金紫光禄大夫,被封为醴陵侯。从此,江淹"文思渐衰",再也写不出好文章了。所以有"江郎才尽"之说。江郎之才属于哪一种知识之才？能不能用人才图形套解？为什么？江郎才尽的原因何在？对我们增强文化素质的修养有何启示？

(4) 社会上哪种图形的人才最多？哪种图形的人才最少？做哪种图形的人才最难？做哪种图形的人才最容易？为什么？

(5) 关于四种知识的硬信息与软信息之说,你认为获得哪种知识最容易？哪一种最难？为什么？我国加入世界贸易组织以后,哪种知识的地位在上升？它与哪一种图形的人才关系最密切？

(6) 指出社会上出现的文化垃圾之类的现象,分析其有一定市场的原因。应如何对待此类现象？要营造一种怎样的文化环境,才对人才的成长有利？

（四）结果

① 找准个人文化素质的强项和弱项；② 认识提高文化素质对写作者的重要性；③ 制订提高文化素质的计划，有针对性地提高文化素质。

四　审美素质鉴评与训练

（一）内容

歌德说："人是一个整体，一个多方面的内在联系着的各种能力的统一体。艺术作品必须向人这个整体说话，必须适应人的这种丰富的统一体，这种单一的杂多。"人本身是一个丰富复杂的世界，写作要进行"物我交融"的伟大心灵的建造，就必须重视人（也即作者自身）的"多方面的内在联系着的各种能力"的建造。因为艺术作品要"向人这个整体说话"，人的审美能力、审美素质的建造就是很重要的一个方面。

审美，是人类特有的一种欣赏和体验活动。美，既是一种客观存在，也是一种主观感受。正如马克思《1844 年经济学哲学手稿》所说："只有音乐才能激起人的音乐感；对于没有音乐感的耳朵说来，最美的音乐也毫无意义。"人们追求美的天性，所谓"爱美之心，人皆有之"。食常饱而求美，衣常暖而求丽。爱美、追求美，即是一种审美需求，人们总是按照美的规律建构对象性世界。

由于人们所处时代、地域、民族以及阶级和阶层的不同，由于文化修养和个性的差异，其爱好和审美趣味也明显存在着区别。有的爱华贵美，有的爱自然美；有的崇尚新潮，有的固守传统。马克思在《1844 年经济学哲学手稿》中说："忧心忡忡的穷人甚至对最美丽的景色都没有什么感觉；贩卖矿物的商人只看到矿物的商业价值，而看不到矿物的美和特性；他没有矿物学的感觉。"

作者的审美素质，除了审美需要，还体现在审美理想和审美创造上。

审美理想，既是一种美的选择、欣赏和享受，也是一种净化情感、激发创造的动力。审美创造，是作者审美思想和审美意图的体现。它既需要激情，也需要一定的美学知识。凡文章都有一定的审美属性，尽管文学文体和实用文体的审美属性大不相同，但都有着内容美和形式美的要求。

充满生命朝气的激情，是美的情感体验的动力；学习与掌握美学知识与理论，是审美赏析与判断、审美愉悦与创造的必要武器。作者要用纯净高尚的心去发现美、创造美和表现美；要用灵敏的感官、积极的态度去感受美、体验美和审视美。在对美的钟爱和追求中陶冶情操，净化灵魂，提高素质。

（二）材料

任何文学作品背后，都需要哲学、美学的支撑，才能超越寻常的故事讲述、人物形象塑造，而进入一个更高的思想的层次。如何提升审美素质和修养呢？一方面，要多看名家的文学作品；另一方面，要多看哲学、美学、历史、文化方面的书。尤其是哲学和美学，因为它们提供的是思考和看待世界的角度和方式，是超越平常人的角度和方式，往往会带领你一眼就看透事物的本质，让你明白这个世界、文化运作背后的奥秘！所以，哲学和美学，是中文人的底子，也是提升写作能力必备的。如果没有更高层次的美学、文化的陶冶和指引，那么写作只会停留于生活的表层，陷入粗糙、繁杂的生活洪流之中，无法发现写作的出发点，这样的写作顶多是对表象的复制而已。这里推荐几本提升审美修养的书，包括《哲学的邀请》《中国哲学简史》《西方哲学史》《美的历程》等，在获得一定的审美感悟能力后，再观照生活，便可以有较为深入、独特的发现。

1. 古人诗画论 12 条

(1) 画在有笔墨处，画之妙在无笔墨处。（戴熙）

(2) 万籁有声，而庭阶寂寂。（归有光）

(3) 空山多雨雪，独立君始悟。（王昌龄）

(4) 空山无人，水流花开。（苏轼）

(5) 山高溪深，万籁萧萧。（《古琴铭》）

(6) 蓝田日暖，良玉生烟。（戴叔伦）

(7) 落花无言，人淡如菊。（司空图）

(8) 不着一字，尽得风流；神出古异，淡不可收；采采流水，蓬蓬远春；明漪见底，奇花初胎；晴雪满竹，隔溪渔舟。（司空图）

(9) 盛唐诗人，惟在兴趣，羚羊挂角，无迹可求，透澈玲珑，不可凑泊；如空中之音，相中之色，水中之月，镜中之像，言有尽而意无穷。（严羽）

(10) 善画者，必意在笔先。宁可意到而笔不到，不可笔到而意不到，意到而笔不到，不到即也；笔到而意不到，到犹未到也。（布颜图）

(11) 所谓无墨者，非全无墨也，干淡之余也。干淡者，实墨也；无墨者，虚墨也。求染者，以实求虚也。虚虚实实，则墨之能事毕矣。盖笔墨能绘有形，不能绘无形；能给其实，不能给其虚。山水间烟光云影，变幻无常。或隐或显，或虚或实，或无或有。冥冥之中有气，窈窈之中有神，茫无定象；虽有笔墨，莫能施其巧。故古人殚精竭虑，开无墨之墨，无笔之笔，以取之。无笔之笔，气也；无墨之墨，神也。以气取气，以神取神，岂易事哉？吾故曰上上尔。（布颜图）

(12) 山欲高，尽出之则不高；烟霞锁其腰则高矣。水欲远，尽出则不远；掩映断其脉则远矣。（郭熙）

2. 名人名言及其他

(1) 鲁迅对珂勒惠支版画《农民暴动》的解说词：“从前流着汗的地方，现在流着血了。”

(2) 济慈（英国文艺评论家）说：“幽静的花是多么美！如果它们涌上大街，大叫大喊:‘欣赏我吧,我是紫罗兰,迷恋我吧,我是樱草花!’这要丧失多少美啊!”

(3) 鲁有恶者,其父出而见商咄。反而告其邻曰:“商咄不若吾子矣。”且其子至恶也,商咄至美也;彼此至美不如至恶,尤乎爱也。(《吕氏春秋·有始览·去尤》)

(4) 一个倚锄或倚铲而立的人,较之一个做着掘地或锄地动作的人,就表现劳动来说是更典型的。(米勒)

(5) 一电影广告画:一只色彩鲜丽的红苹果,看上去好像被谁咬了一口,残了。

(6)《祝福》里的祥林嫂,失去了唯一的孩子后,她只是常常地喃喃自语:“我真傻,真的……”

3. 诗和诗句

(1) 鸣筝金粟柱,素手玉房前。
欲得周郎顾,时时误拂弦。

([唐]李端《鸣筝》)

(2) 手如柔荑,肤如凝脂,
领如蝤蛴,齿如瓠犀。
螓首蛾眉,巧笑倩兮,美目盼兮。

(《诗经·卫风·硕人》)

(3) 你,悬崖上的红杜鹃,
对着我莞尔一笑,
却使我心惊胆颤,
我唯恐你掉下来,
在峡谷里粉身粉骨——
美,从来都面临着灾难。

(徐刚《红杜鹃》诗句)

4. 著名雕塑绘画作品三幅

(1) 在艺者的眼中,一切都是美的,因为他的锐利的慧眼,注视到一切众生万物之核心,如能发现其品性,就是透入外形,触到它内在的“真”。这“真”,也即是“美”。(罗丹)

罗丹著名雕塑作品(一幅)欣赏(见图1-1)。

在美丽的雕塑中,常潜伏着强烈的内心的颤动。

(2) 欧洲文艺复兴时期(英)乔治·斯塔布斯动物画一幅(见图1-2)。

(3) 画家的首要任务是使对象凸现在平面上,好像一个突出的实体。(达·芬奇)

达·芬奇著名的女子肖像画一幅(见图1-3)。

图 1－1　跪着的农牧神/石膏(1884 年)

图 1－2　被狮子惊起的马(1770 年)

图 1－3　吉内弗拉·德·本齐

（三）过程

(1) 对照审美素质的有关内容和“古人诗画论等十二条”，说明“无墨求染”“羚羊挂角，无迹可求”“不着一字，尽得风流”的道理。这许多的言论和诗句，道出了一个怎样的美学原则？与审美感受和审美体验有何关系？

(2) “名人名言及其他”的六个材料各说明了什么意思？请用审美的观点分别加以评析，有的还要阐明为什么。

(3) 分析“诗和诗句”一组材料，回答以下问题：

① 解释《鸣筝》一诗，美在何处？

②《硕人》中的一节所表现的美是哪种美？与《陌上桑》中表现美男子、《青青河畔草》中表现美女子相比，三者表现美的共同点是什么？有没有不同？用当代人的审美眼光来看，是否能欣赏它们表现的美、推崇这美？为什么？你心目中的美男子和美女子是什么样的？

③ 赏析《红杜鹃》诗句，“红”象征什么？诗的意旨怎样？运用第一组材料中包含的道理，进行审美意义上的阐释。

④ 参照罗丹对美的看法，用纯洁美好的心灵欣赏罗丹的这幅雕塑，并用美的语言写出一段犀利中肯的赏析文字。

乔治·斯塔布斯的《被狮子惊起的马》，是一个凝固了的恐怖画面。一匹白马走在风中，一头狮子于黑暗中逼视过来。猛然地相遇，白马因惊恐急遽地收住四蹄。结果如何呢？令人思忖不已。有人说这幅画完全可以从弗洛伊德关于噩梦的解释中找到根源。是这样吗？欣赏这幅画，写出你的审美感受。

达·芬奇有三幅最著名的女子肖像，这三幅女子肖像“都暗藏着一种渴望。这种神韵在《切奇莉娅·加拉拉尼》中表现得最有感染力，在《蒙娜丽莎》中最神秘，在《吉内弗拉·德·本齐》中最具有对立性。我们很难长久地凝视《蒙娜丽莎》，因为对它有着太多的期望。也许那幅不太出名的《吉内弗拉·德·本齐》可以让我们看得更真一些，它具有一种为达·芬奇独有的、让人魂牵梦绕的非尘世之美”。在《吉内弗拉·德·本齐》中，达·芬奇为我们展示了一位什么样的少妇？她呈现的容貌和神态如何？美在哪里？她最能打动人的地方是什么？请写一篇审美赏析的短文。

(四) 结果

审美素质的提高和其他素质一样，是长期的、潜移默化的。课堂上的鉴评和练习只是提供了一个契机、一点资料，最终还要靠自己修身养性，加强审美修养。

通过这次学习，一要认识审美素质的提高关系到写作的质量；二要提高审美的悟性；三要提高审美情趣；四要坚定增强审美能力的信心。能如此，就达到了目标；有了个好的结果，也就有了一个好的开端。

第二章　写作过程与操作

过程是事物发展行进中的状态或所经过的程序。

操作是有着具体的特定要求的身心活动。

写作过程是沿着"物⇄感⇄思⇄文"的轨道，由"内化"到"意化"再到"外化"向前发展的。"感"，是写作感知，它是内化的关键；"思"是写作运思，它是意化的关键；"文"是写作行文，它是外化的关键。感、思、文是一个整体，相互交叉、包容，又互相制约、依存和运动。它们贯穿写作的全过程，并以具体的心理和行为操作，实现写作的发生、进展和归宿，实现具体的写作目标。

第一节　写作的过程

一　写作感知的过程

写作感知是一般感知的特殊形式。它以实践为前提，是主体接纳信息、触发情感、引发运思的心理活动。个体写作行为的发生，是从感性认识开始的。思，因感而起；情，因感而生；文，因感而发。正是在感性认识的阶段，作者找到了使主体心灵与客观外物相沟通的渠道。作者对外物独特的感知体验、独特的发现和认识制约着写作行为活动的轨迹。

写作感知因受写作意向、需要的影响和主观因素的渗入而带有明显的个体差异性。当客观外物与主体感官产生对应关系时，主体总是以原有的信息储备和心理积淀为基础，对感知对象或排拒，"视而不见，听而不闻"；或选取，"见其所见而不见其所不见"，有意识地选择着该注意的事物、该接纳的新信息。这即是写作感知的对象选择性。写作意识的强化，使主体感知客体、捕捉外界信息就显得特别灵敏和锐利，能够"见人之未见"。这即是写作感知的灵通敏锐性。

写作感知无论是自发的或诱发的，随意的或有意的，审美的或非审美的，凡是成功的感知积累都离不开成功的感知事物的方法。这方法可以大致归纳为三句话：开放感官，观察体验；走向社会，调查采访；手脑并用，阅读集录。

写作感知的领域异彩纷呈、景象万千；写作感知的过程是有趋向、有选择、层层递进的。

（一）三种趋向

1. 由模糊趋向清晰

写作主体对感知对象的感知，是一个由模糊到清晰、由不确定到逐渐确定的过程。这是因为感知对象的存在形态从来都不是单纯划一的，而是一种相互交错、复杂多变的模糊集合，作为心理活动重要因素的知觉（记忆）中的表象，也没有客观现实中的形象明朗清晰，事实上是边缘不清甚至混杂模糊的。应该承认，在写作的感知过程中实际上已经开始了模糊思维。王蒙说他写《夜的眼》是由于感觉和感受的引动，但“这个感受是什么？讲不太清楚，有点朦胧”。然而，正是这些讲不太清、有点朦胧和模糊的东西，在支撑写作主体由感知向运思推进，凭借“灵性”和“激情”，神助似的成篇。模糊并非混沌一团。感知之时，由于写作意识的作用，走出模糊、朦胧的迷雾，摆脱不确定、似是而非的状态，不仅是主体的一种心态，而且逐步趋向清晰明朗的态势已蓄聚起来，为感知物能够了然于心和孕育成型，为认知能够深化，并最终转化为语言文字符号打下了基础。

2. 由无序趋向有序

写作主体对感知物各自独立、杂乱无序的刺激已开始按照写作意向进行接纳或排拒，产生感应；对由外物形象到感知形象再到留存在感知记忆中的流动易变、模糊可塑、混杂并陈的表象，已开始进行整合，试图做出合理合情的解释；对主体自身的动机、需要、兴趣等多种因素无序混合的内驱力，也在写作意识的调控下渐渐凝结为强烈而又明确的表达欲。事物的无序状态，在感知过程中已逐步趋向序列化、条理化、系统化，为运思的进一步加工提供有用的依据，为行文表达的明晰、畅达、层次分明创造条件。

3. 由残缺趋向完形

写作感知过程中，受情感和理性双重制约的主体，为了写作的需要，总是从有机的整体的心理结构出发去感知客观事物。然而，被感知的事物却不一定能够满足写作的需要，很可能以一种不连续的、残缺的甚至支离破碎的形式出现。主体这时会产生一种追求完整、完形甚至完好、完美的感知兴奋，整合破碎，补充残缺，弥合断痕，试图修补被感知的事物。修补的过程总是伴随着记忆信息的重现和想象加工，这一过程也可能在新的感知活动中继续向前推进，直到与“思”相结合而完成。

（二）三级选择

1. 第一级“目标选择”

写作感知在由生理的层面向心理的层面转换推进时，表现为“三级选择”的过程。写作主体面对客观世界的各种刺激并非都能产生注意和反应，而是有所选择的。这种选择最先发生在生理的层面上，主体感官在与外物接触并产生对应关系时，感知什么或不感知什么，总要对准和有意无意地选择目标，这即是第一级的“目标选择”。

2. 第二级“定性选择”

“定性选择”首先也在生理的层面上发生。定性是客观物和主体心理双重作用的结果。不管客观外物刺激的强弱，主体的某一感觉器官只对外界事物某一特定的刺激产生兴奋。如画家倾向于视感觉关注和敏感于图像信息，音乐家倾向于听感觉关注和敏感于声音信息。当以“目标选择”为基础的“定性选择”完成后，便开始了由神经生理过程的层面向心理过程的层面的过渡和转换。应当指出的是，写作感知中的“目标选择”和“定性选择”虽然发生在生理的层面，但心理的活动也已经开始，并逐渐加重加强。由生理向心理层面的过渡与转换，不是突发的，而是渐进的。

3. 第三级“抽提选择”

所谓“抽提”，即有意识的抽出与提取。当写作感知完成了“定性选择”，由生理层面逐步过渡到心理层面时，“抽提选择”也在逐步显示出它在写作感知领域的特殊意义。在这一过程中，原始的繁杂信息被简化，与写作无关的信息被舍弃，只保留和选择了（或者说抽提出）对写作意图有一定意义和一定作用的信息。

一、二、三级选择的转换和推进分别描述了生理的感觉和心理的知觉过程，也即描述了写作感知的过程，并丰富着它的内容。

（三）三层递进

写作感知过程存在着对象主体化、主体对象化的双向同构现象。金圣叹曾说：“人看花，花看人。人看花，人到花里去；花看人，花到人里来。”人是花，花也是人；人与花相互观照、位移、对象化了。在这一过程中，感知产生于主体，引起主体一系列生理的、心理的反应；感知作用于客体，引起主体对客体表层、浅层和深层的现象、结构及相互关系的描述、概括和认识。前者已有概述；后者，当写作意识渗入各层面时，呈现交叉变化、逐层递进之势。

1. 主体对事物外表层面的感知

对事物外表层面的写作感知处在初级阶段，由生理上的反应引发对事物现象的描述。在写作学中，或者在评析一个人的作品时，人们常用“细描”“白描”“描述”“描写”

"绘形绘色""情景宛见""形神毕肖"等类词语，或概括写作方法，或形容作品的成功之处。其实，用描写法所展示的画面或图像，多是停留在对事物感知的外表层面上，所传达的美感信息或理性的蕴含，也多是初级的。比如："寒风刺骨，冷雨冰人，她裹紧衣衫，瑟缩着身子，跌跌撞撞地走去……"这即是一种对事物现象的描述，是生理层面的感知。对客观事物外表层面的感知，是写作主体受事物外表的刺激引发的生理反应所产生的第一印象。当这些转化为文字符号进行编码组合时，也往往渗入了很强的生理因素。这在名作中也常见到。如：

我便从头直冷到脚跟。(《狂人日记》)

他觉得自己的大拇指和第二指有点古怪：仿佛比平常滑腻些。(《阿Q正传》)

他用两手攀着上面，两脚再向上缩；他肥胖的身子向左微倾，显出努力的样子。这时我看他的背影，我的泪很快地流下来了。(朱自清《背影》)

她比以前丰腴了，气色也鲜润了些，晨衣是粉红的，底边绣了大朵的花，沙发布和灯罩也是大花的。(王安忆《长恨歌》)

逼人的冷空气使许许多多上了年纪的老职工都在不断地猛咳着，呛人的廉价的纸烟味四处弥漫着，抽烟时一闪一闪的亮光在人群中此起彼伏，寒风嗖嗖地刮个不停……(张平《抉择》)

以上这些描写，都离不开主体感知事物时的生理反应。

文学家和艺术家不能随意改变感觉对象，也不能随意改变对事物外表层面的感知，真实存在的客观物作用于主体、刺激主体产生的生理反应是最鲜活最生动的，那种"自然"的描述是"'舍、取'不由人"的。当然，这种外表层面的感知必然要向前发展，同浅层、深层的写作感知相结合，并渗入理性因素，才会更加真切、感人。

2. 主体对事物肤浅层面的感知

对事物肤浅层面的写作感知处于由初级向高级发展的过渡阶段，生理与心理反应相交叉；在写作意识上，由对感知物现象的描述向感知物的肤浅层推进，试图剖析感知物。如在两汉时，人们对美男子的感知判断是"为人洁白皙，鬑鬑颇有须。盈盈公府步，冉冉府中趋"(《陌上桑》)，而对美女子的感知判断则是"盈盈楼上女，皎皎当户牖，娥娥红粉妆，纤纤出素手"(《青青河畔草》)。当代人对女子披肩发，有人感知为潇洒自然，有人感知为散漫风流；男子蓄长发，有人觉得文雅有风度，有人觉得造作有酸腐气，等等。这即是对感知对象在审美意义上的初步解剖与评判。这种解剖是一种理性理解的过程。在这一过渡阶段，理解是初步的，有一定限度的，理解了的和没有理解或不完全理解的东西以及对事物的最初印象混杂并陈，等待主体梳理。

浅层面的感知是已经有着理性参与的感知。古希腊的许多大哲人，中国的老、庄，都竭力强调感知在人类生活中的巨大作用，认为感知是发现真理的源泉和起点，感知中就已经包含着高贵的理性和对真理的发现。德谟克利特曾以感知的口吻抗议理智："可怜的理智，你从我们这儿得到证据，而后就想抛弃我们，要知道，我们被抛弃之时就是你垮台之日。”[①]可见，一开始理智就和感知纠结在一起。但是，在理性渗入写作感知的时候，对感知对象的科学理解和审美意义上的理解是朝着两个不同的方向发展的。当感知朝着理性方向发展时，一切伟大的科学发现便闪烁着科学理性的光彩。当感知朝着审美方向发展，作者在孕育形象、传递美的信息时，同时也包括理性的因子。如看到阳光映红的云霞，会有一种色彩的美感；听到《国际歌》的悲壮旋律，会产生音响的美感；巍巍高山使人感到壮丽之美，滔滔江河令人感到力量之美，等等。但是，当主体感到事物美时，对美感的力量和意义并不能一下子全部理解，那些审美的和非审美的，必将在交叉混合的心理描述中向着事物的深层推进。

3. 主体对事物内里层面的感知

对事物内里层面的写作感知处于高级阶段。它是由对外界信息的接纳到引起内储信息的活跃，二者碰撞后，被主体理解或基本上理解了的感知。这种感知不是孤立地使用感觉器官纯客观地完全自然地去接纳信息，而是在外表层面、肤浅层面感知的基础上，积极进行联想和想象、分析和综合的思维活动过程。当写作感知深入事物的内在层面，主体不仅对感知对象的个体存在感兴趣，而且进行理性的认识和把握，并企图把这种认识和把握转化为思想或概念。在付诸文字表达时，或者还原为个体对象，或者进行理智的概括。不管前者或后者，在这个层面都把一个充满了认识、心理、审美、理性和情感的活动过程，推向了顶峰。

“艺术感觉有一个从低级阶段向高级阶段发展、反馈的过程，即由肤浅的感觉推向深刻的感觉，由对孤立现象的感觉推向对普遍现象的感觉，由感觉中的理性因素甚少到理性因素甚多，由不自觉推向某种自觉，最后感觉因素与理性因素交融统一，在可感形象中显现某种有普遍意义的理性东西的过程。”[②]对写作感知来说，表层面处于这一过程的起始阶段，浅层面是一个过渡发展期，内里层面才是感知过程的完成期。但在具体的写作感知过程中，主体并不一定就能自觉地辨别和感受到这三个层次，感知表现为一种整体的把握事物的能力和方式。

写作主体对事物内里层面的感知，仍有审美的和非审美的区别。审美的感知不仅关注感知对象美的特征和本质，而且力图发现感知对象的外在形态与本质特征的联系，哪怕这种发现常伴随主体的审美情绪和审美冲动的影响。但对感知主体来说，却是对事物内在本质的理解和阐释。鲁迅在深冬的故乡之行，禁不住有着一种悲凉之感。宋代郭熙描绘山，有“春山淡冶而如笑，夏山苍翠而如滴，秋山明净而如妆，冬山惨淡而如睡”之感。形与神的联系是如此紧密。

非审美的感知常用理性的眼光，去理解和概括事物的性质和意义。毛泽东在《湖南农民运动考察报告》中曾描述农民运动的情况：“‘把你入另册！’向土豪劣绅罚款捐款，打轿子。反对农会的土豪劣绅的家里，一群人涌进去，杀猪出谷。土豪劣绅的小姐少奶

---

① [美]鲁道夫·阿恩海姆著，滕守尧译：《视觉思维》，四川人民出版社 2019 年版，第8页。

② 林建法、管宁选编：《文学艺术家智能结构》，漓江出版社 1987 年版，第 145 页。

奶的牙床上，也可以踏上去滚一滚。……”由此，他得出结论说：“非如此决不能镇压农村反革命派的活动，决不能打倒绅权。矫枉必须过正，不过正不能矫枉。”这即是对事物的非审美感知所给予的理解与意义。它运用的是理性的概括的方法，而不是形象化的方法；它处在感知的深刻层面上，洞察了事物的内在本质。

至此，写作感知通过表层的起始期，浅层的过渡发展，深层的内里探测，已完成了三层递变，并为运思准备了充足的条件。

二　写作运思的过程

主体对事物的感知觉和意象的作用，导向了运思。写作运思，就生理机制而言，是人脑整体作用下的数万亿个细胞积极参与的复杂的思维活动；就进程而言，是生活心灵化（客体主体化）和心灵生活化（主体客体化）的方向相反而又内在统一的两种转化运动，是一种“物”“我”化一的心理操作。概括来说，运思是一种定向的创造性思维活动，是升华认识、疏通思路、理清材料、设计文章蓝图的必由之路。它以感知为基础，并为行文创造着条件，而又有相对集中表现自己的阶段。

写作主体一旦进入或外因促使，或自我酝酿形成的运思境界，其表现出来的特征十分鲜明。运思最基本的特性是目的指向性、内向凝聚性、动态多变性和个体创造性。

“思维的大脑神经回路说”认为，神经回路具有不同的构成方式，分别具有发散、收敛、突现的功能。写作运思正是综合体现着这些功能的复杂精神活动。因此，发散、收敛和突现也相应成为运思的基本方式。

发散型运思，就是写作主体有目的地围绕一点生发，或受外界信息（形象的或理念的）刺激，思维向四面八方扩散，造成想象和联想，使信息沟通和联结起来，进行形象的或理念的创造，产生新的形象性和观念性信息。

发散具有流畅、变通和独特三个特性。发散的引发可以是形象的直觉式引发，也可以是非直觉的形象的想象，还可以是概念的理性式联想。形象和概念虽然分属不同的思维范畴，但在写作运思中，二者形影相依，不能分开。发散的方法，最要紧和最关键的是想象和联想。

收敛型运思，就是集中、回拢运思的对象性客体，经过思维的筛选，摒弃和淘汰与运思目的无关的信息，对有关的尤其是主要的信息进行分析与综合、归纳与概括。其进程是：先从发散中收缩思维，寻找和确立一个中心，再围绕这个中心收敛思维。确立一个中心就是一次从不定向（思维的空间广、思路多）到定向（找到中心）的收缩。此时，主体的思维已回拢到最能体现写作意图的中心物上来了。之后，主体还要围绕中心筛选和抉择能够为其服务的信息材料，这又是一次从不定向（材料来自四面八方和具有可替换性即弹性）到定向（围绕中心）的收缩。至此，运思已渐趋成熟。收敛的最基本方法是分析和综合。没有综合，无法收缩。没有分析，就没有综合，综合总是以分析为基础的。没有综合，也就没有分析，分析又总是以综合为前导的。分析与综合相互依存，共同推动收敛运思。

突现型运思是一种豁然顿悟的运思。它的一般进程是：苦思——搁置——断续思考——潜意识思考——机遇——脱颖而出（即顿悟）。从苦思到潜意识思考是准备酝酿的沉思阶段；机遇是灵感突发的外界诱因、引爆的火花；顿悟则是感知觉、意象和观念的豁然贯通与认识的飞跃，仿佛电视屏幕上光点的聚拢、排列到刹那间的突然成像。

写作运思过程是一个体现着多种特性，在思维的发散、收敛和突现的作用下，充满矛盾和无穷变化的心理操作过程。具体来说，它呈现一定的流变状态，沿着一定的思路，由整体向局部推进。

（一）流变状态

1. 信息的流变

运思过程中的信息交换和传递，呈现时散时聚、时隐时现、时缓时急，或平行、交叉，或立体网络的流变状态。脑科学和思维科学研究表明，脑神经细胞不仅有接纳、输出、传递和综合信息的机能，而且“每个个别的脑细胞都可以在同一时刻与相邻的一万多个脑细胞发生接触和拥抱”，“正是这种闪烁不定、连绵不绝的拥抱，你思维当中无尽的模式和图谱才被创造出来、得到营养、不断增多”[①]。这就有可能形成放射性思维的神经网络和信息网络。当流变中的信息经主体辨识、加工、筛选和纯化为主要的和次要的时候，便形成一条条的链（信息链）、一组组的块（信息块），并趋向于一定的文体。信息传递如同接力赛跑，不同的传递就会形成不同的“信息链”或“信息块”，一旦被主体认识和提取，就会有与之相吻合的文体的运思活动。

“信息链”或“信息块”都是对信息进行归类的结果。它是信息被结合起来，然后比较、概括和综合，并显示它对某一具体文体的价值的前提和最基本的形态。比如吴晗《争鸣的风度》一文：

总：贯彻百家争鸣，并不是容易的事。

(1) 只许我有理，不许你有理。
(2) 我的根据对，你的就不对。
(3) 你说的张三，我说的李四
题目虽同，内容却异。
(4) 道理有些对，态度却不好。

总：要使学术争论健康展开，还得讲究争鸣的风度。

从纵向看，“总（观点）→分（论据）→总（结论）”是一种“信息流动链”；从横向看，“分”中的四条支撑论点的根据，并不是递进的，而是一种“信息流动块”。这是一种思维模式，它对议论说理之类文章的信息组合有积极的作用，但若形成定式，每篇文章运思

① ［英］托尼·巴赞著，李斯译：《思维导图》，作家出版社1998年版，第24页。

时的信息流动都呈现这种状态，将会阻碍创造精神的发挥。

主流向信息是流动状态中的信息主流，在运思中处于主导地位，起着导向、定型的作用。它是汇集信息次流的主干，也是文章雏形的构成主线或连贯线。人、事、物、义、理、情等都可以成为信息主流。次流向信息是流动状态中的信息次流，在运思中处于辅助地位，起着补充、完善和衬托的作用，同时它又时时影响着信息的主流向，正是它在信息流变中的积极活动，才会使未来的成品丰满、厚实。主流向信息像一束强光，当它闪现在大脑屏幕上时，各种生活、人物、事件的物象以及情感、观念等次流向的信息都会向它靠拢、集结过来。当主流向信息清晰、稳固地出现在脑幕上时，作者就可靠它聚拢的光束照亮整个运思进程。如文学作品的运思与饱满的情感活动是分不开的，其主流向信息常表现为某种寄托情感的凭借，信息流变中的主流向也就是情感的归宿。朱自清的《背影》即是以背影为凭借，把浓烈执着的感情凝聚起来，进行抒发，形成文章主线的。这主线是从作者心里慢慢生发出来的，仿佛一根看不见的弦，当凭借物不期而至时，它会突然鸣响起来。于是，这凭借物汇起的信息便向着鸣响的主调奔涌，形成了信息的主流向。这是信息流变的关键。

运思中，信息可正向流动，也可逆向流动；可能是单一流向，也可能呈现复杂流向。循轨思维时的信息多是正向流动的，因袭性强，轻车熟路，较少阻滞；越轨思维时的信息多是逆向流动的。当正向流动信息遇到心理障碍，脑意识中暂时出现"真空"时，也会突然逆转成为回流，反向信息便引导着开拓和进取。实用文信息的流向多是单一的；文学文信息的流向多是复杂的。运思之初与进程中信息流向也有不同。

2. 心理元素和心理态势的流变

运思的过程，总是受一定心理态势支配，又有各种心理元素的积极参与，同时受主体认识、情感和意志的支配。所谓言出肺腑，情发心底，一个人心灵的震颤，心灵的情感和声音在催促着运思的进程。意和情是心理操作的结果，也是思维的结果。运思时的感知觉和意象，由最初的感知内化和表象情感化而来，并同主体的知识、经验、想象、情感等相互作用，以种种方式进行着组合，推动运思一步步发展。

在写作运思中，意象是否活跃，直接影响着运思的质量和成果。表象是事物的客观形象在头脑中的再现。意象则是主体的思想、情感和客观事物交融，被改造重组映现在头脑中的形象；或者说是主观意念与客观物象猝然遇合、撞击，孕育出的一个全新形象。表象更多具有的是事物的客观因素；意象则更多具有作者的主观色彩。"意"是"象"的灵魂；"象"是"意"的外壳。意象的再生和组合，是文学创作中塑造形象、展开情节时一连串的心理活动。对于一般文章，如议论说理文章的写作，当典型材料、具体事例在头脑里盘旋时，也离不开"意象"。"理本寓于象，哲学科学的探求止于理，有时也要依于象。"①鲁迅说："静观默察，烂熟于心，凝思结想，一挥而就。"但"凝思结想"如果没有"静观默察"作前提，形象和意象纷至沓来，就不会有行文表述的左右逢

① 朱光潜：《朱光潜美学文学论文选集》，湖南人民出版社1980年版，第285页。

源、“一挥而就”。

由运思中最活跃的心理元素感知觉和意象激起并形成的心理态势有触发、静思和入迷。

触发态势，是主体内心受到外物刺激、引起共鸣产生写作冲动的一种心理状态。当心弦触动，和声和共鸣的旋律在心灵里响起的时候，外物刺激和主体的内心接受力相吻合，于是一种激越的情绪弥漫于运思之中，催促着运思的进程，这不只是文学创作特有的现象，受某件事触动，想赞扬、想批评、想调查、想报告，用实用文体写作更是大量存在。

触发受内外因素的双重制约。“每个人被生活触发的原因、状况和触发点是与其他人不同的”，“同时，每一个作家、每次受触发的状况也与另一次不同”。“为什么你对这一点敏感而他对另一点敏感？为什么这个触发使你完成了一篇新作，而另一个触发所引起的作品没等写完便流产报废？为什么一点小冲激使你写了洋洋万言，使另一个人只能写一小篇散文，使你写成了悲剧，使另一个人写成了讽刺喜剧？”“这都不是偶然的，这都是你毕生的经验、学识、人格、才力、热情、修养的结晶。”①所以一个人的心理准备状态和一定的倾向性对触发态势的形成有着不可忽视的影响。外因只是一种条件，能引起心理的感应和有何种感应，还是由内因来决定的。要想形成触发态势，一要积极积累信息，增强对外物的感应和接纳能力；二要养成捕捉机遇的习惯；三要保持饱满的热情，对外界信息进行思维的和情感的过滤。

静思态势，是在安静心理控制下，伴随着意志力出现的持久稳定的情绪，弥漫于运思进程的一种状态。这时，作者围绕一个预定的方向，调动心中的积蓄，静坐凝思，让思考过的问题、感知过的事物、体验过的情感，以及从事过的行为和动作等重新呈现于脑幕，然后对它们进行新的排列和组合。

静思是运思的主要心理态势。运思，可能一开始就处在静思状态，也可能由触发导向静思。只有触发，没有静思，文章是写不出来的。“陶钧文思，贵在虚静。”

静思受记忆和意志心理的制约。据心理学研究，在人的记忆中，语言信息量与形象信息量的比例是 1∶1 000。形象的记忆（表象和意象）在静思中举足轻重，当然，语言的、情绪的、运动的记忆，也不可忽视。意志是意识的能动表现。静思态势正是意志作用下的意识活动，它带有自觉、稳定的品质。静思态势形成时，运思主体不仅受期望中的成就感和心理描绘中的美好前景的鼓舞，而且也受担心失败的恐惧感干扰，对学生来说，还受“无所谓”心理的影响。这些都是一种意志上的制约。要形成静思态势，一要虚静，不为环境、杂念所干扰；二要勤于思考，进行“回忆”和“追忆”练习；三要增强意志力。

入迷态势。触发和静思继续向前发展和推进，作者沉醉于运思，处于一种忘我的超脱境界，就会出现入迷的心理态势。这时主体的心理表现为：旁若无物，熟思博采，思发神驰，不能自已。如果说触发是入迷的先导，静思是通向入迷的途径，情感则是形成入迷状态的原动力。正是受情感因素的驱使，当作者完全“进入角色”“入神”“忘我”的时

① 王蒙：《王蒙谈创作》，中国文联出版公司 1985 年版，第 65—66 页。

候，才会产生一种迷恋于运思对象的情绪，进入入迷的境界。

法国19世纪著名小说家福楼拜在他的信札中曾写道："写作时把自己完全忘却，创造什么人物就过什么人物的生活，真是一件快事。比如我今天就同时是丈夫和妻子，是情人和他的姘头，我骑马在一个树林里游行，想着春天的薄暮，满树林都是黄叶，我觉得自己就是马，就是风，就是他们俩的甜蜜的情语，就是使他们的情波的眼睛眯着的太阳。"这正是文学家把情与物融为一体时，所出现的一种入迷佳境。要想形成入迷的态势，一是不要在触发和静思态势下停下来，应往深层思考、再思考；二是要移情超脱、物我两忘，化自身为"人"、为"物"、为"事"、为"理"；三是要专一，不要分心；四是要酝酿培育。

触发、静思、入迷，三者相互影响，有时又交叉存在，但在一般情况下，呈渐次推进、流动变化之势。静思是常态，触发是不稳定态，入迷是超常态。

（二）思路轨迹

运思的过程，也是贯通思路展现其轨迹的过程。思路是有源、有流、有进展方向的。形成思路需有起源和发端点，或者叫思考源和思考点。人、事、物、理、情等都可以成为思考源；引动源头发端的那个点是思考的起始点，随着思路的推进，思考点会形成一个个的路标，行文时那些最有价值、最具光彩的"点"被保留下来。主体的认识是思路向前推进时的动力，情感是激活思路的要素。当思路从某一点出发，被情感激活，在认识的推动下向前发展时，虽然因人因事因时因地而异，但其走向和轨迹在谱写着运思进程。

思路的行进走向大体可以归总为两类：一是平面线性走向。如以时间为线展开的故事、以空间为线展开的场景、以情感为线展开的抒情等。二是立体网络走向。如时空交错、事件与情感穿插、意识流动、蒙太奇剪接的文学创作等。从不同文体的思路行进轨迹看，可以概括为以下四类：

一是生活轨迹走向。这是记叙类文体思路的基本形态，它受客观和主观因素的双重制约。客观生活是基本依据，主体对客观生活的感悟和回忆是动力，也是约束力。思路沿生活轨迹走向行进时，有两种趋向：一种是比较冷静地、客观地寻找和发现生活的内在逻辑关系，并在运思中形成以客观为主要内容的信息系列。二是作者以满腔热情投身到生活中，去拥抱生活、感受生活，并随着生活的变化而波动。思路的生活轨迹走向有一定局限。最容易犯的毛病是罗列现象、照搬生活，思路难以开拓。因此发掘和把握一个表现生活的最佳角度就显得特别重要。

二是逻辑推理走向。逻辑推理是思维的重要手段，是思路走向的又一种形态。它是议事论理文、学术论文等类文体运思时的基本思路，也是记叙文体运思时的一种必要的手段。这种思路是先在心里提出问题，再进行"为什么"的内心自问，把推理一步步引向深入。应注意的是：前一步必须为后一步打基础，后一步必须是前一步的推进和必然发展。前后步骤之间的内在联系就是思路走向的轨迹，直至推导出结论。朱光潜在《漫谈说理文》中有一个结论："思想和语言总是要维持辩证的关系：不想就不能写，不写也就很难想得明确周全。"这一结论的得出，正是沿着上述步骤的思路轨迹发展并推寻的。

三是情感发展走向。当胸中蓄积的情感与具体的物象或义理相互作用并向外释放时，就会激活思路，使主体浮想联翩。一旦情感澎湃，左右着运思进程，其爆发、起伏和进展，就会形成一定的思路走向。因此，以情感的发展为思路的走向，必须选好情感的爆发点，把蓄积的情感倾注在某一点上，然后生发。无论是借景或借物、借人或借事抒发释放情感的文章，都是这样。如杨朔的《樱花雨》，以对雨中开放的樱花的触感为情感爆发点；冰心的《樱花赞》，以汽车司机因送中国作家代表团而推迟罢工时间的感受为爆发点；刘白羽的《樱花漫记》，则以对东京的自然风光、社会风俗的体验为爆发点。当然，情感的发展是与认识的逐步深入分不开的。情感、认识又以客观的事物为依凭，只有虚实相辅，思路才能实在、灵通和顺畅。

四是"意识流"走向。"意识流"本来是心理学术语。最早由美国的威廉·詹姆士提出，后被弗洛伊德充实和发展。我们所说的"意识流"思路走向，是指外物转化为意识，活跃、流动于脑际的过程。运思时的意识流，是符号和内部言语相互作用形成的。它有时有条理、连贯，表现为清醒的意识；有时又不连贯、跳跃、条理不清，表现为朦胧的潜意识。但最终它还必须是理性的思索。"意识流"走向的思路，是适应和侧重某种文体的需要而提出的。但任何思维中的意识活动，都伴随着"知、情、理、意"的综合思考。因为写作运思从一开始，就必须从一种整体的心理结构出发，就像母体孕育胚胎、种子孕育萌芽一样，不可能把它切割、分开。严格说来，生活轨迹在头脑中的反映，逻辑推理、情感发展在头脑中的设想和孕育，都是心理作用下的意识流动。同时，不管是何种思路的走向，最终都向着一定的文体形式靠拢。当然，"意识流"走向毕竟是有专指的。凡是运思中运用意识和潜意识的交叉，现实与梦境（幻）的交织，过去、现在、未来的跳跃、闪回和流动的心理现象形成思路轨迹的，叙事作品如小说、戏剧作品如荒诞剧等，都是这类走向的。

（三）由整体向局部推进

1. 整体运思

写作运思在趋向某一文体、展开一定的思路时，为孕育精神胚胎并思考行文，总是由整体到局部再到句子。这时的思维（体型）、文章蓝图（面型）、言语活动（线型）、生成句子（点型）的操作都是隐形的、心理的、内在的。

整体运思是主体创造精神产品时，在总体上所进行的思考与把握。它常常表现为运思的连续性、综合性、完整性和立体化，并受到整一律和均匀律的制约。其进程沿三条认识线交叉推进。

（1）认识线——立意定体。

运思中的"意"是个十分活跃的不稳定的因素，它处在动态变化之中。处于动态变化中的"意"一般有表、浅、深三个层次。表层的"意"陈俗、显露；深层的"意"新颖、蕴藉；浅层的"意"则兼有二者的特征。欧阳修曾深刻地指出："凡作文发意，第一番来者，陈言也，扫去不可用；第二番来者，正位语也，停之亦不可尽用；第三番来者，情意也，方可用之。”“陈言”和“正位语”就是属于表、浅层的“意”，发意到此为止，难以脱俗，易落窠臼；继续下去，往深层开掘，像采玉，“凿开顽璞，方始见玉”，像淘金，“千淘万漉，闪烁积金”，这时，一个新颖、独到的“精意”才会脱颖而出。发意在表、浅层徘徊的时候，正是作者苦恼和身心交瘁的时候；深意被开掘发现的时候，正是认识飞跃、思想之灵光闪亮的时候。因此，立意是一个过程，关键在于“意”的发现和深化。

立意，顾名思义，就是立住、立稳一个意念、思想、主题、内涵。不论何种文体，都要先有这个立意，围绕它去选择、剪裁、组织材料，要么编故事，要么抒情，要么进行虚拟的戏剧对话，要么凝练意象写出诗歌。立意，贵在新、深，能够在平庸的日常生活中发现常人往往忽略的，甚至根本没有用心去思考的，然而却非常重要，能够揭示出人的生活的某一更真实处境，能给人更深刻启发的现象，将其用文学艺术呈现出来。所以，一个好的立意，是写作的第一步。

立意，讲究以小见大。不论是鸿篇巨制，还是短小的文章，都要选择一个比较具体的社会现象、景物、事件、人等，引发你的思考。小，更容易观察，更容易把它的内涵思考清楚，从而为你发掘出宏观、深刻的立意做好铺垫。唯有先具备了这一个思考成熟的“小”，才能逐渐打开宏大的事业。对于读者来说也是如此，他们熟悉的也是“小”事情，而你能够由此引出更大的内涵，引领读者跟着你的思路推进，这是符合阅读规律的。

定体，指的是运思中为未来的精神产品制定模式的过程。各材料都有一种文体适应性。适合散文体的材料不能写成小说，适合议论体的材料不会有多少文学因素，适合新闻体的材料也只能写成新闻。要想发表政治见解，往往寻找议论的模式；情怀的抒发，寻找诗或散文的模式；介绍事物的特征、性质和作用，则寻找说明文的模式。“有了小感触，就写些短文……得到较整齐的材料，则还是做短篇小说。”[①]

定体具有“合模”的趋向。“合模”是一种自觉的文体意识。所谓文体意识，是指作者对文章体裁的心理敏感，也即对文体分类及文体特点的心理把握情况。定体，就是运思中对文体的辨析和选定，它是以作者的文体意识为基础的。“文章以体制为先”[②]，“凡文章体制，不解清浊规矩，造次不得制作”[③]。正如器皿的制作规范，“陶者尚型，冶者尚范，方者尚矩，圆者尚规”[④]。思对“型”“范”“矩”“规”的思考，就是与文体意识中的某一体“合模”的推敲与认可。这种认可还是意识中的、头脑里的，一开始它并不一定很契合，常在似与不似之间，渐渐成形，分出“清浊规矩”，再“辨异求同”，趋向“合模”，最后确定文体。

定体还具有动态可塑性。这是指与“合模”思考逆向运转的思维活动。它促使着“体”的变通与创新。由于运思主体的创新意识和逆向心理，企图打破传统模式，融合不同文体之长，造出一个表情达意的新“框子”来，于是便有了报告小说、影视小说、“卷宗”

---

① 鲁迅：《〈自选集〉自序》，《鲁迅文选（二）》，甘肃人民出版社 1976 年版，第 203 页。

② ［明］吴讷：《文章辨体・总论》。

③ ［日］遍照金刚：《文镜秘府论・论文意》。

④ ［明］顾尔行：《刻文体明辨序》。

体小说，有了视觉新闻，以及艺术广告、文艺性说明书等。还由于运思主体个性心理的千差万别，选定体式的角度也会不同，在不同的时空里对表现形式的选择也会处在动态变化之中。

从运思的全局考虑，定体的过程，也是发散的收敛的过程，其一般程式可概括为：运思各种文体的“模式”——趋向一种“模式”——考虑相邻文体“模式”——敲定所用的基本“模式”。

(2) 信息线——选材取事。

选材取事的心理要求促使运思时信息线的形成。它与认识线并行、交叉，是信息加工、组合和提取的思维活动轨迹。其关键是信息归类，方法有两种。一是内视法，即用心灵的眼睛洞察内化了的各种信息，思考它们之间的关系和联系，并试图系列化、条理化，期望在对信息的排列组合中形成一定的认识。二是外视法，即内视结果的提示性(备忘)外化。具体有：信息分类集纳卡片法，即把外部信息和内部信息以及运思进行信息交换、融合得来的新信息，分门别类地集纳于不同的卡片或空白纸上的方法。信息分类法，即把从生活中得来或围绕某一问题进行思考所得的信息，分为主要、次要和背景信息三类各若干项，再把这三类信息用代号或简要文字分别纳入三条共有一个交点的线上，然后进行综合比较，寻找三类信息中有内在联系的相关项目，把它们再连接起来，就形成了运思信息的组合线。启发式记录法，即把不同的外界信息结合主观感受，以笔记的形式单个记录下来，作为启发运思、结构作品的一类材料。

(3) 布局线——构架谋篇。

布局是整篇的合理构架、心理上的精密安排，是一连串巧妙地导向结局的匠心组合。构架谋篇的过程具体表现为定基调、理线索、搭骨架。

基调是一种感情和情绪。“长篇的第一章有许多种写法，这还是比较容易掌握的，最难处，不是在结构上考虑它与通篇的关系，而是在‘基调’上与通篇感情基调的一致性。当第一章、第一节、第一段、第一句落墨之时，全篇的情节细节不一定都布置好了，但通篇的感情基调规定好了。作者写出第一句第一节以后，情绪就必须把握在这个总的基调之中，以后就只能在这个基本调调允许的范围内‘变调’。”①“调”的高低、强弱、曲直、隐显，反映着一种主观情绪，有什么样的情绪就有什么样的基调。如有的深沉，有的欢快；有的激越，有的平静；有的幽默诙谐，有的严肃庄重；有的率直显露，有的婉约朦胧等。

基调是一种语言调子。老舍先生说：“一篇作品必须有个情调，情调是悲哀的，或是激烈的，我们的语言就须恰好足以配合这悲哀或激烈。”如《陈奂生上城》开头一句：“漏斗户主陈奂生，今日悠悠上城来。”诙谐的情绪，诙谐的语言，诙谐的调子。吴晗《谈框框》一文的开头一句：“框框之说，自古有之。”就定了全篇平实、周密、严谨的基调。定基调还一定要找准一个角度，即下手部位、下笔的落点。叶永烈曾到上海一家理发店深入生活，从一位特级理发师的角度写出报告文学《理发博士》；理发师的女儿打扮漂亮，又

① 周克芹：《〈许茂和他的女儿们〉创作之初》，《北京师院学报》1982年第3期。

烫了时髦发型，却看不起理发工作，作者从她和家庭矛盾的角度构思谋篇，写出了小说《心中的墙》；又从人才学的角度，剖析理发师的成长道路，写出论文《人才成败纵横论》。这就是移动视点，从不同部位谋篇和落笔的不同结晶。

运思梳理的线索具有客观存在性和主观认识性，只有被主体发现和认识的线索，才有可能成为文章的结构线。实用文的结构线索，一般都是顺理而推，正面发展；运思中却有可能从后向前逆推。文学文的线索，运思中可能是发生、发展、结局，顺序而进，表现在作品中却常被打乱时空，重新组合，以求获取最大的艺术效果。因此，运思理顺的线索，可正向发展，也可逆向发展，还可在布局时故意打乱，做些技术技巧上的处理。文章骨架必须与体裁相称，运思中的心理建构总是趋向一定的文体，既要合体、实在，又要灵通。文学作品是美文，其框架最富变化。实用文的构架格局则多有一定的沿袭程式，如新闻五部分、科技论文八个方面、工作总结五大块以及论说文三段式等。但这只能是心理谋划时的大体框架，并非一成不变。

2. 局部运思

局部是事物整体的一个部分、一个方面、一个阶段。虽对全局有着影响但不能贯穿全局的运思可视为局部运思，其主要内容有三点：

(1) 思考层段。

层、段是文章在结构意义上的概念，它在运思过程中表现为思维的阶段性、信息流动中的层次性和连贯中的间歇。层与段，相对来说都是一个小整体，它也应有信息的交换和传递，符合“意”的提炼、“体”的“合模”以及布局的精当和严谨的一般要求。运思中，“段”是基本的思考单元，“层”是较大的思考单元，层与段转折推进的地方，是思考的重点。在层段思考的过程中，一般是先层后段，相反的情景也有，并不多见。

层段思考的进程千变万化，方法也各不相同。议论类文体多用提炼层段主旨、归纳问题提要的方法展开；记叙类文体多用情感统领和人、事、物穿珠的方法推进。有时段的思考是和句的生成分不开的。如汪曾祺说：“我写京剧剧本，一段唱词，二十来句，我是想得每一句都能背下来，才落笔的。写小说，要把全篇大体想好。怎样开头，怎样结尾，都想好。在写每段之前，我是想得几乎能背下来，才写的。”①把段作为思考单元，再逐句落实，就会很有成效。

(2) 推敲枝节

层段思考是纵向线性的局部运思，枝节推敲是横向平面的局部运思。二者如交叉进行，就是立体网络的了。推敲枝节的范围很广。如记叙文体的一个场面、一个背景、一个形象化的事物、一个闪光的细节；议论文体的一个论层、一个观点、一个真实准确而又有分量的材料；不同文体的不同叙述、描写、议论、抒情、说明方法和所处位置等等。

文体不同，推敲枝节时的侧重点也有所不同。记叙文的细节是推敲的侧重点，它不

---

① 汪曾祺：《“揉面”——谈语言与运用》，《文学创作笔谈》，重庆出版社1985年版，第28页。

仅要从生活中寻找、发现和积累，而且还要经过主体心灵的过滤和感化。如鲁迅对所谓人血馒头治病的提炼，则是经过了他那博大、敏感的心胸的过滤和感化的，这才有了传世之作《药》的诞生。实用文侧重的是对具体材料的对照和衡量，以期获取一以当十的典型。抒情文体侧重的是感受的启动。“许多感受，随着岁月的流逝，沉睡在记忆的深处——尤其是那些无意识的感受——当一种新的、冒着火花的感受把它们唤醒、复活、点燃，那些沉睡在记忆深处的感受才能有用，才能进入诗的构思的阵列。”①

（3）生成句子。

当运思由整体到局部、由大到小向前推进时，最终要进行生成句子的心理操作，这样才能向行文转化。由于运思对象不同、“体”的区别，以及句子表述方式的差异，生成句子时的心态和境界也不一样。在心理屏幕上，有的是形象生动的物象融合着主观感受所展示的环境，有的是逻辑推理所顾及的范围，有的则是观念和物象交互存在的一种背景和场合等，这时主体为寻找表情达意的恰当句式和词语，在心理过程中就需要反复操作。任何想法和思想，只有一句最准确的话才能表达它，应当找到这句话。找的过程，就是思考和推敲的心理操作，一要注意思想性，二要注意科学性，三要注意顺畅自如，四要注意适应文体特色。

三　写作行文的过程

行文，是思维活跃的具体体现，是思维内容的文体形式展示和符号化过程。行文，是一种对思维的检索和创造。它体现运思成果，寓理达、意达、情达于辞达之中，寓思维的推进和拓展于语言文字的表述之中。行文，是既动脑寻思又动手书写的过程，既“行之于心”，又“应之于手”，“心手相应”。行文是一切美妙的“思”、成功的“思”化为外在的物质存在形式的必要手段和保证。

行文具有操作性。操作性，是指行文具有劳动的性质。劳动必须借助一定的工具。因此，在形式上，写作主体要运用纸笔书写或操作电脑制作；在内容上，写作主体要追求行文的理想和完美。行文还具有外化的特性。外化表现为运思成果由内向外的转化和生成。外化既有转化又有外观化、外在化的意思，它包括内容方面的外化和形式方面的外化。操作和外化在行文过程中是统一的、相互依存的。没有操作，不会有行文的外化；外化条件尚不成熟时，也就暂不需要行文操作。也可以说，操作是行文的条件，外化是行文的结果。

因此，行文过程是主体心手如一的综合性操作，是运思向语言文字的过渡与转化。运思是由整体到局部再到句子的，待到行文，正好相反，是要由句子到局部再到整体的。这时的字句（点型）、言语（线型）、篇章（面型）、思维（体型）都已是外显的，完全符号化了的东西。行文的具体过程是贯通气韵，搭配词语，组合句、段、篇，进行相似式建构。

① 雁翼：《诗与美随笔》，浙江人民出版社1985年版，第16页。

（一）贯通气韵，以意领文

贯通气韵，在内要顺理成章，合乎逻辑。不管写什么文章，要表达人、事、物、理、情，都应思路顺畅，一气贯通，或如记叙，线索连贯，或若议论，纲举目张。其开头、中间、结尾应层层相扣，牵一发而动全身。郑振铎的散文《猫》，开头写“我家养了好几次猫，结局总是失踪和死亡”，接着就写三次养猫及其结局，紧紧围绕开头一句话展开：一、二次养猫一死一失，“自此，我家好久不养猫”；第三次养了只不好看的猫，后来冤枉它咬死了一只美丽的小鸟，细想无限内疚与自责，“自此，我家永不养猫”。全文首尾呼应，因果分明，内在逻辑严密，上下贯通，浑然一体。由一、二次养猫，衬托出第三次养猫，由第三次养猫引申出人生哲理，前后对比，思路清晰：缘起——记事——明理。这样写出的文章仿佛有一种内在的气韵，给人一种鲜活、生动之感。

贯通气韵，在外要文从字顺，意到笔随。笔到意不到，行文啰唆，废话连篇，是行文的大忌；笔到意到，词语简洁，灵妙含蓄，余味深长；意不到笔也不到，行文艰涩阻滞；意到笔到，意贯文随，意尽言止，自然流畅。以意领文，“语言跟着思想走”（朱光潜语），自会气韵贯通。只要看准并确定了强调的对象，把握住了该强调的部位，根据上下文的语意关联和结构线索以及表达的需要来组合文字，行文的字里行间自会有一股虎虎生气和可以感触的灵通气韵。

（二）搭配词语，组合句段

行文过程，说到底是要组词连句缀篇的。行文中的语符组合不管是审美的或说理的，都应先求其理得再求其顺畅。因为词语搭配的关键在辞畅、辞顺，辞畅、辞顺又在理得，理得方能再提出更高要求。

1. 词语搭配

词语搭配是作者一种整体上的把握，是心灵声音的自然流露；是对语言的质感和领悟，也是对现实需要的应变和应答。“应当经常把你的语言放在纸上，放在你的心里，用纸的砧、心的锤来锤炼它们。”[①]只有这样才能逐渐领悟出词语搭配的奥妙。如据司马迁《史记·外戚世家》记载，窦皇后与弟窦广国离散重逢，“侍御左右皆伏地泣，助皇后悲哀”。一个“助”字，妙不可言。如果换一种写法：“皇后悲哀，侍御左右，亦伏地泣。”不仅句子主从关系换位，叙述也平淡无奇。因此，在词语搭配的过程中，一要掂量词语是否确切、形象、鲜明；二要注意词语的色彩、轻重、音节；三要考虑词语表意传情的感情浓度；四要考虑词语的形式和位置以及语法和逻辑关系等。

2. 组合句式

句子是文章的骨干。“往往一句话多一个字或少一个字味道就不一样。同样的意

① 孙犁：《文艺学习》，作家出版社 1964 年版，第 53 页。

思换一个写法又不一样。"①"一个句子的正误优劣，决定于四个因素：一是事理，二是情味，三是声音，四是规矩。"②凡完整、定型的句子都是作者从全文的气势、语气、语义以及音节、情味考虑的结果，是不宜随便更动的。

由句组段，关键是句句要立得起来、站得稳当，一句是一句，上下连贯，结结实实，不飘浮不摇摆。句与句之间的联系应该是符合逻辑的、有机的、相互贯通的。意思贯通，境界贯通，气势、氛围、情趣、语言风格等也要贯通。句式结构的表层是词语排列组合而成的外在形式，其深层有的是词语描绘的意象通过表层显示的内在意蕴，有的则与表层处在同一个水平线上，成平面、线性状态，有的句子组合侧重于直抒胸臆，有的则是非理性的心理活动轨迹。

（三）相似式建构

1. 循体行文

循体行文，即遵循一定的文体格式进行文字表述。根据同类事物之间存在着相似性的认识，遵循某类某种文体基本模式的行文，即是文章同类相似的建构。类，因相似而形成。实用类和文学类文章的句型、段落、篇章，都有其相似式。这些同类相似式，是行文的基本依据。由于类的不同，实用和文学两大部类各自沿着不同的轨道构筑属于自己那一部类的相似形。其基本要求和方法有三点：

(1)"挑选"和"合成"。

行文表达思想借助的典型，因两大类文体的不同而不同。实用文的典型是"百里挑一"，重在一个"挑"字，是从生活中挑选出来的；文学作品的典型是"合众为一"，重在一个"合"字，虚构塑造"合成"的。

(2)"整块"与"化了"。

行文过程中，实用类文体用"整块"的材料。所谓"整块"的，就是指真人真事，不加任何分割和增减，是原原本本、完整、无拼凑、准确无误的材料。文学文体用"化了"的材料。所谓"化了"的，就是指对某个人或某类人物一连串的特殊(非一般)印象。当然人是与事相联系的，它通过主体的观察、感受得来，化解在心里，看起来零碎，实际则血肉丰满。

(3)"雕像"与"塑像"。

行文借助的形式，实用文体用"雕像式"，文学文体用"塑像式"。"雕像式"，正如契诃夫所说是要"在大理石上刻出人脸来，无非是把这块石头上不是脸的地方都剔掉罢了"。"塑像式"，是作者所掌握材料的捏合，"往往嘴在浙江，脸在北京，衣服在山西，是一个拼凑起来的角色"③。

---

① 秦兆阳：《漫谈格调》，《文学探路集》，人民文学出版社 1984 年版，第 331 页。

② 张志公：《怎样过语文关》，《中国青年》1962 年第 24 期。

③ 鲁迅：《我怎么做起小说来》，《鲁迅全集》第 4 卷，人民文学出版社 1981 年版，第531 页。

2. 句型相似式

由字词组成句型相似式是行文过程的重要一步，在此基础上才有可能向段落、篇章相似建构过渡。句型相似式的基本形态有四种：

一是叙述句相似式。其共同点是直陈其事，不加烘托，毫不雕琢，语言洗练，简洁明快。如巴金《再忆萧珊》："昨夜梦见萧珊，她拉住我的手，说：'你怎么成了这个样子？'我安慰她：'我不要紧。'她哭起来。我心里难过。就醒了。"

二是描写句相似式。其共同点是比喻贴切，文字色彩感强，有生动、传神的描绘，可以夸张修饰。如朱自清《一封信》："那花真好看：一缕缕垂垂的细丝，将她们悬在那裂皴的臂上，临风婀娜，真像嘻嘻哈哈的小姑娘，真像浓妆的少妇，像两颊又像双臂，像胭脂又像粉……"

三是议论句相似式。其共同点一是常用表明看法的判断语构成句子；二是能给人不容置疑的信念；三是语言庄重，以辨析、明理为主。如朱光潜《资禀与修养》："文艺必止于创造，却必始于模仿，模仿就是学习。"

四是说明句相似式。其共同点一是句势平稳；二是语言明白如话；三是以解说事物（事理）原有面貌为主；四是行文和缓，不枝不蔓。如钟华《关于史记》："《史记》是一部贯穿古今的通史，从传说中的黄帝开始，一直写到汉武帝太初年间，叙述了我国三千年的历史。全书有本纪十二篇，表十篇，书八篇，世家三十篇，列传七十篇，共一百三十篇。"

抒情句相似式是上述四种句式的转换，是融合着主观情感的灵活运用。

3. 段落相似式

它在句型的基础上形成，是具有表意的完整性和相对独立性的行文单元，它浓缩了文体的性质、特点，是构成文类区别的基本部件，是体现不同文体特性的典型段落。

（1）记叙体段落相似式——"场面"。

"场面"，在一定的时间和空间由人物的行为和心理活动、事物的状貌和情态构成。"场面"的四要素为时间、空间、人物和事物。作为记叙类段落的一种基本相似式，"场面"的建构，主要从时空推移、人物行为内容和物象变化着眼。当然，由于事物存在方式不同，"场面"有动态也有静态；由于行文表述的对象不同，"场面"有以人物活动为主的，也有以事件的发展、事物的状貌或景物的变化为主的，人、事、物等有单象的，也有群象的；根据审美和实用两大部类文体的不同，"场面"还有虚拟型的和再现型的；等等。一般来说，时间推移，空间转换，物象变化，人物行为或事物情态发展，"场面"即随之更替；若时间相同，但空间已换位，人物活动或事态变化了，"场面"也已转换；若空间相同，但时间已推移，物象发生变化，"场面"也不是同一个了。

（2）议论体段落相似式——"论层"。

"论层"在行文过程中是一个完整的、独立的论述单元，它具有最基本的论证功能，可以看作缩小了的议论文。它的基本构成形式（总—分—总；总—分；分—总）以及所包含的要素（观点、材料、论证）与一篇议论文大致相同。"论层"的转换，表明论述重点转换或论述深化。只有一个“论层”的议论文比较简单，容易把握，由若干个“论层”组合的议论文比较复杂，转换和衔接要恰到好处。

(3) 说明体段落相似式——“释项”。

“释项”，是行文过程中的一个着眼点，一个方面，一个相对独立的阶段。它是说明文的基本部件，其有序的联结，可以构成一篇完整的说明文。“释项”，包括对象、内容、方法三要素，一般要对说明对象的成因、特征、作用或发展变化进行专项说明。“释项”有单独使用的，也有与“议论”相结合，在议论文中使用的，或者与“描述”相结合，在记叙文中使用的。当然，议论文或记叙文中的“释项”已没有什么典型性了。在说明文中，“释项”也常与“论”和“述”结合起来，完成它的表述功能。一个“释项”可以构成一篇简单的说明文，若干个“释项”组合起来，可以形成篇幅较长、内容较复杂的说明文。

4. 篇章相似式

文章大体都由开头、中段、结尾三个部分构成。这三个部分在形式上不一定都有明显的独立性，但从全文内容的展开和行文的过程看，总是按照起始、延展、终止的规律，上下衔接、前后贯通、浑然一体的。同时，同类的文章，不管如何变化，在构造上都有其相似处。这种相似由于行文时句型选择有所侧重而产生，并在一定的段落相似式的基础上发展起来。行文的推进一般由“句→段→篇”“头→腰→尾”有序地渐次展开。

(1) 记叙类文章相似式。

记叙文章以记人叙事、表意传情为目的，它展开人物行为、情感或事态的流动、变化过程，其相似式一般为：开端—发展—结局。

开端(头)，一般指能引起读者兴趣的某种行为、事态或情感的发生。有造成一种特定的情景或氛围者，有交代内容、发端、状态各存在要素的关系者，还有概述文章的主要内容意义者等。

发展(中段)，承接开端，行为、事态、情感向前发展或推进。发展的线索可能是人、事、物、情，也可能是时间、空间或时空交错。行文时一般体现为若干个场面的衔接和衔接处的自然过渡。具体来说，或描述一系列具有内在延续性的人物活动，或展示事态的阶段性变化过程，或表现情感内容的演变等。

结尾(尾)，承接中段，行为、事态、情感自然收束，它表明行文至此内容截止时的状态，或深化文意，或留有余味，或自然终止。

(2) 议论类文章相似式。

议论文通过确立或反驳(或二者兼有)一种观点，从而阐明个人见解，它体现一个合情合理、合乎逻辑的推导过程。其相似式一般为：引论—本论—结论。

引论(头)，一般是直接提出令人关注的问题，点明观点；或交代问题形成、观点提出的背景，分析材料，引出话题；或说明对某一问题探讨的目的、意义与价值。

本论(中段)，承接引论，对材料或问题做横向并列式、纵向递进式剖析，或取纵横交错式、散论式的推理论证，以揭示事物本质。在形式上则以论层的接续贯通构成。

结论(尾),承接本论,归纳、概括或适当引申。可进一步阐明观点,照应引论,可引出新问题,也可指出结论的理论或实践价值。

(3) 说明类文章相似式。

说明文类以给人以知、教人以用为目的,介绍、解说事物事理。由于说明对象、写作目的和行文方法不同,可有介绍性、记叙性、描述性、阐述性、应用性、文艺性等种类。不管种类有多少,其相似式一般都是:概说→分说→总说。

概说(头),针对说明对象,概述事物、事理的突出点,或介绍有关材料,引发读者兴趣。如袁有春的《生命的源泉》开头,用整齐的排比词组、生动的概括方法和修辞手段点明了说明对象:水。

分说(中段),具体解说对象,可按空间顺序或时间顺序或逻辑顺序行文。

总说(尾),承接中段,加以总括性概说,或是行文逻辑顺序的自然终点,或强调解说对象的重要性,或指出当前对解说对象的认识水平,或展望解说对象的未来等。《生命的源泉》末尾,主要是强调保护水资源和节约水的重要性:“水是万物之母”,水是“无比珍贵的生命源”。

在整个行文过程中,句型→段落→篇章的同类相似式建构,仅是一种可资借鉴的经验概括,不可照搬照套,应灵活应用,该变则变,在变与不变中掌握行文要领与规律。

第二节　写作的操作

一　心理操作

操作,通常理解为劳动或生产活动。按照一定的程序和技术要求进行的活动都可以看作操作。操作都是有原则、有方法、有规矩和程序的,不能随意为之,但写作中的心理操作却又有它的特殊性。要进行操作,首先必须进入操作状态,酝酿操作情绪,掌握操作要领。

写作中,可以依靠“语言”来想,也可以不依靠“语言”来想。依靠“语言”来想的活动是语言的心理操作;不依靠“语言”来想的活动是表象的心理操作。

(一) 心理操作中的语言活动

1. 语言活动的两种情况

叶圣陶在《文艺写作必须依靠语言》一文中说:“我想文艺写作该是这么回事:就经历过、体验过、想象过的生活着着实实地想,把它想清楚,想得轮廓分明,须眉毕现——想的目的是把生活里见到的东西告诉人家——想的手段是语言,让语言想清楚的东西固定下来”，“着着实实地想，依靠语言来想，这是文艺写作最基本的事儿”[①]。借助语言来想有两种情况：一种是主体原来储备的语言可作为心理操作的依凭，引发构想文章的契机；另一种是寻找和生成能表达作者思想的语言，寻找和生成即是心理操作。

汪曾祺在评价林斤澜的作品《矮凳桥》时，从褒义上说他的小说有一个特点：搞“文字游戏”。他说：“斤澜常常凭借语言来构思。一句什么好的话，在他琢磨一团生活的时候，老是在他的思维里闪动，这句话推动着他，怂恿着他，蛊惑着他，他就由这句话把自己飘浮起来，一篇小说终于受孕、成形了。蚱蜢舟、蚱蜢舟、做蚱蜢舟的木匠姓周，老蚱蜢周、小蚱蜢周、李清照的‘只恐双溪蚱蜢舟，载不动许多愁……’这许多音同形似的字儿老是在他面前晃。于是这篇小说就有了一种特殊的音响和色调。他构思的契机我看很可能就是李清照的词。”在琢磨生活的时候，主体思维里老是闪动着某句话，把自己飘浮起来，这即是运用已储备的语言，引发构想契机，进行心理操作的情景。

寻找和生成能够准确表达思想的语言，即是通过言语的具体设计和谋划，将信息转化、编码和最终生成语符的过程，大致有三个步骤：

第一步，写作主体仿佛有了写作的动机和目的，并在头脑中开始酝酿具体的想法。这些目的、动机和想法，常在模糊和变化之中，经言语的试探，向与其对应的语言符号靠拢。

第二步，当作者心理操作中的对象性信息仍处在概念与形象、语言与非语言的交织纠葛状态时，在第一步的基础上，由言语的试探逐渐变为明晰的言语内容，信息的语言符号化过程开始向前推进。

第三步，在第二步的基础上，写作主体开始选择适当的句法和语法结构以及合乎这种结构的词语，由言语的计划让位于言语的表达，并开始进行生成句子的心理操作。

2. 语言活动的关键

心理操作中的语言活动，其关键是最终要生成句子。上文讲运思由整体向局部推进，也谈到生成句子的问题，这里需要再补充说明的是，句子是思维的物质体现，或者说，“思维在词中得到必需的物质外壳……人的思维——无论它以何种形式实现——没有语言是不可能的”[②]。写作中的思维活动离开语言活动是不可想象的，它必然要借助于词和言语来完成，造出一定的句式是必然的心理操作过程。

句子生成的心理操作程序一般按下列趋向把握：一要运用已掌握的词语，充分进行心理上的调遣、排列和组合；二要尽可能用明白如话的语言，简洁、生动地概括事物、事理；三要先生成“是”字句(即“是什么”的简单句)；四要与联想和想象结合，生成较复杂的句子；五要开掘意识深层，生成放射性句式；六要比较、推敲句式的优劣，在心里反复琢磨，最终决定选用哪一种。如同炼字，推敲来推敲去，这样造出的句子才能纯熟、奇

① 叶圣陶：《叶圣陶语文教育论集》，教育科学出版社 1985 年版，第 643 页。

② [苏]彼德罗夫斯基主编，朱智贤等译：《普通心理学》，人民教育出版社 1981 年版，第346 页。

秀、生动、感人。当然，写作时并不是每句话都经过如此艰难的心理操作才能完成，而炼句却是非如此不可的。

句子的生成应注意把握意序和相互关系。

(1) 意序。

例如："我们的事业是正义的/我们的路线是正确的/我们的目的一定要达到/我们的目的一定能够达到。"(邓小平语)

四句话、四层意思、四个段落，每句一段，反映着作者生成句子时的思路脉络和贯通中的间歇。

(2) 并列。

例如："东方的天空在那浓厚的云层的空隙间，透射出一缕缕绯红色的霞光。远处村庄的黑黝黝的轮廓，也越来越清晰了。河面上，风很大，满河里都翻滚着白色的浪花，活像一片动摇不定的雪白的田野。堤下面，一群群大浪挟着惊人的吼声，一次又一次地向大堤上扑来，风把浪沫和草屑吹到了我们的身上。"(峻青《黎明的河边》)

从这段文字和我们加着重号的词语可以看出，作者生成句子时的心理活动是：由上到下，由远到近，把各类事物平行并列起来(天空、村庄、河面、堤、人)组成画面。画面显示空间位置上的物象和景色。

(3) 层递。

例如："(A) 进屋，你架起火塘，烧烤了不少洋芋，让我们蘸了蜂蜜吃。(B) 掏出几个大的，在两张粗糙的手中来回翻捣，磕去灰，蘸了蜂蜜扔给狗。(C) 狗用前爪抓抓你的手心，再爬在你的脚前，乖乖啃洋芋。(D) 几个洋芋哪填得饱狗肚，不是有喂不饱的狗之说吗？(E) 可它摇头弄耳，情态亲昵，满足。(F) 你没吃，拿了木梳在给它梳理背毛。(G)这许是差转站最富人情味的时候。"(黄晓萍《山狗吠月》)

这段文字，由(A)句引出以下各句。(A)句是一层意思，主人烧烤洋芋，先款待客人。(B)(C)句是又一层意思，拿洋芋喂狗。(D)句是一个转折、过渡。(E)(F)(G)句是第三层意思，表达了主人与狗之间的感情，并有抒情式的议论。整段文字的重点在于表达人与狗之间的关系。推测作者语言活动时的心理操作过程：洋芋—待客；洋芋—喂狗—狗不饱，但满足(摇头弄耳，情态亲昵)—为狗理毛(深深的抚爱)。二、三层意思是递进的，把人与狗之间似乎是情感的交流层层推向前进。

(4) 总分

例如："(A) 人的头盖骨结合得非常致密、坚固，生理学家和解剖学家用尽了一切办法，要把它完整地分开来，都没有成功。(B) 后来忽然有人发明了一个方法，就是把一些植物的种子放在解剖的头盖骨里，给以温度和湿度，使种子发芽。(C) 一发芽，这些种子便以可怕的力量，将一些机械刀所不能分开的骨骼，完整地分开了。(D) 植物种子力量之大如此。"(夏衍《野草》)

这段话里，(A)句是从反面加以概括，点明问题；(B)(C)句是从正面说明具体的方法；(D)句是得出的结论。推测作者生成句子时的心理操作是以"分总"关系的辨识向前推进的。"分总"或"总分"是这类句段生成的一种重要手段。

概括而言，心理操作中的语言活动，不是物象寻找语言，便是语言寻找物象，其关键在于最终按照一定规矩生成句子。

（二）心理操作中的表象活动

表象，指写作过程中，作者头脑里再现出来的客观事物的形象。它在心理操作中的活动自由自在，既不受客观的具体事物的束缚，也不受能否转化为对应的语言符号的局限。当作者满脑子在思考对象的表象时，表象有时会与语言符号交织在一起，在意识层或潜意识层里酝酿着、变幻着、组合着。爱因斯坦曾说："写下来的词句或说出来的语言在我的思维机制里似乎不起任何作用。那些似乎可以用作思维元素的心理实体，是一些能够'随意地'使之再现并且结合起来的符号和多少有点清晰的印象。"[①]在这里，他强调的是非语言的心理操作情景。当然，把写作中的这种活动，或者说思维，简单地看成是语言的或表象的都是片面的。我们知道，人脑的思维想象功能也即思维能力有一个突出特点：它不依赖于具体事物的映象，而是以概念、已成形的映象结构、脑的表象等进行心理操作，并使之产生新的认识、见解和思想，产生生动鲜活的意象。科学创造、文学艺术作品和其他一切文章便因此而诞生。因此，语言和表象在心理操作中是不能分开的。

表象不仅是客观事物的形象在头脑中的重现，而且是感知形象的进一步加工。当众多表象在心理操作中被综合成一个新的表象，并渗进主观情感意念时，就会产生意象。由感知到表象再到意象，是一个相互渗透的动态过程。感知需要表象来充实，表象需要感知来强化，感知和表象又伴随着情感与思想被加工改造，化为意象。很显然，心理操作中表象活动是非常活跃的。

作品的意象，在心理操作中先是以表象形式出现的，而表象又以感知形象为前提。如王维《使至塞上》诗句："大漠孤烟直，长河落日圆。"大漠、孤烟、长河、落日，是自然界里的四个客观形象。当王维在边塞沙漠感受这些时，我们可以推想，他是先从视感知中获得漠、烟、河、日的外在形象，几乎是与此同时，从感知形象再到对"漠"之大、"烟"之孤、"河"之长、"日"之落的表象记忆的完成，最后以"直"和"圆"的辨识，由广袤沙漠上的所见，浩浩江河上的所感，并融进主观的情和意，化为诗中有生命的意象，成就了千古壮观的名句。

表象并不是感知形象原封不动就塞进了头脑里，也并不是由自然界的物象到感知形象再到表象就可以写进作品。表象在心理操作中是要经受锤炼并重新组合的。表象是一切思维的起点。人们的思维活动首先是记忆表象的重现和运动。不仅保存在记忆中的一个个具体人物的形象（表象），经过心理操作中的过滤，各自会被分解出富有特征的部分，再被综合为新的表象，而且保存在记忆中的自然界的各种形象（表象），在心理操作中也无不如此。表象的活动，与平时的表象积累和想象活动是分不开的。沈从文曾在他的自传里记述过小时候受处罚时，脑中表象重现，想象驰骋的情景。他说："我一面被处罚跪在房中的一隅，一面便记着各种事情，想象恰如生了一对翅膀凭经验飞到各样动人事物上去。按照天气寒暖，想到河中的鳜鱼被钓起离水以后拨刺的情形，想到天

① 许良英、范岱年编译：《爱因斯坦文集》第1卷，商务印书馆1976年版，第416页。

上飞满风筝的情形，想到空中的歌唱的黄鹂，想到树木上累累的果实。……”[①]这种表象活动虽与具体的写作挂不上钩，但它无疑锻炼了人的思维。

（三）心理操作中的“信息”活动

心理操作中的语言和表象都是信息的载体，信息（information），从一般意义讲，可以看作主体对客观外部世界和主观内部世界（也即主体自身）的感知。而客观外部世界和主观内部世界是两个相互联系和相互作用的信息场，它们可以存储并施放能量。外界对主体的“激发信息”需经过内部世界各种“需要信息”的调节平衡，才能产生新信息。信息，是写作的“物质”材料，是心理操作中最实在的东西，一切物象、观念、感知和体验等信息，在主体情感的调动和意志的控制下，通过语言和表象的载体，或呈“链”状，或呈“块”状，在相互作用、交换和传递着。

心理操作中的信息流动情景大致是这样的：

一是外界信息（人、事、物、义、理、情等）与内储信息（材料、观点、观念、知识、能力、技巧；脑意识因素、心理、气质、情感等）相碰撞。

二是信息在相撞而流动中被改造加工。先进行筛选（剔留、重组、再生），再加以纯化（整理、归类、序列化）。

三是形成信息主流和信息次流。

四是由信息流转化为意态文。

在心理操作中，由思维向语言文字转化的大体过程是这样的：

体型（内隐思维）→面型（内隐蓝图）→线型（内隐言语）→点型（内隐字句）→点型（外显字句）→线型（外显言语）→面型（外显篇章）→体型（外显思维）。

二　行为操作

行为操作，是作者为实现写作目标实施的写作手段和有针对性的一切行为活动。早期的行为活动有开放感官，观察体验，走向社会，调查采访，手脑并用，阅读集录；中期的行为活动表现为运思受阻时，主体由内向外开放的采集；后期的行为活动则是实实在在的行文了，行文不畅时，也要“用笔不灵看燕舞”“行文无序赏花开”的。

行为操作的具体内容可以参阅相似式的建构和有关操作性的阐述。从形式上看，其操作有如下要求：

一是要书写或制作，就必须集中注意力，心无二用，身体力行，并按照一定的款式和格式进行。要使行文理想和完美，就必须突破思维和语言转换的障碍。突破，靠写作主体蓄聚和蕴藏起来的待喷发的激情，等待着操作的最佳时机。写作主体一旦找到表达主观见解的明确意识和抒发情感的钥匙，并进入具体操作时的得心应手境界，尤其是电脑键盘上的手动和声响，仿佛抚琴弄弦，心灵的声音会顺着手指向外流淌。这时心理操

① 沈从文：《沈从文散文选·从文自传》，人民文学出版社 1986 年版，第 12 页。

作中的种种符号会顺利地转化为唯一的一种符号——明确的语言文字，由认识的升华和情感的波澜，凝聚成冲击的力量，催促主体突破精神胎儿的襁褓，尽力完成由意态文向现实文的转换。

二是行为上的操作是思写并举、脑手并用的。动手写，绝不是为思的成果钉上了语言文字的十字架，而是把内部的心理操作完全同语符相联系，进行创造性编码，用主体掌握的词汇、语法和语义书写或制作出句段与篇章。动脑想，在写的实际操作中，主体为缩小思维和表述之间的差距，总是在寻找“思”“言”统一的最佳效果。写的过程也是思的过程。想或思，需要理清思路；写或制作，需要进行文字试探。应该用语言呼唤思想、呼唤灵感，抓住词语向手下涌来的机会，及时动手操作，莫失良机。

第三节　写作能力训练

一　写作感知能力训练

（一）训练内容

写作感知能力是写作主体的基本能力和素质之一。它不仅表现为感觉和知觉能力，同时也表现为观察力、感受力、认知力、接纳和记忆力，表现为想象力和迅速、敏捷的思维力。再具体一点说，它还表现为辨别事物的异同以及事物的线条、色彩、形状的能力，表现为预感力和洞察事物细节的能力等。一个人写作感知能力的训练和提高，是与他对写作的兴趣和追求精神，与他对事物（对生活）的热情和敏感分不开的。对于写作感知力，我们强调感官的穿透力、感受的迁移力、观察的体验力、有意的集纳力等。

（二）训练原则

(1) 开放感官，竖耳张目，积极主动地接纳外界信息，了解生活，观察社会，感受人生。

为了写作需要而开放感官，眼观六路，耳听八方，迈开腿脚，深入社会生活；有意地用心灵的慧眼去穿透事物的表层，造成内视、内听、内感，悟出人生的“理”和“味”。

(2) 深浅交叉，繁简交替，渐进与突进并举。

将个人原有的感知基础和不同的写作目标作为训练时的参照，先作由浅入深、由简到繁、循序渐进的训练，再将深浅感知相交叉、繁简感知相交替，有意跨越感知浅层直接向内里突进。

(3) 灵活善变，不拘一格；形式多样，贵在坚持。

通过日常生活和社会实践可以有意地强化感知力，也可以通过观察、调查、阅读强化感知力。如赏析绘画、雕塑、文学作品，观赏舞蹈、音乐、杂技演出及艺术摄影和影视节目，或有意搜集民间故事、轶闻趣话，或根据情况自觉将人与物、自然和社会纳入主观训练的视野。时间可长可短，内容可多可少，方法多种多样。可记观察感受日记，可练生活速写、人物素描，也可只是心理上的体验，在适当的场合座谈、讨论等。

(4) 强化特长，弥补不足；目的明确，针对性强。

由于生理、心理以及社会、家庭的影响，每个人都有感知上的偏爱和不足，其写作目标又有长期和短期的不同。因此，要衡量个人在视觉、听觉、嗅觉、味觉、触觉上的短长，训练时有针对性地强化长处，弥补不足；同时，还要根据个人的具体情况和具体需求，有针对性地确定写作目标和感知训练目标。

（三）训练方法

1. 自悟式

即开放感官过程中的自我领悟。如开放视觉，可有意识地记下每天对动、静态事物和人情世态的观察，在眼能见的范围内训练视感的穿透力。注意视线的覆盖面要宽广，集中点要突出；作者要有自觉意识，能领悟所见的精髓。其他感官训练也是如此。这里，我们强调两点：一是寻找并注意运用各类感官的机会；二是要注重心灵的感悟。

2. 启发式

即受他人影响或外物刺激而导入的训练。他山之石，可以攻玉。从某些专业人员身上可以学习超乎常人的感知力。先选好对象，定下目标，再展开练习。有意接触生活中的各种事物，细心品味受刺激感官的感受和事物的暗示作用，有些什么启发。有意追寻文学家、音乐家、画家、书法家等在某一作品中感知事物的心理轨迹，揣摩其感受过程，从而启迪心智，锻炼感知力。

3. 切磋式

即两人或两人以上进行同一项目的感知训练，共同探讨每人的得失，以取长补短。切磋时对个人感知的经过、体会和经验，可口述，也可写成书面文字，相互传阅、鉴评。切磋的好处是容易激发兴趣，能够互促互补，收效比较明显。

（四）训练实例

1. 感官穿透力、感受迁移力训练

(1) 赏析美文及提示。

(a) 昨晚中西音乐歌舞大会里“中西丝竹和唱”的三曲清歌，真令我神迷心醉了。

(b) 仿佛一个暮春的早晨，霏霏的毛雨默然洒在我脸上，引起润泽、轻松的感

觉。新鲜的微风吹动我的衣袂，像爱人的鼻息吹着我的手一样。我立的一条白矾石的甬道上，经了那细雨，正如涂了一层薄薄的乳油；踏着只觉越发滑腻可爱了。

(c) 这是在花园里。群花都还做她们的清梦。那微雨偷偷洗去她们的尘垢，她们的甜软的光泽便自焕发了。在那被洗去的浮艳下，我能看到她们在有日光时所深藏着的恬静的红，冷落的紫，和苦笑的白与绿。以前锦绣般在我眼前的，现在都带了黯淡的颜色。——是愁着芳春的销歇么？是感着芳春的困倦么？

(d) 大约也因那蒙蒙的雨，园里没了浓郁的香气。涓涓的东风只吹来一缕缕饿了似的花香；夹带着些潮湿的草丛的气息和泥土的滋味。园外田亩和沼泽里，又时时送过些新插的秧，少壮的麦，和成荫的柳树的清新的蒸气。这些虽非甜美，却能强烈地刺激我的鼻观，使我有愉快的倦怠之感。

(e) 看啊，那都是歌中所有的：我用耳，也用眼，鼻，舌，身，听着；也用心唱着。我终于被一种健康的麻痹袭取了，于是为歌所有。此后只有歌独自唱着，听着；世界上便只有歌声了。

一九二一年十一月三日，上海

(朱自清《歌声》)

这篇美文共五个自然节。(a)节述事并道出听歌的总体感受：神迷心醉。(b)节“仿佛”“引起”一句，由听感转化为视感和触感；“风吹动”“像”一句，再次出现视感和触感。由歌声幻化出前一句的“毛雨”和这一句的“微风”。雨洒在脸上，风吹动衣袂，于是便由可听化作可视可触了。“我立的”“正如”“踏着”一句，把视感和触感与实物“甬道”相联系，用比喻和内感深入写对歌声的主观感受。这三句是写由歌声引出了暮春早晨的细雨微风和白矾石的小甬道。

(c)节写歌声仿佛把人领进了一个群花做着春梦的花园。主体的感觉由静趋向动，趋向深层转化的视感。视感中的红、紫、白、绿的花，洗去了浮艳，焕发光泽，都有了灵气，有了生命的情感。但这是有日光时深藏着的以前的锦绣，现在却黯淡了颜色，“是愁着芳春的销歇么？是感着芳春的困倦么?”这是视感中的一种内觉穿透，不是用耳听而是用心听歌声，用心读音乐。这种听和读会幻化出花园的姹紫嫣红和骤然黯淡，幻化出一群姑娘的容貌和深藏着的美质。(d)节写歌声把人由花园内的嗅感、味感引向园外的感觉。由写“饿了似的花香”“草丛的气息和泥土的滋味”，转到园外田亩和沼泽里。由视感的“秧”“麦”“柳树”到嗅感中的“清新的蒸气”，以及“甜美”的味感和“愉快的倦怠之感”的直白，把歌声写得可观可嗅可品味，令人神清气爽，简直开放所有感官，美不胜收。

(e)节写耳、眼、鼻、舌、身造成的通感和心灵的感觉，被歌声袭取、为歌占有的整体、深层的感受。涵盖万物笼罩一切的歌声占有着世界，令人陶醉、让人遐想的歌声侵袭着人的心胸。歌声由耳穿透眼、鼻、舌、身直达内心深处，由这种感受自然迁移到另一种感受，这些都给我们很大启发。

根据以上简析和个人阅读理解的体会，写一篇自己听歌的文章，有意识地造成通感和感受的迁移。注意自然界的声响(如风声、雨声、雷声、涛声、虫鸟声……)和社会生活中的各种声响(如欢呼声、喊声、汽笛声、车轮声、枪炮声……),有意练习感官穿透力和感受迁移力。

(2) 赏析美术作品及提示。

根据第一章"写作的本源与作者"中"审美素质的鉴评与训练"所给的三幅著名的美术作品,结合审美赏析,开放感官,由观感引发其他感知觉的穿透和感受的迁移。

2. 通过对感知觉的描述训练感知力

对感知觉进行描述,是人的一种得天独厚的能力,能不能自觉地运用并经常锻炼这种能力,却显示出很大的差异。这里我们指出三种情况的描述。

(1) 对感知对象的形态描述。

例如:

> 这石像抬着头,眼睛直盯着远方,表示他的志向远大无边。嘴张着,好像在那里喊"啊!"左胳膊圈向里,坚强有力,仿佛拢着他下面的千百万群众。右手握着拳向前方伸着,筋骨突出像老树干,意思是谁敢侵犯他一丝一毫,他就不客气给他一下子。(叶圣陶《古代英雄的石像》)

这段文字通过对头、眼睛、嘴、左胳膊、右手、筋骨等的传神描述,栩栩如生地展现了石像的形态。人物外貌、自然景观的描写莫不如此。这是作者对视感信息加工的结果,一般具有可观性、画面性。通过听感接纳的声音信息,即作品人物所说的话,也可描形画态,展示其风貌。

对准某一感知对象,如某人(同学、亲友)、某物(建筑物、自然物),有意识地从不同的角度展开观察活动,如果当成观察训练,则要强调思维的知觉。第一次观察感知体验,重客观、求实、求具体。看物如同看人,你连他的鼻子眼睛都没有看清,留下的形态印象一定是模糊的。第二次再观察进行感知体验,可以转换不同的角度,如近看、远看、隔物看、夜晚看。关注事物的外在形态,侧重主观感受的描述,只求观感真切,整体把握真切;不同角度有不同的感知体验,练习多了对提高感知力很有效。第三次观感体验练习,可从这一人或物同其他的人或物的关系上着眼,透视感知对象的外在形态与其特性特质的联系、变化,在不同的时间、空间和环境中去感受,发现感知对象独有的东西。

(2) 对感知对象的特征描述。

例如:

> 阿Q"先前阔",见识高,而且"真能做",本来几乎是一个"完人"了,但可惜他体质上还有一些缺点。最恼人的是在他头皮上,颇有几处不知起于何时的癞疮疤。这虽然也在他身上,而看阿Q的意思,倒也似乎以为不足贵的,因为他讳说"癞"以及一切近于"赖"的音,后来推而广之"光"也讳,"亮"也讳,再后来,连"灯""烛"都讳了。一犯讳,不问有心与无心,阿Q便全疤通红的发起怒来,估量了对手,口讷的

他便骂，气力小的他便打；然而不知怎么一回事，总还是阿Q吃亏的时候多，于是他渐渐的变换了方针，大抵改为怒目而视了。

（鲁迅《阿Q正传》）

这段文字着重描述的是阿Q生理上的一个特征：癞疮疤。描述阿Q的忌讳，与人交手，疤的通红。这一特征，与他的瞪眼睛（怒目而视）、厚嘴唇、黄辫子、破夹袄、毡帽、褡裢等结合在一起，构成了一个活生生的个性特征十分鲜明的人物形象。

由此可知，当感知对象是人物时，对其特征的描述可以展示人物的精神世界。当然，事物的特征包括外部的和内部的。就人物说，有心理特征，如阿Q的自轻自贱、自我满足的精神胜利法；有语言特征，如人物嘴上的口头禅；有习性习俗特征，如多愁善感的林黛玉一生就爱哭，迷信的二诸葛抬脚动手就爱论论阴阳八卦、看看黄道黑道，穷困潦倒的清末知识分子孔乙己，穿长衫、站着喝酒，还要满口“之乎者也”，装在套子里的人别里科夫整日穿雨鞋、带雨伞等。还有职业、嗜好、行为动作等特征。在进行感知训练时，通过观察体验，结合对外在形态的关注，先留心形形色色的人物不同于他人的地方，再抓住各自不同的特征，用内心言语活动的形式，默默地一遍又一遍地去描述。为了强化训练，也可用文字记下对感知对象的特征描述，同时前后对照，分别评价，积累感知经验。

练习时若侧重事物的外部特征，往往以能见的为依据，以第一印象和强烈的感受为前提；若侧重事物的内部特征，则应关注事物的正常与反常状态，以独特的发现为依据，以整体的本质上的把握和深刻的感受为前提。

（3）对感知对象的理性描述。

例如：大学生训练一例及简评。

感知对象：在阅览室的角落里，常常端坐着一位男学生。他穿着简朴，举止庄重，面前放着杂志或书本。他有时读得似乎很入迷，目不斜视，有时又似乎若有所思，神情凝滞。

甲的描述：

每当我来到阅览室的时候，他已在一个靠窗的位置上坐定。阅览室关门的时候，他缓缓地站起来，一声不响地离开。凭直觉我敢断定，他是一位非常用功的学生，因为不满足课堂上获得的知识，他利用一切可以利用的时间，如饥似渴地吮吸着各种知识的乳汁。他的行为深深地感动了我。大学生们如果都能像他那样，不注重外表的修饰，而注重用知识武装头脑，那样生活不仅是充实的，也是富有的。有的人，进了大学门，把课余时间都用在跳舞、玩牌、上网吧、看影视、进馆子甚至忙着找朋友、谈恋爱上，表面看来很会生活，其实是很空虚的。与这位同学相比，这是多么大的反差啊！

乙的描述：

我觉得这位同学生活得太苦了，你看，他除了上课就钻阅览室，简直成了书迷书痴。读书要读活，读而不活，读得再多顶什么用！况且作为新时代的青年人，兴趣爱好更应该广泛些。除了读书，也应该打打球，跳跳舞，唱唱歌，会会朋友。应该放眼外部的世界。当今的社会和时代，不需要书呆子。

丙的描述：

如果这位同学在阅览室里真的是认认真真地读书，精神的确可嘉。但我看他未必是真心读书，说不定是在寻求精神上的慰藉。他可能遇到了麻烦：家庭的、个人的、经济的，或爱情生活与朋友关系方面的。他躲进阅览室，装模作样地翻翻书或杂志，但由于思想上的负担，精神上的压力，终难读得进去。他浪费了时间和青春，我很可怜他。

【简评】

当三人从同一感知对象获得信息时，他们都有着理性的知觉和思维活动。作为训练都有意避开了对感知对象的外在形态和特征的描述，而只作感知觉的理性活动的描述。甲从感知对象正面传递的信息着眼，持肯定态度。乙从感知对象反面传递的信息着眼，持否定态度。丙从正反两个方面着眼，在推测中侧重否定。他们由感引发思，再进行理性的观照和旁及他物，因其个性的不同而有所不同。在变换角度观测感知物时，一个人单独练习也会获取不同的理性感受和体验。

（五）通过对主体心理元素的调动训练感知力

面对感知对象，主体心理元素能不能调动并活跃起来，不仅是检验感知力强弱的试金石，也是训练和提高感知力的关键。心理元素，我们主要指感知觉的、情感的、言语的以及表象、意象和诸如想象、联想、记忆等思维活动方面的。

如当新年钟声响起时，调动一下心理元素，动情费思一番，以检验个人的感知体验。在迎新晚会上，看着众多陌生的面孔和演出的节目，驰骋思维，回忆往事，活跃心理元素，也可练习和检验感知力。凡集体和个人的一切活动，都是这种练习的好机会。

二　写作运思能力训练

（一）训练内容

写作运思能力，也可以说是对信息进行加工的心理操作能力。它是个性心理品质的反映。一个人良好的运思心理品质，表现为成功的愿望、追求精神以及敏捷、灵活、独创的思维。运思成功的愿望和信心有利于出好成果，但成功的愿望不是想入非非，而应求实、可行。愿望一旦变为思想负担，就会成为心理障碍。追求精神表现为持之以恒和不怕挫折与失败。思维的敏捷和智力、知识结构有关，也与运用、锻炼脑筋有关。思维的灵活，指迁移和应变能力。如能经常进行运思方向（如正向与反向、我向与他向、单向与多向）和运思方法（如求同与求异、扩散与集中、规则与跳跃以及发散、收敛、突现）等的变通练习，对提高迁移和应变力大有好处。思维的独创是一种新的追求。拓展思路，大胆突破，永无止境地追求新意、新信息、新方法，力求有所发现、有所创造，不仅是良好的心理个性，也是运思训练的目标。

（二）训练原则

1. 简繁原则

即由简到繁、由易到难、由小到大、由少到多，由一般到特殊地进行练习。

2. 分总原则

即练习要由分到总、由部分到整体或分总交替地进行。

3. 创新原则

即练习还要由旧到新、由模仿到独创。

（三）训练方法

1. 五步思考法

第一步，思考目的，即为什么写。
第二步，思考对象，即写什么。
第三步，变通思考角度，从正、反、旁、前、后等不同方位衡量全部信息材料。
第四步，设计各种方案，即怎样写。
第五步，比较筛选，确定最佳方案。

2. 七步思考法（针对一定的运思对象展开）

第一步，正反思考，转换各种角度。
第二步，全面思考，顾及方方面面的因素。
第三步，预想思考，推想结果及其影响。
第四步，目的思考，围绕一个目标进行。
第五步，比较思考，从对比中优选最佳的思路。
第六步，选择思考，在奇思妙想中最后做出抉择。
第七步，换位思考，考虑一下别人会怎么想。

3. 单项训练

基本方法是心理上生成句子。也可进行寻找“引发点”、确立“中心场”、抓住“机遇”的单项练习。

4. 综合训练

基本方法是思路的综合性拓展和文章蓝图的心理描绘。

(四) 训练实例

1. 生成句子

以教室里的讲台为例,要表现它,脑海里首先跳出来的可能是简单的"是"字句,它在意识的表层。如:

讲台是教师讲课的地方。

讲台是教师表演的舞台。

讲台是衡量教师思想和学术水平的天平。

讲台是教师用汗水和心血浇铸而成的。

生发联想,还会在心理上生出一些复杂句,它藏在意识的深层。如:

讲台像一块沃土,多少代多少人在默默地辛勤地耕耘,播下理想和希望的种子。

讲台,讲台,知识和能量的发射台,它的发射波会变作各种不同的信号,在每一个接受者的心灵撞起回响。

有人说,教师的生命是在讲台上耗尽的;我却说,教师的生命是在讲台上闪光的。

讲台虽小,不是像人生的大舞台一样,席卷着时代的风雨,演示着历史的变迁和人生的忧乐悲欢吗?

圣洁的讲台,像圣洁的灵魂,容不得虚伪的灰尘玷污它。

当我第一次踏上讲台时,就像踏上新的征途,心儿止不住一阵狂跳。望着一双双渴求知识和力量的眼睛,我真实地感到了身上担子的分量和征途的遥远与艰辛。

如此等等,可以一直联想、类比、放射和生发下去。仿此,可以其他事物为对象,作生成句子的练习。这里,我们只强调心理上的生成,而不强调一定写下来。

2. 确立中心物

例如王润滋的短篇小说《卖蟹》,可以这样推想中心物的确定:

第一次,运思由发散到收敛。可以卖粮、卖杂货、卖蔬菜,却选中了卖海鲜;可以卖鱼、卖虾、卖鳖,却选中了卖蟹。于是找到了蟹这个中心物。

第二次,围绕中心物蟹再进行由发散到收敛的运思。通过蟹看蟹菜、蟹市、买蟹人、卖蟹人;通过蟹看人与人的关系,通过蟹安排故事情节,展示人物性格的发展变化,以及卖蟹的场面、小姑娘脆生生的卖蟹声等,全都收敛到了与蟹有关的内容上来了。蟹,这时就有了灵性。

仿此，寻找并确立一个中心物，体会发散与收敛的过程。

3. 抓住机遇

例如《许茂和他的女儿们》的作者的一次机遇和顿悟：

机遇为生活中的一个镜头：一个衣衫褴褛赤着双脚的妇女和一个赤脚小女孩，正在田野上挖野菜。……那妇女抬起头，眼前一亮，很快爬上山坡摘下一朵鲜红的刺梨儿花，然后转回来，插在女孩的头上。俩人脸上绽出欣悦的笑容。

顿悟：作家周克芹看到上述情景，心弦震颤了，沉睡在头脑里的信息，平时的感受、思考、悲欢、爱憎，一下子全被唤醒。他当天写下悟出的道理："人是不会绝望的。在人生的道路上，人人都可能遭遇到可怕的灾难、打击、艰难和不幸，而重要的是热爱生活，直面人生。"（见《新时期作家谈创作》）

参照该例，尝试抓住机遇、产生顿悟的心理过程和思维活动。

4. 思路的综合性拓展

例如：根据如下材料拓展思路。

> 蝜蝂者，善负小虫也。行遇物，辄持取，昂其首负之。背愈重，虽困剧不止也。其背甚涩，物积因不散，卒踬仆不能起。人或怜之，为去其负；苟能行，又持取如故。又好上高，极其力不已，至坠地死。
>
> （柳宗元《蝜蝂传》）

这小虫给我们一些什么启示呢？它执着、不懈、登高、至死——有顽强精神；它固执、逞强、不自量力——是其可悲之处；它贪心大、负重多、旧习难改——令人生厌。可以联想到什么呢？第一，人们也需要执着和不懈的追求精神；第二，人们学习知识，如果学而不化，就如同蝜蝂背物，积愈多，负担愈重，会压垮自己；第三，有贪心又守旧，陋习不改者，终没有好结果……

自然界的生物和景象，被人们拿来类比论说事物、描绘形象、寄志抒情、入文上画者甚多，给人无穷启示，至今仍不绝于丹青、诗文。以此为凭借，锻炼思路的拓展，是一种简便易行的方法。

经常做分析和概括别人文章的思路的思考，并试着改变一下文章的某一因子，推测一下思路会有什么变化，如此等等，也是拓宽思路的有效练习方法。看影视时，随看随想，做这种类似改变某一因子的思考，会在潜移默化中提高运思能力。

5. 文章蓝图的心理描绘

凡对什么有所感想，写作时就在心里描绘一下它的轮廓，差不多了，就记下思路的轨迹。这不仅能提高运思能力，也为写作积累了一笔财富。

例如，以《我的小传》为题，记下动笔前对文章蓝图的心理勾画。一位习作者记下了这样的思路轨迹：

要写《我的小传》，我有生以来所走过的路，一下子铺展在眼前。从哪里写起，我感到茫然。这时，眼前突然闪现出一片光明来——那是我小时候在山村放牛度过的一段美好时光，纯朴的山民、浓郁的乡情为我性格的形成打下了深深的烙印。

提到性格，我脑海里迅速转动着我成长道路上三个时期的情景。于是，以时间为线的《我的小传》便顺利酝酿成形。

(1) 童年时代。山乡亲情的影响，父母耿直品行的潜移默化，大自然的陶冶，我开始学习着辨别好坏、是非、善恶、美丑……

(2) 少年时代。父母进城打工，我被送进文化宫少年舞蹈队学跳舞。高强度的运动，无形中培养了我吃苦耐劳的精神；悠扬的乐曲、优美的舞姿，填补着我审美心理上的空白。

(3) 青年时代。主要是在知识的海洋里寻觅、探求和跋涉。我上进好学，不甘落后。

以上就是我性格形成的三部曲，也是我想象中的小传。

习作者对自己的生活做整体思考，既清晰又朦胧。但童年的生活和少年环境的变化，勾起了回忆，照亮了思路。于是以童年、少年、青年三个相连时期的时间为线，以性格形成为内核的构思便基本成型。看来习作者的理性概括与思考始终占据着主导地位，这是进行整体运思训练不可缺少的心理活动。

运思初始，不知从何处下笔，这是常有的现象。找到一个亮点，理出一个时间的线头，是展开运思的切入角；概括核心内容(性格形成)，为文章蓝图找到搭架的信息材料，是完成运思的必要条件。当然，在文章蓝图的勾画中，心理上的剪裁和提炼也是不可少的。

三　写作行文能力训练

(一) 训练内容

行文能力，从广义上说应包括谋篇布局、材料运用、剪裁修改、语言表达等能力，它是一个人思维、思想、素质、知识、经验、文字功夫的综合体现。从狭义上说，主要指运用书面语言文字表达思想情感、传递信息的能力。行文能力的强弱，关键在于主体对语言文字的掌握和运用。因此，也可以说将脑中所想付诸笔端的能力就是行文能力。

行文训练有两个动力因素：外力和内力。外力要靠人的训导和督促；内力来自理想、兴趣和意志。行文能力的提高，关键在内力。在一定条件下外力也可转化为内力。训练应着眼内外力作用下的文字运用，先求规矩，后求创造。

(二) 训练原则

1. 规范原则

词语组合、句子构成应合乎语法和有序要求，不能杂乱无章。

2. 组合原则

即句子、段落、篇章组合的基本方式，都有一个大致可循的框架，不能随心所欲。

3. 创意原则

创意，就是要有变化。“通其变，遂成天地之文。”变，就要独出心裁地造句行文。

（三）训练方法

1. 并举法

即读与写并举，借鉴与积累并举。为了写作上的借鉴而读书与一般的读书不同，应该“一边读，一边回想他所经历过的相似的人生，或者一边读，一边到现实的活人生活中去看”（茅盾语）。读要与思维与社会实践相结合，在对照、比较和领悟中学习行文的方法与创造的要领。为了训练行文的基本功，读书时还要学习拆卸和装配别人的文章，析解、体会、借鉴其方法和技巧。

写，就是练文字练笔头。文学语言的训练应注意语感，实用文语言的训练应注意准确、鲜明。老舍说：“写日记、写笔记、写信，一方面积累了生活经验，同时也是练习文字的机会，不可轻易放过。”“练习文字时，我以为什么形式都应练习，散文也写，韵文也写，古人常用‘诗词歌赋无所不通’来赞美会写文章的人，这就是说各种形式、各种文体他都会写。……”只有练得多，练得全面、刻苦、认真，才能悟出各种文体行文的不同规律，提高行文能力。

2. 单项练与综合练相交替

单项练指的是词语搭配和句式表达的训练；综合练指的是不同文体的相似式建构训练。运思时的练是心理上的，行文时的练就要落实到纸上。

3. 过关法

先过文从字顺关。只求简要、清通、平易。
再过曲折多变关。要求波澜、奇巧、多姿。

（四）训练实例

1. 合“法”、合“理”、合“情”、合“境”、合“体”训练

（1）合“法”训练。
即按照一定的语序结构训练。
词语换位法：
即宾主位调换，看句意变化和效果。如：

原句：小说可以玩技法，报告文学可以玩事件，诗歌可以无病呻吟、故作高深，谁敢玩散文，谁玩得了散文？

换位：玩技法的是小说，玩事件的是报告文学，无病呻吟、故作高深的是诗歌，玩散文谁敢？玩得了散文，谁(能)？

原句：有记着快乐、忘记痛苦的本能的是人。有把痛苦化为成就感的天赋的也是人。

换位：人，……

仿句换词甚至换意另写法：

原句：绿是春天最动人的颜色，绿，代表着和平幸福、坚强的生命力。

仿句一：绿是自然界最迷人的颜色，绿，代表着祥和平安、顽强的精神。

仿句二：绿是大自然最令人陶醉的颜色，绿，代表着平和幸福，是生命力的象征。

原句：在当今地球上，没有比人类更加尴尬的了。他们面对各种包装精美的饮料，却没有一杯洁净的清水；他们走进现代化的厨房，却忐忑不安思虑着蔬菜上的农药残余；他们安上了空调，却不再有清新的空气；他们把室内装修得富丽堂皇，却鲜见不是人造的自然风光；他们有了更多的物质和财富，却永远也换不来生存的质量。

仿句：在当今世界上，没有比人类更加自在的了。他们可以享受各种精美的保健饮料，却不需……

(2) 合“理”训练。

即按照一定的逻辑语意结构进行训练。

一种判断，多种句式：

原句：中国人民勤劳勇敢。(陈述肯定)

练句：中国人民是勤劳勇敢的。(陈述肯定)

中国人民难道不是勤劳勇敢的吗？(反问)

中国人民不是不勤劳勇敢的。(陈述肯定，一般不这样说)

原句：风，更猛了。雨，更大了。(并列)

练句：风，越刮越猛。雨，越下越大。(并列)

风，刮____________。雨，下________________。(并列)

风________________，雨________________。(并列)

风，小________________；雨，却大______________。(转折)

风，越________________；雨，却________________。(转折)

相关概念，配合要恰当：

误：我的家乡，你知道，是苏州人，那里很美。

正：我的家乡，你知道，是苏州。那里很美。

正：我的家乡在苏州，你知道，那里很美。

正：你知道，我是苏州人。我的家乡很美。

欠妥：刚刚38岁，却满脸的皱纹，箍着小小尖尖的脸蛋，活脱一个“旧社会”。

改正：……

正确运用限制和修饰成分：

如：他屋里（只）有（寥寥可数的）几件（平常简单的）家具。（括号内的文字为修饰语）

请为下列两段文字加上修饰限制成分。

其一：

我合上书，转过脸去，就看见了女儿的小手。进入梦乡的小女儿脸蛋绯红，透露出生命色彩，而那小手，伸在枕边，是一种把握的姿势。

其二：

他说：她这人真有意思。

她说：他这人怪有意思。

于是，有人断言，她和他有了意思，并要他赶快意思意思。

他火了，说："我根本没那意思！"她生气了，问："你们这样胡扯是什么意思？"说的人有点不好意思，便解释说这纯属开玩笑，并没有别的意思……

事后，有人说"真有意思"，也有人说"真没意思"。

（3）合"情"训练。

即按照一定的文情进行训练。

例文：

入夏，杏果果长得像奶奶大手指头大了，让人一看就口水漉漉的。奶奶却看得紧了，不让吃。奶奶说："青杏疙子是有火的，吃了伤人呢！"我嘟着嘴，问她："那你为啥给小良嫂吃，天天叫小良摘那么多？"奶奶竟笑了，笑得咯咯的，还骂我："小臭羔子，你懂什么，那是给她娃儿长牙呢！"她娃儿要长牙，我不要长？我偏要吃。瞅奶奶不在，我便勾来几个小伙伴，一齐脱掉鞋子，狠命往树上掷，掷准了，哗啦啦掉下一片杏疙儿；于是又一齐扑去抢了；装在衣袋里；奶奶来了，轰地一下跑开，惹奶奶跺着小脚儿骂……

（赵苏北《奶奶的杏园》节录）

仿此，写《伯伯的枣园》，表现伯侄情；写《叔叔的葡萄园》，表现叔侄情；写《爷爷的柿园》，表现爷孙情；写《爸爸的菜园》，表现父子情……关键在于理顺自己同长辈的关系、情感纠葛，体会、品味情感的合理发展，然后记一个具体事件的片段。

（4）合"境"训练。

即按照一定的语言环境训练。

可改变文章原有的语境重写。如聂华苓的《台湾轶事：人，又少了一个！》，大意是：三年前，冬天，一个骨瘦如柴的女人来门前讨米。她先生坐了牢，她带着四个孩子无法生活，洗衣服挣的钱不够喝稀饭，只好厚着脸皮出来行乞。三年后的今天，她仍在乞讨，但脸上已没有了三年前那种羞怯的神情。一嘴的黄牙，阴森森的笑，熟练的乞讨声调，以及随时转换的嬉笑、冷笑，使她变成了另外一个人。

根据上述大意(也可找来原文参照)改变第一个语境：时间和地点由三年前冬天我家门前改为医院门前冬天的傍晚，事因由丈夫坐牢改为有病住院。改变第二个语境：时间和地点由三年后冬天巷口一家门前改为冬日早晨的大街拐角处，水泥地上放着一张纸，上面有行乞的故事。想象和设计在这种语境中，人物的语言和行为如何。

可析解语境。如“奔马踏死黄犬”的种种写法：逸马杀犬于道。/有犬卧通衢，逸马蹄而死之。/有奔马毙犬于道。/适有奔马践死一犬。/适见有奔马践死一犬。/有犬死奔马之下。/马逸，有黄犬遇蹄而毙。

从语境角度考虑，既注意客观，也要注意主观。分析各句表达的目的是什么，行文的着眼点和着重点又是什么。体会并说明句式为何不同。

(5) 合“体”训练。

即按照一定的文体训练。

如：根据下列材料设计并练写记叙、说明、议论三类文体。

由大陆辗转带到香港，然后交到台湾游子手里一张彩照。照片上是老小围桌会餐，母亲身边有一空位，她目光侧视着。

由台湾游子托人捎给家中几张彩照。其中一张有他和妻子、儿子、女儿、孙子围桌吃饭的场景，桌中心有一块寿糕，首席位置是空的，照片上写着：恭敬母亲八十大寿。

“我”赴港台洽谈业务，充当了邻居刘柳的信使。台湾游子是刘柳的大哥。“我”在香港见到了刘柳的大哥。“我”还给他捎去了家乡特产：毛尖茶。

练写记叙文《空位》；说明文《两张照片》；议论文《发人深思的“空位”》。

2. 创意训练

(1) 词语搭配的创意训练。

如：这个问题真棒，小青年们很青年，开始说重量级的海话。

这句话的第二个“青年”变成了形容词。如把“小青年们”换成“少年们”“儿童们”“老年们”“妇女们”“老汉们”等，“很××”能不能搭配？那么“真棒”“重量级”“海话”又该怎么变？

再如：篱笆深深的小院/我阅读一天星辰/不知谁来阅读我。

这句话词性没变，搭配却超常。用“阅读”造短语，如“阅读社会”“阅读人生”；也可造句，如：“从里到外，我仔仔细细地把他阅读了一遍”；“从他闪亮的眼睛里，我读到了温顺，读到了善良和智慧”。仿此，还可造出一些短语和句子来。

还如：这人不烟不酒，甚至也不诗了。

这句里的“烟”“酒”“诗”由名词变成了动词。能不能说“不茶不饭”“不歌不舞”“不球”“不书”呢？

这类句子在现代杂志报纸上很多，随时注意都可以拿来作为训练材料。

(2) 句子转换式创意训练。

如：纳米的世界令人神往。

令人神往的纳米世界。/令世界人神往的纳米。/世界的纳米令人神往。/令世界神往的纳米人。/纳米人令世界神往。

又如:思维是地球上最美的花朵。

地球上最美的花朵是思维。/地球上思维的花朵(是)最美。/最美的花朵是地球上(的)思维。/地球上(的)思维是最美的花朵。

再如:那条给我留下了美好的记忆的石径,渐渐地被夜色笼罩了。

被夜色渐渐笼罩的那条石径,给我留下了美好的记忆。/渐渐地,那条给我留下了美好记忆的石径被夜色笼罩了。/那条被夜色渐渐地笼罩的石径,给我留下了美好的记忆。/给我留下了美好的记忆,那条渐渐地被夜色笼罩的石径。/被夜色渐渐地笼罩了,那条给我留下了美好记忆的石径。

(3) 篇章组合的创意训练。

篇章组合的创意,主要指文体的相互交叉、渗入、影响而产生的新组合形式。它既有甲文体的特征,又有乙文体的因素。

练习篇章组合的创意,可结合议论文和散文的习作进行。如:

写议论文——尝试散文化、说理形象化、行文随笔式的写法。

写散文——尝试小说式结构、戏剧对话式、格言警语式写法。

写小说——各类文体的特长都可拿来一试。作者跳入跳出,或与作品中人物直接对话,或与读者商量故事情节该如何发展。行文或如促膝交谈的小品,或如演讲说书的评话,聚散自如,衔接榫眼处却又独具一格,等等,都不妨尝试一番。

选取当代作品中的千字散文、微型小说、评论文、杂文各三篇,前两种为一类,后两种为另一类。先按类进行拆卸式的研读,仔细考察每一个"部件"和"零件"的性能,以及"制作"方法和它们之间的联系,发现并体会其独到之处。然后推测作者的思路,写出详细提纲。

按此四种文体,根据个人生活取材,有意进行篇章组合的创意练习,各写 1—4 篇文章。

第三章　写作思维与方法、技巧

本章导读

思维是地球上最美的花朵。

——恩格斯

方法不是外在的形式，而是内容的灵魂。

——黑格尔

写作思维具有敏捷、灵活、独特、深刻的品质；在写作思维中存在着“仿模块”“反模块”和“模糊”现象。写作方法是写作技巧的基础；一切技巧又都是思维的技巧。思维、方法、技巧，在创造精神中才会得到充分发挥。放飞你的想象，联想生发，思路自会新奇，写作也会创新。

第一节　写作思维

一　写作思维的品质

思维是从社会实践中产生，并为人类所特有的一种精神活动。它是在表象、概念的基础上进行分析、综合、判断、推理等认识活动的过程。写作思维是指整个写作过程中与写作密切相关的心理活动。它有以下一些品质。

（一）敏捷

敏捷，指的是写作思维的速度与效率，它反映一个人思维敏锐的程度。敏捷与一个人的智力和知识结构有关，也与经常锻炼和经常用脑有关。要想使思维迅速而灵敏，一要多汲取知识营养，不断地完善和更新知识结构；二要开发智力，勤于动脑，善于思考。只有“思风发于胸臆”，才能“言泉流于唇齿”。

清代著名学者、文学家纪晓岚，博学多闻，才思敏捷，眼睛却近视。据稗史记载：酷夏一日，他脱衣乘凉，高宗忽至，不及穿衣，急忙伏座下。许久，纪问：“老头子走了吗？”高宗斥道：“纪昀无礼，何得出此轻薄之语！有说则可，无说则杀。”纪从容谢曰：“万寿无疆之为‘老’，顶天立地之为‘头’，父天母地之为‘子’。”高宗听了高兴，免其罪。可见纪晓岚思维敏捷，随机应变能力强。三国时期诗人曹植七步成诗，东晋文学家袁宏“倚马可待”，在文学史上都被传作才思敏捷的佳话。

敏捷，是写作思维的重要品质，只有博学强记，历练不止，才可提高其力度。

（二）灵活

灵活，是指从不同的角度和方方面面变通思维的能力，也即写作思维能力的迁移和应变。比如写作思维方向的灵活：正向与反向（逆向）、我向与他向、单向与多向；写作思维方法的变通：求同与求异、集中与扩散、规则与跳跃、发散与收敛等。

灵活，在于不墨守成规，善于变通。所谓“一集之中篇篇变，一篇之中段段变，一段之中句句变，神变、气变、境变、音节变、字句变，惟昌黎能之”①，“通其变，遂成天地之文”②。文章的变化，来源于作者思维的灵敏，是克服守旧惰性、转换思维方向和方法和加大思维跨度的结果。

一些字词、成语的拆用、反转等，即是一种思维的灵活。例如：对牛弹琴——对，牛弹琴；心甘情愿——心肝（甘），情缘（愿）；故事——事故。围绕某一点想象和联想，生发扩散，也是一种思维的灵活。例如：人。性别——男人、女人；国别——中国人、外国人；种别——黄种人、白种人；职别——工人、农民；以及人的对立物：神、鬼；人的接近物：物质、精神，等等。再改变某一个因子，又可以联想很多。

（三）独特

独特，指的是写作思维的创造性。写作思维是一种个性很强的思维。一个作者，最幸运的是，从来没有两种或两种以上的想法完全相同地产生和发展；最可悲的是恰好相反。拓展思路，大胆突破，永无休止地追求新信息、新方法、新意境，力求有所发现和创造，是万物之灵的人才具有的一种品质。这种思维的独特与个人认识事物的角度和深度有关。如对“婚姻”的看法：婚姻是一部书，它的第一章是诗歌，其余都是散文（英作家倪高斯语）；婚姻是一部书，它的封面是《圣经》，内容却是账簿（加拿大华裔作家杜撰语）；婚姻是一个鸟笼，笼外的鸟想飞进去，笼内的鸟想飞出来（法散文家蒙田语）；婚姻是“一篮子蛇”（意大利达·芬奇语）；婚姻像一把剪刀，两柄相连不能分开，却互相对抗着而行动，任何人岔在它们中间，就会被剪为两截（英牧师史密斯语）等。以上种种是带有很强的个性思维的结果，也是文化层次较高的人的看法。工人、农民会有自己独特的思考。例如：婚姻就是柴米油盐酱醋茶；婚姻就是白菜萝卜；婚姻是机器轰鸣的车间，永远无休止地喧闹着；等等。认识任何一种事物，不同的人会有不同的视角。

（四）深刻

深刻，指的是写作思维的深度，也即内心感受事物的程度、对事物本质属性的开掘

---

① ［清］刘大櫆：《论文偶记》。

② 《周易·系辞上》。

和认识。毛泽东在《实践论》中说:“要完全地反映整个的事物,反映事物的本质,反映事物的内部规律,就必须经过思考作用,对丰富的感性材料加以去粗取精、去伪存真、由此及彼、由表及里的改造制作功夫,造成概念和理论的系统,就必须从感性认识跃进到理性认识。”“由此及彼,由表及里”是一种开放的博取式的思考方法,属于发散思维;“去粗取精、去伪存真”是一种闭锁的甄别式的思考方法,属于收敛思维。这里提出的“十六字”法是思考、琢磨、分析、比较、鉴别、剔留的连续过程,它是使写作思维达到一定深度的有效方法。

写作思维的深度往往表现为主体勇于探索的追求精神,这是浅尝辄止者永难达到的。如新中国成立初期很有影响的剧作《白毛女》,若停留在神鬼传奇的认识层面上,就挖掘不出“旧社会将人变成‘鬼’,新社会将‘鬼’变成人”的深刻主题。理由写妇科专家林巧稚,如果仅仅是“提倡向主人公的事业心学习”,就不可能深化对主人公个性的认识,塑造不出独特而又深刻的个性化的伟大心灵品格。这些都是作者勇于追求的结果。

二　写作思维中的“模块”现象

写作思维中存在着“模块”现象。所谓“模块”,我们指的是贮存在记忆中的人或事物呈现组块形态。它或是由对客观事物的直接感受而形成,或是阅读获得信息的心理印象。这些“模块”都有可能成为写作时的模本。一旦作者进入写作状态,它们便会在头脑里活跃。“模块”是经验所得物,它是一种后天的生理机制和现象。心理学家乔治·米勒曾对记忆提出过“块”的概念。思维学家张光鉴曾对“相似块”进行过阐述,他说:“我们这里所说的‘相似块’是指在思维贮存系统中与输入信息具有相似性的有层次和时空结构的记忆组块。”[①]古希腊的大哲人柏拉图和亚里士多德都认为艺术的基本特征是模仿,德谟克利特认为艺术起源于对自然的模仿。当然,他们说的模仿与我们说的“模块”,其概念的含义并不是一样的。我们只是指出并强调在写作思维中,确实存在着有意识的或潜意识的仿“模块”和反“模块”现象。

(一) 仿“模块”现象

1. 以事物为模本

作者生活阅历中的人、事、物以表象形式储存在头脑里,当思维活跃时,这些表象便有意或无意地被思想、情感着色,形成意象“模块”。以生活经验为模本的写作活动,实际上是意象“模块”在起作用。如北岛的一字诗《生活》:网。可以推想其意象“模块”形成和作品最后产生的过程:生活经验中的事物如蛛网、渔网、球网、各种网状物;思维中的意识着色后的网——人情网、关系网,官场有官场网,民间有民间网,法有法网;进一步类比、联想,让思维飞跃——人不是在“网”中生活吗?于是以事物为模本的“网”到意

① 张光鉴等:《相似论》,江苏科学技术出版社1992年版,第81页。

识着色后的“网”(即意象“模块”)再到仿意象“模块”的作品中的“网”,便在思维中酝酿成熟。可以断言,没有生活经验中的网状物,作者头脑中便没有“网”的意象“模块”,仿“模块”便失去了基础。

写作思维中以事物为模本形成意象“模块”是至关重要的。鲁迅杂文《夏三虫》,以跳蚤、蚊子、苍蝇三种害虫为模本,给予思想着色,使之巧妙组织,形成意象“模块”,造成一种境界,形象地勾勒出旧社会一些文人的嘴脸。当代杂文《昆虫篇》也是以昆虫为模本,进行哲理化思考和思想认识的着色,使之转化为意象“模块”的。如写“蝉”:“不羡慕鹦鹉的如簧巧舌,宁愿发几声属于自己的嘶鸣”;写“苍蝇”:“即使混迹于蜜蜂之中,也改不了逐臭的本能”;写“蜘蛛”:“有的吐丝为了奉献……有的吐丝却是为了攫取”;写“蜻蜓”:“一生都在水上盘旋,却永远不了解水的深浅”。再如以十二生肖为模本写的趣话,以蚯蚓为模本写“顽强”,以蚂蚁为模本写“无私”,以企鹅为模本写“贞真”等。没有这些小昆虫为模本,这类意象“模块”便无从形成,仿此而发的议论便不可能产生。

2. 以事件为模本

用列夫·托尔斯泰创作的剧本《活尸》的剧情及其依据的模本加以比较,来进一步讨论这一问题。

剧情:剧中有三个主要人物——费嘉、费嘉的妻子里莎、里莎的第二个丈夫卡列宁(也是费嘉的朋友)。费嘉老实、纯洁,有正义感,因厌倦当时的生活方式和妻子发生矛盾,后出走谎称自杀。里莎又嫁给了卡列宁。事发后三人被送到法庭,费嘉的律师辩护说:他的罪行就在于没有真的“自杀”。这时费嘉突然朝自己胸口开了一枪,结果“活尸”变成了一具“死尸”。

真实的事件(《活尸》的模本):尼古拉·吉美尔因酗酒抛弃了工作、妻子和孩子。妻子到农村医院找了份工作,同时认识了一位很爱她的男子,因此产生同丈夫离婚的念头。丈夫知道后理解并支持她再婚,就谎称自己犯了通奸罪,可正教法院却拖延未判。于是三人商量:决定以尼古拉·吉美尔的假自杀成全其妻子。不久,丈夫给妻子写了一封信,说自己要投河自杀,之后便失踪了。事有凑巧,这时在河边发现了一男子衣服,衣袋里有尼古拉·吉美尔的身份证,河里也竟打捞起一具尸体,于是妻子叶卡杰林娜认作丈夫埋葬,然后同恋人结了婚。但尼古拉·吉美尔在申请补发身份证时露出马脚,被人发现,因此三人被告发。法庭判处流放他们,后从轻发落,坐牢一年。《活尸》正是作者以这一真实的事件为思维模本,注入思想认识,加以改造而成的。

在写作中以客观存在的事实为思维模本进行加工、改造者并不鲜见。写实的传记文学、新闻、散文、报告文学、杂文等在构思、表意和生成句子中,以事件为思维模本更是无处不在。

3. 以情感为模本

郭沫若写《蔡文姬》,有人说是为曹操翻案,其实是情感“模块”使然。抗日战争初期,郭沫若曾经有抛妻别子从日本回到祖国的经历,在思想上造成了一个情结,这与蔡文姬别夫抛子很有相似之处，使他在联想中体味出蔡的心情。思维中郁结成的情感“模块”，促使郭以此为模本去表现蔡，并以此宣泄胸中之情。尽管郭沫若强调“我在写作中是尽可能着重了历史的真实性”，又说他写《蔡文姬》是“受了寿昌《关汉卿》的启迪和鼓舞”，但在郭沫若的思维长河里，之所以选中蔡文姬来表现，而且特意安排她抒发别夫抛子之痛，都与情感“模块”有关。他曾很明白地说：“在我的生活中，同蔡文姬有过类似的经历，相近的感情。”很显然，剧中蔡的感情是以郭的感情为模本的。他在《蔡文姬》里又说：“法国作家福楼拜，是有名的小说《波娃丽夫人》的作者，他曾说：‘波娃丽夫人就是我！是照着我写的。’我也可以照样说一句：‘蔡文姬就是我！——是照着我写的。’”凡具有真情实感的作品都有作者情感上的影子，也特别能感动人，即是这个道理。

4. 以“形式”“句式”“写法”为模本

以形式为模本，大手笔也曾有过。鲁迅写《狂人日记》在表现形式上与果戈理的《狂人日记》相似。尽管在表现狂人的“狂”上，果戈理用的是混乱的年月日，鲁迅用的是狂人的心理，但鲁迅写《狂人日记》时，头脑里已储存有果戈理的《狂人日记》信息，以模本为依据，形成思维“模块”，受其影响是明显的。这就是形式上的模仿现象。

以句式为模本者，古今不可胜数。如：

(1) 先有：落花与芝盖齐飞，杨柳共春旗一色。(庾信《华林园马射赋》)

后有：落霞与孤鹜齐飞，秋水共长天一色。(王勃《滕王阁序》)

(2) 先有：蚍蜉撼大树，可笑不自量！(韩愈《调张籍》诗句)可乎哉！谈何容易！(《汉书·东方朔传》)

后有：蚍蜉撼树谈何易。(毛泽东《满江红》词句)

(3) 先有：英国某诗人的——《我和春天有个约会》。

后有：香港某编剧的——《我和春天有个约会》。

(4) 先有：奥斯特洛夫斯基的——《钢铁是怎样炼成的》。

后有：谢雨欣的——《爱情是怎样炼成的》。

(5) 先有：莎士比亚的——都是月亮惹的祸。

后有：某偶像剧——《都是天使惹的祸》。

以写法为模本者，就更是写作思维中普遍可见的。如：

(1) 侧写法(烘云托月法)。

先有汉乐府《陌上桑》侧写罗敷之美：行者见罗敷，下担捋髭须；/少年见罗敷，脱帽著帩头。/耕者忘其犁，锄者忘其锄。/来归相怨怒，但坐观罗敷。

后有赵树理《小二黑结婚》侧写小芹之美：小芹上树捋野菜，小伙子们也去树上捋野菜；小芹上河边去洗衣服，小伙子们也去河边洗衣服。

再后来有高晓声《水东流》侧写淑珍之美：好一个娇女，走在大路上，小伙子们看呆了，听不见背后汽车叫；走在街面上，两旁买卖都停掉；坐到戏院里，观众不朝台上瞧；哎呀呀，当年皇帝选妃子，幸亏她还小。

(2) 立骨法。

先有古人的一字立骨，如：《国语・叔向贺韩宣子之贫》借“贺贫”而言“德”，“德”是文之骨。后有今人的一字立骨，例如：李兰、杜敏的《钱德颂》，借“颂德”而言“功”，“功”是文之骨。

先有前人的一句立骨，例如：钱锺书的《围城》借“城外的人想冲进去，城里的人想逃出来”一句话确立了主旨。再有后人的一句立骨，例如：孟伟哉的《父母・儿女》借“像你妈妈那样的，你别爱”“像你爸爸那样的，你别爱”，一句话立定了文意。

(3) 构段谋篇法。

几乎所有的文章其构段都有基本模式：记叙文重“场面”，议论文重“论层”，说明文重“释项”。

也几乎所有的文章都有谋篇的基本模式：记叙文为“开头—发展—结局”，议论文为“引论—本论—结论”，说明文为“概说—分说—总说”。看来，作者写作时，头脑里的模本早已存在了。

（二）仿“模块”与“影子”

写作思维中的仿“模块”有两类：一是仿生活“模块”，二是仿成品“模块”。仿生活“模块”是初始型的，多有原创性，如前文提到的北岛的“《生活》：网”和列夫・托尔斯泰的《活尸》等。仿成品“模块”多是再生型的，也大都有模拟性。当然，仿成品“模块”有些不是单一的，与仿生活“模块”有交叉影响。仿“模块”的影子现象多出现在第二种情况中。所谓影子即随物静而静、物动而动的物的虚幻形象。写作思维中的模本影子一旦形成，必然会产生受制于模本的心理定式，阻碍着作者创造力的发挥。

模式化的东西，影子现象都很严重。古代写爱情故事的戏你随我形、我随你影，几乎成了一个套路：先是公子遇难，小姐后花园赠金；然后是公子金榜题名，与小姐喜结良缘。“文革”的八个样板戏，阶级斗争的模式被推到了极限，“高、大、全”的人物及影子、“走资派”的人物及影子随处可见。《东风浩荡》《金光大道》里硬要写上阶级斗争，《伐木人》《铁旋风》《无形战线》《朝晖》《晨光曲》《钻天峰》等全是随波逐流的捏造，仿佛都是一个模子铸出来的。新时期伊始，蒋子龙写《乔厂长上任记》，塑造了一个具有开拓进取精神，生活上又有一点不幸和艳史的人物形象，于是乔厂长的影子李厂长、王经理、张主任也都一个个走马上任，跑到各种杂志编辑部。幸好编辑部挡了驾，没有让这批“克隆”人出笼。

习作中更是大量地存在着影子现象。当年杨朔写《荔枝蜜》，正因为结尾处有一句：“这黑夜我做了个梦，梦见自己变成一只小蜜蜂。”不知害苦了多少中小学生大白天写作文也非要做一个梦。再如无论是谁写《我的老师》，都是灯下伏案，白发晃动，夜半批改作业；大学生写《我的自传》都是上学三部曲——小学、中学、大学，再不然，就是黑色的七月、千军万马过独木桥之类的“克隆”词语，充斥文中。因此，对仿“模块”现象应具体分析，可以仿“模块”，但不要形成影子。

（三）反“模块”现象

写作思维中不仅有仿“模块”现象，而且有反“模块”现象。仿“模块”不能排除思维的改造与创制，反“模块”则表现出极强的创造、创新思维品质，一反常态、常规，竭力追求新颖和独特。或寻找出奇制胜的视角，加工、改造“模块”提供的信息，或在形式、内容、语言方面打破旧规，追求创新。写作是思维的创造性艺术，思维是写作的关键，而创造性是思维的灵魂。没有创造性的思维，也就没有优秀的成品。写作最可宝贵的品质是不重复别人，也不重复自己。这就是反“模块”的实质。

1. 形式上反“模块”

打破传统的形式束缚，追求新、奇、美、形象、传神的新形式。

（1）图像诗一反诗歌的分行排列形式，用文字构成视觉效果很强的图像，令人过目难忘。如秦松的《湖滨之山》：

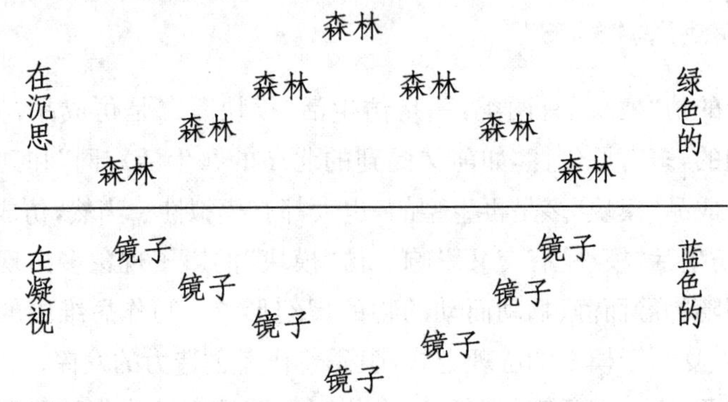

（2）荒诞剧一反传统戏剧的所谓正剧、悲剧、喜剧的模式，以极其“荒诞不经”的形式表现作者的思想和情感。如魏明伦的《潘金莲》中，武则天跨朝越代而来，安娜·卡列尼娜跨国越洲而至，贾宝玉从《红楼》奔来，小红娘从《西厢》飞出，《水浒》作者现身说法，《花园街五号》女记者代鸣不平，现代阿飞们趁势起哄，七品芝麻官束手无策，人民法庭女庭长评说古案……各路来客，不只是站在戏外叙事抒情，并且跳进戏中，和剧中人交流感情，比较命运，展开冲突。例如：现代阿飞与西门庆合伙，红娘与景阳冈老虎对话，莎莎偕潘金莲游街，施耐庵指挥武大郎拿奸，潘金莲求武则天作主，安娜携潘金莲卧轨自杀……作者借一个个历史的和现实的人物角色的交往来评述潘金莲“积案”的来龙去脉和是是非非。思维活跃，神采飞动，奇想万千，其形式荒诞无稽。

（3）意识流小说一反小说的传统叙事形式，打破常规的时空顺序和逻辑关系，用意识和潜意识的交叉，回忆的闪现，过去、现在和未来的跳跃，以互相切入、闪电般变化、放射性展开并能围绕一点收拢的新形式，把历史和现实、幻觉和实景交接显现出来。如王蒙的《春之声》，“‘哐’地一声，黑夜就到来了”，这是写岳之峰在“闷罐子车”上的感觉。这种感觉可能是“响声”与“黑夜”同时被意识到的巧合，也可能就是一种无端的纯粹说不清的感受。接着，由“车身在轻轻地颤抖”联想到“甜蜜的童年的摇篮”；由童年而回忆起儿时的夏天里，同小伙伴们光屁股在河里游泳的往事；再从躺在涟漪上闭目养神的“轻轻地摇晃着”的感觉又回到车厢。于是思绪纷乱地想到故乡，想到已故的母亲和年迈的父亲。这些感觉、联想和回忆的心理活动在岳之峰头脑里交汇翻腾……

这种意识流的叙事笔法和形式，无疑开拓了作者的思维空间，增大了作品的容量。

2. 内容上反“模块”

写作思维中对事理的琢磨、形象的塑造、故事情节的编排等一反常理、常情、常见，突破旧的思维“模块”，令人耳目一新。

(1) 事理上反常规。

俗话说有理不打笑脸人。我已经低头服你，笑脸相迎，你还能把我怎么样呢？这是常理常规。但这种传统思维模式在现实面前却被彻底粉碎。有篇文章《惩罚微笑》，写一位内地企业家到香港办事，因从草地上穿过被警察看见，警察撕给他一张罚单。企业家又是递烟又是道歉，满脸赔笑，解释原因，然后收起罚单坐小车走了。一星期后他收到法院的传票，一见法官他就点头哈腰地笑，完全承认“犯规”事实，却被加罚一倍，原因是见法官就笑，是藐视法庭。你以为是皮毛小事，他却以为小看不得；你以为和为上策，他公事公办；你循规蹈矩地笑，他却用法律制裁你。如此等等，事理上反常，写作思维“模块”也必然反常。这种内容上的反习惯“模块”也必然引起思维的反向运转和创新意识的加强。

(2) 形象塑造反常规。

妖魔鬼魅，在神话、童话和传说中常常被描绘成奇形怪状、青面獠牙、妖术惑众、专门害人的可怕精灵，它代表着邪恶势力、怪异不祥之物。然而，蒲松龄《聊斋志异》所塑造的众多的花妖狐魅形象，却一反令人憎畏的传统“模块”的思想和写法，一个个都变得异常可亲可爱。如婴宁、青凤、香玉、连城、小谢、聂小倩等，她们个个都是风姿绰约、光彩照人，哪里还有一点妖魅的影子？

安徒生童话中的美人鱼、拇指姑娘，《西游记》中的孙悟空、猪八戒，《封神演义》中的“千里眼”“顺风耳”等，也都是反传统思维“模块”的形象塑造。当代小说《明姑娘》(航鹰)塑造了盲人有一双慧眼的光辉形象。家里种花，她能准确说出花的名字和颜色；从小双目失明，却织出了树叶型编花的鹅黄毛背心。这种热爱大自然和对光明的追求精神令常人汗颜。如果按世俗、常规的思维“模块”考虑问题，明姑娘的形象就不会塑造成功。

(3) 故事情节反常规。

按常规思维，人是不可能参加为自己召开的追悼会的，但谌容的小说《生前死后》却一反传统的思维模式，让一个公司的小科员林大江阴差阳错地站到了为他召开的追悼会上。由于改变了事物的正常因子，造成了时空的错位，林大江生前亲临其境地感受到了人们对他的悼念和哀思。小说以林大江的主观行为和感受为线索编排故事，把他有生以来和周围人的关系回味了一遍：他的老婆、他的弟弟、他的同事和领导。把送花圈、奏哀乐、致悼词同他生前的恩恩怨怨等凡人小事一一串联起来，尤其是最后公司给他的内部通报批评，这一切看似反常却正常、看似正常却反常的安排，正是作者编织故事情节时进行反传统“模块”思维的结果。此外，童话、神话小说、科幻作品等的情节也是反常规思维的结果。

3. 语言上反“模块”

从语言表达的角度说，写作也是语言的艺术。只有语言“惊人”才能文章“惊人”。这里说的语言艺术主要指语言的运用。用语惊人就要创新，不能人云亦云。正如人们常说：第一个用鲜花形容美人的是天才，第二个用鲜花形容美人的是庸才，第三个用鲜花形容美人的是蠢材。语言上的反“模块”思维，往往与一个人对事物的独特感受、语言上反常的词语搭配，以及学习上化解前人语言时的创新功夫密不可分。

(1) 对事物独特感受中的语言创新。

△如对冰凌花的感受：

啊，昨晚真冷，今儿的冰凌花倒好看。——普通的感受，普通的语言。

严寒并不像我们想象的那么冷酷，它像一个顽皮的魔术师，时时地编出新节目来，玻璃便是它的舞台。——有了特殊感受的语言。

冰雪覆盖了大地，然而春花夏草，并不甘它们的离去，常悄悄地把自己的剪影，请风儿带到窗子上，唤起人们对夏日的怀恋。——独特的感受，独特的语言。

△再如对将要结婚的感受：

出嫁闺女哭是笑，落第举子笑是哭。——反常中的正常感受。

一想到要结婚，天空顿时就变成了铅灰色，雪地不再发出银光，收音机里的音乐也好像在呜咽。似乎等待的不是五光十色的新房，而是一座死气沉沉的坟墓。——张抗抗《北极光》中芩芩的独特感受。

直到结了婚，我才知道什么是真正的幸福。但可惜的是为时已晚。——一句笑话道出一种感受。

△又如下列一些独特的感受：

脚印——探索者谱写的生命音符。

镜子——里外一个样，却真假分明。

衣扣——为了他人的体面牺牲自己的自由。

粉笔——宁愿粉身碎骨，也要实现自我价值。

钢笔——虽然一肚子墨水，宣泄的却是别人的思想和七情六欲。

钟——敲打的是自己，提醒的是别人。

凡对事物有了独特的感受，即使是平常的语言也有了新意。

(2) 词语搭配中的创新。

我读遍了所有马的眼睛，除了温驯还是温驯。（周树山《卡车上的看马人》）

季可人走上前，一把拧住它的耳朵，很家长地斥道：……（叶林《沙海黄昏》）

姑娘的羞涩，追踪着一个得意的活泼。（陈伟辉《牛仔裤》）

在返回小山上时，我尝到了那生机勃勃的、湿润的春风的甜蜜味道。（[美]特里·

米勒《品味春风》)

没有真善美,“世界会恐慌的”。(杨守松《醉忆大别山》)

让活泼泼的希望壮壮地生长出来,这难道也错了吗?(苏叶《木鸡腿记》)

太阳已经出来了,阳光似乎还没有化开,照在哪里都显得很稠,让小扣子想起女画家颜料盒里的柿黄颜色。(刘庆邦《遍地白花》)

歌着、酒着、挥手着、泪着,送走一个同学与一个同学,最后的站台上,只剩下两个人。(叶倾城《三个瞬间》)

以上八例中加点的词语都是突破原思维“模块”的超常规搭配。在这些创新的搭配中,有些词的词性发生了变化,有的词性虽没有变化,但其用法也突破了汉语约定俗成的规矩,给人以新鲜感。

(3) 化解前人语言的再创新。

如形容人脸儿长得俊俏:

雪白、娇嫩、粉面、标致——思维“模块”陈旧,语言陈旧。

“这脸儿吹弹得破”——《西厢记》中形容崔莺莺脸蛋儿的一句唱词,反旧有思维“模块”,美妙,有新意。

浓眉大眼,又俊又美;粉红的脸蛋,黑黑的眼珠;苹果似的脸蛋,会说话的眼睛——思维中的仿“模块”语言。

脸蛋儿像鸡蛋二层皮——俗话,有新意,形象、具体。

脸蛋儿像“笋壳里剥出来的”——《晚雪》中写主人公的美,反思维“模块”,化解俗话的创新。

(4) 反“模块”与对“趣味”的追求。

趣,就是与枯燥、寻常、虚浮、空洞的日常生活、情感、体验相比,更多一份内涵、理解、感悟、意思等。趣味,往往是从小事物、小景物上出现的,即是说,微小的,看似寻常的景物、人物身上,由于所处独特的文化、历史、现实的环境,会让其呈现出独特的风貌。所以,要懂得从小处着眼。

比如,同样是秦淮河边卖东西的小商贩,早中晚,他们的神态、气色是不同的。他们每天都要面对如织的游客,早已司空见惯,很少能保持兴致的。但是,只要你观察,肯定会有少数几人,由于种种原因,呈现出别样的风貌。其背后,必有原因,只要你用心观察片刻,从他的行为举止等方面,就可以洞察他,乃至其背后家庭,乃至整个行业的真实处境和变化。这里面便有趣味,是市井风情的趣味,是发现了一个人别样的精神面貌的趣味。

趣味,可以分为情趣、理趣。

情趣,就是对生活中世态人情的观察,发现其中容易被人忽略的,但又是每个人都有的,潜藏在内心、行为举止中的情感、情绪的形态。喜怒哀乐、爱恨情仇,每个人身上都有,但是由于性格、家庭、个性、气质、时代、修养等各种因素的影响,这些情感的表现是大不相同的。由于每个人都是独一无二的,因此要力求发掘出某个人(包括自己)与众不同的情感体验,当别人一直叫好的时候,你是不是有别样的体会?当别人都随波逐流的时候,你一定要保持独立的思考,于相同中见出不同,于不同中发现相同,于熙熙攘攘中发现孤寂，于冷清寂寞中发现内心的热闹。

如果写自己的家乡，可以寻找到家乡独特的地理风貌对人的精神风貌、思维方式独特的塑造，抓住其在日常生活中独特的体现，这样就抓住了市井风情中的趣味，也比较有深度了。

比如，汪曾祺的《胡同文化》，就是从老北京人居住的胡同这一建筑本身的特点出发，发掘出其背后深刻、丰富的文化内涵，发掘出了其对老北京人思维方式、精神面貌的深刻影响。读来非常有趣，再加上作者细腻、生动，充满生活气息的叙述，便增添了趣味。所以，我们写作散文，也要有这种深度！

理趣则是在揭示生活中某些道理的过程中，见出趣味。发掘深刻的道理，不能是直接地表达、论述，而是要在深沉、生动、形象的描绘之中，自然而然地引领读者走进你的景物、人物、故事，把你的道理放在最后揭示，才能吸引人。你对景物的描绘，跟你的主题，最好能够水乳交融、旁征博引，找到景物的特征与你的道理紧密的结合点，看似是巧合，实则有内在深刻的关联，要给人这种阅读的兴奋感！如此，就妙趣横生了。

三　写作思维中的"模糊"现象

（一）模糊是写作思维的重要特征

写作思维中的模糊，是指作者在思维过程中对感性材料和理性材料认识的多义性、多角度性，思维方法与层次的不同性、交叉性，以及信息交换时相互影响、相互作用产生的渗透性。对于写作进程、思维状况、反映模式和语言的把握，是形象的或抽象的、理性的或非理性的、情感的或非情感的，是跨越跳跃还是步步推进，是纵横交错还是单项发展，思维中都有"说得清"和"说不清"，最终能够"说得清"和最终也很难"说得清"的时候。"说不清"，正是写作思维中的模糊。

写作思维中的模糊，是一个广义的具有过渡特性的概念，无论哪一类文体都存在这种现象。因为写作思维始终受着知识经验、信息材料、主观心理、语言符号的制约，而知识经验和信息材料在头脑中的储存是意识的或潜意识的，主观心理活动常处在逻辑与非逻辑之中，语言符号又常常是一种模糊性的集合状态，这就必然使思维经过一个"亦此亦彼"的中介区，一切理性因素和非理性因素、情感因素和非情感因素、认识的确定性和不确定性、意象的清晰与不清晰等都会在这一中介区汇合、碰撞，经过汰洗，再向前发展。因此，作者在这种情况下，只有深思、多思，才能从模糊导向清晰，从不确定导向确定。

（二）模糊不能与糊涂混淆

第一，模糊是事物相互联系、互为中介的现象。任何事物（包括心理现象与概念）在变化过程中都有一个中介过渡的形式，存在着相互联系、互为中介的模糊状态。除了过渡区的"亦此亦彼""亦是亦非"外，在非过渡区，事物之间存在着明确、显著的差别。写作思维中的模糊是正常存在的一种过渡状态，它必然向着可知、明晰转化。糊涂却与此不同，它自始至终都是混沌朦胧的一团乱麻，无论在潜意识或意识中都无法理出头绪。

第二，写作思维中的模糊，伴随着主体追求情绪的心理过程。而这种过程是一种处在自觉与不自觉、有目的与无目的、有意识与无意识、理性与非理性、可知与不可知之间的运动状态。糊涂不是思维中的心理过程，而是心理上的混乱现象。模糊的心理过程，最终要导向可知、可控、理性和自觉；糊涂则永远没有这种可能。

第三，写作思维中的模糊现象，可以称作模糊思维。它实际是一种整体的无法确定明显界限的思维。曹禺说他写《雷雨》，激起他的热情，引逗起他的兴趣的，只是“一个模糊的形象”“一种复杂而不可言喻的情绪”。王蒙说他《海的梦》“这篇东西的写作大概是最具有‘模糊性’和‘自动性’的了”。又说他写《夜的眼》是由于感觉和感受的引动，但“这个感受是什么？讲不太清楚，有点朦胧”。然而，正是“模糊”和“朦胧”的东西，在整体上起着支撑写作思维的作用。糊涂不是一种正常思维，而是思维的紊乱，它对写作思维起的是破坏作用。思维的模糊可能会使作品含蓄和容量增大；糊涂则只能导致混杂和因胡拼乱凑而失败。

（三）模糊与清晰的关系

模糊是一种下意识的整体把握；清晰是一种了然于心的心理呈现。写作思维中的模糊总要向清晰转化和发展，有时也会出现反向的情况。

清晰是定性的、可知的、可表达的。在写作思维中，主体所追求的正是这样的明晰。茅盾写小说先写一个详尽提纲，就是为了梳理模糊的思路，使之清晰、明白，便于表达。实用文类的写作更要注重由模糊到清晰和最终必得清晰的过渡和转化。朱光潜曾经在《漫谈说理文》中阐述过新意涌现时还会出现的模糊情况。他说：“新的意思和原来的意思不免发生矛盾，这个意思和那个意思也许接不上头，原来自以为明确的东西也许毕竟还是紊乱的模糊的乃至于错误的。有许多话要说，究竟从何说起？哪个应先说？哪个应后说？哪个应割爱？哪个应作为重点？主从的关系如何安排？这时候面前就像出现一团乱丝，‘剪不断，理还乱’，思路好像走入一条死胡同，陡然遭到堵塞，左也不是，右也不是，不免心烦意乱。”他又说，这时有两种情况应避免：一种是松懈下去，想蒙混过关；另一种是勉强继续绞脑汁，结果越绞越乱。最好的办法是冷静下来，“得了足够的休息，等精力再旺时再把它提起来，进行一番冷静的分析，做到‘表里精粗无不到’，自然就会‘一旦豁然贯通’，令人感到‘山穷水尽疑无路，柳暗花明又一村’的乐趣”[①]。由“模糊”到“一旦豁然贯通”就是这种转化的过程。

清晰也是相对的。究竟清晰到何种程度，有没有整体上清晰还有部分的模糊、这些清晰那些模糊等情况，随着时空的转移，在写作主体的心理上会有一定的误差。但写作思维中的模糊必然要向清晰转化却是肯定的，不然，就无法进入写作的表达行文阶段。

---

① 朱光潜：《艺文杂谈》，安徽人民出版社1981年版，第195、196页。

第二节　写作方法与技巧

一　写作方法

这里指写作行文最基本的方法，也有称表达方式或表达方法的。

（一）叙述法

一种记人叙事并陈述其来龙去脉的方法。叙述有顺叙、倒叙、插叙、补叙、分叙、环叙、交叙等。

顺叙，即按照事物发生、发展、结局的自然顺序行文；倒叙，即把事件的结局或某一个突出点先提到前面交代，倒过来再写事件起因及来龙去脉；插叙，即暂时中断原文字展开线，插进一段与之有关的文字，然后仍按原线索行文；补叙，即是文中根据需要插进来的补充说明文字；分叙，又叫平叙，即对两个或两个以上不同地点同时发生的事的表述；环叙，即围绕一个中心，一环扣一环地穿插叙述多个事件或场面片段，并使之浑然一体的行文法；交叙，即多线索的交叉、闪回叙述法。

用叙述法行文，要看准对象，根据需要，可介绍、可交代、可概括、可具体。要分清人物或场面或事物的主次、轻重，事件的大小与分量。它要求详略得当、快慢适度，讲究张弛、断续和离合。叙述的重要原则是简要。“叙事之工者，以简要为主。”[①]“叙事要有尺寸，有斤两，有剪裁，有位置，有精神。”[②]叙述的关键在于抓住特点，以少胜多，既前后贯通，又波澜起伏，错落有致。

（二）描写法

描写是一种“形神兼备”的文字表现法。它要求用色彩鲜明、立体感强的文字把表述对象具体化、形象化，活脱脱地再现人、事、物的状貌，给人以栩栩如生和身临其境的真实感受。

描写法有两种：细描和白描。细描侧重于“形似”，如写实的彩色画一般。它对描写对象多角度多侧面地精雕细刻，或用贴切的比喻加以形容、修饰，使之色彩斑斓，形象逼真。白描侧重于“神似”，如写意的水墨画一般。它是一种不设喻，不加烘托，不尚修饰，文字质朴，寥寥数语就勾勒出事物鲜明形象的写法。如鲁迅所概括的：“有真意，去粉饰，少做作，勿卖弄。”[③]

---

① ［唐］刘知几：《史通·叙事》。

② ［清］刘熙载：《艺概·文概》。

③ 鲁迅：《鲁迅选集》第1卷，人民文学出版社1986年版，第224页。

运用描写法，一要把握描写角度。是正面(直接)描写还是侧面(间接)描写或者二者结合起来行文？要注意“写其独至”。什么都写，等于什么也没有写。要有综合有抛弃。综合的功夫，就是抛弃的功夫。突出关键，写好个性。二要巧用细节。精选真实、细小、传神的细节，进行生动、逼真、入木三分的刻画，是运用描写法的突出本领。细节描写可以刻画人物，如鲁迅笔下的阿Q，也可以形神毕肖地展示情节和场面，如《廉颇蔺相如列传》中写渑池会上的“鼓瑟击缶”。三要看准描写对象。人物要有肖像、心理、行为动作、语言、习性及音容笑貌的描写，环境要有自然环境、社会环境以及事件的氛围和场面描写等。

(三) 抒情法

抒情，是作者直接或间接抒发真情实感的表现法。或直抒胸臆，或借景抒情，或委婉或明快。

直接抒情是一种水到渠成，从心底直接倾泻出来的声音，所谓满腹爱憎，激越情感，一吐为快。间接抒情是一种依附于事、景、理，借助叙述、描写、议论的手段抒发情感的方法。依附于事的抒情注重寓情于事，字里行间蕴含着浓情蜜意，行文时通过叙述注入情的气韵，令人时时感到情的搏动。依附景的抒情注重寓情于景于物，行文时用一唱三叹、荡人心胸的文字，使内(情)外(景或物)贯通、交融起来，景或物只是作者抒情的凭借和依托。依附于理的抒情注重寓情于理，它以理为引导，通过议论抒发情感，这种议论，在非议论文体中无须严密周详的论证，也不用刻意交代论据，而是感情炽热的议论式喷发。

(四) 议论法

议论是评析、论理，直接阐明作者对事物的观点和意见的表现法。它是议论文的主要行文法。要求论点明确，论据充足，论证周严。记叙文中的议论是由叙述、描写、说明引发出的对事物的感想、认识和评价，是饱含着情感的适当说理，是恰如其分的画龙点睛之笔。

议论与逻辑推理紧密相连，在议论文中常采取的具体方法有演绎推理、归纳推理、先演绎后归纳推理、先归纳后演绎推理以及类比推理等，另外还有散论式、包容式等议论法。正面阐述个人观点和看法的，有立论法；驳斥对方观点和看法，以证明自己正确的，有驳论法。立论可用例证分析、引证、对比、比喻等直接论证；驳论可驳斥对方论点、论据、论证，可用“归谬法”引申和暴露对方的荒谬、错误之处，间接论证我方所持观点之正确。

运用议论法行文，最忌拾人牙慧。“作论有三‘不必’、二‘不可’。前人所已言，众人所已知，摘拾小事无关系处，此三‘不必’作也。巧文刻深，以攻前贤之短，而不中要害，取新出奇，以翻昔人之案，而不切情实，此二‘不可’作也。”[①]这既是与议论选题有关的

① [清]魏禧：《日录论文》。

问题，也是运用议论法行文的要求。议论选题，可用一句话概括其原则："存同求异"。运用议论法行文也可一句话概括其原则，即"朗畅理顺辞达"。

（五）说明法

说明是解说事物、言明事理的表现法。它用言简意明的文字，把事物的特征、状貌、功用，事物的内容（概念、结构、分类）和形式，以及与其他事物的关系等解说清楚、表述明白。

说明有实体事物的说明和抽象事理的说明。"写实体事物时，要特别注意写清楚空间的位置，注意事物的表、里、大、小、上、下、左、右、东、西、南、北、前、后、来、去的位置和方向。抽象事理的说明在于阐释概念、特点、来源、结构、种类、异同、比较、联系和功能，以及适当运用图表、数字、引用、举例等等。"[①]定义、注释、分类、举例、比较、引用、顺叙、比喻、描述、问答等，不管用什么方法，其语言文字都贵在确凿、简练，一般都是客观地行文，不渲染，不添枝加叶，符合事物的原貌。

二　写作技巧

写作的一切技巧，其实质都是思维的技巧；所谓艺术的辩证技巧，只是辩证思维的体现；技巧的创新，也就是思维的创新。比如语言中的词语搭配技巧，它是文字符号在思维中的巧妙组合的结晶，是心灵声音的自然流露。技巧在于一个人的气质，在于悟性。正如大匠能够给人以规矩，但不能使人巧，对写作来说，技巧主要是对生活和语言的悟性，是创造力的发挥。

（一）技巧的文体适应性

一般来说，一定的技巧都与一定的文体相适应（当然，这不是绝对的，相互借鉴、沟通和化用也时常会有）。这里我们举例介绍几种。

1. 抒情体如诗歌

(1) 跳跃与超常。

跳跃，即诗歌意象和词语飞宕式地跨越思维的一些中间环节，直抵"语不接而意接"境界的一种技巧。例如："人群中这些面孔幽灵一般显现；/湿漉漉的黑色枝条上许多花瓣。"（庞德《在地铁车站上》）由"幽灵"—"黑色枝条""面孔"—"花瓣"的词语跳跃，到大都市生活的灰暗意象—田园生活的明丽意象的跳跃。

超常，即诗歌意象和语言超越常规进行组合的一种技巧。如舒婷《路遇》中的意象："凤凰树突然倾斜/自行车的铃声悬浮在空间。"这是一种超逻辑、超理智的瞬间体验。再如臧克家《春鸟》里语言的超常组合："歌声/像煞黑天上的星星/越听越灿烂。"以超常的语句造成通感，使意象更加新鲜、迷人。

① 张寿康：《说明文的写法·序》，北京出版社1981年版，第9—10页。

(2) 朦胧与象征。

朦胧，即诗歌意象和语言是模糊的、似清晰非清晰、似可捉摸又不好捉摸的一种表现技巧。例如："你/一会看我/一会看云/我觉得/你看我时很远/看云时很近。"

象征，即用一种或一组具体形象的事物(象征物)来寓意或揭示另外事物(被象征物)的品格的技巧。例如："一只小船/不知什么缘故/倾斜地搁浅在/荒凉的礁岸上……无垠的大海/纵有辽远的疆域/咫尺之内/却失去了最后的力量……"(舒婷《船》)船，即是具体的象征物，搁浅的船也就是一些人的人生(被象征物)写照。

(3) 想象与变形。

想象，即产生诗歌意象和意境的思维创造技巧。它由客观物象与主观情感交融产生意象，经跌宕、突转，组合为诗歌特定意境。例如："水田是镜子/照映着蓝天/照映着白云/照映着青山/照映着绿树/农夫在插秧/插在绿树上/插在青山上/插在白云上/插在蓝天上。"(詹冰《插秧》)"水田是镜子"一节展现出静态之美，"农夫在插秧"一节呈动态之神韵。通过"蓝天""白云""青山""绿树"等意象在两节中的回旋，营造出一个明丽迷人的境界。

变形，即诗歌意象以现实的或超现实的形式被排列、组合的技巧。非现实存在形式的变形，都有不同程度的荒诞性和离奇性。例如："这蝉声在我的手心里/通过全身/和我的呼吸在同一个时间/回到树上/这蝉声浓浓地遮住了我/一遍一遍褪去我身上的颜色/最终透明地映出我来/哦/我已是一个空蝉壳。"在这里，人渐渐地异化(变形)为物。

2. 叙事体如小说

(1) 曲折与意外。

曲折，即弯曲回旋、复杂多变的情节安排技巧。如只有126个字的美国微型小说《猎狮》：

> 伊莉薇娜的弟弟佛莱特伴着她的丈夫巴布去非洲打猎。不久，她在家里接获弟弟的电报："巴布猎狮身死。佛莱特。"
>
> 伊莉薇娜悲不自胜，回电给弟弟："运其尸回家。"三星期后，从非洲运来了一个大包裹，里面是一个狮尸。她又赶发一个电报："狮收到。弟误。请寄回巴布尸。"
>
> 很快得到了非洲的回电："无误。巴布在狮腹内。佛莱特。"

全篇靠三个错落曲折的情节支撑，一喜一忧，一正一误，一问一答，可谓一波三折，跌宕起伏，其惊心动魄、大起大落处更是令人揣想不已。

意外，即对小说情节的结局进行完全相反的突转和出人意料的安排技巧。如莫泊桑的《项链》结尾。

(2) 误会与巧合。

误会，是一种故意将假当真或将真当假，引起误解，造成矛盾冲突的情节安排技巧。如微型小说《纸条的故事》：子奇回到家拖地发现一张老婆写的纸条，让他晚上到老同学夏寒家去聊聊。他来到已是夏局长的家里，夏正同一人谈事，对他不冷不热，他茫然地回到家，老婆也加班回来了，说：你没看纸条发黄吗？那是我整理旧书掉出来的。一场误会引出夜访，留下了心情不快的阴影。

巧合，是一种看似凑巧、实为精心设置的“偶然”情节的安排技巧。它与误会常交错运用。如欧·亨利小说《麦琪的礼物》，我国古典小说《蒋兴哥重会珍珠衫》等。

(3) 蒙太奇与意识流。

蒙太奇，法文音译，原意为“装配”“构成”。影视艺术中指镜头的剪辑、组合技巧。小说中则用这种技巧组接不同时空的材料和情节。如茹志鹃小说《剪辑错了的故事》。最常用的蒙太奇手法有连续式、颠倒式、平行式、叠化式、相似式、联想式、隐喻式以及叫板式、对白式、音乐式、声响式等。

意识流，原为心理学术语，认为人的思维活动是一种思想流、意识流或主观生活之流。弗洛伊德又用意识和无意识充实了意识流的内容。欧美一些作家运用这一心理研究成果进行创作，渐渐形成“意识流”文学流派。作为写作手法，意识流是指以意识的跳跃、闪回和不规则流动，将过去、现在、未来交织呈现来安排故事情节的方法和技巧。如王蒙的小说《春之声》。

3. 随笔体如散文

(1) 取神与点题。

取神，即立意取其神韵的技巧。可一字立骨；也可跌宕延缓，不著一字，尽得风流；还可镜花水月，朦胧虚现。

点题，即简言点明中心的技巧。常用的有中心句(或叫主题句)法、开门见山法、卒章显志法等。神、题相近，其技法也常重叠互用。

(2) 类比与层递。

类比，即寻找事物间相同或相似的属性，并把两种事物放在一起进行比较认识的技巧。可由此及彼发想，上天下地，思维驰骋；也可由此及彼联想，妙思迭出。

层递，即由表及里、由浅入深、层层递进的思维方法和技巧。可时空式层递推进，也可反复式层递推进，还可阐发式层递推进。

(3) 视角与意象。

视角技巧，即行文时叙述视角的具体化。可用全知全能的客观外视角，也可用人物个性化的主观内视角；还可将“无所不知”的客观外视角和“部分所知”的主观内视角结合互用。

意象技巧，指的是对散文意象的真实发现和主观过滤、加工的技巧，也即散文意象写实性与个性化结合呈现的技巧。可敏感地捕捉生活中的形象，经主观情感的灌注而孕育为散文意象；也可在形象化的发现中开掘意象的内涵和美质。

4. 戏剧影视如剧本

(1) 悬念与吃惊。

先造成“山重水复疑无路”的疑惑，让人猜测、推想，令人提心吊胆地等待，再给人

“柳暗花明又一村”的惊喜,让剧情出人意料地向前发展或呈现莫测的变化与结局。前为悬念后为吃惊,二者常结合运用。

(2) 重复与渲染。

重复是“此话当真?”“当真。”“果然?”“果然。”的一种技巧。渲染则是把重要环节的戏强调出来写、写够写足的一种表现技巧。

(3) 铺垫与对比。

铺垫是铺陈详述,为后来剧情发展张目的一种技巧;对比则是把两种不同的线索、两种不同的人物或事物、事件对比着来写,以使戏剧冲突更加鲜明的一种技巧。

(二) 技巧的辩证关系

由于辩证思维导向的辩证思路,写作技巧在具体运用时也常常表现为辩证的关系。例如,纵横、点面、正反、虚实、远近、抑扬、开合、因果、疏密、详略、断续、放收等。下面简介前八种。

1. 纵与横

纵,是事物依时间的、历史的、“生—长—灭”进程的发展;横,是事物依空间的、环境位置的对照和对比。从思路上说,纵,是“条状”展开的思路;横,是“块状”展开的思路。纵横结合展开的思路,可先纵后横,也可先横后纵;一般则是横中有纵或纵中有横。

写作凡是按照事物发生、发展和变化的顺序安排层次者,都以纵向展开的思路为基础;凡按照事物的内在联系或问题的逻辑关系来安排层次者,则是以横向展开的思路为基础。除了新闻和某些实用文不是前者便是后者,思路大多是纵横交错着向前推进的。把事物的纵横关系结合起来思考和写作便是纵与横的辩证艺术。

2. 点与面

点,是个别的、局部的、特殊的;面,是一般的、整体的、普通的。从思路上说,由面到点,就是“面上找题目,点上做文章”;由点到面,就是“由小到大、生发、扩展”。这是点面结合的两个侧面。写作技巧的点面辩证关系正体现了这种思路。王蒙在《谈短篇小说的创作技巧》一文中阐述了点面的辩证运用:“在经历了由大到小、由面到点选择过程之后,在你确定了一个短篇的主攻方向以后,往往面临的问题是如何生发、深化、丰富和发展那打动了你心灵的一点,如何最大限度地挖掘这一点……这可以说是由小到大、由点到面。”这正如思维由发散到收敛——寻找和确立一个中心,再由收敛到发散——由这一中心向四面八方生发、扩展。

3. 正与反

正,是正面的、正向的、正常的;反,是反面的、反向的、反常的。正与反的技巧,是基于作者对事物截然相反的辩证识别。运用这种技巧,若思路正向推进,常伴随反向的呼应和印证;若思路逆向推进,必然依赖正向的支撑。用这种思路构成文脉,就会一正一反，或一反一正，正反对照，相互映衬。论理评析文如闻一多的《五四断想》，文学作品如臧克家的诗《有的人》，都是这种辩证技巧的纯熟运用。

4. 抑与扬

抑与扬是正与反的变式。这种技巧，源于作者认识事物时，对其内外、前后、左右的不同观照结果，或因时间的间隔所造成的明显落差。欲扬先抑、欲抑先扬或扬中有抑、抑中有扬，抑扬的交错，正展示着作者这种辩证思路的轨迹。"凡文欲发扬，先以数笔来抑，令其气收敛，笔情屈曲，故谓之抑。抑后随之数语振发，乃谓之扬。"[①]这是抑扬技巧的一种。也有用抑扬对比、映衬其反差，来安排情节、刻画人物者。如外表俊俏的王熙凤却内藏狠毒心肠——作者用的是扬外抑内法；仪表堂堂武艺高强的武松偏有一个"三寸丁""谷树皮"、软弱无能的哥哥武大郎——作者用的是扬此抑彼法等。

5. 虚与实

事物的"虚"和"实""隐"和"显""无"和"有"是相辅相成、辩证统一的。"有"，即宇宙间的实处，思维的依赖处，画中的染墨处，诗词散文中的字句处；"无"即宇宙间的虚处，思维的灵巧处，画中的空白处，诗词散文中的无字句处。显以"有"而实出；隐以"无"而虚出。虚实的运用，即以"实"为起点，从"实"中悟"虚"意；以"虚"为归宿，从"虚"中引发灵气。

实，具体可感；虚，只可心领神会。思维中的虚实技巧，是在设法存"虚"境、留"虚"情的同时，着意"实"的推敲和缀合。写作行文时的虚实技巧，表现在言在此，意在彼，虚虚实实，实实虚虚，虚实相间、互用上。意大利皮蓝德娄的小说《西西里柠檬》寓深意于柠檬，却让柠檬一直在布袋里装着，似现又隐，是一种有意安排的"虚"出，直到文尾由负心的女歌唱家撒向新欢时，才突然"实"出，显示出它酸涩的亮色。这种结构和技巧所展示的，实际上是作者运思时的"虚实"心理图式。

6. 远与近

远与近，是以某事物存在的空间位置和时间为基点，前后推拉，远看近瞧，显示其状貌和特色的写作辩证技巧。如影视拍摄时的推拉取景，由近及远：大特写—特写，近景—中景—远景；由远及近：远景—中景—近景，特写—大特写。

运用这种技巧推进思路时，对自然景物和人物所处环境，可由近及远地回忆和想象；对于社会生活中已经发生和正在发生的事，可以从近处着眼，向远处追溯，也可以按照事件的发生（远）、发展（中）、结局（近）的时间顺序过程构思。反过来也一样。在远近技巧的运用中，一个又一个的物、一个又一个转移了的空间位置，以及一连串的时间变化线索，都会构成思路推进的路标，也便自然形成文字表述的远近趋势。

---

① ［清］唐彪：《读书作文谱》。

7. 开与合

写作中的开、合，由思路的开、合，即思维的放、收而来。开合，也就是离合，离合者，正如唐彪在《读书作文谱》中指出："世间文字断无句句着题，句句不着题之理，其法在于离合相生。离合相生者，谓将与题远，忽然飏开，将与题近，又复掉转回顾是也。"行文时的忽离忽合，忽远忽近，错综交叉，不仅使文章内容丰满，呈动态多变之势，而且表现着作者思维的灵敏和严谨。从开合思路形成的过程来看，运思时的语言和表象，也绝无处处围绕一个既定的中心，处处又都不围绕这个中心的情态。飏开，收拢，收拢，再飏开，几经思维的过滤，便在意识中形成开合的思路。开时，思维驰骋，笔锋放开；合时，思维收敛，笔墨集中。

8. 因与果

因，是原因、因由；果，是结局、结果。二者相对统一。由于事物的发展常表现为某种因果关系，因与果的写作辩证技法便被广泛运用。无论是密篇巨著，还是玲珑小品，凡叙事言情，在写作运思过程中都要考虑、琢磨因果关系。这种因果思考有时在文中表现出来，有时只是运思时的一种认知活动，行文时却含而不露。

在记叙文中，由因导致果或由果找因，作者在心理上的追寻与行文表述，其趋向和脉络是大体一致的。如新闻消息的报道，作者不仅着眼于时间、地点、人物、事件，而且要查因追果，认清事件的来龙去脉。

由果寻因，常表现为倒叙的笔法，如鲁迅的《祝福》；由因导向果是大量的、常规性的写法，如陆文夫的《围墙》。

关于写作方法与技巧，古人云："可得其法，不可得其巧。舍规矩则无所求其巧矣。法在人，故必学；巧在己，故必悟。"①法与学虽然并不等于巧与悟，却是巧与悟的基础；巧与悟只是法与学的提升。一味只求巧与悟而不在法与学上下功夫，只能是缘木求鱼。

第三节　创造性训练

一　想象训练

（一）训练内容

想象是心理屏幕开启时的自由思维活动。它以观察为前提，从脑中再现生活表象开始，积极补充思维链条中的空缺。丰富的知识是想象的跳板，激越的情感是鼓起

① ［宋］陈师道：《谈丛》，《后山集》卷十八。

想象风帆的原动力。写作中的想象发挥得如何，是检验写作成品创造性的一个重要标尺。

想象的训练，除关注普遍意义上的推测、生发和触类旁通外，若从文学想象的思路出发，可以连接，把大脑存储的众多表象与现实生活中的形象连接起来，改造而成为新的整体形象；可以融合，对要写的事、人，或改造生发，或杂取合成，在想象中融合创新；可以移植，把不同人的行为移植集中在更符合其性格特征的人身上，创造出典型；可以推测，有意进行推测试验，是一种假设，如改变人或事物的某一因子，或把人、事放进一个全新的环境，然后推测可能发生的一系列变化；可以虚构，虚构是想象的高级形式，它既要以生活为依据，又要突破个人经验的限制，调动脑存储信息，积极展开思维，并虚拟、生发，使想象的东西在新的排列、组合和建构中，有机地联系起来，借此塑造完整的崭新形象。

（二）训练提示

1. 切割与黏合

有意将完整的事物进行切割，分解成片段或若干部分，然后通过想象，黏合事物的某些片段或部分并使之成为新的整体。如美人鱼形象。

2. 抽取与合成

将同类事物的特征抽取出来，集中合成到某一形象身上，使其典型化。如阿Q形象。

3. 引申与夸张

以一点为缘由，引申生发开来，将事物的品质或某部分进行放大和扩展；放大、扩展到变形的程度就成了夸张。夸张可以使事物增大或缩小，以改变原态原貌，加浓色彩。如白发三千丈、千手千眼佛、拇指姑娘等。

（三）训练实例

1. “面壁”训练

通过“面壁”，驰骋想象。

(1) 沈括在《梦溪笔谈》中曾记述宋迪学画的情景：“先求一败墙，张绢素讫，倚之败墙之上，朝夕观之。观之既久，隔素见败墙之上，高平曲折，皆成山水之象。心存目想：高者为山，下者为水，凹者为谷，缺者为涧，显者为近，晦者为远。神领意造，恍然见其有人禽、草木飞动往来之象，了然在目。则随意命笔，默以神会，自然境皆天就，不类人为，是为‘活笔’。”在这里，败墙是写作主体稳定思维、驰骋想象的凭借，是头脑中意象活跃的依附物和屏幕，借此练习，可以促使想象力的提高。

(2) 当代作家叶文玲在其自传《我出生在马年》中提到她孩童时面对家里后园一堵石墙的情景："我记得那堵墙，是因为这面古老的墙上长了一层苍苔，和着花纹斑驳的墙石，构成了一幅幅奇妙的图案。我常常对着这面墙出神，这面墙是我的不说话的朋友……因为那些图案教我生发海阔天空的联想，我从这上面一忽儿看见了老鼠拖油瓶，一忽儿又看见了嫦娥奔月图，这一块很像猫扑蝴蝶，那一块又像白鹤亮翅……"这堵石墙不仅给幼年的她以无限的慰藉和乐趣，而且无意中锻炼了她丰富的想象力。

(3) 每个人都可以找到一堵墙(败墙、石墙、砖墙、土墙等)，或者找到一个适合于自己的面对物(如一棵树、一个水塘、一条小河、一块土地等)，然后盯着面前物，"神领意造"，上穷碧落下黄泉，驰骋思维，展开想象：看见人物，就塑造人物；看见物象，就塑造物象；看见故事，就编造故事……如此一次、两次、三次、无数次地练下去，直到真的在想象中有创造。

2. 设问训练

通过设问，张开想象翅翼，放飞想象力。

(1) 希腊神话中的阿洛狄忒，即古罗马神话爱和美的女神——维纳斯的大理石雕像是古希腊后期杰出的雕刻艺术品，是1820年在爱琴海南面的米洛斯岛山洞里被发现的。她那娴静、端庄、优雅的姿态，具有一种不可抗拒的令人心灵震颤的美的魅力。因断了双臂，不能不使人想象不已：维纳斯为什么断了双臂？是雕塑家有意雕塑的还是本来有而不知道什么原因又断了？维纳斯为什么断的是双臂而不是身体的其他部分？维纳斯如果有双臂，那么原来又是什么样子的？维纳斯是单人雕像还是群雕中的一个？请展开想象之翅，遨游思维领空，设想维纳斯双臂的各种"复原"方案。对比"复原"前后的形象，哪种形态的维纳斯更具有迷人的美？为什么？

(2) 例文：

一天，我从桃树下走过，桃树伸出轻柔的枝条拦住我说："留下你的心吧，为的是让每颗桃子都依样长上一颗心，让木桃勃动起生命的灵性。"

于是，我把心留下了。

而我自己只剩下一腔空洞的躯壳。

又过了那么多漫长的岁月，我又从桃树下走过，我恳求桃树把心还给我，桃树却对我默不作语。于是，我抱着桃树，摇呀，摇呀，摇呀，恍惚间，桃树蓦地不见了。桃树啊，你是想躲开我，永远拖欠我的宿债吗？……正在我哭诉之时，一颗红嘴的大桃，从半空中投落到我的面前，摔破的桃肉间跳出一颗核儿，圆圆的，红红的，我忙从地上拾起来，眼里一下子涌满了泪。

哦，这不就是我那颗失落的心吗？

我匆忙吞下了，也随之异化了。

我的身躯变成了粗壮的树干，我的双足变成了坚实的树根，我的手臂变成了柔韧的枝条，我的乌发变成了树叶，我对生活美好的向往啊，变成了一朵朵开放的桃花……

（刘增山《生命的设计·之三》）

作者为什么如此设计生命？为什么选择桃树而不是其他？“我”为什么异化？异化后的“我”是美的吗？为什么？如果“我”没有异化将是什么样的呢？桃树又是什么样？如果“我”不把心留下而逃走了，其结果又会如何？驰骋想象，也来做一次生命的设计。要创新，不要仿造。

3. 生发训练

(1) 以下列语意为基点，展开想象，生发扩展开来。如：

① 读书数万卷，胸中无适中，便如暴富儿，颇为用钱苦。

② 多数人只在编织梦想，而少数人在实践着梦想。

③ 勤奋是点燃智慧的火苗，懒惰是埋葬天才的坟墓。

④ 尽信书，不如无书；然而，书却是人最好的朋友。

⑤ 眼睛能看见所有的东西，但看不见它自己。

(2) 分别以人、事、物、理、情为基点，进行生发，驰骋想象。例如，在一所公寓里住着这样三家人：顶楼是一位中学教员和他在工厂里下了岗的妻子，有一女儿在读大学。二楼住着一位退休干部，孤单一人，生活自理。一楼住着某厂的一位采购员，自动离职，做生意发了财，妻子是本市某副市长的女儿、幼儿园教师。根据这些最基本的情况，调动脑中关于人、事、物、理、情的积蓄，想象这三家人的生活，编织他们之间的纠葛和故事。还可在读书、看报或遇见、听到某些新闻时，有意放飞想象之翅，锻炼思维能力。

二 联想训练

(一) 训练内容

联想指克服两个事物或两个概念之间在形式或内容意义上的差距，由此想到彼，把二者联结起来的能力。联想不仅有定向性特征，即联想的起点和终点是预先已确定了的，而且有创造性，即联想是自由的，不受任何限制，思维的跨度大，常常省去中间环节，跨越事物间的相关度，把看似风马牛不相及的东西自然地联系起来。这种自由式的具有创造性的联想能力，正是我们应注重训练加以提高的。训练还应注意以下内容：

接近联想，如孟伟哉谈他的长诗《吃草歌》：“由草而想起牛，由牛再思及人、人生和鲁迅的时代，以及历史和现实……才渐渐理出头绪。”“草—牛”“牛—人”是空间接近的联想；“人—人生—鲁迅”“历史—现实”是时间接近的联想。类比联想，如人物外形的类比，人物个性特征的类比，自然界事物性质的类比等。对比联想，如“沉舟侧畔千帆过，病树前头万木春”等。联想时，可取其相关，可取其相反，也可引申生发。

（二）训练提示

1. 链环式联想

以甲为起点，甲—乙—丙—丁……一环接一环地联想下去。

2. 辐射式联想

以甲为中心，甲<乙 丙 丁 ……向四面八方散射和生发。

3. 跨越式联想

由甲生发，跨越乙、丙，也即跨越事物间的相关度和可观度局限，直接向远区进击，或进行“虚”与“实”的转化，与丁……相联系。

（三）训练实例

1. 找准基点，生发辐射

如以“路”为中心的辐射式联想（含有链环式联想）：

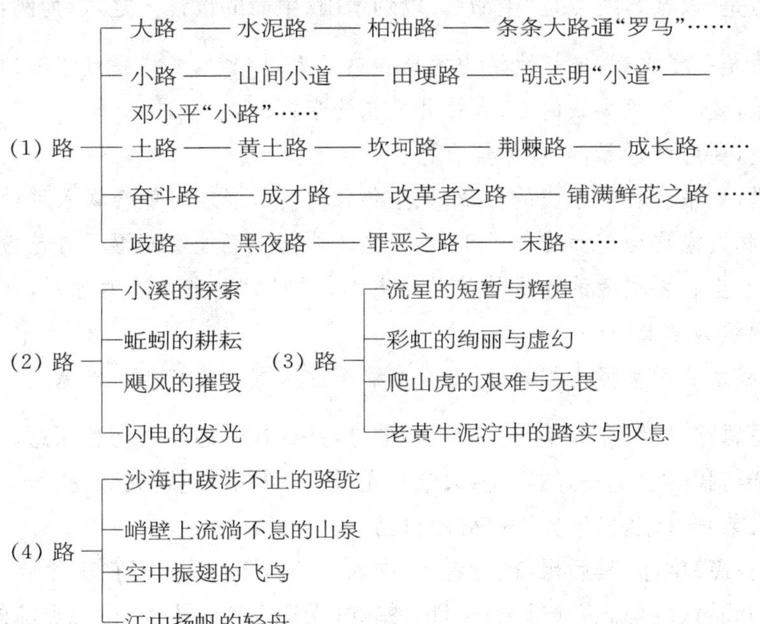

每个人都有自己的生活经验，对“路”还可再展开联想。也可另找中心点，如：

一直联想下去,并记下思路过程。

2. 触类旁通,浮想联翩

据说,俄国有一位诗人看到钟表店门前修理钟表的招牌,情绪激动,思维活跃,马上展开超常的联想和想象:“修理钟表、修理分钟,修理一周、一月”——诗人又进一步联想到:“请替我修理一下年代吧,它已不能按时通过。”这正是写作所需要的具有一定创造性的联想。

把科学家比作春蚕,把教师比作园丁;从“海参排脏”的功能,联想到一个人的思想转变;从数学上的“正”与“负”,联想到人生道路上的“正”与“负”;从贾宝玉寻求疗治女人妒病的药方——“疗妒汤”,联想到当今社会上的种种妒病;从陈老莲学画,联想到习艺必先练好基本功,继而蜕变演进,等等。这些都是触此类,通旁类,一通百变,通过丰富的想象、联想,认识和把握事物,撰构文章。

据上实例,留意大街小巷上的招牌,哪一种能使你触类旁通,联想不已,创出新意呢?

以《教师与园丁》为题,展开多种联想,直到把这个旧题翻腾出新意新见解,再进行取舍、撰文,并总结这次联想活动的得失。

3. 定向联想,出奇制胜

如联想的起点是“火柴”,终点是“生命”。以刘增山《生命的设计·之六》为例:

> 我希望我是一根火柴,能把生活中的光和热汇集到一起,变成一点浓缩的明亮和凝聚的热量,我将用我虔诚的心,去爆开最亮的音符。
>
> 可我知道,要燃烧世界,先要燃烧自己。
>
> 可我知道,如果我吝啬了我的生命,风尘仆仆的夜行者就可能会误入可怕的荒冢,冬夜的守林人或许会因而冻伤了手脚,开路的炸药也可能会潮湿了自己搬去顽石的信念,母亲生日蛋糕旁的红蜡烛就无法点燃,人间的世态炎凉的冰川,就会迟迟地耽误了融解的季节……
>
> 为了这,我用头颅去撞击那磷片,我是在痛苦的摩擦中去把生命点爆。

这篇联想的总思路,始终在火柴与生命之间推进,并寻找畅通的奇巧和深意。具体的联想是先让火柴与我(人)化一,然后是:火柴—光、热—明亮、热量;火柴(我)—心(爆开)—音符。我(火柴)—(燃烧)世界—(燃烧)自己。

我(火柴)—(吝啬)生命,其后果:夜行者—(误入)荒冢,守林人—(冻伤)手脚;炸药(潮湿了)—(搬去)顽石(的信念);(母亲)生日—蜡烛(无法点燃);人间(世态炎凉的)—冰川—(耽误了)融解(的季节)。

我—头颅—(撞击)磷片;我—(点爆)生命。

全文无论是从正面或反面进行的联想都是在已知的起点和终点间进行的。

据此,可以进行把两个事物联系起来的联想练习,在练习中探测事物的深意,深化自己的独特感受。如我与一滴水的化一联想，再如我是风，我是树，我是……的联想。也可以两个人（或多人）进行联想游戏。如甲乙二人，由甲先说出联想的起点，乙马上说出联想的终点；然后，再由甲紧接着起点说出联想的第一个步骤，乙跟着说出第二个步骤……直到与终点联系起来。举例来看，甲随意说：学生。乙也随意说：天空。要把二者联系起来，就需要在“学生”与“天空”之间填补上联想的若干步骤。可进行如下联想：学生—书籍—人—飞机—天空；也可这样：学生—乘客—飞机—天空；还可以是：学生—学校—人才—望远镜—天空等。这是最基本的训练，练多了，也可以只要起点不要终点地展开自由联想，一直到有创意出现。

三　创新思路训练

（一）训练内容

写作思路是有源有流有一定方向的思维活动轨迹。人、事、物、理、情等都可以成为思路的源头；写作起始，都要从某一源头引出一个具体的发端点来。如冰心的《一只木屐》，思路的源头应该说是一种铭心刻骨却又一时未能理清的“深情”，思路的发端点就是引起这“深情”的一只木屐。

写作时的思路如何发展，与一个人的思想、情感、对事物的认识和所处环境与心态密切相关。创新思路不是凭空产生的，它需要生活的积累，也需要学习前人经验和方法，还需要了解与把握自己的习惯与偏爱。

（二）训练提示

1. 突破定式心理束缚，发挥越轨思维的潜力

虽然循轨思维和越轨思维都是无意识思维的类型，但前者常在定式心理支配下循规蹈矩，只有后者才有越过常规的创造性潜力。有意培养和训练越轨思维的能力，不为习惯、常规所左右，是保证创新思路向前推进的重要条件。

2. 他山攻错，学习借鉴

创新与学习借鉴是一种辩证的关系，不应对立起来；学习借鉴，是写作思路创新的必要阶梯。他山之石，可以攻玉，学习借鉴前人的成功经验、创造性方法和创新思路，多问一个为什么，再反向思索一番，或者重新包装，对思路的创新会逐渐有深刻的感受与领悟。

3. 自省反思，超越自己

创新思路的锻炼，并不能一蹴而就，它是长期的、经常性的，因此应自省反思。创新，不仅最终要超越别人，关键首先是不断地超越自己，超越自身原有的思路套数和习性。自觉的反思自省，为练习者提高思维的创新能力提供了一定的保证。

（三）训练实例

1. 越轨思维训练

越轨思维在日常生活、商务活动、写作等活动中都有大量的实例。例如：

(1) 我一直渴望拥有一双新鞋子，直至看到别人没有一双脚。（张小娴《一双新鞋和一双脚》）

你有一双脚，你欠缺的只是一双新鞋子，然而，有些人欠缺的，是一双脚。

(2) 美国有一些专收所谓的坏女孩和坏男孩的私立学校，收费标准甚至比名牌大学还高，却模拟监狱式的管理，被叫作“人间地狱”。很显然这是教育思想上越轨思维的产物。

(3) 据说，世界上生产的第一台电扇是黑色的，以后沿袭形成惯例，所有企业生产的电扇都是黑色的。1952 年，日本东芝电气公司积压了大量的黑色电扇卖不出去，董事长宣布谁能解决这一问题，就给他 10% 的公司股份。一个最基层的小职员提出：我们的电扇为什么不能是其他颜色的呢？一句话，石破天惊，东芝推出的彩色电扇一下子被抢购一空，原来积压的黑色电扇也成了抢手货。电扇也从此结束了它纯黑的历史。

(4) 写作上的越轨思维，常常出现令人吃惊的新奇效果。谌容的小说《减去十岁》即是思维越轨的产物，时光流逝，岁月更替，是天经地义不可改变的。人能让水倒流，谁能让时间倒流呢！但作者却偏偏要让时空错位，传说上边下来一道公文：给每人减去十岁。于是平庸沉寂的生活一下子像炸开了锅。每个人的生活都将重新安排，一切将失而复得，倒回去十年，什么不可以再来一次呢！于是，要权的、要钱的、追回青春的，都要在这奇迹般出现的新生活中表演一番。正是这种反常思维，使作者自如地编织着反常年代的反常生活，以冷峻和戏谑串构起变态故事。

借鉴实例，进行越轨思维练习。

(1) 析解漫画。

一些新颖别致有创意的漫画，很能给人以启迪，促使思维的发散和越轨，令想象的空间无限地拓展。例如，我们把一幅漫画先分解为三块：一是一只蝴蝶，二是一只苍蝇，三是一张无眼无鼻无嘴的白板脸。调动一下越轨思维的潜力，看你能不能组成一幅颇有创意的漫画？怎么样组成为最好？又给它起个什么样的名字？

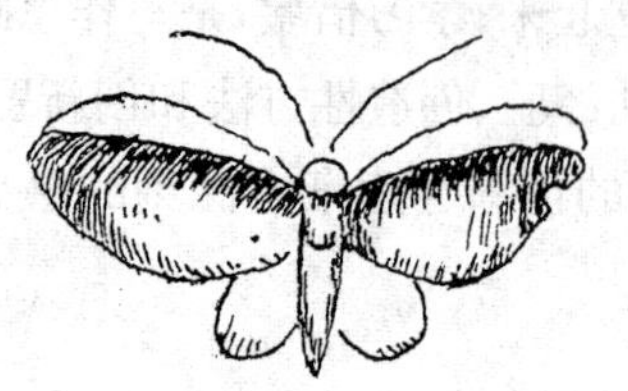

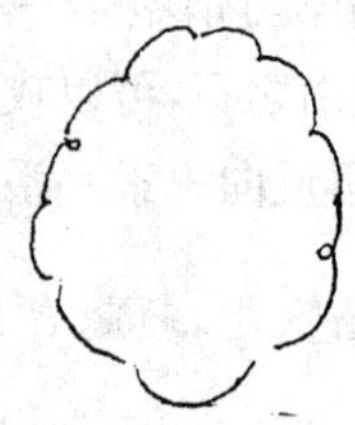

图 3－1　思维练习漫画

请析解你组成漫画的思路：考虑整体构图时，思维是不是越轨的？表现形式有没有创意？如果回答是肯定的，它们分别体现在什么地方？如果回答是否定的，又将如何改变？这三个部分能不能用另外的东西代替呢？代替的结果将会如何？

经常做这种类似的析解漫画的活动，对提高思维的创新意识，培养越轨思维能力大有裨益。同时，这种形式轻松活泼，还能给人以愉悦。

(2) 析解诗歌。

诗歌的意象组合跨度大，作者思维活跃，想象丰富，经常析解，会启发创新意识，领悟思维越轨的妙趣，以下面一首诗为例。

可怜的梅花鹿，被追逐到生命的绝处。
于是变成了美丽的少女，嫁给了要致她死命的猎户。
生死转化成恩爱，猎人与猎物结成夫妇。
这美丽动人的传说，美化了弱者的屈服。

(高深《鹿回头》)

在析解诗歌时，可提出疑问、解释并回答疑问。例如：这首诗有创意吗？创意在哪里？如果没有，为什么没有？作者创作这首诗的思维是越轨的还是循轨的？具体表现在什么地方？

推测一下作者从哪里获得了创作这首诗(《鹿回头》)的灵感，它能诱发你想到什么？作者捕捉到了什么样的诗歌意象？他又为这意象注入了怎样的灵魂？你以为如何？

你能仿照这首诗的语调，同时另外找到一个诗歌意象写一首诗吗？不另找意象，只仿此诗语调能不能写出另有新意的诗来？为什么？

2. 他山攻错训练

(1) 契诃夫曾说，要“在大理石上刻出人脸来，无非是把这块石头上不是脸的地方都剔掉罢了”。这是一种雕像式的写法。根据这种写法，选准一块“大理石”——即典型的整块的材料，如人或事，按照自己的需要确定这块“大理石”的剔除和留存部分，无须在上面增添和附加什么，该强调和突出的部分就加以强调和突出，该淡化和隐去的地方就加以淡化和隐去。

体会一下能不能做到这些？为什么？按照此法写作束缚思维吗？能不能有创造性？如果说能，又该怎样创造？选准的这块“大理石”与个人的生活经验有什么关系？与个人的思维能力和当时的思维类型有什么关系？能够从这块“大理石”上获得灵感吗？能否从中悟出提高个人创造性能力的道理？

(2) 鲁迅说，人物的模特儿也一样，没有专用一个人物的，“往往嘴在浙江，脸在北京，衣服在山西，是一个拼凑起来的角色”。这是一种塑像式的写法，是把不同事物的典型特征糅合到一起，塑造出一个典型的形象，在塑造的过程中，根据需要可以随意添加一些东西。按照这种方法，调动头脑中的信息储存，你能塑造出一个有个性特色的形象吗？具体的操作：可以从生活中找出三个人，把他们放在一起比较、取舍，对其“嘴”“脸”“衣服”等重新进行包装，只做塑造外貌形象的训练，同时要说明赋予他(她)什么性格和特征。

然后思考在塑造人物外貌形象时，心理上有无创意之感？为什么？是生拼硬凑还是自然糅合？体会到了什么？塑像式与雕像式都是写作方法，他山攻错练习当然不止这两种。我们平常阅读的各类著作和文章，其中不乏优秀作品，都有成功的经验，它们本身都在告诉我们作文应该怎样写和不应该怎样写。因此，这些成品都是我们做他山攻错练习的好材料。

3. 反思更新训练

反思更新，正如“训练提示”指出的，也就是要学会超越自己。传统的应试教育给创新思维和写作带来了不可低估的负面影响，要想开掘个体写作的创造性潜力，就需不断反思并做出更新的努力。如经常做反问自己并认真给以准确解释的练习。

(1) 你惯用的组词方式是什么？如何进行词语的搭配？有没有词语方面的偏爱？你喜欢运用的词是明丽的还是灰暗的？是铿锵有力的还是委婉动听的？为什么？

(2) 你惯用的句子长短如何？是四字句、五六字句、八字句还是偏长甚至欧化的长句？你的语言色彩与句式有何关系？与你的生活阅历又有什么关系？你有没有语言色彩方面的偏爱？为什么？是否打算改变？

(3) 你考虑过要否定你已经形成的组词、造句习惯吗？为什么？你阅读欣赏作品有没有偏爱？这种偏爱与你写作时组词、造句习惯的形成有没有关系？你的习惯究竟是受什么影响形成的？

(4) 不管你是否愿意变更原有写作习惯，都可进行“更新”试验。即换一种组词方式，换一种语言色彩，换一种句式，换一种想法和写法，看一看会有何变化。这种试验，最好是在同类文体和同题文章中进行。

第四章　写作成品与读者

写作成品是梦想的果实和思维的结晶。

读者既是写作成品的知音又是写作成品的裁判。

材料、主题、结构、语言是写作成品的构成要素。成品可以粗分为实用类（含应用、新闻、理论等文类）和文学类（含散文、诗歌、小说、戏剧等）。成品风格的形成受主客观双重因素的制约。成品的阅读者，由于层次不同，存在着不同的求知、实用或愉悦心理。作者写作应有读者意识，读者阅读应有参与意识。从读写关系的角度讲，读懂、析解成品并能汲取营养，是写作的一项基本功。

第一节　写作的成品

一　成品的构成要素

按照传统的观点，凡文章都由材料、主题、结构、语言四要素构成；四要素又都在一定的结构系统中相互依存和制约。

（一）材料

材料是客观存在的东西，是构成写作对象和文章内容的主要成分，是使文章丰满起来的血肉，是作者对客观事物、社会生活进行感知、采集以及写入成品中用以表达思想或情感的一系列事实、凭据、情理或感受和体验。与材料相关的概念有素材、题材、资料、信息等。

素材，是指进入作者视野并被摄取但未经提炼和加工的原始材料。

题材，是指写作取材的范围和内容。

资料，是有一定专指的特称概念。如写论文查阅文字性材料，常叫查资料；为了学习或科研而汇编的文字材料，常叫学习资料或科研资料。

信息，英文称 information，原意为“情报”或“知识”。与写作相联系，信息可以看作主体对客观外部世界和主观内部世界（即主体自身）的感知、搜集所获得的一切材料。

材料既是形成文章主题的基础，也是表现文章主题的支柱。因此，写作中应注重积累、选取和运用材料。储材，多多益善；选材，以严为要；用材，以活为上策。

（二）主题

主题是作者在文章中通过具体材料所表达的中心思想或中心意思。或者说，主题就是所要表达的对问题的看法、见解和评价，是通过某一题材所表现的思想与观念，是对课题的研究、探讨所得出的结论。主题在文学作品中一般称为主题思想，在议论文中则称为基本论点。主题，原为音乐术语，意指乐曲中的主旋律，后被广泛运用于文学作品和文章中。实际上，与我国文论中的主旨、主脑、意旨的提法相近似。

主题是衡量一篇文章质量、价值与作用的主要尺度。写作中只能“以意遣词”，不能“以词遣意”；只能“以意摄事”，不能“以事摄意”；应以“意”遣使文章的结构和表达，不能以结构和表达来遣使“意”。这些都是古人所一贯强调的。

主题是文章的统帅和灵魂。确立正确和鲜明的主题，是写文章最起码、最基本的要求。除此之外，还应考虑主题是否深刻、新颖和凝练、单一。提炼主题时，一般应注意的是：一要发掘事物本质，二要把握事物个性，三要体现时代精神。在确立和提炼主题时，还应注意它与标题的关系。有的主题可以通过标题直接或间接地揭示出来，有的不能就不要勉强。

（三）结构

结构是文章的形式要素，它附属于内容要素（材料和主题）并为内容服务。结构好比骨架，它是联结血脉筋肉并使之一体化和生命化的组织构造，是部分与部分、部分与整体之间的关系和构成这种关系的方式。结构的实质是作者思想认识在形式和方法上的反映，是作者按照“言有序”法则展开思路的具体体现。客观事物本身的构成方式，是文章结构的基础；作者对客观事物的理解和认识以及思想方法和思路脉络，是文章结构的主观条件。说到底，文章结构是客观事物的内部规律及其他事物的相互联系在作者头脑中反映的产物。

结构的原则，首先应遵循的是能够反映事物的内在规律和作者的认识。服从表现主题、适应不同体裁的需要，结构要富于变化，注重圆合完整、严密自然。结构还要注意读者的阅读习惯以及文体的发展和表现方法的更新变化。

结构的具体内容首先是开头和结尾，这是关键，应在突现主题、严密构造、增强效果方面多下功夫；还要注意到段落和层次、过渡和照应、详略和线索等。

（四）语言

语言是文章的“细胞”，是传递实用或审美信息的载体。离开语言，就没有写作和文章。文章是语言运用的艺术。苏联作家阿·托尔斯泰说:“语言是思想的工具,马马虎虎对待语言,那就是马马虎虎的思想。”语言和思维虽不是一回事,但两者关系又非常密切。语言一开始就是以思维的物质外壳出现的。语言依从于思想。思想是源,语言是流;思想又存在于语言之中,存在于语汇、字句、篇章、声调中。

对文章语言的最基本要求是准确、鲜明、生动。不同的文体有着不同的语言特色。记述、叙事、抒情类的多属文艺语体,要以情感人,重语言形象的完整性、生动性。它虽然也要大量使用自然、简朴、平易、通俗的词语,但刻画形象、描写事物,语言感情色彩浓重。它用语丰富多彩,句式富于变化,多样句型,多种句法,长短交错,给人以美感。它借助修辞手段以增强语言艺术的魅力。议事、论理、释义类的多属科学语体,它要以理服人,注重语言的概念准确、判断严谨、推理周密和精辟、简要、明快。它追求实实在在、真真切切、正确无误,决不含糊和模棱两可。因此,文艺语体多注重夸张修饰、繁丽多姿;科学实用语则注重庄重平实、干净简约。应注意的是文体有交叉融合,语言也有交叉融合,不可作机械理解。

二　成品的分类

(一)成品分类的依据

成品分类,由于依据标准不同,划分方法不一,结果也必然有多种。分类一般依下列三个尺度:

一是依成品性质划分。按照审美和实用的不同属性,可大致分为审美(非实用)类,即文学文体一类;实用(非审美)类,即实用文体一类。

二是依写作的基本表达方式划分。任何形式的作品在写作过程中都有一种基本的也是主要的表达方式,于是便有了记叙文类、议论文类、说明文类、抒情文类的分类法。

三是依成品用途和适用的专业属性划分。除审美类外,实用类如依用途再分,可有新闻、科技、公文、学术、公关、礼仪、理论等类;依适用的专业属性分,可有财经、司法、军事、政治、师范等类。

成品的类属种别划分,应该从简。简,即高度概括,无须太细微。细微固可避免粗糙,却繁杂、琐碎。还要从俗。俗,即通俗、习俗。既不无端地标新立异,也不媚俗泥古,而是尊重习惯、习俗和通俗。也应顺时。即顺应时代的发展,自然地进行扬弃。

若按大类宜粗、文种可细的原则划分,成品大都有归属的位置。考虑到文体的交叉融合,新的品种可能会有找不到归属位置的情况,可列为边缘交叉类。

(二)成品的类别

按性质和大类分,成品有实用类和文学类。实用类又有法规文类、通用文类等;文学类又有散文、小说、诗歌、戏剧等。下面概述一二。

1. 法规文类

法规文类包括公务文和司法文。这里我们主要指党政公文和法律文。

党政公文，是党政机关实施领导、履行职能、处理公务的具有特定效力和规范体式的文书，是依法行政和进行公务活动的重要工具。2012 年中共中央办公厅、国务院办公厅联合印发的《党政机关公文处理工作条例》，规定党政机关公文种类为 15 种。即：① 决议；② 决定；③ 命令(令)；④ 公报；⑤ 公告；⑥ 通告；⑦ 意见；⑧ 通知；⑨ 通报；⑩ 报告；⑪ 请示；⑫ 批复；⑬ 议案；⑭ 函；⑮ 纪要。

法律文，是指国家司法机关和诉讼当事人为解决各类刑事、民事案件，按照一定程序制作或发布的具有法律效力或法律意义的文书。法律文都具有很强的法律性、严格的规范性和绝对的真实性、准确性。法律文，如依制作机关和执法程序划分，有预审文书、刑检文书、裁判文书、执法文书、公证文书、代书文书等；依据案件性质划分，有刑事诉讼文书(又可分为自诉状、上诉状、申诉状)、民事诉讼文书(又可分为起诉状、上诉状、答辩状)以及公证文书等。

2. 通用文类

通用文类，包括日用文类(如事务文、礼仪文、财经文、笔记文体、书信文体、新闻文体等)、著述文类(如理论文、科技文、传志文、序跋文等)和特殊文类(如教学文类、宣传文类、外交文类、宗教文类等)。

3. 文学文类

文学，是用语言塑造形象以反映社会生活、表达作者思想和情感的语言艺术。文学的基本特征是：鲜活的形象性、丰富的情感性、生动的典型性以及多态多姿的感人的艺术语言。

文学类，除诗歌、小说、散文、戏剧外，影视文学、报告文学、杂文等也可归入。但报告文学与新闻有交叉，杂文与理论文有交叉，二者都有双重属性，影视文学也可划归戏剧一类。在网络技术日趋发达的今天，网络文学引起了学术界的注意。

三　成品的风格

(一) 风格的主观性

风格的主观性，即作者的个性运用不同的文体、通过文字、表现手法等形式在成品中的具体表现。鲁迅崇尚白描手法，白描正是他的小说《阿 Q 正传》和一系列杂文独特风格形成的一种具体体现。当代作家何立伟说，他曾想尝试着写一种“绝句式的短篇小说”，不仅要精短，而且要在“有限里追索无限”。这是一种渗入个性风格的自觉意识。

1. 风格是一种个性化的气质

不仅表现手法和形式，即作者有意将文体尝试作为主观性因素渗入文体意识，而且作者的志趣、爱好、气质、修养和个性也都渗入作者行文的思维方式中，使作品形成具有鲜明个性色彩的风格。冯骥才曾有15年的丹青生涯，他习惯于可视的形象思维方式，写小说也总在追求一种独特而又具体的画面。他曾深有体会地说："文学是延绵不断的画面，绘画是片断静止的文学。""艺术，对于社会人生是一种责任方式，对于自身是一种深刻的生命方式。我为文，更多追求前者；我作画，更多尽其后者。至于画风画法，欲言无多，一任自然而已。风格是一种气质，或是一种生命状态。风格无法追求，只有听任生命气质的充分发挥。"①气质、生命状态，虽欲求不得，但作为主观个性特色的东西只有融入整个写作过程，才会瓜熟蒂落，自然形成。

2. 风格是一种个性化的语言方式

成品风格，实际上是通过作者对语言符号的不同的排列组合方式体现的。"文字本身就是一种风格，因为这是一种选择，要用什么字和不用什么字，跟人的个性有关。"②由于写作中不同的语言追求，融合和体现着作者的灵气和个性，所以才会有不同的行文思路和不同的个性风格。例如：鲁迅深沉、犀利，郭沫若热情、豪放，巴金理智、畅达。又如：刘白羽散文呈阳刚之气，杨朔散文有阴柔之美。在说理文中，闻一多的文字形象、生动、活泼，而吴晗的文字则严谨、平实、周密。就文字运用时的文体形式而言，曹禺擅长剧本，王蒙擅长小说，艾青擅长诗歌，因此他们分别有剧作家、小说家和诗人的不同桂冠。这些都是语言应用时的个性化，也即主观性得到充分张扬的结果。

3. 风格与作者在文体局限中充分发挥主观能动性密切相关

文体是一种框子，框子是一种局限。作者的主观能动性就是要在这种局限里发挥。不受文体局限的风格是不存在的。"电影是局限在银幕里的，戏剧是局限在舞台上的，小说局限在语言——文字——篇幅里，诗歌就更局限在节奏和音韵里。……就是说，一个作家，在他所熟悉、所掌握的题材、体裁——局限之内，他应该有大大高于常人、敏锐于常人的、对生活独特的感受，独特的思索，独特地进行艺术概括和进行艺术想象的路子。……当然，一个作家只有用其所长，弃（或避）其短，才能写出水平，写出风格。"③这就是说，风格的形成，是与作者熟悉和掌握文体特点、强化文体意识、充分发挥个人的优势和主观能动性分不开的。一个作者，要紧紧抓住对生活的独特发现，抓住完全属于自己的东西，找出个人对生活的主观态度，并体现在写作形式中，而不是"看见东写东，看

---

① 冯骥才：《我非画家》，《散文》1993年第2期。

② 庄明萱、阙丰龄、黄重添选编：《台湾作家谈创作》，海峡文艺出版社1985年版，第31页。

③ 王蒙：《论风格》，《中国新文艺大系（1976—1982）理论一集》下卷，中国文联出版公司1988年版，第455—456页。

见西写西,抓不到那种只有自己能发现的生活的'个性'"①。这样,属于自身的个性化的风格,才会逐渐形成。

(二) 风格的客观性

风格的客观性,是指客观环境、时代、现实社会生活和各种各样的题材在成品中的具体体现。"风格的客观性包含两方面的意思。第一,作家本身便是客观世界的一部分,他的风格不能脱离时代、民族、地区、社会的某些特性、规定性。一切模仿和借鉴,一切创造和升华,可以是对于作家所生活的客观世界的突破,却绝不是、也不可能脱离客观世界,相反,只有把根子深深扎在客观世界之中,才能开出绚丽夺目的主观风格之花朵。第二,更值得强调的是,风格与作品的题材有着密切的关系。同一个作家,在不同的题材上,会表现出风格的不同方面,甚至也不妨说是不同的风格。鲁迅的《阿Q正传》与《伤逝》,风格显然有很大的区别。契诃夫的《变色龙》与《新娘》和《草原》,也各有其特色。特别是对于创作'路子'比较宽的作家,他写农民的时候,写工人或领导干部的时候,在语言上、结构上、手法上不能不有所不同。这说明,题材要求着、有时甚至是决定着风格。当然,另一方面,风格选择着题材,某种风格的作家对某一类题材特别感兴趣,而对另一类题材无动于衷或有心无力,这样的情况也是屡见不鲜的。"②

千姿百态的现实的社会生活在影响和塑造着、造就着性格各异的作者,而不同的作者必然创造着作品的不同风格。应该说,客观世界和社会生活是作者文体意识形成的重要因素,也是作品风格形成的根基。这是风格客观性的基本依据。另一方面,作者对题材的偏爱和生活环境对他的影响是密不可分的。刘绍棠和赵树理对农村乡土题材都有所偏爱,但两人所处时代、环境不同,个人素养以及所受的熏陶也不同。刘绍棠受农村风貌、乡土味儿影响较深,其作品大都有一种浓郁醉人的乡土气息,如《蒲柳人家》;赵树理深受民间艺术的影响,其作品风格大都有鲜明的群众艺术风范,如《李有才板话》。

虽然风格不能强求,强求了,必然矫揉造作,陷入形式化的泥潭,但风格的客观性,最终还是要同主观性相结合,通过主体的写作活动体现出来。

第二节 成品的读者

一 读者的层次

(一) 专业层和大众层

这是从读者所从事的专业考虑的一种最基本的粗分法。专业层,指从事某专业的

① 蒋子龙:《失败——作家最忠实的保姆》,《我的第一个作品》,浙江人民出版社1984年版,第307页。

② 王蒙《论风格》,《中国新文艺大系(1976—1982)理论一集》下卷,中国文联出版公司1988年版,第453页。

人员则注重阅读某专业领域的写作成品。如医务人员是医疗卫生类写作成品的专业读者层，汽车修理工人则是汽车修理技术类写作成品的专业读者层，如此等等。大众层，是指不分专业的读者层。如普及性大众化的科技文化写作成品、通俗性文学作品以及新闻报道和写作成品再造态的影视等，其读者就不分专业。凡受大众层欢迎的写作成品，普及程度都比较高，社会影响也比较大。

（二）初级层、中级层和高级层

这是按读者文化程度高低划分的。文化层次不同，其阅读兴趣、阅读偏爱、阅读心理、阅读要求也不同。初级层读者，文化程度偏低，对浅显易懂、有趣味、接近生活的写作成品如影视、画册、科普及技术普及读物等感兴趣。中级层读者阅读品位相应提高，高级层读者阅读品位更高，他们对写作成品的分析、辨别、鉴赏和接受能力较强，其阅读频率和阅读要求也高。

（三）少年层、中青年层、老年层

这是从年龄的不同层次上划分的。不同年龄的读者对写作成品的接受角度、接受选择以及接受心理等均有明显差别。由于年龄不同，其生活经验、社会阅历、分析认识事物的能力都有高低之分，理解和接受成品的兴趣也会程度不同。

此外，按地域区分可有乡村读者层、城市读者层；按职业区分，可有工人层、农民层、军人层、商人层、知识分子层；从阅读心理的角度区分，可有参与型读者层和观赏娱乐型读者层；等等。不同的读者层对写作成品有不同的要求，存在不同的心理、不同的阅读习惯、不同的阅读动机和目的等。

二　读者意识

（一）作者的读者意识

作者的读者意识，是指作者及时把握读者对读物的需求、接受心理和能力以及务实或审美的趋向等并将其纳入写作活动而形成的一种心态。这种心态一旦形成，作者就会自觉地想到怎样写是读者感兴趣的，怎样写又是读者所不感兴趣的；读者最想知道的是什么，哪些又是读者所不想关注的；读者将如何阅读你写出的文章，阅读后会怎么想，能否与作者预期的效果和写作意图相吻合或接近等。作者这种自觉的读者意识，会对写作活动的顺利进行产生积极影响。

作者的读者意识具体体现在以下几个方面：

1. 对读者对象的确认

从写作发生学的角度说，个体写作行为的发生，有两种情况：一是对个人思想、情感有一种强烈的发表欲和宣泄欲。这种发表和宣泄只是个人情结的释放，很少顾及读者。

二是读者形象生动鲜明地存活于作者心目中，作者关注读者的现状、心理和需要，于是倾注个人的思想和感情，求得读者的确认并满足其阅读愿望。这两种情况不能完全分开。作者往往是在关注社会和生活的前提下，当有感要发、有情要抒的时候，心目中即使没有活生生的也会有影影绰绰的读者形象时，才会诉诸笔墨文字。

确认读者对象至少应注意两点：一是要分清个体对象或群体对象。个体对象在作者头脑里是鲜明、具体的，如收信人。群体对象在作者头脑里是以群体组合的形式出现的。如写市场消息情况的调查报告，读者对象就是群体。写文学作品，读者对象也是以群体形式出现的。文中直呼读者为“年轻的朋友”或“您”“你们”时，一般都是泛指而不是特指。二是确认读者对象要从符合读者的期望上考虑。作者对读者期望的关注是建立在对读者的了解、相信和尊重的基础上的，它应有具体、实在的内容。作者在确定写作目的和确立自身在写作事业中的位置时，总要认真确认读者对象，问问自己对读者的期望了解多少，关注的程度如何。

2. 与读者交流并激发其共鸣的意识

与读者交流并得到认可、引起共鸣应是每一位作者的良好愿望。交流，不仅是文字上的信息传递与沟通，在文学写作中则更强调心灵上的交流。与读者的心灵交流是引发读者共鸣的前提，如果作者提笔时没有这种愿望和思想准备，那是作者的读者观念不强，或者说是读者意识淡薄。

写作时能与读者神交，写出来的东西才会引起读者共鸣。共鸣是读者的思想感情与成品中反映的思想感情的和谐统一、契合相似。只有作者与读者心心相印，才能有读者与作品心心相印。只有作者创造了令人可信的条件，才会有读者产生共鸣的可能。

3. 期望读者反馈的意识

反馈，是指写作活动的系统过程中，读者在接受写作成品信息时所做出的反应。作者根据反馈回来的信息，判断写作成品产生的效果，然后对写作目标和计划进行重新考虑与调整。这里说期待读者反馈的意识，主要是指作者的期待心理。每一位作者都想听到读者的声音，听到读者对自己作品的评价。期待听到读者的意见，是作者再创作的一种鞭策力量。

作者的期待与读者的回应并不是完全吻合的。有的作品发表了，如泥牛入海无声无息；有的隔了很长时间，因社会、环境、时代的变迁，作品又一下子火爆起来。读者的回应是有条件的，这条件渗进了社会、群体和自身的各种因素。作者对读者反馈的期待，应在完善自身的前提下，建立在真诚、平等、不欺骗读者的基础上。

（二）读者的参与意识

读者的参与意识是一种自觉地把自己放进写作过程中实现某种心理满足或愿望的自我意识。这种意识通过阅读和阅读反馈实现。因为写作是一种人际交流活动，在交流中，作者与读者是通过写作成品对话的。作者写作时有读者的观念存在，读者阅读成品时有其参与的能动性。读者的参与意识一般表现为以下三个方面的内容。

1. 读者对写作成品的有意选择

阅读的有意选择，首先遵循的是“有止原则”。所谓有止，即该止则止，不能漫无边际，没有终止。

有意选择包括两方面的内容：一是选择成品形式。写作成品因其功用、趣味、题材、风格、包涵信息以及表现手段等的不同，其外在形式必然多种多样。实际上形式就是把不同内容分别包装起来的不同外壳。由于阅读目的不同，读者首先要对“外壳”进行选择。如为获取商品信息，必然注意选择广告阅读；为了及时了解国内外大事，必然选择新闻阅读。文学评论家为了评论的需要，有的选择诗歌，有的则选择戏剧。一般人阅读时的选择，多凭兴趣或受偶然因素的影响，如有的爱读散文，有的则喜欢小说；有的爱读短小精悍的文章，有的爱读鸿篇巨制；有的钟情于幽默泼辣的小品，有的偏爱哲理精辟铿锵有声的力作；等等。这些都是对成品形式的选择。

二是选择成品内容。第一，要确定对写作成品的内容从哪个方面进行关注。一书(或一篇文章)在手可读几遍，每遍只注重内容的一个方面。第二，从写作成品中摄取信息要围绕一个中心，并能形成系统。第三，读者摄取成品内容的不同信息时，不仅因为生活阅历、知识储备以及修养和兴趣等与作者接近或相仿，会产生共鸣效应，而且还会从自己理解的角度和不同的需要出发，来进行各种选择。一部《红楼梦》，“单是命意，就因读者的眼光而有种种。经学家看见《易》，道学家看见淫，才子看见缠绵，革命家看见排满，流言家看见宫闱秘事……”①

2. 阅读中的再创造

再创造，就是读者对写作成品或提取有用信息进行消化和重新组合，或进行合乎主观思想的再认识、再加工。一般来说，阅读非文学作品，读者可以根据自己的需要和释解方式提取与重新编排信息；阅读文学作品，读者可以在作品中找到自己所希望的东西，而作者却可能在写作过程中从未意识到。

再创造，一般可以概括为：信息加工、认知加工、情感和想象加工。

(1) 信息加工。

这里主要指实用信息的加工。读者在阅读中获取这类信息时，往往朝着自己愿意得到的那一面进行理解，并在思维的过滤中抓住信息中心，给予重新组合。读者正是在取舍、概括、归纳、提纯信息的过程中，完成了对写作成品的再加工和再创造。如“新飞”冰箱广告词，最初为“广告做得好，不如新飞冰箱好”；后来改为“新飞广告做得好，不如新飞冰箱好”。前后广告词都分别包含两个信息。前者的前半句采用了模糊语言，谁“广告做得好”没有明说，显然是泛指，隐含信息是：不管是谁，广告做得再好，也没有我新飞冰箱好。这就明显有损他人。后者改动就不同了：前半句明指“新飞广告做得好”，隐含义：那只能是纸上谈兵。“不如新飞冰箱好”，其隐含义就变为：实物胜过赞词。这

---

① 鲁迅：《〈绛洞花主〉小引》，《鲁迅全集》第8卷，人民文学出版社1981年版，第1145页。

种析解和思维的过滤,即是一种信息的加工。

文本所传递的实用信息,一般都是一目了然的,是什么就是什么,从不打哑谜,让人难解。文本所传递的审美信息,却应在鉴赏中去体会、认识、想象和深入加工。

(2) 认识加工。

读者阅读文本,总是把自己的思想见解、生活经验与文本所反映的东西融合在一起,对自己能够抓住的一点或几点加以阐释或无限地扩大开来。至于这在多大程度上接近了作者的原意,读者似乎很少顾及,只管一味地去感受、认知和判定。当然这也并非全是读者的一厢情愿,因为读者也要受到各种客观因素的影响。解读实用文的文本和解读文学作品的文本,其认知加工绝不相同。如对《红楼梦》主题的认识,众说纷纭。最早有索隐派的观点,以后又有王国维的"私欲解脱说",胡适的"自叙传说",李希凡的"封建社会阶级斗争说",当代又有人提出"复合式主题"的观点等。由此可知,读者对文学类成品的认知,不仅与个人的思想、理论、文学艺术修养等素质密切相关,而且无不打上读者所处社会、时代和环境的印记。这也是文学作品的人物形象和思想性有多解的一个重要原因。对实用文的认知加工就很少有多解的情况,一般不是从正面析解就是从负面析解。

(3) 情感和想象加工。

情感加工是读者阅读文本时一种受感染而不由自主的情感体验。这种体验往往与个人的阅历和关注的事情相吻合。朱自清读父亲来信,情切切不免伤感落泪,亲情所系,父亲在泪眼中浮动,父亲之悲不能不勾起儿子对父亲的眷恋之情,头脑中出现的"背影"便是一种情感投射的映象。这种情感的投射,与读者的身世、经历以及爱和恨、喜和忧的情绪、心境相互映衬,读者从读物中激起情感的兴奋、满足和体验,从而使读物(文本)抒发的情感得到延伸。毛泽东写《七律二首・送瘟神》,是因为"读六月三十日《人民日报》,余江县消灭了血吸虫。浮想联翩,夜不能寐。微风拂煦,旭日临窗,遥望南天,欣然命笔"的。

想象加工是在情感加工的基础上,融合读者的情感活动与人生的经历、经验和体会,对文本提供的信息进行思维过滤、改造和重新组合。如由小说改编电影,要把叙述性的文字转变为可视的画面,就必须借助想象进行改造;要把小说的文学形象变成电影的银幕形象,就必须在原著基础上进行再创造。当然,想象加工,并不单指把叙述语言转换成画面语言,而是以成品为底色,读者的思想、认识和情感也都以不同的色素、色调融入其中,或被扩大张扬开来,或被缩小湮没下去,甚至变形变态,自觉或不自觉地进行着想象加工。这一般是阅读文学作品的情景。

3. 阅读后的反馈

根据控制原理,反馈含有"正"和"负"两个方面。在传播系统中,正反馈指的是继发信息和原发信息作用相同或相近,使总输出信息增大或强化的一种控制。负反馈指的是继发信息和原发信息作用相反或偏离,使总输出信息减少或弱化的一种控制。正反馈促使继发信息输出加强,负反馈促使继发信息中断或转向。

例如,在改革深化过程中不断出现的群众最关心的"热点""难点""焦点"问题,各报刊都相继推出过连续性报道，为群众所喜闻乐见。这类新闻的不断增多、传播扩大，就是正反馈产生的效应。一些地方小报和杂志上耸人听闻的、猎奇的新闻，以及凶杀和黄色毒害的渲染与曝光，倒读者胃口，不受欢迎。这类信息的减少或中断，就是负反馈产生的效应。

一般来说，对于写作成品的反馈意见，"正"和"负"往往是交叉存在，相互补充的。并不是说好就是清一色的好，说坏就是绝对的坏。对于同一部作品，当作者听到"正""负"两方面的反馈意见时，就应认真分析、正确对待，以便调整写作；不要一听到读者的不同声音，就无所适从。例如中国文学史上一直存在的"抑丕扬植"之论，读者大都持肯定态度，尤其对曹植的《七步诗》深信不疑。这即是正反馈。但刘勰曾有"文帝以位尊减才，子建以势窘益价"的不平之论，与"抑丕扬植"唱的是反调。郭沫若对《七步诗》的真实性也持怀疑态度。他也曾写一首《反七步诗》："煮豆燃豆萁，豆熟萁成灰。熟者席上珍，灰作田中肥。不为同根生，缘何甘自毁？"形象地表达了自己的看法，体现了与传统评价的不同。这即是负反馈。

三　读者心理

读者心理是个很复杂的问题。不仅不同层次的读者，群体心理不同，即使同一层次群体心理相同的读者，其个体心理也不同。影响读者心理的因素很多，作者如何揣摩和把握读者心理至关重要。如新闻写作，美国新闻特写作家索尔·皮特曾进行换位思考，站在读者的立场，从读者的心理出发，以读者的身份说了一段读者要说的意味深长的话：

> ……请和我打成一片，打入我的思维圈内，请说得响亮而清晰，不要把抽象的高调塞给我……
>
> 别糊弄我，除非你真能给我些东西，宝贝。……你说此人是前所未有的吗？从什么时候，什么地方，怎么发现的？给我证据，不要只是开个头就没有下文。

比如写广告词就要抓住读者（消费者）的心理。因为人们对广告的关注受一定的消费心理因素的支配，正是消费心理才会引导消费行为。据说外国有一家钟表公司为推销一种新品牌的手表，煞费苦心，拟定的广告词为："这种手表走得不太准确，24 小时会慢 24 秒，请君购时要深思。"如果写成这样："这种手表款式新颖，美观大方，男女皆宜；质量可靠，走时准确，误差保证在 24 小时±24 秒的正常范围内；请君购买，莫失良机。"到底哪一种写法好呢？从产品自身看，前者是碰短揭短，后者是扬长自夸。从读者（消费者）心理看，前者抓的是读者的求实心理，用词礼貌、温顺，写得实在、客观，避开了读者对吹捧广告的逆反心理，读者阅读这样的广告词可以从厌倦"夸好"的情绪中找回一点心理平衡。后者抓的是读者求"好"的心理，却落入了自我吹嘘的窠臼，恰恰容易引起读者（消费者）的反感。因此，能抓住读者阅读心理的写作成品，才会受到读者的欢迎。

概括来说，读者心理主要有求知心理、实用心理、愉悦心理。

（一）求知心理

求知心理是一种用知识丰富自己的欲望和内在要求。学生时代读书，直接影响读者才能、智力和创造力的发展。心理学研究表明，少儿都有一种好奇心、搜集小东西的欲望，而且这种搜集欲可以转化为求知欲。搜集物品转化为搜集知识时，其兴趣就带有明显的趋向性的心理特征。而且由直观兴趣（仅有“情感”“注意”参与）逐步向“自觉兴趣”（有第二信号系统参与，有联想、记忆活动）和潜在兴趣（第二信号系统主导，有情感、想象、意志等）转移。这时的读书作为一种知识输入的途径，便与“成才”“志向”紧密联系在一起。

求知欲是一种良好的心理品质。“人的天性犹如野生的花草，求知学习好比修剪移栽。”“总之，‘知识能塑造人的性格’。精神上的各种缺陷，可以通过求知来改善。”“读书足以怡情，足以博采，足以长才。”[①]读书是求知的一条重要途径，但不是唯一的途径。旺盛的读书欲望和行为来自读者求知的深层心理，其目的有胸怀大志、造福人类者，也有为了个人的功名利禄者。前者如马克思、恩格斯等伟人；后者如我国科举时代的一般文人，倾心于八股文章，企求一朝中榜，飞黄腾达。尽管前后两者的求知目的不同，但其心理都是通过读书索取知识，是把读书当作阶梯来攀登的。

阅读时的求知心理，有稳定的和不稳定的，有短时的和持久的，有强的和弱的。稳定、持久、强烈的求知心理，引导读者步入书籍的殿堂，获得真知，到达胜境。不稳定、短时、微弱的求知心理，只能是望书兴叹、知难而退，或浅尝辄止，永远难于领略获得真知、到达胜境的奥妙和乐趣。就知识而论，有科学技术知识，也有文学艺术知识。读者执着、真诚的求知心理，都在提醒作者应严肃认真对待写作，把有价值、无水分的各类知识准确地传递给读者。

（二）实用心理

实用心理，是获得某种实用性信息，或掌握某种技能技巧的渴求心理。其阅读目标比较明确、具体、针对性强。

少年时代读书，不一定都有探讨别人怎样写的心理准备。学到的句法和笔法是潜移默化、日积月累的结果，但等到有了模仿的想法和做法时，也一定有了运用别人书中技法技巧的心理。赵树理在《读别人的文章说自己的话》一文中说：“小时候老师教我们读《庄子》，我们就学到庄子的句法；读韩愈的文章，又学到了韩愈的笔法。各种风格的文章都学，久而久之，我们学会了读别人的文章，说自己的话。读别人的文章固然对自己的说话有关系，可是书读多了就不会单一模仿一个人的话了。”希望通过学习进行模仿和借鉴，以提高自己的写作能力，这种实用心理的导向和作用，是读者阅读的一种动力。

实用心理，具体来说是读者对读物内容实用、有用的心理渴求。老师教学生通过阅读学习写文章，实际上是受实用心理支配的，但这种阅读的心理期待是缓慢的、渐进的。

① 黄梅编选：《培根哲理散文》，上海文艺出版社 1999 年版，第 165 页。

为工作和生活的需要而进行的有目的的阅读，其心理的期待是强烈、急切，甚至是立竿见影的。如农作物、蔬菜种植、栽培新技术一类的书籍，即适应农民饥渴、迫切的阅读心理需求。高明的作者总是针对读者的这种实用心理考虑文本的结构和语言表达。

读者在阅读信息导报、商品广告、技术手册、产品使用和保养说明之类的文章和著述时，其实用心理是非常明显、专注的。这类文本，有的强调产品的性能，有的突出实用方法，有的传授操作技能技巧等，有见地的作者都在读者阅读方便、省心省力、掌握起来简易与快捷等方面下功夫，也即抓住读者“能用”“好用”“实用”“可立见成效”的心理。注重搜集与自身事业发展有关的文字信息，也是为了实用。现实社会的企事业单位大多设有信息机构或专职信息员，专门搜集各种情况和情报，这实际上是实用需求和实用心理的具体体现。如建筑公司关注和搜集承包建筑工程的信息，各类厂商注重搜集与自己产品有关的消费者的信息。那些招标广告或通知，商品推销或说明书，凡成功的无一不是抓住了读者的实用心理。

由于经济发展、社会分工、人才和市场竞争以及就业需要等，实用类的各种书籍和文章会越来越多，重视读者的实用心理，是社会和时代对作者提出的要求。

（三）愉悦心理

读者的愉悦心理，多半是在阅读文学作品或有趣味的文章时产生的。这是一种精神上的满足，心情与感觉上的快感和休养。文学的审美和娱乐作用就是基于读者的愉悦心理。

有美感，才能有愉悦。“看到某些自然物或人造的艺术品，我们往往要发生一种情绪上的激动，也许是愉快兴奋，也许是悲哀激昂，不管是前者，还是后者，总之我们是被感动了。这样的情感上的激动（对艺术品或自然物）叫作欣赏，也就是说，我们对所看到的事物起了美感。”[①]然而，美感、欣赏是与人的现实生活有关系的，不同的人在不同的处境下会有不同的欣赏标准与感受。“我们的欣赏由于美感，而美感则根源于各人之情绪、气质和趣味，而情绪、气质和趣味则决定于生活。”[②]愉悦心理是读者阅读文学作品时，因美感的体验而产生的再创造的心理活动。再创造是一种想象和补充过程。想象和补充须有类似的体验，倘没有类似的体验，再创造就失去支撑力。体验真切，才会产生美感效应。愉悦心理，实际上是在类似作者描写的生活体验中实现的。愉悦是精神上的放松与享受。心情轻快闲适，才能欢悦舒畅。阅读文学作品，可以使人快乐兴奋、心旷神怡，也可以使人悲伤哀怨、愁苦痛惜，这都是审美和欣赏心理的作用。喜爱美、追求美，渴望心灵的欣慰、祥和与平静，是人之常情。从精神食粮中汲取营养，使心理的渴求得到平衡、满足和愉悦，这也是阅读的一种内在动因。有时，阅读是为了使受到压抑的身心得到解脱，解脱则为了获取心情的舒畅。这是愉悦心理的一种特殊表现形式。

① 茅盾：《茅盾评论文集》（上），人民文学出版社1978年版，第5页。

② 同上，第7页。

从读者的角度讲，阅读时的愉悦心理可以有愉悦渴求、愉悦实现、愉悦满足和愉悦外射等。愉悦渴求是指读者放松身心、清静心境、消遣娱乐的欲望。一般人观看文艺演出、看戏看影视多是受这一心理驱使。愉悦实现则是一种过程。观赏的心理活动是基于直观的，阅读的心理活动主要是想象（主要指文学艺术作品的阅读），通过想象活动，读者在阅读中实现愉悦，并得到满足。愉悦满足，是心灵上得到安慰，心理上得到舒适，心情上得到畅快的一种感觉。由于满足，才有愉悦的外射。愉悦外射的表现或是手舞足蹈，或是拍案叫绝，或是吟诵唱和，还有情不自禁地向他人述说、抒发情感等。

读者的愉悦心理虽然产生在阅读过程中，却与读者自身的素养、生活环境、阅历、经验、情感等有关。读者阅读作品，从客观上讲，作品中的人物形象、情节、语言和行为活动等会引起读者的情感波澜；从主观上讲，虽然作品是同一部作品，但因主观条件的差异，每个人都会自觉或不自觉地按照自己的立场观点、生活经验和思想感情来理解和阐释，得出的结论也会各不相同，由作品引发的情感和心理欲望也必然存在差异，甚至大相径庭。因此，愉悦的产生总是与主观因素紧密相连的。

第三节　阅读能力训练

一　速读能力训练

（一）训练内容

阅读是一个系统的完整的过程，包括“阅读——理解——记忆——运用”几个环节，其中理解是关键。不管什么形式的阅读，都不能以牺牲理解为代价。速读也应在理解的前提下进行，是快速从文字中摄取有用信息的一种读书法。学习与掌握速读的技法技巧，首先要改变旧的阅读习惯，变逐字逐句阅读为字群、词群阅读，留意作者的思路，迅速抓住重点词、转折词和主题句。其二，要稳定情绪、培养兴趣、高度集中注意力，用眼脑直映的方法，不出声，也不要心念，直接接受读物的信息。其三，自觉培养新的阅读习惯，根据不同的读物和主观上的不同需要，变换不同的阅读速度。其四，制订计划，坚持训练。

常用的速读法有：无声阅读、鉴别阅读、整体阅读、浏览、扫描阅读、略读、跳读、寻读、猜读、变速读、计时读、闪示读、退缩读、垂直读、面式读等。这里仅就一种举例说明训练。

（二）训练举例：整体阅读法

1. 要求与程序

整体阅读法是一种筛选重要信息的阅读法，对培养迅速捕捉信息的能力大有帮助。

按照此法阅读，要求记住七个方面的信息内容：

(1) 书名或文章标题。

(2) 作者或作者与译者。

(3) 读物出处及出版时间。

(4) 体裁和基本内容。

(5) 重要事实。

(6) 有何特点、争议和批评意见。

(7) 读物的新思想、新观点及应用的可能性与启示。

这七个方面也是一种阅读程序，完成了前一项再进行后一项，只根据要求摄取该项信息，不必重读。不同文体有不同的变式程序，可按变式要求阅读。记叙文、说明文、议论文的具体变式[①]如下：

△记叙文：

(1) 文章标题。(2) 体裁(根据记叙文特点快速阅读)。(3) 划分段落和概括段意(划分段落：① 依据时间划分；② 依据事件划分；③ 依据场所划分；④ 依据人物划分。概括段意：① 串联法；② 缩句法；③ 摘句法；④ 取主法；⑤ 连接关键词语法；⑥ 归纳法)。(4) 文章的主要内容(① 审题；② 连接各段段意；③ 分析重点句、段；④ 概括问题)。(5) 文章的中心思想(① 找文章中心句；② 注意议论、抒情部分；③ 分析事件的情节)。(6) 评价(① 表达方面；② 思想内容方面)。

△说明文：

(1) 文章标题。(2) 体裁(根据说明文特点快速阅读)。(3) 划分段落与概括段意(划分段落：① 按时间顺序划分；② 按空间顺序划分；③ 按事物性质类别划分；④ 按所讲问题步骤划分。概括段意：① 找段落中心句；② 用自己的语言概括)。(4) 文章的主要内容(① 综合各段段意；② 连接重点词、句)。(5) 文章的中心思想(① 文章的中心句；②归纳文章要点)。(6) 评价(① 知识内容方面；② 语言方面)。

△议论文：

(1) 文章标题。(2) 体裁(根据议论文特点快速阅读)。(3) 划分段落与概括段意(划分段落：根据序论、本论、结论来划分。概括段意：① 找段的中心句；② 概括段的内容；③ 综合自然段段意)。(4) 文章的主要内容(① 审题；② 连接各段段意；③ 连接重点词、句)。(5) 文章的中心思想(找中心论点：① 看标题；② 概括段意；③ 论点与论据的关系；④ 分析论证方式、方法)。(6) 评价(① 语言方面；② 思想内容)。

以上三类文体的变式，我们可以综合概括为以下六项内容：

(1) 文章标题。

(2) 文章体裁(抓住不同体裁的特点进行快速阅读)。

(3) 划分段落并概括段意(指划分意义段落，可根据各类的具体情况划分和概括)。

(4) 概括文章主要内容(审题并在段意的基础上进行综合与概括)。

---

① 吕武平主编：《全脑速读记忆》，中国民航出版社 1999 年版，第 447 页。

(5) 概括文章中心思想(或归纳文章中心意思或总论点)。

(6) 对文章进行评价(客观与主观相结合和统一的评价,如思想、知识、语言、技法、审美或实用价值等)。

2. 例文

暗　香[①]

皓　明

突然,觉得办公室内流动着一股熟悉的香味,很熟悉,却一时想不起来是什么香味。开始,还以为是某个同事身上的香水味。可一个个挨着猛嗅一番,却都不是。这时,有人提醒:"是桂花香吧?"

我才恍然醒悟,这确实是桂花香啊! 于是,赶到室外,走到立在人行道旁的桂树旁。果然,一股浓烈的幽香沁人心脾,激荡魂魄。再仔细瞧去,在那密密的树叶后面,那些米粒大小的嫩黄的花儿正如天空的星星闪烁,却又十分静谧,毫无张扬之意。

瞧着瞧着,我的眼睛就湿润了。这些惹人怜爱的小东西,竟在暗暗地飘香,飘香了还像什么都没有发生似的,静静地立在枝头,等着悄悄地凋零。我们如不仔细瞧,还不知道它们已经到过这个世界,已经香过这个世界。这时,我的思绪触到一个最温柔的记忆,那是上中学时一个同学讲的故事。

当时,这个同学家里很穷,为了省电,他每天晚自习后十一点钟才回家,学校的大门也在他走后一段时间才缓缓地关上。他一直以为大门是要到那个时候才关的,因此春夏秋冬,他天天如此,从不觉得有什么不妥。直到有一天,他被锁在校园内过了一夜,他才知道学校大门是十点钟就关的,而原来关门的老大爷生病住院了。直到那时他才明白,老大爷一直在默默地为他开着方便之门。当他流着泪买了一大堆礼品去看望老大爷时,老大爷已经去世了……

听完这个故事,我们许多人的眼睛都湿润了,为了那个默默行善的老人。我们的心湿漉漉的,因为在那一刻,我们才醒悟,其实我们每个人身旁都有那个开门的老人,在为我们开着方便之门,他们就像这小小的嫩黄的桂花,悄悄地释放幽香,然后悄悄地凋零。

他们不张扬,是因为他们的生命本就如此啊!

3. 训练提示

(1) 记清标题:《暗香》。

(2) 扫视标题后的作者和文后注明的该文的出处。

(3) 依据记叙散文的体裁特点快速阅读《暗香》全文。

---

① 选自《青年博览》2001年第4期。

(4) 依据事或情划分该文段落，可有三种分法：

第一种分两段：第一段含1、2、3自然节；第二段含4、5、6自然节。第二种分三段：第一段含1、2、3自然节；第二段含4、5自然节；第三段即第6自然节。第三种分四段：第一段即第1自然节；第二段含2、3自然节；第三段为4、5自然节；第四段即第6自然节。

(5)《暗香》段意：若按第二种分段，第一段先赞桂花之暗香；第二段赞看门老人之暗香；第三段赞不事张扬的精神。

(6)《暗香》主要内容：桂花飘香时节所追忆的看门老人的故事——为一贫困学生留门。

(7)《暗香》中心思想：中心句——他们就像这小小的嫩黄的桂花，悄悄地释放幽香，然后悄悄地凋零。

(8) 评价：① 思想意义。如同生命的来去那么自然，桂花飘香了，悄悄地，暗暗地，像什么都没发生过似的；看门老人行善了，默默地，无声无息地，也像什么都不曾做过似的。这是一种自然、平常、不事张扬的品质，是天然的"暗香"品质。它给人以启迪，令人产生敬意。② 表现手法与语言。桂花的暗香隐喻看门人做的善事，神似、贴切，打动人心。行文简明，语言朴实、清纯，结构圆合，过渡自然。

(9) 回答问题并参照提示练习：① 快速阅读《暗香》一遍，掩卷回忆，你能回答上述八个方面的哪些问题？印象最深的是什么？② 进行反向思考，这篇文章给你一些什么启示？③ 请按照阅读程序和自己的析解，对上述八个方面的内容重新进行整理。④ 从对《暗香》的阅读和理解中，体会文章四要素的作用。⑤ 参照对《暗香》的训练提示，自找记叙文、说明文、议论文三篇，按照其不同的程序，先试验个人的阅读效果，再举一反三地进行练习。

二　精读能力训练

(一) 训练内容

精读，与粗读相对。它是逐段逐节地、字斟句酌地析解文章的一种方法。它对培养分析鉴赏能力、评论批评能力、认读记忆能力等，都大有帮助。阅读时到底是采用速读法或精读法，要根据不同读者的具体需求和读物的性质而定。该快则快，该慢则慢；该粗则粗，该精则精。

精读，特别注重理解、质疑和鉴评。不仅要从整体上理解文章的主旨，准确地把握段意，以及文章的构造、章法，行文的手法、技巧等，而且要在章、节、层、段、句子、词组、词字的分解中领会语言文字的言外意，读懂字符传达的多种意义。通过字面，了解其通常含义；根据语句采用的修辞手段，判断它的特殊意义；根据语句出现的情境，体会它所包含的意义。有了这三重理解，对整篇文章就好层层把握了。另外，精读时，还应做好有详有略、虚实结合的笔记。

精读法，根据人们的总结归纳，既好记又便于运用的有十种：一序法、二进法、三遍法、四节法、五步法、六到法、七算法、八要法、九疑法、十环法。下面就其中一种举例说明训练。

(二) 训练举例：五步阅读法

1. 要求与程序

五步阅读法，即所谓 SQ3R(Survey、Question、Read、Recite、Review)学习法，意思是：浏览、发问、阅读、复述、复习。这是一种以精读为主，速读与精读相结合的读书法。其要求与程序为：

(1) 浏览。精读前，先把要读的东西概括地快速读一遍。看一下纲目以及序、跋、绪论、各级标题，或看首、尾、大小标题，找主题句。有个总的印象和把握。

(2) 发问。通过浏览，思考、发现、提出问题，以便释疑解难。

(3) 阅读。带着问题深入阅读。按精读要求，对字、词、句、段、篇进行分解和分析。可边读边做笔记，全面把握读物的内容和意义。

(4) 复述。自我检查学习与记忆效果。先读一段或一部分，合上书复述其内容和大意，并按其内容、大意、关键处以及要点，进行记忆。有的可记住精神，有的可以背诵。然后进入下一段或下一部分。

(5) 复习。为巩固阅读成果，要求及时复习。复习是一种多次性的重复，以便强化记忆。复习既要全面，又要有重点。

SQ3R 学习法适用于各种学科、各种形式和各类学生的学习。另有一种经过概括的较高层次的五步阅读法，可与 SQ3R 法对照运用，简介如下：

(1) 阅读。浏览、跳读、扫读、略读、细读、精读等任何一种读法均可。

(2) 理解。阅读不是目的，关键在于理解、会意、获取。

(3) 思考。要让大脑活跃，思维驰骋，思考一些问题。

(4) 记忆。经大脑过滤，该记的东西一定要记住。

(5) 表述。经过阅读、理解、思考、记忆的东西，应该能用口头或书面语言表述出来。

2. 例文

管 理 是 金

少一个顾客损失有多少

美国管理协会(AMA)所做的一项研究显示，68%的企业失去顾客，原因是服务不好。

有一名妇人每星期都会固定到一家杂货店购买日常用品，在持续购买了三年后，有一次店内的一位服务员对她态度不好，于是她换到其他杂货店买东西。

12 年后，她再度来到这家杂货店，并且决定要告诉老板为何她不再到店里来购物。老板很专心地倾听，并且向她道歉。等到这位女人走后，他拿起计算器计算杂货店的损失。假如这位女人每周都到店内花 25 美元，那么 12 年她将花费 1.56

万美元。只因12年前的一个小疏忽,导致杂货店损失了1.56万美元!

每一块钱都有去处

大部分的人对营业收入、销售成本和营业开销等名词都没有感觉。

为了让员工了解,并且知道它们的重要性,马歇尔公司会告诉员工每一块钱中,卖出产品的成本是85分钱;薪水大约是8分钱;再下来电脑、电话和复印加起来是两分钱;然后是税。每收进一块钱,最后剩下的是4个1分硬币。

他们每一季分配利润时,都会分发一张一块钱钞票的复印件和一张百分比图表,解释其中的每分钱都用到哪里去了。

只要拿掉盖子

在整个组织内分享信息,会让团队成员产生参与感,并想利用信息,改善公司的业绩。

有家高级乡村俱乐部对会员洗过澡后,顺手将高级洗发水带回家感到头痛。总裁想过各式各样的方法,试图解决这个问题,却发现任何方法都有可能冒犯会员。最后,他问更衣室管理员是否有什么好方法,结果对方回答:"放心,他们再也不会这样做了!"总裁顿时哑口无言,而管理员则继续说:"很简单啊,我只要拿掉盖子,谁会想拿没盖子的洗发水!"

3. 训练提示

(1) 浏览全文。① 关注题目和三个小标题;② 扫读一遍全文。

(2) 发出疑问。① 三个小标题分别说明什么问题? ② 文章标题的含义是什么? ③ 失去一位顾客,一年的损失有多少? ④ "每一块钱都有去处"说明了什么? ⑤ "只要拿掉盖子"的办法是什么思维产生出来的? ⑥ 这篇文章的关键、要点是什么?

(3) 精读全文。① 按每一小标题下面的内容逐步分解并分析;② 把握文章全部内容;③概括文意;④ 解答(2)提出的疑问。

(4) 复述。从文章标题到三个小标题再到具体内容,逐一复述。

(5) 复习。任何文章的阅读都可按下列方法复习:① 第一次,隔一周读一遍,回忆一周前阅读时的疑问和解释的情况。② 第二次,隔三周读一遍,仍回忆最初练习时的全部内容。③ 第三次,隔五周读一遍。④ 第四次,先回忆能记住的文章内容及意义,然后再读一遍。至此,你会把全文铭记在心,永难忘却。

参照该例,用五步法阅读其他文章,检验其成效。

三　解读能力训练

(一) 训练内容

解读,即解析式的阅读。它是速读与精读的一种共同的重点要求。它强调阅读一定要理解,在理解中阅读。袁枚曾经解释杜甫诗句"读书破万卷,下笔如有神"说:"'破'与

'有神'三字,全是教人读书作文之法。盖破其卷取其神,非囫囵用其糟粕也。蚕食桑而所吐者丝,非桑叶也;蜂采花而所酿者蜜,非花也。"[①]显然,"破"而取"神",是解读的精髓。

解读,是读者积极地进行抽象思维(有时也要用形象思维)活动的过程。尽管无论哪一类文体解读时都要分析和综合,但其要求却不一样。

解读文学作品,作品中的人物与情境会唤起读者的想象以及如同身临其境的某种体验。这种想象和体验,会辅助抽象式的析解,加深读者对读物的真实感受和理解时的鲜活印象与层次。解读文学作品虽然形象思维活跃,再造性想象与创造性想象并存,但抽象思维仍应占主导地位。由于文学作品的品种繁多,解读也要相应有一定的区别。应注意的是,绝不能用人物形象的语言、行为动作和故事情节的复述代替分析;也绝不能以脱离人物和环境的想当然解说代替综合与概括。关键仍在抓住要害。

解读议论文,关键在于全面、深入、细致地分析与综合,抽象出文章的中心意思和中心论点,并能用自己的语言灵活自如地进行准确完整的概括。应注意避免以偏概全,以机械式的拼凑代替准确的归纳,不是重分析而忽略综合,便是粗糙分析、硬性综合等弊端。

解读说明文与上述两类又有不同。一般来说,先要看读物的性质,再看其难易、繁简程度,也要抓住关键、抓住特点,再加以分析、综合,归纳中心,并能准确地表述出来。

解读的方法很多,它大多渗透在速读和精读的过程中。最普通和最简便易行的方法有把握关键词、句法,寻找作者思路法,提炼段旨法,析解枝干法,概括文意法等。这里以一法为例进行训练。

(二) 训练举例:分析文章枝干法

1. 要求与程序

一篇文章或一部书就像一棵树,不管高矮大小或是否根深叶茂,它一定都会有主干、枝杈和绿叶。解读文章就像解读一棵棵活生生的树,如能识别它们形形色色的不同主干和枝杈,也就便于把握它们各自不同的丰富内涵,认识其意义和价值。凡文章,有题目、大小标题和重点句的,其主干、枝杈因与此有所吻合,便很容易被分解指认出来;不属于这种情况的,或重点句、中心句并不是十分明显、突出的,就需要在阅读中仔细体会和具体析解。

分析文章枝干,一要先确立主干是什么;二要分清有几个枝杈,是什么枝杈;三要探析枝杈的具体内容和是否相连合拢;四要绘出树形图,使之视感化、形象化。

2. 例文

梦结束的地方[②]

栖　云

有人做过统计,迄今为止,大约有五百人成功地登上了珠穆朗玛峰顶,亦大约

---

① [清]袁枚:《随园诗话》卷十三。

② 选自《花季·雨季》2001年第6期。

有五百人在攀登过程中献出了宝贵的生命。无论这个统计数字属实与否，都不折不扣地表明，攀登珠峰生死系于一线，代价极其残酷。

因攀登珠峰而遇难的勇士阎庚华去世后，笔者走进他独居的家，目睹的是一个痴迷的登山者世界：墙上贴满了登山明星照、珠峰风景画，挂满了登山爪、登山靴、滑雪杆。他用13年的漫长岁月做准备，为此放弃了婚姻，离开了心爱的女儿，甚至不惜失去生命。

无限风光，唯有触天者才领略得到吧！一位朋友成功地登上了海拔6400米的一座山峰，我问他，那种高处不胜寒的峰巅之感一定惊魂动魄吧？没有一丝尘埃的繁星，广袤深邃如宝石样的天宇，还有洁白无瑕的冰雪，一定让人的肺腑都透明了！朋友却一本正经地摇头道："完全不是这样，冰天雪地的山头上能有什么吸引力？天幕、繁星、晶莹的冰雪，那是诗人塑造的仙境。当时的情形根本不浪漫，巨大的风裹着彻骨严寒，满眼白茫茫的，就这些。"

真就这些，这么令人失望吗？答案如此肯定。那么为什么要登山呢？不要命地登那么高的山，想证明什么？英雄气概？挑战极限的能力？我费解而焦急地望着朋友。朋友悠悠地说："那一刻，我只觉得一颗心从喉咙里咯噔一下回到胸膛里去了，就像做了一个痛苦而漫长的梦，我终于可以释怀。"

那是梦结束的地方，高耸入云。这梦牵扯着生命的脚步，一路跋涉，万水千山，赴汤蹈火。无论那座山叫什么名字，在地壳上，在实验室中，还是在书本里，都充满了诱惑。

明白了吗？生命原来是梦想的一架梯子，可以一直延伸到梦想成真的那一刻，只要你永不放弃。

3. 训练提示

(1) 解读《梦结束的地方》一文，全文六个自然节可划分为四个意义段。第一段(第1自然节)，说明攀登珠峰，代价残酷，成功与失败各占一半。第二段(第2自然节)，写攀登珠峰遇难者阎庚华的痴迷和代价。第三段(第3、4自然节)，写作者一位朋友成功登上一座高峰的真实感受：梦的释怀。第四段(第5、6自然节)，写梦的诱惑，牵扯着生命的脚步；生命是梦想的一架梯子，它一直延伸到梦想成真的那一刻。

(2) 析解主干、枝杈及其相互关系，并把握内容。

A：梦结束的地方：高耸入云。

A1：攀登珠峰，代价残酷，成功与失败各占一半。

B：一个失败者的痴迷和代价——阎庚华攀珠峰遇难。

B1：阎庚华的痴迷：墙上贴的、挂的全是与登山有关的东西。

B2：阎庚华的代价：13年的准备，放弃婚姻、离开女儿、失去生命。

C：一个成功者的真实感受和回答——一位朋友登上海拔6400米高峰。

C1：提问：是否惊心动魄？面对天幕、繁星、晶莹的冰雪，是否感到肺腑透明？

C2:回答:根本不浪漫,那种仙境是诗人塑造的。巨大的风裹着彻骨的严寒,满眼白茫茫,就这些。

C3:再问:为什么还要登山?想证明什么?英雄气概?挑战极限的能力?

C4:再答:那一刻,一颗心从喉咙里咯噔一下回到了胸膛里——一个长梦的释怀。

D:感悟:梦的诱惑,牵扯着生命的脚步(无论那座山叫什么名字,在地壳上,在实验室中,在书本里,一路跋涉);生命是梦想的一架梯子,它一直延伸到梦想成真的那一刻。

(3) 根据析解,绘示意树形图:

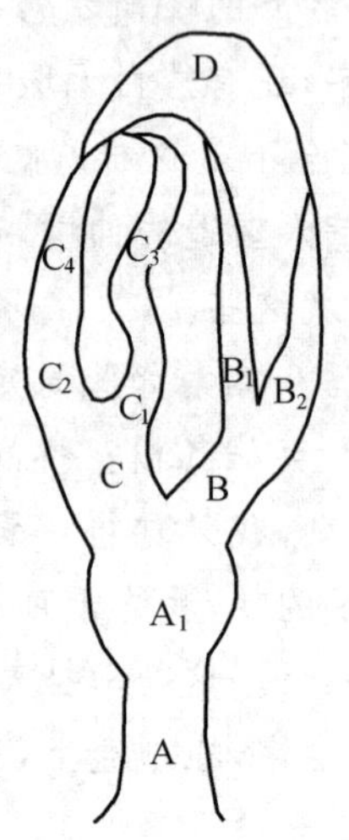

图 4-1 示意树形图

四 记忆能力训练

(一) 训练内容

记忆,包括个人记忆和社会记忆。我们这里指的是个人记忆。要记住阅读的东西,第一需有信心、决心和恒心;第二是兴趣;第三应注意力集中。国外曾有人提出过"提高记忆力的15个要素",有一定参考价值,现介绍如下:

(1) 首先要使心情平静下来。

(2) 疲劳会降低头脑的活动能力。

(3) "一定要记住"的信心十分重要。

(4) 要找到适合自己的记忆方法。

(5) 要对记忆的内容感兴趣。

(6) 目的明确可以促进记忆。

(7) 同愉快的事情结合起来就能牢牢记住。

(8) 刺激能使脑细胞变得年轻而敏锐。

(9) 仔细观察有助于记忆。

(10) 深刻理解意义。

(11) 通过形象掌握知识。九→鸟→鸠(教师记忆顺序);鸠→鸟→九(儿童记忆顺序)。

(12) 一边估量一边记忆。

(13) 有效的反复,是保持记忆的途径。根据艾宾斯诺的遗忘曲线,对于无意义的事物遗忘的百分数是:20 分钟为 47%,两天以后为 66%,6 天后为 75%,31 天后为 79%。由此可见复习确实是保持记忆的捷径。

(14) 联想有助于记忆。

(15) 不休息就谈不上记忆。每记忆 30 分钟后中间休息 5 分钟,效果好。

记忆可采取一些必要的手段和措施。如:

(1) 动手抄、写眉批,手脑并用记忆。

(2) 头脑特别清醒时记忆,不要勉强记忆。

(3) 阅读与心记相结合。读一遍,默述、心记两遍;再读一遍,默述、心记三遍。

(4) 精神要完全放松,不存杂念。

(5) 试用各种记忆窍门:① 关键性东西重点记;② 长文分段分节记;③ 先易后难记;④ 写出纲要;⑤ 绘图画表记;⑥ 问答式记;⑦ 问卷式记;⑧ 反复朗诵记;⑨ 反复心记;⑩ 理解性记等。

常用的记忆方法有:推测法、归纳法、信息链法、联想法、简化法、形象法等。这里举例说明一法的训练。

(二) 训练举例:信息链记忆法

1. 要求与程序

任何文章(从正面来说)都包含着有价值的信息(形象的或理念的,美的或真实的),文章越好,其信息量越大。文中信息往往形成链状(也有块状的,当别论)线索。在对某些文章阅读记忆时,不管何种文体,只要能找出信息链和构成信息链的那些具有信息含量的词语和短句,就可以把整篇文章串联记忆下来。具体操作要求和程序只有关键性的两步:一是先逐段逐节寻找能代表信息量的词语和短句(必要时,也可以归纳意思,并用原文中的一两个字或词来表示);二是连接词语和短句,形成情节式和意义式的信息链。记住了信息链,也就记住了文章的内容。

2. 例文

沙叶新小传

沙叶新

我,沙叶新,曾化名少十斤。少十斤为沙叶新的右半,可见本人不左;砍去一半,也不过十斤,可见我无足轻重,一共只有 20 斤。我于 1939 年出品。因为是回族,曾信奉伊斯兰,且又姓沙,可能原产地为沙特阿拉伯,后组装于中国南京。本人体形短胖，属三等残废，但我身残志不残，立志学习写作，一回生，二回熟，百折不回；箪食瓢饮，回也不改其乐，终于使我忝为回族作家。1959 年我侥幸考入华东师范大学中文系，1961 年我意外地被选到上海戏剧学院研究班深造。1985 年我身不由己地担任上海人民艺术剧院院长，1991 年我又已不由身地挂名为上海戏剧家协会副主席。作品剧本为主，多有争议，得过奖，也挨过批。编剧以前叫做剧，指九天以为证，我绝不是恶作剧。

3. 训练提示

(1) 这篇小传的文字诙谐、幽默，它记载了剧作家沙叶新有生以来的历程，信息含量饱满，似乎无法再浓缩，要找出关键性的字、词、短语或短句也是困难的。但认真分析，按信息归类，仍可找出它的信息链。

(2) 寻找出能代表一定信息量的字、词，例如：姓名，出生时间、地点，民族、信仰，体形、志趣、职业，入学深造(时间、地点)，任职时间、单位，成果，奖惩等。

(3) 归纳字、词的信息类别，可把这篇小传的内容概括为三条信息链。

一是基本情况线。包括姓名、化名、出生时间和地点、民族、信仰、体形外貌、志趣爱好、职业等。

二是学业线。包括入学深造时间、学校等。

三是工作线。包括任职时间、单位，成果与奖惩，顺境与逆境情况等。

根据上述提示，可实践一下记住这篇小传的过程。另找几篇文章，分析其关键性的字词、词组或短句，并归纳其信息链，练习记忆。

下编

文体与案例

文体，是写作者和阅读者之间建立联系的文本中介。作者的思想、情感通过文体来凝结和传达；读者通过阅读文体来认识作者主体，掌握生活客体。每类文体的构成都有它特定的模型和规律、技法和技巧，使用文体也有它特定的方法和要求。创建文体的基本理论体系，不仅仅是为了科学地继承，更重要的是为了更好地创新。

第五章　应　用　体

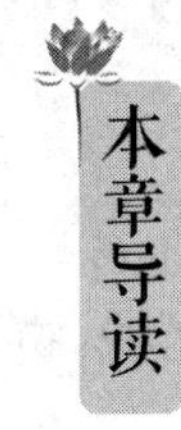

实用是应用体的本质特征。

用告之的方式对信息进行确认，从理智上说服读者并与读者进行畅达的沟通是应用体写作的基本原则。

第一节　应用体概述

一　应用体的界定与作用

（一）应用体的界定

所谓应用体是指人们在日常的工作、学习和生活中为交流思想、沟通信息、联系交际所使用的有一定格式的文体。应用文的名称，最早见于清代文学家刘熙载所著的《艺概》一书，作者在本书的《文概》篇中指出："应用文有上行、有平行、有下行。"后来徐望之在《尺牍通论》中进一步指出："有用以周应人事者，若书札、公牍、杂记、序跋、碑志、箴铭、颂赞、哀祭等类，我名之曰'应用之文'。"对应用文的应用范围和代表文种做出了明确的阐述。

应用体的使用范围相当广泛，几乎涉及人类活动的各个方面。自文字产生以来，应用文就伴随着人类的生活。早在我国奴隶社会的殷商时期，人们把占卜吉凶的结果、祭祀祖先的活动经过等用符号和文字刻画在龟甲兽骨上，这种在甲骨上留下的文字符号卜辞，可以说是至今我们所能看到的最早的应用文。

随着人类社会的发展，应用文体的种类由少变多、不断丰富，且处于不断发展变化之中。伴随人类科学技术的不断进步、文明程度的不断提高，应用体也有了新的演变：一些旧的文体消亡了，一些传统的文体变换了名称、增添了内容，而新的应用体也随时代的需求应运而生。不论应用体如何发展和变化，由于它符合人们在工作、学习、生活中的需要，因而得到了广泛使用，它的重要性也得以充分显现。

（二）应用体的作用

1. 交流思想、沟通信息、交际联络的作用

在人们日常工作、学习和生活中，个人与个人、个人与单位以及不同单位之间，为了各自的需求，必然要进行联络、交流和沟通。而应用文正好提供了交流沟通的语言文字载体形式，起到了人们沟通情感、信息的桥梁作用，这类应用体较多，如公文、礼仪文、书信等样式。

2. 凭证执信的作用

应用体中有部分文体具有凭证性的功能，它们为人们在社会交往中提供了钱、物、身份的凭证作用，如条据类、证明信、聘书等样式。

3. 广告宣传的作用

应用体可以借助媒体（如报刊、电视、网络等），刊登发布有关信息，让尽可能多的人了解知晓，从而满足人们生活、学习、工作的需要，起到宣传广告的作用，如海报、通告、广告类等样式。

二　应用体的特征与分类

（一）应用体的特征

1. 内容的务实性

应用体的写作目的就是解决人们工作、生活和学习中的实际问题，这就决定了应用体的内容必须“务实”，不能“务虚”，任何一篇应用文章都因实际需要而作，并由此产生实际效果。

2. 对象的特定性

应用体与文学作品有别，文学作品的对象是不确定的（广泛的），而应用体则不同，它的对象十分具体明确，写给谁看，行文者一清二楚。一般的书信、条据自不必说，就是海报、通告、启事等，也有其特定的对象。

3. 形式的格式化

应用体大都有一定的表达程式，即规范的格式。这个格式，是人们在长期的使用过程中，习以为常、约定俗成，自然而然地形成的。任何人如果违反它的固定格式，就会造

成与人沟通的障碍而无法“应用”。

4. 使用的时效性

应用体总是针对人们工作、学习和生活中的具体事情写作的，其目的就是处理和解决实际问题。诸如请柬、通知、贺信、条据、书信等，都具有较强的时效性。超过了文体内容需求的时限，文章也就失去了它的效用。

（二）应用体的分类

1. 公文类

这类应用体主要指以党政机关、社会团体、企事业单位的名义发出的，表达自己法定意愿、联系与处理公务、记载与传递信息的文件类应用文。如通知、批复、指示、报告等。

2. 工作文书类

这类应用体主要指企事业单位、政府部门、社会团体以及个人为工作、生产和学习的正常运作而制作的一系列文书。如计划、总结、章程、制度等。

3. 法律文书类

这类应用体主要指司法部门在执法过程中依照法律程序所需而制作的各种文书。如笔录、立案报告、鉴定书、起诉书、调解书、判决书以及各种诉状等。

4. 经济文书类

这类应用体主要指金融、财税、工商、审计以及商业团体、公司和个人在市场运作及业务交往中所使用的文书。如财务报告、市场调查、招投标书、合同，以及财税、工商、审计、地产等部门的各种业务文书，等等。

5. 条据文书类

这类应用体是指人们日常工作、生活中相互交往具有凭据作用的一些文书。如请假条、留言条、借据、收条等。

6. 书信文书类

此类应用体是指人们日常生活和工作中相互交流、沟通、表达意愿而普遍使用的文书。如一般书信和表扬信、推荐信、慰问信、申请书、求职信等专用书信。

7. 礼仪文书类

此类应用体是指人们在社会交往活动中，遵循长期以来交往的礼仪形式和活动方式而使用的文书。如祝词、贺信、悼词、讣告、碑文、对联等。

此外,还有会议类、公证遗嘱类、科技类、宣传类、广告类、启事类、史志类等应用体文类。

第二节 事 务 文

一 计划与总结

(一) 计划

计划是指群体和个人对未来特定的时间范围内的工作、学习和生活做出安排、打算和策划而形成的事务性文书。它是人们未来行动的指导依据,它向人们展示了计划者未来的行动目标、步骤、措施以及信心和决心。日常生活中计划的称谓虽不尽相同,但常见的所谓安排、打算、设想、方案等一般都归入计划的范畴。

1. 计划的作用

计划是做好工作的基础,是完成任务的保证。古人云:“凡事预则立,不预则废。”“人无远虑,必有近忧。”文中的“预”和“虑”就是打算,就是计划。无论做任何事,都应提前做出周密的打算和安排,使自己的行动有目标、有条理,从而避免盲目性。

计划具有指导和激励的作用。计划中的目标、任务、要求和步骤措施可对行动中的群体人员起到统一意志和指导行动的作用。在总的目标下,任务的分解、行动的时间和步骤,约束着人们依据计划行事,从而调动群体的积极性和创造性,使工作、学习、生活在有序的状况下进行,最终顺利地实现和完成共同制定的目标和任务。

计划还起到监督和调控的作用。计划中的目标、任务和步骤措施是行动的指南,也是上级部门监督调控的依据。上级部门根据计划对工作进行检查监督,而计划者本身也可通过计划自律,并根据进程中的问题和情况变化对计划中的步骤进行适时的调整。

2. 计划的种类

计划的种类因分类的方法不同而显得名目繁多,并且一个计划往往涉及多个类别。

按内容分有工作计划、生产计划、学习计划、科研计划、购销计划等。

按范围分有个人计划、班组计划、单位计划、地区计划等。

按时间分有年度计划、季度计划、学期计划、月计划和旬计划等。

按性质分有综合计划、专题计划等。

按表现形式分有条文式计划、表格式计划和文件式计划等。

3. 计划的写法

计划的格式不太固定，常见的表现形式有文件式、条文式、表格式三种。这里就应用比较广泛的条文式计划的写法介绍如下。

条文式计划的结构，一般由标题、正文、署名和日期三部分组成。

(1) 计划标题。

标题也即计划的名称，写在第一行正中，使用字体应较正文稍大。标题内容应标明制订计划的单位、时限和种类。例如：

××公司	2021年	销售计划
单位	时限	种类

如果所制定的计划是初稿、征求意见稿或需递上级审查的，则应在标题下用括号注明“草稿”“讨论稿”“试行稿”“送审稿”等字样。

(2) 计划正文。

计划的正文一般分四个部分：

引言：引言也称前言，是计划正文的开头。引言的内容包括制订计划的指导思想、政策依据和基本情况等。

目标(或称奋斗目标)：包括计划的具体任务、指标以及有关标准。

措施步骤：措施是完成目标的具体办法，应写明完成目标可利用的主客观条件，具体采用的方法以及工作、运作的方式和人财物的调配措施，等等。

在计划正文中，还应明确计划运作的过程。完成计划目标需几个阶段？每个阶段的时限是多少？每个阶段开展的工作是什么？以此明确工作的先后次序，使工作有条不紊地开展。

结尾：计划的结尾要求简明扼要，用简短的语言提出号召和希望；或表明完成计划的决心和信心；或展望前景，给人们鼓舞。

(3) 署名和日期在正文结尾的右下方，如标题已有单位，则署名可省略。

4. 制订计划的原则

(1) 政策原则。

制订计划应有明确的指导思想，应以党和国家的政策法规为依据，做到有利国家、有利人民。

(2) 群众性原则。

计划的制订和实施，需要广大群众的参与，故制订计划要依靠群众、发动群众，要充分调动群众的积极性和创造性，使计划的完成具备坚实的基础。

(3) 可操作原则。

制订计划要实事求是、量力而行，不可好高骛远。计划的任务要具体明确，措施和步骤要切实可行。

（二）总结

总结是群体(各种单位、部门、团体等)或个人对过去一定时间内的工作、学习、生产或思想等各种情况进行分析、研究和评估，从中找出经验和教训，并使之系统化、条理化，用以指导今后的工作、学习、生产的事务性文书。

总结与计划有区别也有联系。区别在于计划是事前的筹划和打算，总结是事后的回顾和评估；而联系则表现为计划是以前一阶段的总结作为依据，而总结则以计划的内容作为基础，并以此来进行分析和评估。二者处于同一事物前后不同的阶段，相互依存、制约并共同提高。

1. 总结的作用

促进和推动作用。总结是对过去实践的回顾、思考和评估。通过总结，人们可以认识成绩和失误，从中得出经验和教训，获得有益的启示，对今后的工作、学习和生活起到促进和推动的作用。

启示和借鉴作用。“以史为鉴，可以知兴替。”总结不仅是为总结者自身，其上升为理性认识的经验和教训，还可供他人借鉴并给予启迪和教益。

决策和指导作用。总结所得到的经验教训，还可成为领导部门做出正确决策的依据，并以此指导以后的工作，吸取教训，避免失误，总结经验，更上一层楼。

2. 总结的种类

总结的种类较多。按内容可分为工作总结、生产总结、会议总结、学习总结和思想总结；按时间可分为年度、季度、月份总结；按范围可分为地区、行业、系统、单位、个人总结等。在一般情况下，常把总结分为综合性总结和专题性总结两大类。

综合性总结是单位、部门对一定时期内的各项工作做出全面的回顾、分析和评估的总结。涉及内容广泛，篇幅较长，反映了该单位、部门工作的各个方面。在总结时，既要注意全面反映，又要避免面面俱到。

专题性总结是就某项工作或工作的某一方面所做的专门总结。其特点是内容单一、集中，针对性强，重点在于总结某一方面的经验和教训。

3. 总结的写法

(1) 标题。

总结的标题一般根据中心内容、目的、要求、时限和类别而定。分单标题和双标题。例如：

单标题：

××市化工厂 2021 年度 生产总结
单位　　　时限　　　类别

双标题：

（正题）改革，迸发出青春活力

中心内容

（副题）——××县氮肥厂2021年工作总结

(2) 正文。

前言，即总结开头的话，应用简洁的文字概括交代需总结的问题和基本情况，或者说明总结的问题、时间、背景、事情的大致经过，或者将总结的中心内容——主要经验、取得成绩的情况概括地交代一下，其目的在于让读者对总结的全貌有一个总的了解。

成绩和经验，这是总结的重点部分。可分条款和方面进行叙述和分析，内容丰富的可分层并加上小标题。可一边叙述，一边分析，一边概括总结。目的在于从成绩的取得中寻找规律并形成理念。

问题和教训，这一部分并非每篇总结都有(专门总结经验的可不写)，但在思想上应有正确认识。总结要坚持一分为二的观点，既看到成绩，也要看到缺点，这样才能发扬成绩，纠正错误，继续前进。

结尾，主要写存在的问题和今后努力的方向。

(3) 署名和日期。

署名写在结尾的右下方，署名下注明年、月、日。

4. 写作要求

总结应寻找规律性。总结需要陈述事实和情况，但不能只是现象的罗列，而应当对现象进行分析，从中归纳出带有普遍性、规律性的东西，以便形成理念，对今后的工作和学习给予正确的指导。

总结要实事求是。总结是对过去工作、学习的回顾，应该实事求是，全面客观地分析看待问题。成绩无须夸大，缺点必须正视。只有这样，才能对工作和学习做出正确的评价，总结也才具有意义。

二　简报与规章制度

（一）简报

简报是党政机关、人民团体和企事业单位内部编发的用于汇报工作、反映情况、交流经验、沟通信息的一种简短的有一定新闻性质的事务性文书。

简报在使用中因侧重点不同，分别又称“简讯”“情况反映”“××动态”“××通讯”“××参考”等。

1. 简报的作用

宣传政策,指导工作。简报常被用来传达和阐释上级政策,沟通上下级之间联系,使上情下达,上级通过简报,指导下级开展工作、改进工作。

汇报工作,反映情况。下级机关编写简报的目的之一是向上级机关反映情况,汇报工作,使上级机关了解情况,发现问题,为制定政策提供依据。

互通情报,交流经验。简报除上送下发外,还可在平级和不相隶属的单位之间交流。通过简报互相交换情况、交流经验、互通信息、取长补短。

2. 简报的种类

简报的种类较多。按性质分,有工作简报、生产简报、学习简报、会议简报等。按内容分,有综合性简报和专题性简报。综合性简报涉及单位、部门各方面的情况,一般定期或不定期地连续编发。专题简报一般用于某项专门工作和重要活动,并以此为中心进行专门的报道和交流。

3. 简报的格式和写法

(1) 简报的格式。

简报一般由报头、报文和报尾三部分组成。

报头:报头一般占首页三分之一至四分之一的上方版面,用间隔红线与报文部分隔开,其内容包括报名,在中间部位用大字套红写上"××简报"或"××动态"等;期数,在报名正下方写上简报期数(第×期);编发单位,在期数下间隔线上左边顶格写编发单位名称;编发日期,在右边写上印发简报的日期;密级,如"机密""秘密"等排在报头的左上方位置。

报文:即简报所刊登的文章。一期简报一般刊登一篇或几篇性质相同的文章和材料。简报的文章如果是转抄的,一般要求文章前面加上按语(编者按),文章和材料后一般要注明"摘自××""××供稿",如果是编者写的文章,则在文章后注明采写者,如"××单位""××编写"等字样。

报尾:在报文末后,用两条平行线框住,左侧注明报、发、送、单位或个人名称,右侧注明印发份数。

具体格式如下:

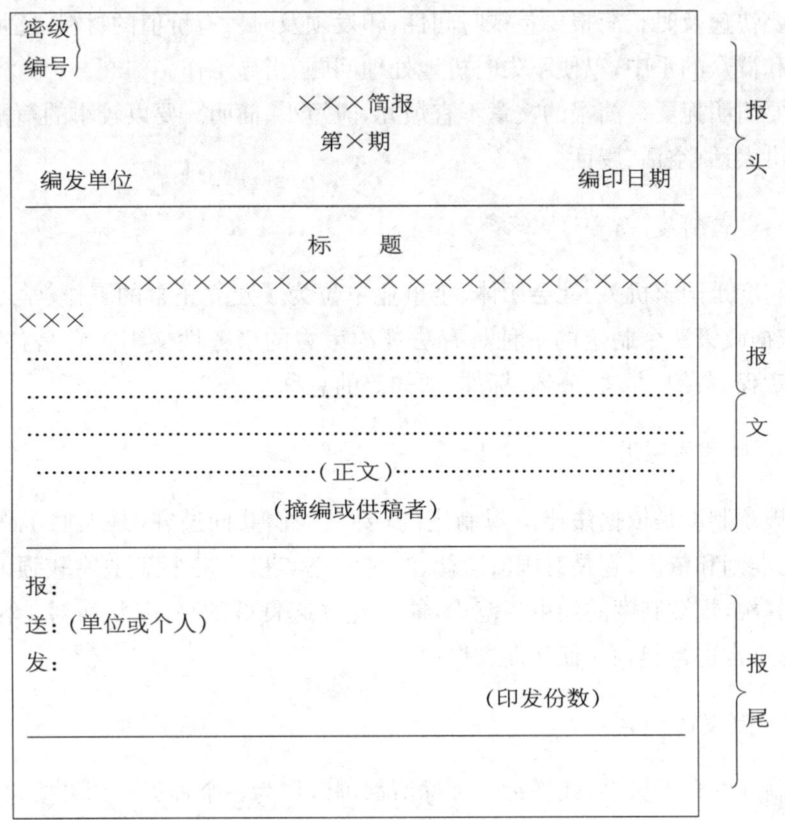

(2) 简报的写法。

简报的文稿种类较多,写法各异,现将一般的写法介绍如下:

标题:简报文章的标题与一般文章的标题相似,要求集中概括地揭示文章的中心内容,既确切、明白,又须新颖、醒目。

正文:简报的正文一般包括导语、主体和结尾三部分。

导语是简报文章的开头,它的任务是简明扼要地提示全文的中心或主要内容。一般要写明时间、地点、人物及事件等,与新闻的导语相似。

主体是文章的主干部分,一般将导语提示的内容具体地分而述之。要求条理清楚、层次分明。

结尾是文章的收束,写法较多。有的归结全文,点明主题;有的提出希望,发出号召;有的因主体内容表述完整,则无须结尾。

4. 编写简报的要求

内容应符合法规政策。简报要发挥其宣传政策、指导工作的作用,就必须在内容上符合国家法规和政策。要注意新形势下党和国家的中心工作和指导思想,及时反映相关的新情况和新问题。

材料要真实典型。简报的材料必须真实可靠,不能弄虚作假,文过饰非。选用的材料要具有代表性,要与中心工作联系密切,最大限度地发挥简报的作用。

出刊要快速及时。简报要重视时间性，印发须及时。有价值的材料，还须快速地印送到领导和群众的手中，以便不失时机地处理问题、指导工作。

内容要简明扼要。简报的文章不宜烦冗，应短小、简明。要以较小的篇幅把事情写清楚。忌讲大话、空话、废话。

（二）规章制度

规章制度是国家机关、社会团体、企事业单位为了建立正常的工作、学习、生产、生活秩序，依据政策法令制定的一种具有法规约束力的事务性文书。它是各种制度、规定、守则、章程、条例、办法、公约、标准、须知等的总称。

1. 规章制度的作用

首先规章制度是依据法律法规制定的，要求人们共同遵守，是人们工作、学习、生产、生活的准则和依据，它是对国家法律、法规的充实和补充，因而具有较强的制约和规范作用。其次，规章制度的约束规范力，能够建立起良好的秩序，从而对工作、学习、生产、生活的正常进行起到保证和促进作用。

2. 规章制度的分类

规章制度的种类繁多，几乎每一种称谓都可以作为一个种类。如果按它们的对象、作用以及约束力来分，大体可分为三种。

第一种：由国家机关、社会团体、企事业单位根据实际需要，以单位名义制定的规章制度，它具有较强的约束力。如条例、制度、规则、规定、办法等。

第二种：单位或社会团体为明确组织的性质、宗旨、任务、组织机构及成员的条件、权利、义务、活动方式等，并使其成员遵循和执行而制定的条文。如章程等，这类条文有一定的约束力，但不具有行政上的强制性。

第三种：群众在自觉自愿的基础上，经过充分讨论而订立的共同遵守的条文，如公约、规定等，这类条文具有自我约束和相互监督的作用。

3. 规章制度的格式和写法

规章制度一般由标题、正文、署名日期三部分构成。

（1）标题。

一般由制定者、事由（或内容）、文种三部分构成。如：

××公司财务管理制度

制定者　内容　文种

有的可省略制定者，如《考试规定》，有的可省略事由，如《中国写作学会章程》。如果规章制度是草案或暂行、试行的，可在标题内写明“暂行”“试行”等，也可在标题下加括号，注明“试行”“草案”等。

(2) 正文。

正文是规章制度的主要组成部分,写作时本着先总后分,先原则后具体的方法,其内容可大致分为:

开头。规章制度的开头,因种类不同而稍有差异,一般是简明概括地说明制定的依据、目的以及基本原则。有的条文不多的文种则不需要开头,直接罗列规章条款。

主体。这是规章制度的具体内容。内容较简单的,一般用条文表达;内容比较丰富的,则先分章节、再分条款表述。

结尾。一般写明规章适用范围、实施时间、解释权限等,部分文种则不需要结尾。

(3) 署名、日期。

署名日期写在正文末的右下方。如标题中已写明单位名称,署名可省略。

4. 制定规章制度的要求

必须符合国家的政策法令。规章制度是人们工作、学习、生活的准则和依据,具有一定的行为约束力。它必须符合国家政策法令所确定的基本原则,不能与之抵触和矛盾。否则,它将失去法律的依托,丧失其存在的意义。

应做到实事求是,切实可行。规章制度要想规范人们的行为,保证人们工作、学习、生产的正常秩序,就应该符合客观实际,条款要求不宜过高,否则,将流于形式,变成一纸空文,失去其教育意义和约束作用。

应不断完善,并保持相对的稳定。规章制度一旦制定,就应尽力保持相对稳定,以维护其严肃性。同时,也应考虑社会的发展和规章的滞后,及时对条款进行修订、补充和完善,以适应社会的发展。

三 调查报告

调查报告是根据调查研究的结果写出的反映客观事物的书面报告。它以调查研究为基础,以分析和总结为手段,以探讨事物的发展规律和事物性质为目的。

(一) 调查报告的种类

调查报告从形式上可分为:

1. 综合调查报告

此类调查报告围绕一个事物,进行多方位的调查。调查的涉及面广,报告的内容也较丰富。

2. 专题调查报告

此类调查报告往往是针对某一问题,事物的某一方面或一件事、一个对象所进行的调查。

3. 典型调查报告

所谓典型，就是具有代表意义的人和事。此类报告是专门针对生活中具有代表性的人和事进行的专门调查。

调查报告从内容上可分为：

1. 介绍先进事物的调查报告

这种调查报告反映的是社会先进生产力和社会关系的代表，报告中一般需阐明先进事物对社会发展的作用和意义并揭示它的发展趋势，以促进先进事物的推广和发展。

2. 反映基本情况的调查报告

这类报告主要反映被调查事物的基本情况，通过分析原因和发展趋势，为决策者提供参考的依据。

3. 揭露问题的调查报告

这类报告通过揭露事实真相，分析其危害的严重性，查找问题产生的根源，指出解决的方法和途径，并引起社会关注，起到教育和警示作用。

（二）调查报告的格式和写法

调查报告的格式，分为标题、正文和署名日期三部分。

1. 标题

调查报告的标题通常有两种写法：

（1）程式化标题（单标题），如：

××市交通状况调查

范围　事项　文种

（2）正副标题（双标题），如：

增强合力、强化服务（正标题）

——来自安徽农资系统支农的调查（副标题）

正标题揭示主要内容，副标题与程式化标题相同。

2. 正文

调查报告的正文大致可分三个部分。

（1）开头。一般对调查对象的情况作简要的介绍。如调查的目的、对象、方式、范围以及时间、地点等。

（2）主体。一般写调查的结果和分析的意见。

这部分是调查报告的核心，资料集中、内容丰富，因此，写作中应十分注意材料的组

织、层次的划分和逻辑条理的严密。基本的结构方法有:

一是纵式结构,以事件的发生和发展变化来安排层次。

二是横式结构,将调查的内容分类组合,用序号或小标题集中同类问题来组构。

三是以调查的行踪为序来组构材料。

(3) 结尾。这是调查报告的结束语。有提出意见和建议的,有阐明获得启示的,也有提出话题引人思考的,应根据正文内容,灵活运用。

3. 署名日期

一般写在正文右下方,有的写在标题下。

(三) 写作调查报告的要求

调查是基础。调查是报告的前提。要写好调查报告,就必须大量地了解和掌握调查对象各方面的材料,只有这样,才能据此进行分析研究获得最终的结果并实现调查的目的。

分析是关键。获得材料只是写作调查报告的第一步,要想最终实现调查的目的,就须对材料进行理性的分析和研究,从中寻找出事物的内在规律和本质。

逻辑要严密。材料和观点要一致,要运用严密的逻辑思维处理材料和观点的关系,使文章条理清楚、观点明确。

第三节 礼 仪 文

一 祝词

祝词是指在各种喜庆场合对当事人或事件表示祝贺的言辞或书面材料。祝词和贺词在有些场合可以互用,但具体含义不尽相同。祝词一般是对未果之事给予祝愿,而贺词一般是对已果事件表示庆贺。

(一) 祝词的种类

根据祝贺的对象不同,祝词一般可分为:

事业祝词。这类祝词比较常用,一般用于祝贺会议开幕闭幕、工程开工竣工、社团机构创办或节日、纪念日等。

婚寿祝词。这类祝词是对婚嫁、寿诞对象的祝福和赞颂的言辞与文书。

祝酒词。祝酒词是用于酒宴中主客互致祝愿的言辞和文书。

根据祝词的表达形式又可分为现场致辞和书面祝词两种。

(二) 祝词的格式和写法

1. 标题

一般由致辞人、致辞场合和文种三部分组成。如：

××　在××典礼的祝词

致辞人　致辞场合　文种

根据情况标题可简化或改变顺序。

2. 称呼

写明祝贺对象的姓名(个体)或称呼(群体)，如："××先生："“××经理："或"各位领导："“女士们、先生们："。

3. 正文

这是祝词的主体部分。第一部分一般是致辞者表达祝贺之意。第二部分则概述受辞方所取得的成就，所针对的庆贺之事的意义。第三部分则是展望前景，再次祝贺。第四部分结束语，可另起一行写上表示祝愿的词语。

4. 落款

在正文右下方署上致辞单位或致辞人姓名，其下署上成文日期。

(三) 祝词的写作要求

言辞要热情，充满诚意。多褒扬、赞美，而又不可过滥，以免阿谀奉承之嫌。文体可灵活变化，避免呆板，达到祝贺目的即可。

二　贺信

贺信是庆贺类书信的总称。它是从古代祝词中演变而来的。

贺信在现代社会中主要指政府机关、企事业单位、社会团体或个人向其他单位或个人表示祝贺所使用的一种专有书信。

(一) 贺信的类型

上级单位给下级单位所发的贺信。这类贺信一般在对取得成绩和喜庆节日表示祝贺外，常提出希望和要求。

同级单位之间的贺信。这类贺信除表示祝贺外，还向对方表示学习的心愿。

下级单位、职工给上级领导机关的贺信。这类贺信除表示祝贺外，还向上级表示完成工作任务的决心。

给个人的贺信。这类贺信是集体或个人向本单位或社会著名人物表示祝贺的书信。一般表示发信人的真诚祝愿和美好祝福。

(二) 贺信的格式和写法

贺信一般由标题、称谓、正文、结束语和落款构成。

1. 标题

贺信的标题通常由文种单独构成。一般在第一行正中写“贺信”二字即可。

2. 称谓

顶格写明被祝贺单位的名称或被祝贺个人的姓名。如为个人,还应在姓名后加上相应的称呼,如“同志”等。

3. 正文

贺信的正文一般要写清如下几方面内容:

第一,简述形势,说明成绩取得的背景,或会议召开的条件;有的则直表祝贺的原因。

第二,概述对方的成绩,分析成功的主客观原因。如贺会议召开,则说明会议的意义和内容;如贺寿辰,则说明对方的功绩、贡献和德才。

第三,表示祝贺。或表述由衷、真诚的心情,或表示希望和心愿。

4. 结束语

一般写上祝愿的话。如“此致敬礼”“祝取得更好的成绩”“祝会议圆满成功”“祝您健康长寿”等。

5. 落款

写明祝贺单位名称或祝贺人姓名,并签署日期。

第四节 书 信

书信是人们在工作和生活中为交流情况、沟通思想、联系工作、表达意愿而广泛使用的一种文书。

书信一般分为一般书信和专用书信两大类。一般书信(也可称为书信)指私人之间来往的书信,大多不宜公开,如家书、情书等。而专用书信是指用于某种特定场合,针对某种特定事务或需要的具有专门用途的书信,大多可以公开,如申请书、推荐信、求职信等。

一　一般书信

所谓一般书信是指与家人(父母、兄妹、妻子、儿女等)以及友人之间交往的书信。

(一) 一般书信的作用

沟通工作、学习、生活、思想情况。要想加强与家人和友人的联系和了解,运用书信进行交往是一条方便且实用的途径。一些不能或不便在口头信息(如电话)中交流的东西,书信是最好的载体。

加强家人和友人之间的情感交流。距离和时间会造成情感的疏远,利用书信相互问候、鼓励、祝福,有利于人们情感的联络,也有利于创造温馨和谐的情感氛围。

(二) 一般书信的格式和写法

一般书信由信封和信文两部分构成。明信片则合二为一。

1. 信封

信封上一般由三部分构成:第一,收信人的邮编和地址;第二,收信人的姓名和称谓;第三,寄信人地址、姓名(常省略)和邮编。具体如下图所示。

例一:横式信封书写样式

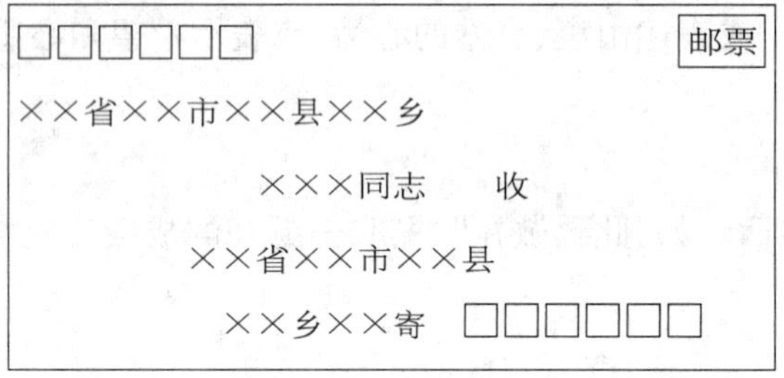

例二:竖式信封书写样式

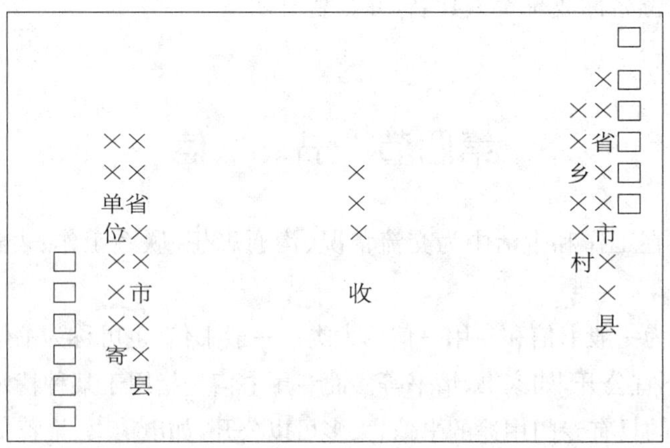

例三：寄往国外的信封书写样式

（发信人姓名书写域）
（发信人地址书写域）
（发信人国名书写域）

（收信人姓名书写域）
（收信人地址书写域）
（收信人国名书写域）

书写信封时应注意：

收信人、寄信人的邮编、地址、姓名应正确齐全，字迹不可潦草，以免误投或无法投递而退回。

收信人的称谓一般写“先生”“女士”或“同志”等，但通常不把亲属的称呼（如爸爸、妈妈、表妹等）写在信封上。

托人带交的信，可根据情况，省略地址，甚至不封信口。

2. 信文

信文一般分称呼、正文、祝愿语和署名日期等几部分。

称呼。称呼俗称抬头，是写信人对收信人的称谓，在信纸的第一行顶格书写。应表明写信人与收信人之间的关系，如父子、夫妻、兄妹、朋友，以及上下级等。

正文。正文是书信的主要内容，一般由如下几部分构成：

第一，向收信人表示问候。

第二，询问对方的情况。

第三，介绍自己的情况。

第四，提出希望、要求或其他事项。

结尾。一般写些表示祝愿的话。如“颂安”“祝××××”等。

署名、日期。署名写在信文的右下方。写明身份（如“父”“儿”“友”等）、姓名（视情况可省略姓），署名下注明写信日期。

附言。信文完成后，如需补充，可在日期下或左空中写上“附”或“又”字，将所补之话写上。

二　申请书

申请书是单位或个人向领导或有关单位部门提出要求、表达意愿的一种文书。

（一）申请书的类别

从使用范围角度划分，申请书可分为如下几类：

社会组织方面的申请。这种申请一般是指加入党派和社会团体的专用书信。如入党、入团,加入民主党派或社会团体等。

工作学习方面的申请。这类申请一般是指向单位提出工作、学习中的意愿的专用书信。如入学、退学、进修、工作调动申请等。

日常生活方面的申请。这类申请一般是指向有关部门提出生活需求的专用书信。如结婚申请、困难补助申请、开业申请等。

(二)申请书的格式及写法

申请书属专用书信,故按书信的格式来行文。一般由标题、称谓、正文和署名日期构成。

1. 标题

申请书的标题一般由申请内容和文种两部分构成,写在首页第一行正中。

2. 称谓

在标题下空一至两行顶格写接受申请的单位、部门、组织的名称或负责人的姓名,并在称呼后加冒号。

3. 正文

正文是申请书的核心和主要内容,一般分为两部分。前一部分通常阐明申请的原因和理由。加入组织的申请则写明个人情况、家庭成员及社会关系,还须表明对组织的认识以及加入动机。后一部分则表明申请的具体愿望和要求。结尾处一般写上“此致敬礼”之类表示敬意的话。

4. 署名和日期

在正文右下方署上申请人姓名和成文日期。

三　求职信

求职信是希望获取职业的人向用人单位申请职业的专用书信。

(一)求职信的种类

根据求职者身份的不同和用人单位的不同,求职信可分为:

毕业生求职信。这类求职信主要指各类大、中专院校毕业学生和职业学校毕业学生写的求职信。

无业、失业人员求职信。这类求职信主要指非专业学校毕业的人员和失业(下岗)人员写的求职信。

从业人员求职信。这类求职信是指已有职业但对所从事职业不适、不满,欲求新职业的人员写的求职信。

另外，根据求职时对象的确定与否，可分为有明确单位和无明确单位（或称广泛性）的求职信。

（二）求职信的格式和写法

求职信是一种书信文体，其写作格式与书信相似。一般由标题、称呼、正文和落款几部分构成。

1. 标题

求职信的标题通常由文种单独构成，即在第一行中间写上“求职信”。

2. 称呼

顶格写明用人单位的领导称谓或姓名。广泛性（无具体的求职单位）的求职信则可略去单位或姓名，直接写“尊敬的领导”即可。

3. 正文

开头：简明交代自己的基本情况，如身份、年龄、学历等。给用人单位一个完整的印象。

主体：针对用人单位的征招信息（广泛性求职可略）介绍自己。应突出自己的专业特长、业务技能、外文水平以及潜在的能力和优点，供用人单位比较选择。

结尾：表明自己的愿望和决心，最后写上感谢或致敬的惯用语。

4. 落款

在正文的右下方署上求职者的真实姓名和成文日期。

（三）求职信写作的注意事项

求职内容应客观真实。求职信是求职者的自荐书，内容须实事求是。介绍自己的特长、能力应客观公正，不可虚夸。

求职态度要诚恳谦虚。求职信的语气应诚恳、谦虚，以获得用人单位的好感，言语切不可狂妄自大。

求职表达应简洁、具体。求职信篇幅应短小，语言应简洁，表达要具体。

四 咨询信

咨询信是咨询人就自己不熟悉或不理解的事情或问题，向有关部门、专门咨询机构、专家请求解答时使用的一种专用书信。

咨询信使用范围较广，社会、科技、工作、学习以及有关法规条文方面，都可提出问题请求解答。

（一）咨询信的分类

咨询信根据呈送对象的不同，可分为如下几类。

写给专门机构的咨询信。这类咨询信的对象往往是专门负责和从事某项工作和业务的机构和部门。如政法、税务、工商、教育、电信、科技等部门。

写给新闻媒体的咨询信。这类咨询信的对象包括报纸、杂志、电台、电视台等新闻媒体。媒体也因此常设立咨询、来信、专家解答等专门栏目，对咨询给予答复。

写给个人的咨询信。这类咨询信往往直接寄交能解答疑难的专家或专业权威人士，由本人回复或通过新闻媒体给予解答。

（二）咨询信的格式和写法

咨询信通常由标题、称呼、正文和落款几部分构成。

1. 标题

常见的咨询信的标题是一句问话，问话直接阐明问题。如“我能继承生父和继父的遗产吗?”“姑娘长得丑，怎么办?”等。有的可直写“咨询书”或省略不写。

2. 称呼

顶格书写收信的单位、部门或收信人姓名，如“××部门:”“编辑先生:”等。

3. 正文

一般应先介绍问题的基本情况（如起因、现状、结果等），之后将需回答的问题具体清楚地写出来，以便收信人了解并答复。结尾处可写“此致敬礼”一类表谢意或敬意的惯用语。

4. 落款

于正文右下方写明发信人称呼、姓名，并署成文日期。有的咨询信还在落款后注明联系地址和联系方式。

第五节　应用体案例分析

一　事务文写作案例

[A]

推进运输结构调整三年行动计划

（2018—2020年）

为贯彻落实党中央、国务院关于推进运输结构调整的决策部署，打赢蓝天保卫战、打好污染防治攻坚战，提高综合运输效率、降低物流成本，制订本行动计划。

一、总体要求

（一）指导思想

以习近平新时代中国特色社会主义思想为指导，全面贯彻党的十九大和十九届二中、三中全会精神，牢固树立和贯彻落实新发展理念，按照高质量发展要求，标本兼治、综合施策，政策引导、市场驱动，重点突破、系统推进，以深化交通运输供给侧结构性改革为主线，以京津冀及周边地区、长三角地区、汾渭平原等区域（以下称“重点区域”）为主战场，以推进大宗货物运输“公转铁、公转水”为主攻方向，不断完善综合运输网络，切实提高运输组织水平，减少公路运输量，增加铁路运输量，加快建设现代综合交通运输体系，有力支撑打赢蓝天保卫战、打好污染防治攻坚战，更好服务建设交通强国和决胜全面建成小康社会。

（二）工作目标

到2020年，全国货物运输结构明显优化，铁路、水路承担的大宗货物运输量显著提高，港口铁路集疏运量和集装箱多式联运量大幅增长，重点区域运输结构调整取得突破性进展，将京津冀及周边地区打造成为全国运输结构调整示范区。与2019年相比，全国铁路货运量增加11亿吨、增长30%，其中京津冀及周边地区增长40%，长三角地区增长10%，汾渭平原增长25%；全国水路货运量增加5亿吨、增长7.5%；沿海港口大宗货物公路运输量减少4.4亿吨；全国多式联运货运量年均增长20%，重点港口集装箱铁水联运量年均增长10%以上。

（三）重点区域范围

京津冀及周边地区包括北京、天津、河北、河南、山东、山西、辽宁、内蒙古8省（区、市），长三角地区包括上海、江苏、浙江、安徽4省（市），汾渭平原包括山西、河南、陕西3省。

二、铁路运能提升行动

（一）提升主要物流通道干线铁路运输能力（略）

（二）加快大型工矿企业和物流园区铁路专用线建设（略）

（三）优化铁路运输组织模式（略）

（四）提升铁路货运服务水平（略）

三、水运系统升级行动（略）

四、公路货运治理行动（略）

五、多式联运提速行动（略）

六、城市绿色配送行动（略）

七、信息资源整合行动（略）

八、加大政策保障力度（略）

九、加大督导考核力度（略）

十、营造良好发展环境（略）

【简评】

这篇计划指导思想突出，工作目标和任务具体明确，措施有力。并且由于小标题的运用，各块内容相对独立，从而使计划条理清晰、文思明畅，这正是此篇计划的优点所在。

［B］ 2021年教师个人工作总结

一、思想认识

在这一个学期里，我在思想上严于律己，热爱党的教育事业。这一学期来我严格约束自己，鞭策自己，力争在思想上、工作上，在同事、学生的心目中树立起榜样的作用，使自己的思想上了一个新的台阶，同时也是对自己思想上严格要求的一个新的开始。一学期来，我还积极参加各类学习，努力提高自己的政治水平和业务水平。服从学校的工作安排，配合领导和老师们做好校内外的各项工作。

二、教学工作

1. 在教学工作方面，整学期的教学任务都非常重。但不管怎样，为了提高自己的教学水平，我坚持翻阅《小学数学教学》《青年教师》等书籍。还争取机会多听课，从中学习别人的长处，领悟其中的教学艺术。平时还虚心请教有经验的老师。每上一节课，我都做好充分的准备，我的信念是不打无准备的仗。在备课过程中认真分析教材，根据教材的特点及学生的实际情况设计教案。

2. 增强上课技能，提高教学质量，使讲解清晰化、条理化、准确化、情感化、生动化，做到线索清晰，层次分明，言简意赅，深入浅出。在课堂上特别注意调动学生的积极性，加强师生交流，充分体现学生的主作用，让学生学得容易，学得轻松，学得愉快；注意精讲精练，在课堂上老师讲得尽量少，学生动口动手动脑尽量多；同时在每一堂课上都充分考虑每一个层次的学生学习需求和学习能力，让各个层次的学生都得到提高。现在学生普遍反映喜欢上数学课，就连以前讨厌数学的学生都乐于上课了。

3. 虚心请教其他老师。在教学上，有疑必问。在每节新授课的教学上都积极征求其他老师的意见，学习他们的方法，同时，多听老师的课，做到边听边讲，学习别人的优点，克服自己的不足，并常常邀请其他老师来听课，征求他们的意见，改进工作。

三、师德方面

作为教师，应该明白任何学生都会同时存在优点和缺点，优生的优点是显而易见的，对后进生则易于发现其缺点，尤其是在学习上后进的学生，往往得不到老师的肯定，而后进生转化成功与否，直接影响着全班学生的整体成绩。所以，一年来，我一直注重从以下几方面抓好后进生转化工作：

1. 用发展的观点看学生。应当纵向地看到：后进生的今天比他的昨天好，即使不然，也应相信他的明天会比今天好。

2. 因势利导，化消极因素为积极因素。以平常的心态对待：后进生也是孩子，厌恶、责骂只能适得其反，他们应该享有同其他学生同样的平等和民主，也应该在稍有一点进步时得到老师的肯定。

3. 真正做到晓之以理，动之以情。首先做到“真诚”二字，对待学生没有丝毫虚伪与欺哄，一旦学生发现“有假”，那么教师所做的一切都会被看作是在“演戏”。其次做到“接受”，即能感受后进生在学习过程中的各种心理表现和看法，如对学习的畏惧、犹豫、满足、冷漠，错误的想法和指责等，信任他们，鼓励他们自由讨论。最后做到“理解”二字，即通过学生的眼睛看事物。

四、积极推进素质教育

目前的考试模式仍然比较传统，这决定了教师的教学模式要停留在应试教育的层次上，为此，我在教学工作中注意了学生能力的培养，把传授知识、技能和发展智力、能力结合起来，在知识层面上注入了思想情感教育的因素，发挥学生的创新意识和创新能力。让学生的各种素质都得到有效的发展和培养。

总之一年来，干了一些工作，也取得了一些成绩，但成绩只能代表过去，工作中也存在着一些不足，如：学生学习两极分化严重，行为习惯还不够规范等，在今后的工作中，我一定要发扬优点，改正不足，扬长避短，争取更大的成绩。

【简评】

本文是教师工作的总结，从“思想认识”“教学工作”“师德方面”“积极推进素质教育”四个方面对自己一年的教育教学工作进行了系统总结，条分缕析，层次分明。美中不足的是缺乏特殊的、个人化的工作内容的列举，显得笼统而套路化，缺乏个性。

［C］　安徽省创新实施教师编制周转池制度　提升教师队伍建设水平

教育部简报〔2021〕第9期

安徽省坚持以习近平新时代中国特色社会主义思想为指导，不断深化教育领域综合改革，围绕破解结构不优、存量不活和“无编可用”与“有编不用”并存问题，在不改变各单位编制所有权的前提下，打破行政层级和行业部门间编制壁垒，激活长期闲置编制使用权，统筹全省存量编制资源，向教育等重点领域和关键环节精准投放，形成以“省级统筹、重点保障、动态调整、周转使用”为基本思路和运行模式的编制周转池制度。

依托数据平台，汇聚存量编制资源。将机构编制大数据平台建设作为机构编制管理现代化的基础，整合机构编制实名制信息库、核查数据库、统计数据库和机关事业单位人员工资统发数据库，着力打造“四库合一”的机构编制大数据平台，实现机构编制数据的即时掌握、动态更新和有效监管，形成以常态化空编为基数的存量编制资源库，为建立编制周转池制度提供编制资源的源头支撑，有效保障教育等重点领域对编制资源的刚性需求。

强化省级统筹，推进活化严控统一。将省级统筹作为首要原则，对全省121个编制管理单位实行统一领导、统一调度、统一使用和精细化管理。通过编制资源多元配置和一次使用，实现跨层级、跨部门、跨行业统筹管理，既确保形成规模效应，又确保总量不超基数、人员不超编制。在制度管理上，明确各地不得自行建立周转池，按照省内统一部署开展工作，从源头上防控风险。在编制使用上，坚持需求导向、规范管理，全省普遍实行用编进人前置审核制度，为统筹使用编制资源创造条件。

突出精准投放，提升编制使用效益。坚持分类施策、精准发力，准确把握各领域的实际需要，有针对性地制定政策，推动编制的精准投放，让有限的资源发挥出最大的效益。在保障范围上，将统筹的编制资源重点用于供需矛盾突出的教育、卫生等领域；在保障对象上，重点向基层一线及关键岗位精准投放，中小学编制周转池重点用于保障临时急需和阶段性用编，高校编制周转池重点用于引进高层次人才和补充专任教师。2019年统筹存量编制2113名，专门用于解决高校思政课教师和专职辅导员力量不足的问题，取得良好实效。

坚持动态周转，严防资源再度固化。在制度设计上，明确周转池编制有一定的周转期限，期满由机构编制部门会同有关部门对各单位周转池编制使用情况进行绩效评估，依据制度运行效益，确定编制周转池“进退存废”。运行效益明显、又确有长期需要的单位，可扩大周转池编制规模；绩效不高、使用不规范的单位，通过控制用编进人，逐步压缩周转池编制规模直至完全收回。在建立编制周转池的同时，利用单位原有编制配套建立“自建池”，当“自建池”编制有空缺时，将使用周转池编制的人员有序向“自建池”流转，保证周转池编制动态活化、能放能收。

注重政策协同，完善运行保障体系。编制周转池制度主体政策文件由机构编制部门牵头，会同组织、人社、财政、教育等部门联合出台，同步明确人员管理、岗位设置、财政供给、社会保障等政策。周转池编制纳入财政预算、岗位设置和领导职数核定的基数，使用周转池编制人员为所在单位正式在编人员，落实在编人员薪酬待遇、职称评定、社会保障等制度，形成完备的政策制度架构，有效发挥编制在人才汇聚、人才激励和事业发展等方面的保障作用，实现从单纯的编制管理向发挥机构编制全流程基础性作用的转变和提升，让单纯的编制数字转化为党管人才的有效抓手。

自2016年8月启动试点以来，已推动万名编制进高校，实现编制周转池制度本科高校全覆盖、高职院校有序推进，岗位职称和社会保障制度全配套；全省中小学校在落实城乡统一的中小学教职工编制标准基础上，再增加周转池编制近2万名，有力加强了教师队伍建设。

【简评】

本文是对安徽省近年实施的教师编制周转池制度的简报，首段总括教师编制周转池制实施概况，之后分五点具体剖析该制度的实施方法，最后总结该制度实施的现状和效果，体例完备，阐述周详，有利于其他省份教师编制工作吸取有益经验。

［D］ ××市税务局廉政制度

为了保持清正廉洁、防止腐败，强化自我约束机制，根据省市有关廉政建设规定，结合我局实际，经全体同志充分讨论建立如下廉政制度：

一、要甘当公仆。全局工作人员要坚持为人民服务的宗旨，热爱本职工作，继续发扬密切联系群众、艰苦朴素、廉洁奉公的优良作风，不搞特权、不谋私利、多做贡献。

二、要改进作风。全体工作人员，尤其是各级领导干部，要深入基层，调查研究，帮助基层解决实际问题，办实事，讲实效，不搞形式主义；要勤俭节约，不铺张浪费，不用公款请客送礼，开会不发纪念品，不办超标准的会议伙食，会议不搞旅游，对上、下级和外地客人，由分管领导或对口部门按标准积极热情接待。到基层工作应在职工食堂就餐，并按规定交费。

三、要清正廉明。全体工作人员，尤其是各级领导干部，不得利用权力为子女、亲属升学、就业、参军、提干、晋级提供便利，不得利用职权在申报项目、产品鉴定、达标升级验收、资金物资分配、人员调动、转干提干等方面索贿受贿，不把职权范围的工作变为有偿服务。严格按照小汽车管理办法使用小汽车，因私用车要按规定付费；严禁贪污、挪用公款，不准多占住房和违法建私房，对多占住房和违法建房按照规定认真处理。

四、要政务公开。全局性的工作，如年度计划、年度工作安排、总结、基建技改项目的审定、机关人员的调动、安排、职务晋升、调资级、奖金分配、住房调整、经费开支、计划物资分配、评选先进、职工奖惩、招工招干等重大问题，应广泛征求群众意见，领导集体讨论决定，必要时张榜公布，接受群众监督。讨论决定上述问题时，涉及的有关人员应该自觉回避。

五、要严格考核检查。上述决定由局监察室、纪检组负责考核，作为干部提升晋级、评选先进的重要内容，每季考核一次，年终总评。

【简评】

制度是要求人们共同遵守的办事规程和行动准则，具有较强的行政约束力。本文开头简明，主体分条叙述，条理清晰，内容具体明确，既有操作的具体事项，又有检查落实的措施方法。避免了语言空泛、难于实施的弊病。

［E］ “对报媒未来发展的建议”调查报告

为了解公众对报纸媒体未来发展的看法，笔者在问卷星网站发布了“对报媒未来发展的建议调查问卷”（详见 http://t.cn/8s6nVRa，共12道单选题、1道开放式主观题）。本次调查期间为2014年4月5日9时至2014年4月10日16时，主要通过QQ群、微博等平台推介此项调查，共回收有效答卷620份(其中20.65%通过手机提交)。

本次调查采用网络匿名调查方式,数据下载后导入SPSS进行分类统计和交叉分析。因采用非随机抽样方式,本次调查的结果可作为一种探索性认识,不用于推论总体情况。

被调查者基本情况

在620名被调查者中,618人分布在我国33个省、市、自治区和特别行政区(无人在台湾参与填答),另有1人在澳大利亚、1人在美国。这些被调查者,主要是新闻院系的在校师生和媒体从业者。

其中,男女比例分别为50.65%和49.35%,几乎持平。被调查者以中青年人为主,4人"未满18岁"(占0.65%),177人"18岁—22岁"(占28.55%),421人"23岁—45岁"(占67.9%),18人"46岁及以上"(占2.9%)。

被调查者中,学生284人(占45.81%,大多是新闻院系在校学生),报媒从业者141人(占22.74%),新媒体从业者75人(占12.1%),新闻院系教师20人(占3.23%),其他职业100人(占16.12%)。

对报媒发展走向的看法

对报媒的发展前景,大多数被调查者"仅看好少数报纸","看好"和"不看好"的分别占被调查者的8.71%、10.48%。值得一提的是,接受调查的新闻院系教师,无一例外地全部"仅看好少数报纸"。

关于"报媒最应该朝哪方面改进",选项"与新媒体融合"最受推崇(占49.19%),"做好内容"略次(占38.55%),"做好发行"和"其他"几乎可以忽略不计(占比均未超过3%)。与其他年龄层次被调查者明显不同的是,未满18岁的被调查者,则最推崇"做好内容"。

在"与新媒体融合""做好内容""做好发行""其他"四个选项中,接受调查的新闻院系教师(50%)和报媒从业者(42.55%),选择"做好内容"的居多。

关于"报纸媒体在内容上最应朝哪方面改进"这个问题,分别有34.68%、30.65%、26.13%的被调查者选择"增强服务性""淡化宣传味""增强互动性",选择"增强趣味性"的被调查者最少,可见"报纸内容的趣味性"并不是报纸内容领域最受关注的问题。

现在,许多报媒在纸质版之外,纷纷推出网络版(含手机客户端)。非纸质版本的收费发行,越来越成为国外一些报纸增加收入的重要方式。对于网络版的收费阅读,被调查者认为"大多数不可行"的居多(58.87%),14.19%的被调查者认为"都不可行",仅8.71%的被调查者认为"大多数可行"。

对网络媒体转载报媒的文章(含图表),报媒应该怎么办?48.87%的被调查者认为应该"维持现状(继续收费或继续免费)",37.26%的被调查者认为应该"提高收费价格",仅有13.87%的被调查者支持"不收取版权费用"。

报媒最需要改革的问题是什么?被调查者选择"上级的新闻宣传管理体制"的居多(占47.9%),其次是选择"经营方式"(占28.55%),选择"员工薪酬"的被调查者最少(占8.55%)。

在新媒体时代,报媒的纸质版和网络版稿件,是否应该差异化并相互推介(如"该稿更多内容详见某版面或某网址")?仅13.39%的被调查者认为"不必",认为"应该"和"部分稿件差异化就行"的,分别占43.71%、42.9%。

不久前,《华西都市报》提出由"大众化市民报"向"大众化高级报纸"转型。都市报的这种转型是必须的吗?被调查者对此问题存在明显的分歧,认为"不必,固守原来定位为好"的居多(占42.26%),认为"应该"的占36.13%,另有21.61%的被调查者认为都市报应该"向其他方向定位"。

就中国内地而言,报媒是否应该向小城镇和农村拓展发行范围?大多数被调查者认为"可以适当拓展",仅13.23%的被调查者认为"不必"。

对报媒未来发展的建议

为弥补前述选择题难以概括全部可能性的不足，本次调查特意设置了开放式的填答题："关于报媒的未来发展，您有什么建议？"对该题的回答，字数不限，但较为费心、费时，所以只有 360 人填答，其中 12 人为无效回答（写了"无"之类字眼）。在 348 份有效回答中，笔者发现，主要有如下建议：

（一）内容生产方面

不少被调查者强调为应对新媒体的冲击，报媒应该坚持内容为王，关注新闻稿件的深度和质量。如有被调查者认为"应该最大限度发挥报纸的优势，将重点放在内容的深度和评价上""加大深度报道，做好内容供应商；各地报纸以地方新闻为主，强化个性，尽量避免千篇一律；本地新闻尽量做深，有态度才会有印象，有印象才会有影响""提升内容品质，以此来淘汰部分报纸，将报媒从大众化媒体逐渐向高端化或细分市场转变""做好内容，发掘自身独特之处，自有生存之道""向深度内容发展，避免网络式的浅读性内容"，等等。

有被调查者认为在内容方面，当下的报媒做得并不够好。如"报媒并不缺渠道，而内容丰富、深度化应该保持，并不是说向新媒体靠拢即可，更关键的还是整个报业的布局如何。综观当下国内不少报媒，内容同质化在减少受众的黏性，这使未来的走势并不乐观"。

此外，部分被调查者建议报媒在内容上应向服务性新闻倾斜。如"服务最重要，以人为本，不说空话套话，从民众的需求出发，尽可能多地发挥报纸服务大众的功能""报媒不仅要以新、真为宗旨，更要在体现服务性的基础上重视新闻价值"等。

关于报纸的内容设置，有被调查者提出要"特色宣传，建立差异化文化标识，加强互动，比如树立有特色的交流互动的专栏持续刺激不同群体消费者的需求，创新或回归是好出路"。

有被调查者认为，不同的报媒应该找准自己的定位，如"全国发行的报纸，尽量避免内容同质化，对新闻事件的解读要深刻、新鲜；都市类报媒，保留地方特色，虽然这可能阻碍发行量的增加，但是不能既想以内容本土化取悦当地民众，又想把它变成全国人民都爱吃的菜。"

（二）经营管理方面

不少被调查者建议报媒朝多元化经营方向努力。有被调查者建议通过经营做强报业，进而发展报纸，如"整合报业资源，拓展经营渠道，做强报业才能更好地发展报纸""报媒转型最大的阻力是生产和经营的惯性思维及条块化行政壁垒，而最核心的突破口是寻找到全媒体盈利模式"。

还有很多被调查者认为报媒应当跨业经营，如"利用报媒优势，开展多种经营""做小做细，拓展社区，延伸服务，多业经营""多样化经营，甚至是跨行业经营""改变经营模式，拓宽盈利渠道""做强服务性的同时，还应该把视野扩大，报业产品不仅是一份报纸，要多推出产品，跨界经营"。

除了建议在新闻内容的深度上下功夫外，不少被调查者还建议报媒加快同新媒体融合的步伐，借助新媒体提供的渠道发力。如"与新媒体做好充分融合，重心应转移至线上""在增加与新媒体融合的过程中，不要一味摘抄网络新闻以博取眼球"。

有些被调查者在媒介融合方面提出了一些设想，如"建议报媒与新媒体建立一种联系，共同发展，如报媒开发相应的手机客户端，或用手机扫描可以看到比报纸上更多更全的信息"。

有不少被调查者认为，政府应当放松对报媒的监管，报媒不要充当自有资本、商业资本的代言人。

人才问题也是很多被调查者关注的问题。有被调查者提出"报媒的核心竞争力在人才和知识团队。转型不是转场，报媒转型大有可为。在探索阶段，可以用项目制来带动，通过原有知识团队融入技术人才、管理人才，增强互联网思维，以此带动核心团队的转型，生产流程的革新""打造好编辑队伍、把搞新闻敲诈和有偿新闻的记者清除出新闻队伍""应从管理层的体制机制以及内部运作机制、人员构成、薪酬制度、层级概念等方面改进,放松管制,激活内部生产力和创新动力”等。

(三) 其他方面

有被调查者对报媒的未来提出了自己的设想,如“我想,不远的将来,每一个报媒或者报媒人的劳动,都将是产业链中的某个环节,是为客户量身定做的传播营销方案中的某个条款。最终的结局或许是六化——产业链条化、产品多样化、团队项目化、思维网络化、管理扁平化、收入多元化”。这名被调查者进一步提出,“内部资源和基础数据库的整合、优化、高效利用、多次利用,才是变革的第一道关。此外,把报纸内容简单地搬上网络媒体,没有多大意义,更不可能解决报媒的生死存亡问题。报媒也曾经是新媒体,报媒还可以继续是新媒体,新媒体并不只是指微博、微信、App 等某种新的形态,而是指符合时代特征的新型传播理念、方式、形式、技巧和机制”。

有被调查者建议:“让受众参与到报纸的编辑中。”另一名被调查者则建议:“首先在排版方面做一些改变,以往人们不喜欢看报纸,是因为不喜欢看到密密麻麻堆积的文字……版面视觉应该增强读者体验感,令读者的阅读舒适愉悦,版面整体风格要灵活多变,摆脱一味的严谨之风。”

【简评】

本文是以调查问卷的调查结果为依据写作的调查报告,客观地呈现了调查结果,以实际的数据来说话,而不掺杂作者自己的意见,从不同意见被调查者所占比重已不难看出报媒受众对报媒未来发展的期许,叙述客观、节制,是一篇较为成功的调查报告。

二 礼仪文写作案例

［A］

谨祝各位圣诞快乐

［英］温斯顿·丘吉尔

各位为自由而奋斗的劳动者和将士:

我的朋友、伟大的卓越的罗斯福总统,刚才已经发表过圣诞前夕的演说,已经向全美国的家庭致友爱的献词。我现在能追随骥尾讲几句话,内心感到无限的荣幸。

我今天虽然远离家庭和祖国,在这里过节,但我一点没有异乡的感觉。我不知道,这是由于本人的母系血统和你们相同,抑或是由于本人多年来在此地所得的友谊,抑或是由于这两个文字相同、信仰相同、理想相同的国家,在共同奋斗中所产生出来的同志感情,抑或是由于上述三种关系的综合。总之我在美国的政治中心地——华盛顿过节,完全不感到自己是一个异乡之客。我和各位之间,本来就有手足之情,再加上各位欢迎的盛意,我觉得很应该和各位共坐炉边,同享这圣诞之乐。

但今年的圣诞前夕,却是一个奇异的对话前夕。因为整个世界都卷入一种生死搏斗之中,使用着科学所能设计的恐怖武器来互相屠杀。假若我们不是深信自己对于别国领土财富没有贪图的恶念,没有攫取物资的野心,没有卑鄙的念头,那么我们今年的圣诞节,一定很难过。

战争的狂潮虽然在各地奔腾,使人们心惊胆跳,但在今天,每一个家庭都在宁静的、肃穆的气氛里过节。今天晚上,我们可以暂时把恐惧和忧虑抛开、忘记,而为那些可爱的孩子们布置一个快乐的晚会。全世界说英语的家庭,今晚都应该变成光明的和平的小天地,使孩子们尽量享受这个良宵,使他们因为得到父母的礼物而高兴,同时使我们自己也能享受这种无牵无挂的乐趣,然后我们担起明年艰苦的任务,以各种的代价,使我们孩子所应继承的产业,不致被人剥夺;使他们在文明世界中所应有的自由生活，不致被人破坏。因此，在上帝的庇佑之下，我谨祝各位圣诞快乐。

【简评】

这是二战期间（1944年冬）英国首相温斯顿·丘吉尔访问美国时所作的一段圣诞祝词。祝词强调了英美两国人民共同的血缘，共同的文字、信仰以及现时共同的境遇，从而拉近了双方的情感。祝词情感真挚，毫无奉承之嫌，可见作者构思的精妙。

［B］　　　　　　　　　　贺　信

《读者》杂志社：

我们怀着十分欣喜与钦佩的心情通知您，贵刊在刚刚结束的“中国期刊奖”暨“第二届全国百种重点社科期刊”评选中荣获“中国期刊奖”暨“第二届全国百种重点社科期刊”称号。在此，向贵刊表示衷心的祝贺与诚挚的敬意。

处于世纪之交的“中国期刊奖”与“第二届全国百种重点社科期刊”的评选，是本世纪最后一次对全国期刊界的检阅，承先启后，继往开来，预示着新世纪中国期刊业进一步繁荣、腾飞的灿烂前景。吮吸着悠久历史的芬芳，化育着时代奋进的精神，祝愿贵刊早日成长为中国期刊之林的一棵参天大树。

中国出版杂志社敬贺

1999年11月29日

【简评】

此篇贺信语言精练，言简意赅，情真意切。文中不乏形象生动的语句，这更增添了贺信的文学意味。

三　书信写作案例

［A］　　　　　傅雷给儿子的信（1962年3月8日）①

亲爱的孩子：

对恋爱的经验和文学艺术的研究，朋友中数十年悲欢离合的事迹和平时的观察思考，使我们在儿女的终身大事上能比别的父母更有参加意见的条件……

首先态度和心情都尽可能的冷静，否则观察不会准确。初期交往容易感情冲动，单凭印象，只看见对方的优点，看不出缺点，甚至夸大优点，美化缺点。便是与同性朋友相交也不免如此，对异性更是常有的事。……感情激动时期不仅会耳不聪，目不明，看不清对方；自己也会无意识的只表现好的一方面，把缺点隐蔽起来。保持冷静还有一个好处，就是不至于为了谈恋爱而荒废正业，或是影响功课，或是浪费时间，或是损害健康，或是遇到或大或小的波折时扰乱心情。

所谓冷静，不但是表面的行动，尤其内心和思想都要做到。当然这一点是很难。人总是人，感情上来，不容易控制，年轻人没有恋爱经验更难维持身心的平衡。同时与各人的气质有关。我生平总不能临事沉着，极容易激动，这是我的大缺点。幸而事后还能客观分析，周密思考，才不至于使当场的意气继续发展，闹得不可收拾。我告诉你这一点，让你知道如临时不能克制，过后必须由理智来控制大局；该纠正的就纠正，该向人道歉的就道歉，该收篷时就收篷。总而言之，以上

① 选自傅敏编：《傅雷家书》，天津社会科学出版社2005年版，第283—286页。

二点归纳起来只是:感情必须由理智控制。要做到,必须下一番苦功在实际生活中长期锻炼。

我一生从来不曾有过"恋爱至上"的看法。"真理至上""道德至上""正义至上",这种种都应当作为立身的原则。恋爱不论在如何狂热的高潮阶段也不能侵犯这些原则。朋友也好,爱人也好,一遇到重大关头,与真理、道德、正义等等有关问题,决不能让步。

其次,人是最复杂的动物,观察决不可简单化,而要耐心、细致、深入,经过相当的时间、各种不同的事故与场合。处处要把客观精神和大慈大悲的同情心结合起来。对方的优点,要认清是不是真实可靠的,是不是你自己想象出来的,或者是夸大的。对方的缺点,要分出是不是与本质有关。与本质有关的缺点,不能因为其他次要的优点多而加以忽视。次要的缺点也得辨别是否能改,是否发展下去会影响品性或日常生活。人人都有缺点,谈恋爱的男女双方都是如此。问题不在于找一个全无缺点的对象,而是要找一个双方缺点都能各自认识,各自承认,愿意逐渐改,同时能彼此容忍的伴侣。(此点很重要。有些缺点双方都能容忍;有些则不能容忍,日子一久即造成裂痕。)最好双方尽量自然,不要做作,各人都拿出真面目来,优缺点一齐让对方看到。必须彼此看到了优点,也看到了缺点,觉得都可以相忍相让,不会影响大局的时候,才谈得上进一步的了解;否则只能做一个普通的朋友。可是要完全看出彼此的优缺点,需要相当时间,也需要各种大大小小的事故来考验;绝对急不来!更不能轻易下结论!(不论是好的结论或坏的结论)唯有极坦白,才能暴露自己;而暴露自己的缺点总是越早越好,越晚越糟!为了求恋爱成功而尽量隐藏自己的缺点的人其实是愚蠢的。当然,在恋爱中不自觉地表现出自己的光明面,不知不觉隐藏自己的缺点,不在此例。因为这是人的本能,而且也证明爱情能促使我们进步,往善与美的方向发展,这正是爱情的伟大之处,也是古往今来的诗人歌颂爱情的主要原因……

事情主观上固盼望必成,客观方面仍须有万一不成的思想准备。为了避免失恋等等的痛苦,这一点"明智"我觉得一开头就应当充分掌握……

总之,一切不能急,越是事关重要,越要心平气和,态度安详,从长考虑,细细观察,力求客观!感情冲上高峰很容易,无奈任何事物的高峰(或高潮)都只能维持一个短时间,要久而弥笃的维持长久的友谊可很难了……

除了优缺点,两人性格脾气是否相投也是重要因素。刚柔、软硬、缓急的差别要能相互适应调剂。还有许多表现在举动、态度、言笑、声音……之间说不出也数不清的小习惯,在男女之间也有很大作用。要弄清这些,就得冷眼旁观,慢慢咂摸。……诗人常说爱情是盲目的,但不盲目的爱情毕竟更健全更可靠。人的雅俗和胸襟气量倒是要非常注意的。……你自幼看惯家里的作风,想必不会忍受量窄心浅的性格。

以上谈的全是笼笼统统的原则问题。……

长相身材虽不是主要考虑点,但在一个爱美的人也不能过于忽视。

交友期间,尽量少送礼物、少花钱:一方面表明你的恋爱观念与物质关系极少牵连;另一方面也是考验对方。

【简评】

这是著名学者傅雷先生写给儿子的一封家书。信中,傅雷先生就儿子交女朋友一事,谈了自己的看法。在与儿子的交谈中,傅雷先生毫无严父训导之态,更多的则是殷切教导的舐犊深情。书信从交友态度以及交友的原则等方面,表达了作者的意见和看法。全信有理有据,层层深入,既有宏观的原则,又有微观的处置,透射出父辈对子女热切关怀的一片深情,不失为家书中的典范之作。

［B］ **困难补助申请**

研究生处:

我叫王立芬,系法学院 2020 级刑法学研究生。我来自××省××市一个贫穷落后的山区,一家七口人。上有爷爷奶奶,下有一个弟弟,一个妹妹,正在上学,而我又在读研究生,一家人的全部费用均靠父母守着的那几亩薄地的收入。由于我是自费生,家里已为我欠下了近万元的债务,每每念及这些,我总是心存深深的愧疚,唯有以加倍的努力学习来报答他们。

最近听说研究生处要发放一笔困难补助金,我本不愿给学校添麻烦,但觉得若能拿到困难补助,也可以减轻家里的负担,所以特此提出申请,望能批准。

此致

敬礼

学生:王立芬

×年×月×日

【简评】

由于需求不同,申请的内容各异。这是一份普通的困难补助申请,其申请理由——生活情况和家庭负担——具体、充足。语言朴实简洁,让人感到真实可信。

［C］ **自 荐 信**

尊敬的教育部门领导:

您好!

我叫王晓华,今年 22 岁,是南山师大中文系 2017 级汉语言文学教育专业本科班学生。在面临毕业择业问题的今天,我写了这封自荐信,感谢您把目光投向了它。

我喜欢中文。这个爱好从小至现在未曾改变过。中国语言文字以它无限生成的可能性及变化莫测的组合深深地吸引了我,打动着我。以至在高考时,我的所填志愿皆为中文。我是“不幸”的,因为喜文,所以数学成绩未曾见长,虽然我一直十分努力;但我又是幸运的,因为有热爱中文的信念始终支撑着,所以才能在高考数学仅 60 分的情况下考上重点大学的中文系。

在面临择业之际,我真诚地希望自己能成为一名语文教师。也许,这是把自己的知识回报社会的最好途径了。我喜欢孩子,希望在这物质日见丰富的时代,每一个孩子都能在成长中学到好的知识,培养出健康的人格。回想自己成长中碰到的每位好老师,真希望能凭一己之力,去烛照身边的每一位孩子。

当然,要给别人一杯水,自己没有一瓢水是不行的。我深明这个道理。所以,在校期间,图书馆成了我课余流连最多的地方,并且为提高实践能力,我周末固定做两份家教至今,在辅导期间,学生的语文成绩,尤其作文成绩提高较为明显,屡获市作文大奖。同时,在学好本专业的前提下,我还副修了新闻专业课程,并已取得该专业大专文凭。

以上是我的一些基本情况,希望您看过之后能对我有个大体的了解。如果有意的话,您可以和我进一步面谈。期待着您的首肯。

此致

敬礼

王晓华

2020 年 12 月

【简评】

这是一封广泛性(无具体的求职单位)的求职信。信中对自己的介绍空泛不具体，缺乏必要的数据，从而削弱了说服力。文末“此致敬礼”格式的失误，或许会招致难以想象的后果。

四 应用体的思考、讨论与练习

(1) 为什么说措施与步骤是实施计划的关键?

(2) 为什么说总结的重点在于从现象中寻找规律性?

(3) 谈一谈对简报作用的认识。

(4) 谈一谈规章制度的制约与法律的制约的区别。

(5) 为什么说调查报告中的“调查”是“报告”的前提和基础?

(6) 试分析祝词与贺信的区别。

(7) 谈一谈你对书信格式重要性的认识。

(8) 为什么说原因和理由是申请书内容的重点?

(9) 谈一谈你对求职信中态度要诚恳、谦虚这一要求的看法。

第六章　新　闻　体

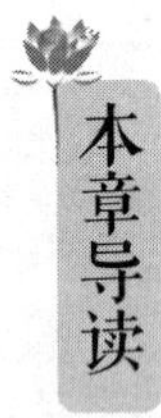

真实是新闻的生命。

新、短、快、活、强是新闻体写作的基本原则。

新闻体是一种满足人们对信息的需求，讲究真实、快捷地反映社会生活中有新闻价值的事实的实用类文体。消息、通讯、报告文学、新闻特写、深度报道等均属于新闻体。新闻体的写作原则是要坚持写真、写新、写短、写快、写活、写强(即思想性强)。

第一节　新闻体概述

一　新闻体的界定与作用

(一) 新闻体的界定

“新闻”一词，早在我国唐朝时就出现了。唐人孙处玄曾说过“恨天下无书以广新闻”(《新唐书》)。据资料记载，西方最早使用“新闻”一词的是苏格兰国王詹姆士一世。他于1423年旅行回来后对友人说：“我把可喜的新闻带给你。”他首次使用了“News”一词。不过，无论是孙处玄还是詹姆士一世，他们所说的新闻大抵是指新听到的事，与今天的新闻概念还不相同。到南宋《京本通俗小说》中，已把新闻作为“最近消息”解。1622年创刊的英国《每周新闻》则以北(North)、东(East)、西(West)、南(South)四字的第一个字母拼成News来解释“新闻”一词，意指四面八方的消息。

关于新闻的定义，据不完全统计，有170多种。一位外国记者曾说，有多少个新闻记者，就有多少个新闻定义。因此，中外新闻界对新闻的定义五花八门，难以尽举。较典型的有以下几种：

强调“事实”。如徐宝璜说，“新闻者，乃多数阅者所注意之最近事实。”(《新闻学》)

范长江认为:“新闻就是广大群众欲知、应知而未知的事实。”(《记者工作随想》)

强调“报道”。较典型的是陆定一的看法,他说,“新闻的定义,就是新近发生的事实的报道。”这一定义强调了“报道”“事实”“新鲜”三个方面,应该说算是比较全面的概括,因此得到了广泛的认同,国内许多新闻学教材和写作教材长期沿用这个定义。

强调“传播”。如“新闻是新近变动的事实的传播”(1978 年版《辞海》)。

强调“信息”。如复旦大学宁树藩教授认为,“新闻是经报道(或传播)的新近事实的信息”。

以上几种均是较严肃的、较严格意义上的新闻定义。还有一种对新闻的界定,严格地说不是定义,它只是强调新闻的“反常”“猎奇”这一面。如:

“狗咬人不是新闻,人咬狗才是新闻。”(博加特,美国《纽约太阳报》采访主任)

“能让女人喊一声‘啊呀,我的天呀’的东西,就是新闻。”(爱德华,美国堪萨斯州《阿契生布环球报》主笔)

而曾做过《纽约先驱论坛报》采编主任的斯坦利·瓦利克尔则认为,新闻是建立在三个“W”——妇女、金钱和私事——基础上的,与性、金钱和犯罪有关的事实的报道。

由于本书所涉及的“新闻体”主要指新闻报道体裁,故而我们对“新闻报道”的界定仍采用陆定一的看法,即新闻是新近发生的事实的报道。

(二) 新闻体的作用

在新闻学里,从新闻学研究意义上来说,新闻又是一种信息,它是传达事物最新变动状态的信息。而这些新闻信息在现代社会里,主要通过大众传播媒介来传递,通过大众传媒而传播的新闻信息就是新闻报道。因此,从这一点来看,新闻报道的作用首先是满足受众对信息的需求。在信息社会里,新闻的这种作用更加突出。其次,新闻具有“意识形态”的特性。可以说,新闻事业一开始就与政治上层建筑有着密切的联系,只不过后来披上了商业的面纱而已。西方资本主义国家一直鼓吹新闻自由,但这种自由不是绝对的,是有前提的。我们的新闻事业虽也走向了市场,成了信息产业,但同时也是上层建筑,新闻媒介是党和人民的“耳目”和“喉舌”。再次,新闻是新闻媒介的主体内容。如报纸版面内容,由新闻、评论、副刊、广告四大部件构成。这是我国《申报》于1872 年提出的,至今仍适用。在这四大板块中,新闻在稿件的篇数上、在版次和版位上都占主导地位、起主导作用。报纸的销量、广告收入的多少以及整个报社的经营效益的好坏都在于新闻报道的质量高低。

二 新闻体的特征与分类

(一) 新闻体的特征

1. 事实性

新闻报道是以现实中新近发生或发现的客观事实为对象,是以客观事物最新变动状态的信息为内容的，因此客观事实的变动是新闻之母，是新闻的本源，离开了事实，新闻就不复存在。即便是新闻评论，也是来源于新闻事实和对新闻事实的评论。新闻的事实性特征同时要求其内容是具体的，常说的“新闻六要素”便是从“事实”角度着眼，即何时（When）、何地（Where）、何事（What）、何人（Who）、何因（Why）、何果（How），简称“5W1H”。

2. 真实性

真实是新闻的生命。新闻报道的生命和魅力在于向受众反映客观外界变动的真实情况，真实是新闻报道赖以发挥良性作用的基础和前提。新闻报道传递虚假信息，信息失真、信息误导会给受众的思想和行为带来严重后果；新闻媒体也会失去受众的信任，媒体自身形象和利益会遭损害；新闻失实，还会助长弄虚作假的恶习，污染社会风气和新闻工作作风；新闻真实与否，还涉及党和政府的形象和权威的问题；从长远来看，今天的新闻是明天的历史，新闻是否真实，又关系到对历史是否负责的问题。因此，新闻工作者应高度重视新闻的真实性。

认识新闻的真实性这一特征，要注意两点。一是新闻的真实性与文学作品的真实性的区别。文学的真实是源于生活而又高于生活的艺术真实，而新闻的真实则是客观的、具体事实的真实，它既要求所写事实、人物、细节、思想活动必须完全真实，又要求数据、引文、背景资料的准确可靠。二是个别真实和整体真实的关系。有些事实就个体而言，孤立地看，它确实是真实的，但若从整体来看，它又是不真实的。如一篇报道说，一个村的农民在改革开放以后，通过解放思想、辛勤劳动，变富了，文章重点写今昔生活对比。这是真的。但关键是作者没有写他们是怎样变富的，原来，这个村的村民为了“致富”，将山林全部砍光、分光，从这一点看，报道又是不真实的。

新闻失实的表现多种多样，如无中生有、捕风捉影、夸大事实、添油加醋、曲解事实等等。概括起来大致有两种情况。一是故意失实。即记者（或媒介）因自身利益的需要或其他不良、不纯的动机而蓄意搞虚假报道。二是非故意失实。这种情况或是记者采访未能深入、细致所致，或是记者认识、辨别、鉴别能力的限制所造成，或是记者使用的转手材料失实而造成。

要保证新闻的真实性，要求新闻工作者具有高度的责任感和使命感，要坚持实录精神，坚持实事求是精神。不唯上、不唯风、不唯利、只唯实。同时，也要不断提高自身的认识、辨别、鉴别能力，提高采访、写作的综合能力。

3. 新鲜性

新闻姓新贵鲜。新鲜性可说是新闻的本质属性。新闻的新鲜性主要包括时间新和内容新两方面。

首先是时间新。新闻是“易碎品”，“今天的新闻是金子，昨天的新闻是银子，前天的新闻是垃圾”。时间新对新闻工作的方方面面都提出了较高的要求。就记者而言，要求具备较强的新闻敏感，要求具备积极的“抢新闻”意识，不能只“消极待命”，要求具备熟练的采访写作综合能力等。就记者的“装备”而言，要求具备现代化的技术设备和条件。就写作而言，要求记者善写短新闻，或根据题材实际做先简后详的连续报道。此外，简化审稿制度，改革新闻媒体内部体制也与新闻报道的“快”密切相关。

当然，注重“时间新”又不能只追求“快”而不择手段、不讲纪律、不顾质量。也要注意“抢”与“压”的关系，既要注意“快”，又要注意“适时”。同时，不能一味求快而影响报道质量和效果。我们的很多报纸讲求“时效”，要求“没有遗漏”，却造成报道作品的粗劣、雷同。

其次是内容新。陆机说：“石蕴玉而山辉，水含珠而川媚。”新闻作品内容的“新”，就是它的“玉”和“珠”。

新闻是新近发生的事实的报道，但并非凡“新近发生的事实”均可成为新闻，只有内容具有“新鲜性”的才可能成为新闻。

（二）新闻体的分类

新闻体裁的分类，历来不统一。尤其因电子传播手段广泛运用于新闻报道，因新闻业务改革的深入和记者创新意识的加强等，新闻体裁的分类更是多种多样。从新闻报道的现状来看，传统的新闻体裁有的仍保留下来，至今仍适用，有的已被淘汰不用，有的是新出现的样式。一般而言，新闻体（这里仅就新闻报道体裁而言）大体有以下几类：

1. 消息

消息是对新近发生的有社会意义的事实进行简明扼要、迅速及时的报道的一种新闻体裁。它篇幅短小，特别讲求时效。消息又有报刊文字消息、广播消息（口播和录音新闻）、电视消息（口播和声像新闻）。从不同的角度分，消息有多种不同的类型。

2. 通讯

通讯是一种运用多种表达方式，具体、生动、及时地报道具有新闻价值的人物、事件、情况和问题的新闻文体。它和消息均是主要的新闻报道形式，是记者的常规武器。通讯也分报刊文字通讯、广播新闻专题、电视新闻专题等。从表现形式和内容来看，通讯也可分成多种类型。

3. 特写

新闻特写是一种“再现”新闻事件、人物或场景的形象化报道。它强调视觉印象，以描绘为主要手法，往往截取事件发展进程中的某个片段、细节或画面，绘声绘色，给人以特写镜头般的印象。新闻特写有报刊文字特写、广播特写和电视特写。

4. 深度报道

关于深度报道，一般认为它不是一种独立的体裁，而只是一种报道方式，它是完整反映重要新闻事件和社会问题，追踪其来龙去脉，揭示其实质意义的一种高层次的报道方式。各种新闻体裁都可作深度报道，几种体裁的融合往往更适合作深度报道。

第二节 消 息

对新近发生或发现的有新闻价值和社会意义的事实的迅速及时、简明扼要的报道，这样一种新闻文体，即是消息。因其在新闻诸文体中使用频率最高、数量最多，是新闻报道中最常用的文体，故人们常把消息称为新闻。狭义的新闻即指消息。

一 消息的特征

前文已述及新闻体最基本的特征有三，即事实性、真实性和新鲜性。消息作为新闻体之一种，自然也具备这三个特征。但除此三点之外，它还有自己的“个性”。

（一）用事实说话

用事实说话是消息的一个重要特征，也是消息写作的一种基本方法，是客观报道的形式。事实是最有说服力和感染力的，只有事实内容是客观的，报道形式是客观的，新闻才具有可信性，才能充分发挥作用。

当然，消息也是要表达观点和倾向的，消息写作并非没有立场、观点的纯客观的“有闻必录”。重要的是作者主要是通过对事实的选择和叙述较间接地流露出自己的观点和倾向，寓观点于事实之中。主要不是讲道理，而是讲事实，显示事实本身的逻辑。因此，作者应少发或不发直接的议论。要发议论，只能是必要之处的“点睛”之笔。

初学写消息者常忽略这一特征。写作中总是急不可待地站出来直接地对所写人或事发表看法、评价，对其意义进行明明白白的揭示，导致议论多于事实，内容抽象、空洞，缺乏真实性，也难以让受众接受。

用事实说话的具体方法很多，如以小寓大、对比衬托、不偏不倚、再现场景、细节运用、非感情色彩的中性语言等等。下面介绍几种较常见的方法：

借口说话。即借他人之口，说自己想说的话。此法常用引述，故又称引述法。具体又有两种情况，一是假托，即作者假托他人之言，实际上均是记者之语。如西方记者常用“此间观察家”之说，观察家其实就是记者自己。二是实引，即实实在在引用别人的话。话虽是别人的，却经过记者选择，别人话中的观点也是记者想表达的观点。

全面、平衡。即要把构成消息的主要事实和盘托出，好的坏的、美的丑的都报道。当社会各方面对某一事实（事件）有不同的意见，报道应让各种见解都有同等的表达机会。

(二) 以叙述为主要表达方式

这一特点亦与“用事实说话”相关。消息通常不对人物事件作浓墨重彩、精雕细刻的描写;因为“记者的舌头是缩在后面的”,所以也不用或少用直接的议论和抒情。叙述是其主要的表达方式。

(三) 简明扼要

消息一般篇幅均较短,几十字、百把字或几百字,故列宁曾称之为“电报文体”。特别是现在,人们生活节奏快、时间观念强,希望在最短的阅读时间里获取尽量多的信息。当然,短要建立在实的基础之上,长而空固然不行,短而空也不好,空洞无物的短,也是长。

很多人认为短新闻写不了大主题,短文因其短小而“困锁才情”,故而一味追求“长”,本来最好写两百字消息的题材,通过对其“信息”层次的“开发挖掘”,硬拉出一篇数千字洋洋洒洒而空空洞洞的通讯。有些作者则片面求短,一件具体生动的事,去其“血肉”,只剩几根“枯骨”。这两种倾向,都是应该注意避免的。

写短是一种艺术。消息写短的方法很多,如一事一报法、浓缩(概括)事实法、取其一角法、化整为零法(纵向分解和横向分解)、变更体裁法,以及先简后详连续报道等等。

此外,消息在新闻体诸体裁中,时效性是最强的,对“时间新”的要求最高,要求争分夺秒,“倚马可待”。

二 消息的类型

消息的类型多种多样,从不同的角度看,有不同的类型。

按新闻所报道事件的性质来分,有事件性新闻和非事件性新闻。事件性新闻是对新近发生的事件的报道,时间性强,如动态消息、特写性消息等。非事件性新闻与事件性新闻相对,报道的是一个阶段持续发展的事物,如综合消息、经验性消息、述评性消息等。

按报道内容分,有政治新闻、经济新闻、科技新闻、军事新闻、体育新闻、教育新闻、文艺新闻、社会新闻等。

按媒体分,有文字消息(报纸)、广播消息、电视消息、网络消息等。

按篇幅分,有长消息(1000字左右)、短消息(500字左右)、简讯(200字以内)等。

现在国内比较通行的是按写作特点来分类,把消息分为动态消息(包括会议消息)、综合消息、经验性消息(典型性报道)、述评性消息、人物消息、特写性消息、新闻公报等。近几年,新闻写作中又出现了解释性消息、预测性消息等。

下面对常见的几种消息略做介绍。

(一) 动态消息

动态消息是同经验性消息(典型报道)等相对而言的,类似西方新闻界的硬新闻。

它报道新近发生的大大小小的事情，反映新情况、新成就、新问题、新气象等，也包括会议活动在内。它一般以一地一事、一人一事为对象，篇幅短小、文字简洁。有短到几十字、两三句话的，称简讯或简明新闻。概括起来，它有以下几个主要特点，即以事物的最新变动为主要着眼点；以时新性与重要性为主要的价值取向；以突发性事件为主要报道内容；以客观叙事为基本特征；以开门见山、一事一报为主要写作原则；要给人以动感和现场感等。

（二）综合消息

它是综合反映带全局性的情况、动向、成就和问题的报道。它涉及的面较广、声势较大，能给人较为完整的印象。要求占有全面、充分、典型的材料，既有面的形势、成就、趋向，又有典型事例的说明、分析，讲求点面结合以及观点和材料的统一，善于将概貌的介绍与具体事例的叙述结合起来，做到既有深度，又有广度。概括起来有以下几个特点，即它所涉及的新闻事实不像动态新闻那样直观易见，往往有一定的隐蔽性；它要通过综合新闻事实来表现新闻主题；注重点面结合、多角度地反映客观事物和人物的面貌；注重背景材料的运用；重视新闻根据、新闻来源的交代；注重分析，但又以客观的方式来表现，作者尽量不直接出面发议论。

（三）经验性消息

它是报道典型经验，用以推动全局、指导工作的一种消息体裁。它既有概括的观点，又有具体的做法。偏重于交代情况、叙述做法、反映变化、总结经验。篇幅一般比其他体裁长，但不贪大求全，注重针对性。这类消息贵在题材重大、典型，提供的经验具有普遍的意义。写作时要着眼于政策，避免陷入事务性与技术性之中。

（四）述评性消息

它是用叙议结合的方式来反映国内外重大事件的一种消息。它的特点是既叙述事实，又评论分析；事实材料要丰富典型，评论分析要讲究逻辑，言简意赅。叙述和议论要紧密结合，防止有述无评、只评不述、述评脱离。这类消息中“评”的地位和目的，以及时效性、篇幅等方面的要求，均与新闻评论不同，应注意区别。

（五）特写性消息

它是报道重要新闻事件中人物活动片段和事件场景的消息体裁。它的特点是运用形象的语言，再现人物活动过程和场景，给人以如见其人、如临其境的感受。它重描写，要求抓住富有特征的细节。但其描写多用简笔勾勒的白描手法，不事雕琢，而重在传神。

（六）人物消息

人物消息是以人物为主的消息，迅速地反映新闻人物的某种行为或某个侧面。它要求抓住人物的本质特征，选取新鲜、典型的事实材料来表现人物的思想和精神面貌。它的特点是：篇幅短小，叙事单一，内容、主题集中；时效性强，其内容必须是“现在进行时”或“现在完成时”，要求快速采写、报道；要求以人帅事、以事显人。人物消息写作中要注意选准新闻人物，也不要贪大求全，不要将人物消息写成人物通讯。

（七）解释性消息

这是一种以解释新闻事件为主的新闻体裁，它不但报道事实，且侧重于阐明事实的意义、前因后果以及发展趋势等。这种消息多用于我国经济工作的政策、方针和社会生活中出现的影响较大的新问题。解释性消息中的解释并非指作者直接、明白地阐释和分析，通常采取运用背景材料，引用有关方面的说法等多种方法，比较隐蔽地表达记者的观点或倾向。解释性消息侧重于回答新闻事件中的“为什么”。

（八）预测性消息

它是对可能发生的事实进行预测和展望的一种消息。它要求记者在采访和调查研究的基础之上，对某项工作或活动进行科学的分析和判断。这类消息常用于展望市场、经济工作发展前景等方面，也用于预测体育竞赛的成绩、结果等。

三 消息的写作方法

（一）采访是消息写作的基础

采访不仅是消息写作的基础，也是所有新闻体（尤指新闻报道体裁）写作的前提和基础。要写消息，要写出好的、有新闻价值的消息，首先要求记者深入细致地采访，占有丰富、典型而真实的材料。这就要求记者要有较强的新闻敏感，善于获取新闻线索，掌握基本的采访方式、方法，有熟练的采访技巧。要求记者全身心地投入实践中去，眼观六路、耳听八方，“上天”有路、“入地”有门，巧问详听、勤记细想，在有限的时间内进行成功的采访，为消息写作做好准备、打下基础。

采访和写作的关系非常密切。看起来是先有采访、后有写作，前者是认识实际的过程，后者是反映实际的过程，事实上，采访能力强自然有助于写作效率的提高，而写作能力强，则可做到在采访中心中有数、心里有底、针对性强，从而提高采访的效率。

（二）消息的结构

消息的结构通常指两个方面的意思。一是指消息的构成，即一篇消息稿内容上的结构成分，一般由标题、消息头、导语、主体、背景、结尾几部分组成。二是指消息的结构形式，即作者对已过滤的新闻材料进行总体性安排或布局的方式。

消息的结构形式主要有以下几种：

1. 倒金字塔式结构

倒金字塔式结构是一种"头重脚轻""虎头蛇尾"式的结构,它把最重要的材料放在篇首,最不重要的材料放在篇末,从导语至结尾按重要性递减的顺序来组织安排新闻材料。它的主要特点是:

(1) 打破了记叙事件的常规,在材料的时间特征上,往往呈现以下公式:

首先是"总体性倒叙"。即将最后结果或后发生的富有吸引力的事件,置于篇首。

其次是"局部性倒叙"(即"倒叙中的顺叙")。即在局部性倒叙中又用顺叙说明过去一段时间内,"开始如何,后来又如何"。

最后是"总体性顺叙"。即"现在正在如何,进一步又如何"。

(2) 按重要程度来安排材料,决定段落层次的顺序。常呈现为"重要""次重要""次要""更次要""补充""进一步交代性材料"的顺序。

(3) 它的导语常是直叙型的部分要素导语,它包含了最重要的事实,又往往具有相对独立性,可独立成章,变成"简明新闻"或"一句话新闻"。

(4) 对事件过程的叙述往往较简略,每段文字都很简要。

倒金字塔式结构便于受众迅速掌握全篇之精华,满足受众尽快获取最新消息之需求;便于记者迅速报道新闻,将最重要的新闻事实,最先发出去;便于编辑选稿、分稿、组版、删节,如在版面不够时,可从后往前删,无须重新调整段落。但它也易于造成程式化、单一化的毛病,而且,它比较适宜写时效性强、事件单一的突发性新闻。用它来写非事件性新闻、富有人情味、故事性强的新闻,就不太适合。

例如:

中新社北京九月五日电　中国中青年新闻工作者的最高奖"范长江新闻奖"从今年开始进行评奖,以后每两年评选一次。

记者从中国记协和范长江新闻奖基金会今天举行的新闻发布会上了解到,凡在评选年度不超过55岁的中青年专业新闻工作者均可参加评选。评选范围包括正式批准登记的报纸、通讯社、广播电台、新闻时事类刊物和新闻电影等单位的新闻编辑、记者、播音员(包括节目主持人)以及从事新闻理论研究、新闻教育的专业人员。

首届"范长江新闻奖"最多评选采编人员10名,是否设提名奖待定。评选结果将在明年第一季度公布。

据悉,海外新闻工作者参加评选的办法另行拟定。

范长江新闻奖基金会主席、新华社社长穆青任评选委员会主任。评选委员会由新闻界专家和知名人士组成。

2. 时间顺序式结构

此结构形式又叫编年体结构。也有人称其为金字塔式结构,其实并不准确。时间顺序式结构通常不一定有单独的导语,往往按时间顺序来安排事实,先发生的放在前面，后发生的放在后面。这种结构叙事条理清晰，现场感强，且很适合写那些故事性强、以情节取胜的新闻，尤适合写现场目击记。其缺点是开头平淡，难以一下子吸引受众；消息的精华也可能淹没在长篇的叙述之中。

例如：

冻死的孩子重新复活

美国威斯康星州一个名叫麦肯罗的孩子，今年只有两岁半。1月19日，在家里人没有注意的情况下，他穿着一身睡衣，只身来到零下29度严寒的室外。家里人发觉后把他抱回屋里时，麦肯罗的一部分血液已经“冻结”，手脚也都僵硬了。当他被送往医院时，体温已下降到15.5度。但是，在经过了包括使用心肺泵等先进设备抢救以后，麦肯罗竟然奇迹般地复活了。像这样处于低温状态下的人能够死而复生，在世界上是没有先例的，就是参加抢救麦肯罗的医生也对此感到惊叹不已。

现在，除了他的左手可能会留下由于冻伤后遗症引起的轻度肌肉障碍以外，其他恢复都很正常，估计三四周内，即可恢复健康。

3. 对比式结构

此种结构重在通过对比，揭示差异，从而突出新闻主题。如《人民日报》曾经刊登的关于顺义啤酒厂和青岛啤酒厂的报道采用的就是这种结构。此则消息首先用的是对比性的标题。

两个厂为什么建设一快一慢？

权力下放争主动　　顺义啤酒厂一年建成投产
婆婆太多难办事　　青岛啤酒厂扩建扯皮两年

然后是对比性的导语，在对比性的导语下，又用了两个对比性的小标题：
“顺义厂：地方有主动权，领导重视，各方配合”。
“青岛厂：婆婆太多，公文旅行，相互掣肘”。
最后又有一个对比性的结尾：“两个厂情况如此悬殊，发人深省。”

4. 提要式结构

此结构通常把新闻中最重要的事实概括到导语中，然后将多项需并列出示的内容以提要形式，用数字程序一一分列出来。有时也可不用数字标示，而用“——”引出各个要点。

5. 问答式结构

此结构多用于记者招待会的报道。记者写作时应善于组织问题，报道内容应忠于原意,行文时,也应注意内容的连贯和层次的明晰。

6. 积累兴趣式结构

此结构通常在开始设置悬念,使受众逐渐增强对事件的兴趣,最后形成高潮。因其材料的趣味性从导语至结尾递增,故名积累兴趣式。又因其要求设置悬念,故又有人称之为悬念式结构。它尤其强调将最精彩的、出人意料的材料置于消息结尾。如:

婚礼唁电　新娘寻死觅活

春节前夕,解放军某部三连战士肖建军,收到"父病故速归"加急电报,匆匆赶回山西省临汾老家。

跨进门,却见室内张灯结彩,墙上贴着大红"喜"字,小肖一下愣住了。母亲将他拉在一边说:为能使你参加大哥的婚礼,我瞒着家里人发了封假电报,你可要保密。母亲的一片"苦心",使小肖只好撒谎骗父亲和家里人说自己出差顺路回家。

2月8日哥哥结婚。婚礼程序完毕。亲朋好友正在推杯换盏,频频敬酒时,邮递员送来一封电报,小肖父亲接过连忙展开,只见上写:"闻建军父不幸病故,三连全体官兵致电表示沉痛哀悼。"其父气得浑身颤抖,遂质问儿子。在座的新娘弄清原委,"哇"的一声大哭冲出门去,头撞墙寻死,多亏众人相劝事态才未扩大。其母悔恨地说:"都怪我荒唐行事,闯下大祸。"

7. 散文式结构

在消息写作中吸收散文的结构和表达等方面的特点,材料和层次安排自由、灵活,语言表达不拘一格。如郭玲春写的《金山同志追悼会在京举行》一文即是散文式结构。

(三) 消息的标题

消息的标题有四个方面的作用。一是导受。即吸引受众注意,引导受众获取自己喜爱和需要的信息,使读者在最短的时间里获取所需的信息。随着生活节奏的加快,"标题受众"越来越多。二是导向。标题往往要选择事实,揭示和评价事实,自然寓有记者(或媒体)的态度和观点。版面中,对标题的设置(如字号、字体、位置等)往往也寓有立场和态度。三是美化和序化。作为版面元素之一,消息标题可使版面美化,亦可使版面内容井然有序。

1. 消息标题的类型

消息的标题有主体类、从属类和整合类。

主体类标题。这是消息标题最基本的类型。包括主题、引题和副题。

(1) 主题,又称主标题、正题、母题。它是消息标题的核心部分,通常揭示新闻中最重要、最吸引受众的信息。从表达上看，主题可是实题，即叙述新闻事实；也可是虚题，即评价新闻事实，揭示其意义或隐含的观点。在单独使用时，主题应是实题或有叙有议的虚实结合题。如：

A.　榜上无名 脚下有路

青工董云峰业余发明获两项专利

B.　严于律己 三次让房

第一个标题中，前为引题，是虚题，后为主题，是实题，虚实结合，受众能清楚地认识事实的意义。若只取前者为主题，受众则会不知所云。第二个标题亦是虚实结合，可单独使用。

从句子结构看，主题可为单句，也可是复句，通常为一个独立的句子；从外在形式看，主题可占一行，也可是两行或三行，但以一行为主，一般不宜超过两行。

(2) 引题，又称肩题、眉题。一般用来交代背景、说明原因、烘托气氛、揭示意义等。引题一般多作虚题。如：

彩灯映照笑脸　歌声洋溢大厅

中央领导同志和首都小朋友喜庆六·一

(3) 副题，又称子题、副标题。一般用来补充、注释和说明、印证主题。副题一般多作实题。如：

清扫穷角落　同走富裕路

无锡市4000多困难户向贫困告别

主体类标题按组合不同，又可分单一型标题和复合型标题。单一型标题无引题和副题，只有主题。复合型标题有主、引题组合，主、副题组合和主、引、副题组合(又叫完全式标题)。前两种组合前已述及。主、引、副题组合的例子如：

第一位在奥运会上破举重世界纪录的中国选手

唐灵生堪称举坛金刚

力举170公斤“忘情”地挺立10秒钟，赢得满堂掌声

消息标题除主体类标题外，又有整合类标题，包括栏题和类题；还有从属类标题，包括提要题和分题，在此不做详述。

2. 消息标题的写作要求

消息标题的写作要求做到准确、鲜明、凝练和生动。

(1) 准确。

准确是消息标题写作的最基本要求。一是准确概括、反映新闻事实；二是准确评价事实；三是准确运用语言。如：

A. 武汉出现一内脏裸露婴儿
此乃产妇孕期与宠狗接触所致

B. 努力提高中华民族的科学文化素质
我校2000余名新生入学

C. 不恋“天南海北”主动申请到“新西兰”

D. 盖俊和女儿结婚不收彩礼

以上标题A为事实概括不准确，因有关专家只是推测与孕妇接触宠狗有关，而并未确证。标题B明显夸大了事实的意义。标题C中，谁也想不到“天南海北”是指天津、南京、上海、北京，“新西兰”是指新疆、西藏、甘肃。标题D因一字之差而产生了歧义。

(2) 鲜明。

鲜明即指标题通过对新闻事实的选择、揭示和评价，表现出来的对事实的明确的态度、立场，不能模棱两可，含含糊糊，也包括态度、立场的正确性。一般有三种情况，一是肯定的态度，如歌颂、赞扬、支持、同情等；二是否定的态度，如怒斥、揭露、嘲笑、讥讽等；三是既不肯定也不否定的态度。如：

A. 伊拉克总统说伊朗的进攻被击退
伊朗说收复三百多平方公里失地

B. 壮哉　教师于元贞勇斗窃贼身亡
悲哉　数百围观者竟无一人相助

C. 竟敢敲诈两会代表
一路边店遭严厉惩处

D. 一位普通工人竟然写出电影剧本

以上标题A是既不肯定也不否定的立场，是合适的；标题B对事实有肯定有否定，态度鲜明；标题C、D则态度含糊，不鲜明。

(3) 凝练。

标题要简洁明了地传达消息的内涵。要用点睛之笔，剔浮词、去空话，以最少的文字传达最准确的信息。试比较下面两个标题：

A. 节省外事经费　节省时间精力
我国礼宾改革已有一定成效
国宴规定四菜一汤，仪仗队鸣礼炮使欢迎仪式更隆重

B. 我国续作礼宾改革
国宴实施四菜一汤

以上标题A中最基本、最有价值的信息应是“四菜一汤”，却被啰唆的语言冲淡了。而标题B则突出主要信息，要言不烦。

(4) 生动。

消息标题要力求以优美的形式吸引读者,故应讲求生动性。可运用修辞手法,引用诗词或名言警句、方言民谚等。请看下例:

A. 一窝"油老鼠"落网

B. 马歇尔歇马华莱士来华

C. 工程师三代破屋两间
副局长一家新房四套
市有关部门的调查结果竟是"分配基本合理"

D. 会翁之意不在会 在乎山水之间也
青岛会议知多少
请看会议一览表

以上标题 A、B、C 分别用了比喻、回文、对仗方法,D 则引用名言,故而生动耐读。但运用这些方法时要注意恰当、贴切。如"中国黑姑娘远嫁阿根廷"这一标题,是指中国煤炭销往阿根廷,实在牵强。"九辆汽车搞死亡之吻"这一标题,将一起严重交通事故说得如此轻佻,实不可取。

(四) 消息的导语

消息的导语前,往往冠以"本报讯""本台消息""××社××地×月×日电"的字样,即为消息头。消息头主要有"讯"与"电"两类。"讯"指通过邮寄或书面递交的形式向媒体传递的报道,"电"指通过电报、电传、电话、电脑等传输的报道。消息头是版权所有的标志,既标明消息的来源,也易于让受众和编辑将消息与其他体裁区别开来。

消息头之后紧接导语。

导语是以简练生动的文字介绍新闻事件中最重要的内容,揭示消息的主题,并能引起读者阅读兴趣的开头部分。导语有三大使命:一是介绍最重要、最精彩的事实;二是揭示消息的主题;三是引起读者的阅读兴趣。

按不同的分类方法,导语可以有多种写法。

1. 六要素导语和部分要素导语

这是从导语中所含消息要素的多少来分的。六要素导语,就是消息六要素齐全的导语,也称全型导语。从导语的发展看,这是第一代导语。如:

> 萨莫亚·阿庇亚 3 月 30 日电 南太平洋沿岸有史以来最为猛烈、破坏性最大的风暴于 3 月 16 日、17 日袭击了萨莫亚群岛,结果,有 6 条战舰和其他 10 条船只要么被掀到港口附近的珊瑚礁上摔得粉身碎骨,要么被掀到阿庇亚小城的海滩上搁浅。与此同时,美国和德国的 142 名海军官兵,有的葬身珊瑚礁上,有的则被埋在远离家乡万里之外的无名墓地上,为自己找到了永远安息的场所。

六要素导语的长处是具体、完整，它可以独立成一条消息。但内容太多，主次不分，重点不突出，故有人讥之为“晒衣绳”式导语。

部分要素导语即指导语中只包含六要素中的部分要素，也称微型导语或第二代导语。该类导语通常突出六要素中某一要素，组合与之相连的一两个要素。单纯含某一个要素的导语较少。如“欧洲大战于昨天拂晓爆发”“约翰·肯尼迪总统今天遭枪击身死”之类的导语，可说已极简洁，但在突出“何事”的同时，也包含了“何时”或“何人”等要素。

2. 从表达方式和表现手法上讲，导语又有叙述式导语、描写式导语、评论式导语、对比式导语、引语式导语、提问式导语等

叙述式导语（也称直叙式导语）。它以凝练的语言，扼要而直接地叙述消息中主要的事实，是导语最基本、最常见的写法之一。如：

人民网布鲁塞尔11月2日电　当地时间11月2日上午，中国驻比利时使馆联合比利时华侨华人社团联盟共同举办纪念辛亥革命110周年线上座谈会。

描写式导语。它以展示事物的形象和事件的场景为主要特征。写作时常抓取某一生动形象、色彩鲜明或有特色的细节加以描绘。但描写时应简洁而传神，力避过分雕饰。如：

本报讯　多么威武神气的猫头鹰！一对大眼睛正在扫射着什么，翅膀微微耸起，看来它准备振翼飞扑过去，抓住那狡猾的大田鼠。这只用棕榈树桩因材施艺而雕琢成的猫头鹰，最近飞越太平洋，在美国旧金山的“中国上海民间艺术展览会”上栖息。

评论式导语。即对所报道的事实进行评论，揭示其意义。如：

中国在体育方面已不再是“东亚病夫”，相反，她正打算在新德里举行的亚运会上取代日本，成为亚洲首屈一指的体育强国。

对比式导语。就是将有差别的事物相对比，将现在的情景与过去的情景相对比，将此地之状况与别处相对比等。如：

合众国际社伦敦5月20日电　24岁的冈萨雷斯去年在马德里获得了法学博士学位，现在却在做零工，其中最好的工作是遛狗。

引语式导语。即引用新闻人物精彩而生动的语言来揭示消息主题。如：

“我现在不是资本家，你最好把我说成是一个商人”，荣毅仁说，“人们称我为资本家是因为我引进了资本主义的经济管理方式。”

提问式导语。即提出尖锐而鲜明的问题，以引起受众的关注。有时是设问，即要求自问自答。如：

狠心的年轻父母，你是否想知道被你遗弃的小生命的近况？

3. 直接性导语和延缓性导语

这是以时间的远近点来分的。

直接性导语多用于时间性很强的消息,它叙述已经发生或正在发生的事件。大多数消息导语均属此类。直接性导语又可细分为单一要素导语,即导语中只表现一个最重要的新闻事实;多要素导语,即导语中表现多个事实要素;归纳式导语,即将新闻事实加以归纳,使其精华集中于导语中。

延缓性导语多用于时间性不太强的消息,它不直接叙述新闻事实,而是通过解释、阐述、设置悬念或场面描写、气氛渲染等引出新闻事实,吊读者的胃口。

两种导语之不同,请对比下例:

A. 华盛顿2月20日讯 丹尼尔·莫伊尼汉今天辞去了美国驻联合国代表的职务。

——《纽约时报》

B. 直到最后一刻,丹尼尔·莫伊尼汉还在说,他不知道是否应该辞去美国驻联合国大使的职务。他说,“我下了三十次决心”,“就像马克·吐温讲的‘戒烟容易得很,我已经戒了一千次’。”上周,莫伊尼汉最后下定了决心:辞职。

——《时代》杂志

从上例可见,直接性导语开门见山,一语中的;延缓性导语则一语不中的,意在引起受众的“读欲”。

(五) 消息的主体与结尾

1. 主体

主体是消息的躯干,它紧接导语之后,是消息的重要组成部分。

主体的作用和功能有二:一是对导语进行解释、深化和具体化。对导语中涉及的内容,进一步提供有关细节和背景材料,使其更清楚、明确、具体。二是补充新的事实。导语中未提及而又能表现新闻主题的事实和其他要素,便由主体补充出来。

主体部分的写作要注意几点:

(1) 紧扣消息主题取材。主体部分内容较多,故而要重视材料的取舍。应紧扣导语中所确立的主题来选用材料。与主题无关或关系不大的材料,即便具体、生动、感人,也应割爱。

(2) 叙事宜具体、内容应充实。有人因消息具有简明扼要、篇幅短小、语言简洁的特点,所以将消息写得太概括、太抽象,空空洞洞大而无当的导语之下,是几条干巴巴的“筋”,读者读完了却不知所云。消息虽不似通讯细致、深入地报道事实,但应使受众对新闻人物和事件有较完整而真切的了解,应传达出较具体的新闻信息。

(3) 叙述宜求生动,行文善兴波澜。消息主体内容在要求具体、充实的基础上,还应力求生动。很多人写消息,内容是有,但写得枯燥无味,或是一套死板而难以卒读的

"新闻腔"。我们应"让新闻笑起来",写作手法应灵活多样、富于变化。

消息主体写作应尽量避免平铺直叙,可运用生动形象的描述,灵活多变的手法,和自由灵活的层次、段落。请看下例:

据新华社巴黎8月31日电　英国王储查尔斯王子的前妻戴安娜本地时间8月31日凌晨在巴黎遭遇严重车祸,送往医院后不治身亡。

据悉,戴安娜与其男友埃及亿万富翁之子法耶兹于30日下午来到巴黎。当天午夜,他们在巴黎里茨饭店共进晚餐后,乘坐一辆奔驰600型汽车飞速驶向法耶兹在巴黎的一座私邸,一群摄影记者在途中紧追不舍。戴安娜的汽车加大马力急速行驶,试图摆脱摄影记者,不幸在一处公路隧道里与一根立柱碰撞,造成严重车祸。法耶兹和司机当场死亡。戴安娜及其保镖身受重伤。

车祸发生后,抢救人员立即将戴安娜等人送到医院。负责抢救戴安娜的医生不久宣布,戴安娜在车祸中手臂骨折,大腿受伤并发生严重脑震荡,在抢救过程中因胸腔大出血,于凌晨4时死亡。

法国总统希拉克和总理若斯潘对戴安娜不幸身亡表示震惊。据巴黎警方宣布,车祸发生后,尾随戴安娜的7名摄影记者被带到巴黎警察总署接受调查。

这则消息篇幅不长,但层次清楚,起承转合自然,叙述较生动,行文亦波澜起伏。

2. 结尾

结尾亦是消息的有机组成部分,并非可有可无。虽然不是任何消息都有单独的结尾部分,但好的结尾,无疑对表现事物的完整性和逻辑的严密性、对突出和深化主题,均有重要作用。常见的结尾方式有小结式、展望式、补充式、含蓄蕴藉式、卒章见义式等。

(六)消息的背景材料

狭义的新闻背景,仅指写作过程中涉及的与新闻人物和事件发生、发展相关的历史、原因和环境、条件等方面的材料。广义的新闻背景,则除此之外,还包括对导致新闻事件发生、发展的广阔的时代背景的了解,也包含向记者提供消息、介绍情况的人的背景。

背景材料运用得好,可以解释、烘托和深化主题;可以代替作者的议论而使报道显得客观;可以补充情况、介绍知识、增添情趣。

背景材料在消息中位置灵活,可独立成段,也可穿插于导语、主体或结尾之中。

背景材料主要有三类:

1. 对比性材料

主要通过对比衬托,以突出新闻事实的意义,阐明某一主题、表明某种观点。通过对比,突出矛盾和差异,显出特点和价值。通常有两种情况:其一是纵比,即今昔对比,前后对比。如写农民富裕了，收入增加了，可用如此背景加以突出："十年动乱时期，这里农民的平均收入只有二三十元。不少农民每天的工分只够买一张 8 分邮票。"其二是横比。如同样写农民收入问题，可将东南沿海地区与西部地区进行对比。

2. 说明性材料

它往往是对与新闻事实相关的政治背景、地理背景、历史背景、思想状况或物质条件等情况做介绍和交代，用以说明事物产生的各种因素，揭示事物发生或变化的意义。

3. 注释性背景材料

它往往对产品（物品）的性能特点、科技成果、技术性问题、名词术语、文史知识、风俗人情等进行注释、介绍，以帮助受众掌握消息内容，增长知识和见闻。

第三节 通 讯

通讯与消息相比，是一种详细、深入地报道新闻事实的新闻体裁。

西方传媒中没有我们所说的"通讯"，它们的"新闻专稿"（又称特稿），即"比消息更详尽的新闻"，近似于我国的通讯。

通讯与消息同属新闻体，但有几点区别：从容量上看，通讯容量大，事实详细，一般篇幅长；消息容量相对小些，事实概括，一般篇幅短。从报道对象看，通讯选材相对较严，消息选材范围宽。从结构上看，通讯灵活多变，而消息相对稳定。从表达上看，通讯以叙述描写为主，表达比较灵活自由，而消息以叙述为主。从报道时效上看，通讯不如消息快。

一 通讯的特征

通过以上比较，我们可以看出，通讯的主要特征有三点：

（一）容量大

前已提及，较之消息，通讯可以反映更多、更具体的情况，把事件的来龙去脉交代得更详尽，篇幅可以稍长。

（二）样式多

详见通讯的类型。

（三）写法活

写法活具体又表现为结构的灵活多变，表达方式较消息更自由，语言形象生动。

应该指出的是，有些教材将新闻性、文学性、评论性作为通讯的特征，其实并不准确。首先，新闻性固然是通讯所具备的，但这与其他新闻报道体裁并无相异；其次，文学性也非每篇通讯必备之素质；再者，较之消息，通讯固然在表达方式上灵活自由些，议论、抒情的运用略多些，但通讯毕竟仍以叙述、描写为主，很多通讯并非一律要直接体现“报道者”的意志，而应以客观为佳，故评论性也非通讯之特征。

二　通讯的类型

通讯的类型一般有两种分法。一是按报道内容分，有人物通讯、事件通讯、工作通讯、风貌通讯；一是按报道形式分，有访问记、专访、特写、大特写、新闻小故事、集纳、巡礼、侧记、记者来信等。

（一）访问记

由记者出面登场，以采访活动的过程为主要线索来结构和组织材料。写作时有问有答，现场感较强，而且可以穿插各种背景材料，使通讯有一定深度。

（二）专访

访问记的一种，是就特定的问题、特定的对象进行的专门的访问，内容集中。专访以人物、现场和记者为三要素，突出“专”“访”二字。专访涉及面一般不宜太宽，不应贪大求全。

（三）新闻小故事

或称新闻故事、小故事。其要求一是“小”，二是有“故事”，三是以小寓大。通常反映一人一事，表现一个片段，内容单一、篇幅短小、线索简单，不求写繁多人物，不必横生庞杂枝节，但求精悍、生动。

（四）特写

将生活中某个特定的画面予以放大，集中突出地描绘事件和人物的某些片段、细节和部分，给人以深刻的印象和强烈的感染。

（五）大特写

是抓住社会热点中的事件、人物或现象，对新闻事实做全方位、多侧面的报道，用优美的文笔、新颖的题饰、突出的照片吸引读者的一种报道形式。也有人认为它是深度报道的一种形式。

（六）集纳

把表现一个主题的而又相对独立的小故事或片段事实组合起来，集纳而成为一篇。

集纳中的事实，可以是发生在同一时间的，也可是不同时间的；可以是发生在同一单位、一条战线的，也可以不是。

(七) 侧记

从一个侧面反映新闻事件或新闻人物的通讯。取材自由，不求反映事件全貌、全过程，但求抓住特点，扣紧受众的兴趣点，回答受众普遍关心的问题。写作时往往夹叙夹议，兼谈感受。

(八) 巡礼

边走边看，巡游浏览，很自由地把所见所闻写出来告诉受众。讲求动态感、现场感、亲切感。常用移步换形的方法，有较多议论和抒情。

三 通讯的写作方法

(一) 通讯的主题

正确、深刻、新颖的新闻主题从哪里来？自然来自实践，来自作者对新闻事实及其所处时代的深入了解，也就是许多记者所说的“吃透两头”。“两头”指“上头”和“下头。”“上头”即党和国家在新的历史时期的方针政策等；“下头”即指实际，受众普遍关注的事实。

列宁的夫人克鲁普斯卡娅曾说：“列宁在做新闻编辑工作时，很重视选择那些政治上重要的、为大众所注意的、涉及最迫切问题的主题。”这通常被认为是通讯确立主题的准则。

“政治上重要的”，即指选择和确定通讯主题时，要抓方向性、决策性的问题。也就是吃透“上头”。

“为大众所注意的”，是说确立主题时，应考虑受众普遍关心的问题和事物，急人民所急、想受众所想。即要吃透“下头”。

“涉及最迫切问题的”，是说确立主题时，应提出、回答、解决人民群众最关心的、最紧要的问题，要注意其及时性、指导性和有效性。

通讯主题确立和提炼的方法主要有三个方面：

首先，“站到高处，作宏观分析”。要善于开掘新闻事实的内在本质，站到高处，抓住其所包含的时代精神和普遍意义，将事实放在历史、现实和时代的天幕上来观察、考察，作纵向和横向的宏观分析，显示其意义和价值。《为了六十一个阶级弟兄》《县委书记的好榜样——焦裕禄》《领导干部的楷模——孔繁森》等作品，莫不如此。

其次，“走到低处，作微观比较”。通讯主题的提炼不仅要“站到高处，”发掘事实中蕴含的时代精神和内在本质，还要“走到低处”，作微观比较，将新闻事实和人物作具体细致的观察、考察和比较、分析，发现其特殊性、个性，找到其矛盾和差异。宏观分析等于飞机上看北京城，真是美丽、壮观极了，但仅此还不够，要写出其美丽和壮观，须得下飞机去游历一番。

再次，“变换角度，做多面透视”。就是说在提炼主题时，宜多角度对事实进行观照，全面把握事实的本质特征，然后选择最佳角度来表现。

（二）通讯的结构

通讯的结构方式通常有三种：

一是纵式结构。即按单纯的时间发展顺序、事物发展顺序（包括递进、因果等）、作者对所报道事物认识发展的顺序、采访过程的先后顺序等来安排层次。

二是横式结构。即按空间变换或事物性质的不同方面来安排层次。常见的有：

空间并列式。如新华社记者采写的《今夜是除夕》即属此类。文章开篇之后，分别写了五个地方的人们做着日常工作的情况：在中央电视台——不笑的人们；在长途电话大楼：传递信息和问候；在红十字急救站——救护车紧急出动；在北线阁清洁管理站——“城市美容师”的话；在妇产医院——新的生命诞生了。

性质并列式。即按新闻事实各个侧面之间的关系来安排材料。如《人民日报》1995年4月19日头版头条《浦东，璀璨的“双桥”格局》就是如此。文中三个小标题，分别揭示“双桥”格局的三个侧面：

南浦、杨浦两座桥

基础建设由小到大的跨越

金桥、外高桥两座桥

城市经济功能由低到高的跨越

改革、开放两座桥

城市开发机制由旧到新的跨越

群相并列式。即按不同人物及其事迹组织材料。

对比并列式。将正、反面的人物或事件并列，从对比中见主题。

三是纵横结合式结构。即将纵式和横式结合起来。此结构多用于事件复杂而时间跨度大、空间跨度广的通讯，如《为了六十一个阶级弟兄》等。此结构有纵横交叉式和蒙太奇式两种。

（三）通讯的表达方式

通讯以叙述和描写为主要表达方式。但又不局限于此，可灵活运用多种表达方式和方法。

通讯在表达方式的运用上有自己的个性，即：

叙述的具体性和直接性。通讯因较详细而深入地报道人物和事件，故而叙述不宜如消息一般概括，事实的叙述宜具体、形象、生动。但又不宜过于铺张，不能沓散零乱，不必过于舞文弄墨、转弯抹角。

描写的直观性。通讯是新闻体裁，其描写不能虚拟、想象，不能用花哨的修饰和夸大的形容，而应深入现场、亲眼看见，描写事物或人物的本来面貌，表现出新闻性和现场感。

议论抒情的实在性。文学作品中的抒情，或直抒胸臆、或借景抒情、或托物言志，其情是真的，而景、物和人、事则不必真，即缘情而发、因情设事者多。而通讯之议论、抒情皆须缘事而发，因事生情、情不离事。而且，通讯中抒情、议论不可乱用和滥用，要用在适当处，通常是开头之处做诱导、关节之处做渲染、衔接之处做黏合、结尾之处做点睛。其目的或在揭示本质、升华主题，或在使事实、形象生辉，或在阐明事物之内部联系，或在激发启示读者。

通讯的语言既要准确、简洁，又要生动、形象，文中人物语言应具有实录性，不可妄加虚拟。

（四）几种常见通讯的写作要点

1. 人物通讯

即具体、形象地报道人物事迹、经历的通讯。

人物通讯可写一人，也可写群相；可写人的一生，也可写一个阶段或某个侧面；多写正面人物，如先进人物、英雄人物、有突出贡献的人物等；也可写反面典型；可写大人物，也可写凡人百姓。

人物通讯写作有以下几点尤需注意：

一忌“有人无魂”。即人物的经历、事迹都写了，但不善于选择典型材料、组织安排材料，或不善于透视人物内心世界，不善于站在时代高度对人物进行观照。“人”是有了，但思想感情、性格风貌、精神境界却没表现出来。

二忌“有魂无人”。即作者能站在一定高度把握方向性和时代性，但人物的精神面貌、思想境界表现得空洞、抽象，缺少丰满的血肉，没有具体、丰富而典型的事实，只有“幽灵”而已。

三忌“千人一面”。有的作者在写人物时，难以克服雷同之病，或与自己以前写过的人物雷同，或与别人笔下的形象相似，缺乏个性，没有特色。

四忌“褒一贬百”。不宜用“水落石出”的方法，压低一片，抬高一个，不能故意把群众写得特别落后、矮小，从而突出所写人物的先进、高大。而应用“水涨船高”的方法，处理好“一”与“百”的关系。

五是要写“全人”。主要是要处理好“软与硬”“正与反”的关系。所谓“软与硬”，即指既要写关键性的“大”材料，又不能忽略日常小事、生活琐事的“小”点滴。再伟大的人物也有与普通人生活相同的地方，也要食人间烟火。只有这样，人物的形象才丰满、才真实可信。所谓“正与反”，是指对报道对象作既有“正像”又有“反像”的“全息摄影”。把新闻人物写成没有七情六欲、满口豪言壮语的“神”的做法是不实事求是的写作。把常人写成超人、圣人，把新闻人物写成“高”“大”“全”的人，这不是我们所说的“全人”。如写先进人物坚守岗位、勤奋工作，不要动辄写他父母病危也不回家、妻子难产亦不离岗。“无情未必真豪杰，怜子如何不丈夫。”科学家有了成绩，并非都要走路时还在思考问题，碰到电线杆，然后还说“对不起”；做菜时，也并非都因思考问题而把手表放到锅里当鸡蛋煮。还有，不要写人好则“好绝”，写人坏则“坏透”。

此外，人物通讯还要善于通过人物的行动、语言、心理和典型细节等来表现人物。

2. 事件通讯

事件通讯是详尽、具体而形象地描写新闻事件的通讯。它具有新闻性、典型性、完整性、形象性等特点。一般有一个中心事件，其他人物或事件都围绕这一中心事件展开。

事件通讯以写具有典型意义的正面事件为主，但也有揭露性的事件通讯。

此种通讯虽以写事为主，但同时不能忽略写人，不要见事不见人。

事件通讯的写作应注意以下几点：

(1) 要抓住一个或几个关键性场面或情节来写。

事件通讯一般要再现事件全貌，但又不能从头至尾、事事俱现，记流水账。这就要求在写作中能抓住对事件的表现、对主题的揭示起重要作用的一个或几个关键来写。在写作前，作者就应分析手头占有的材料，是否能满足一篇通讯的需要。一般而言，一篇事件通讯至少应有一至三个骨干性材料。有一个骨干性材料，便可写成一篇小通讯；三个以上，可写中型通讯；多组材料，可写中等篇幅以上的通讯。

(2) 写好事件的高潮。

没有高潮，事件就是“死”的，就是平淡无味的。高潮是矛盾之焦点，是人的思想和行为的“闪光”之处，故应调动多种手法，不惜笔墨，写活写好。

(3) 在写事的同时，写好关键人物。

事件是事件通讯的核心，而事件又终究离不开人。写好关键人物，有助于把事件写活。

(4) 在记事的基础上，恰到好处地点出事件的意义。也要善于寓情于事、寓理于事。

3. 工作通讯

工作通讯是谈工作经验、教训的一种通讯体裁，具有较强的针对性、政策性和指导性。

工作通讯也要反映新闻事实，往往带有现场活动。同时它又侧重于对工作中出现的新情况、新经验、新问题的探讨和研究，这使它区别于一般总结性文章和其他新闻通讯体裁。它与其他新闻通讯体裁相异处在于：要将事实作经验性的概括，对问题发表议论，对矛盾提出解决的办法，有一定的评论色彩。

工作通讯写作的要求有三点：一是要有现实针对性，切合当前工作需要。如社会前进过程中新出现的问题，实际工作中长期积累而未引起注意的问题，长期存在但悬而未决的问题，人民日常生活中经常要注意的问题等，都是有现实性的问题。二是具体、透彻地阐述问题和经验。三是夹叙夹议，有理有据。或用议论作点睛之笔，点出问题之所在，或是运用背景材料同事实对比，进行有说服力的分析，或是作者直接发表意见。无论采用哪种方式，其议论都应力求深入浅出、有理有据。

4. 风貌通讯

又叫概貌通讯，是反映社会变化、建设成就、地方物产、风土人情的一种通讯。

风貌通讯题材广泛，有的侧重于写社会风貌，有的侧重于写自然风貌，有的二者兼而有之。其报道对象，既可是一国一省之类的大题材，也可是一村一店之小题材。其形式也灵活多样，报上常见的有“见闻”“巡礼”“纪行”“侧记”等。

风貌通讯写作的基本要求是：

(1) 抓住特点，突出“新”和“变”。

风貌通讯重写作者见闻，而这见闻又须是新的见闻，能提供新的信息、反映新的变化。因此，着眼于“新”和“变”，写出事物的新情况，揭示事物的新变化，是此类通讯的重要特征。

(2) 善用对比衬托。

要写“新”，要突出“变”，通常运用背景材料，选择事实和数字，作今昔对比，这是较常用的一种手法。有时还可用民谚、故事来衬托事物的变化。

(3) 丰富知识，增添趣味。

风貌通讯常运用历史、地理、文化、科学等方面的知识来增强知识性和趣味性。但也应注意紧扣主题、关联现实、恰到好处、避免冗杂。

(4) 叙论结合，情景交融。

风貌通讯可灵活调动多种表达方式。可以边叙边议，叙论结合；也可写景抒情，情景交融。

第四节 深度报道

深度报道是指完整反映重要新闻事件和社会问题，追踪其来龙去脉，揭示其实质意义和发展趋势的一种高层次的报道方式。

深度报道源于西方，在我国，大致兴起于 1987 年，1987 年被称为“深度报道年”。现在，深度报道发展更趋繁荣和成熟，广泛渗入广播、电视等媒体中，不再为报纸所独有。

不过，必须指出的是，目前一般认为，深度报道并非一种新闻体裁，而只是一种报道的方式。

一　深度报道的特征

（一）重要性

首先是题材重大，其报道对象多为重要的、与受众利益密切相关的事件或问题，或为社会各界关注的热点，多为社会热点透视、大众话题评说。其次是意义重大，富有强烈的现实针对性和时代感，与实际工作和广大受众的需求密切相关。

（二）完整性

其完整性表现在大时间、大空间、宏观的、微观的、多侧面、多角度、全方位，既回顾过去，又剖析现在，也预测未来。

（三）深刻性

它通过对大量的、丰富的材料进行深度加工，有分析、有思辨，也有预测，挖掘新闻背后的新闻，揭示事物（事件）深层的、发人深思的内涵与本质。

（四）综合性

前已述及深度报道并非一种独立的体裁，只是一种报道方式，各种体裁均可作深度报道，多种体裁的融合则更适于作深度报道。深度报道的综合性往往表现为体裁的综合、手法的综合、内容的综合等。

（五）知识性

提供大量背景材料，涉及古今中外各类学科知识，以满足受众需求。

二　深度报道的类型

一般分集合型与单一型（或多篇类与单篇类）两大类型。集合型与单一型又可细分为不同形式。

（一）单一型

此类又可分为综合概括、分析解释、提出问题、典型传播、热点透视、对比揭示等多种类型。

提出问题类。只提出问题，这种问题一般是典型的、有普遍意义的，但又为大众所忽略的问题。文中虽不对问题进行解答，但能引发人们深层次的思考。

综合概括类。对某一方面或某一主题之下的众多事实，加以归纳综合。

分析解释类。对某些较复杂的新闻事实，或新出现的、人们普遍关注而又迷惑不解的事实进行分析、解释，揭示其实质、意义，预测其发展趋向等。

对比揭示类。通过性质不同的两方面事实进行对比，揭示主题。

典型传播类。对工作中的典型经验或教训，进行详细叙述、深入分析。

（二）集合型

即是由多篇报道组成的深度报道。又可分成以下几种：

1. 连续报道

即对新闻事件或新闻人物在一定时间内进行持续的报道，使受众对报道对象和内容有完整、全面而深入的了解。此类报道又有两种情况：

进行式连续报道。往往用来报道正处在发展过程中的事物、处于正在进行时的事件，以事物的连续性和时间的先后为着眼点，不断地发表多篇报道。

反应式连续报道。往往是重要的、典型的事件、人物或问题经媒体报道之后，引起了社会各方面的不同反应，然后再将这些反应报道出来。

2. 系列报道

即从多个侧面、多个角度、不同层次，运用多种报道体裁和形式反映同一重大新闻事件和新闻人物。它不是着眼于时间性和连续性，而是重在深入解剖、深刻透视。

3. 组合报道

即围绕同一主题、同一主线、同一问题，将内容不同、形式和体裁不同、来源不同的新闻稿件编排组合在一起（同一版面上），从而形成强势，使报道深化、立体化。

三　深度报道的写作方法

（一）选择重大题材，确立重大主题

深度报道一般要选择重大的题材，不论单篇式还是集合式，往往都是涉及国计民生的重大问题、社会生活的迫切问题、人民群众普遍关注而又迷惑不解的问题等等。多为社会中的热点、工作中的重点、受众关注的焦点。

通过重大题材的选择，对新闻事件、人物或问题进行多角度、全方位的分析解剖，从而揭示出重大的主题。

如 1987 年 5 月，大兴安岭特大火灾震惊了全国。100 多名记者冲破重重阻挠，奔赴火灾现场采访，一改过去简单化地将“丧事”当“喜事”办，往往把灾情与错误变成“歌德”报道的做法，对火灾事件进行了全面的揭示。《中国青年报》先后发表了《红色的警告》《黑色的咏叹》《绿色的悲哀》三篇连续性的报道，从引起火灾的表面原因（“厄尔尼诺”现象与“职工违反操作规程”）到火灾背后的官僚主义弊端，进行了深层次的揭露。

（二）全方位的透视，多角度的考察

前已述及，深度报道既表现大时间、大空间，又是宏观、微观兼备，还注重多侧面、多角度、全方位的考察和透视。它与其他新闻、通讯体裁有相同之处，但又有其突出的个性。它要求对新闻“六要素”中的“why”和“how”进一步深化，重在“以今日的事态核对昨日的背景，从而说出明日的意义来”。但在“when”上，既要说明现在，又要追溯过去，还要预测未来；在“where”上，既要报道现场情况，又要兼顾其空间的延伸和波及；在“who”上，既要采访当事人、目击者，又要采访其他直接间接的有关人员；在“what”上，既要撷取典型的、关键性的材料，又要搜集丰富的有关新闻事实的其他细节。

因此，深度报道是全面的、完整的、动态的、立体的反映。写作时应忌片面、零碎、静止和平面化。

（三）表达自由灵活，语言风格多样

深度报道与一般新闻报道在表达方式上也有不同。它既有直接叙述，又有主观议论，通常夹叙夹议、边述边评，可用思辨性的语言揭示事物的本质，也可用抒情性的议论发表作者的见解。但也不宜过分地表现主观意识，更不能用议论代替事实。

在语言上，深度报道既要求准确、朴实，又追求生动、形象；既可写得庄重严肃，又可写得轻松活泼。语言风格可以多样化。同时，应避免追求庄重严肃而“面目可憎”，追求轻松活泼而变得“花里胡哨”。

最后，深度报道篇幅一般稍长。但也并非都要写成长篇大论，可大、中、小结合、并举。深度报道之兴起，从某种程度上说，是新闻之求新、求快、求短，使得有深度、厚度和有影响力的作品不多的缘故。短而空不好，但片面追求虚假的“全”和“深”，搞“假、大、空”的深度报道，也是没有必要的。

第五节　新闻体案例分析

一　消息写作案例

［A］　　　　北京冬奥会抵离工作启动小闭环管理

今天(1月4日)，北京2022年冬奥会开幕进入倒计时1个月，北京冬奥会的抵离工作进入小闭环管理阶段，首都机场也正式开始按照赛时标准保障涉奥人员进出北京。

4日零时，从日本东京成田机场起飞的JL8681次航班在首都机场落地。这架仅载有两名涉奥人员的航班，成为抵离工作进入小闭环管理后抵达北京的首架涉奥航班。

首都机场是境外涉奥人员进出北京冬奥会三大赛区的唯一通道，机场运行团队指挥部则是指挥、调度涉奥人员进出北京的“大脑”。为了保障运动员、教练员、裁判员、技术官员以及来自世界各地的持权转播商和媒体等涉奥人员安全快速进入北京，冬奥组委抵离中心以及机场运行团队制定了周密的方案。从1月4日开始，各相关保障单位已经按照赛时保障要求投入运行，其中包括海关、边检等联检单位，包括航空公司、地面代理、机场等驻场单位，还有冬奥组委的物流、交通、注册等业务领域。

涉奥人员在飞机落地后直至离开机场的所有流程都将在T3D航站楼完成。流程包括：填报健康申明、无接触测温、核酸样本采集、办理边检入境手续、手提行李申报查验、冬奥证件激活、认领并提取托运行李。

机场运行团队场馆运行中心经理王艳玲介绍，随着今日首架涉奥航班落地，首都机场的保障工作正式拉开了帷幕。旅客进入T3D航站楼之后，会首先经过健康声明环节，验核海关健康声明二维码之后，会经过无接触测温通道进入到我们的核酸样本采集区域，涉奥人员无须等待核酸检测的结果，可以直接进行边检手续的办理。特别是从今日零时开始，涉奥人员可以持注册卡来办理相关入境手续。涉奥人员携带比较大型的行李，比如雪车、雪橇这些体育器材，在这可以交给物流团队，直接运往场馆和打蜡房。旅客仅需携带他的随身行李登上班车到达驻地。

据了解，抵离工作小闭环管理的时间是从1月4日到1月20日，从1月21日开始将进入官方抵离时间。

【简评】

新闻消息价值的大小在于其所呈现新闻的受关注程度的高低，本文所报道的新闻与备受关注的北京冬奥会和当下的新冠疫情有关，新闻价值突出，简洁的叙述中将新闻事件的相关细节完整呈现出来，使一般民众了解了冬奥会的防疫具体举措。

[B] 教育部：脱贫家庭辍学学生今年持续保持动态清零

人民网北京2021年12月29日电（记者孙竞、李依环）记者今天从教育部举行的新闻发布会上获悉，今年以来，教育部巩固拓展义务教育有保障工作成果，脱贫家庭辍学学生持续保持动态清零。

会上，教育部发展规划司司长刘昌亚介绍，教育部持续巩固拓展义务教育有保障工作成果。组织开展开学季专项行动，建立“一生一表”工作档案，督促各地持续做好劝返复学工作，坚决守住义务教育有保障特别是控辍保学的“底线”。今年以来，脱贫家庭辍学学生持续保持动态清零。

刘昌亚指出，教育部以精准资助促精准控辍，学生资助管理信息系统实现了与民政、乡村振兴等部门的数据全面实时比对。同时，继续实施义务教育薄弱环节改善和能力提升项目，发展“互联网＋”教育助力乡村教育均衡，全国义务教育基本均衡已经全面实现。

此外，教育部深入推进乡村教师队伍建设，县域内义务教育学校校长教师交流轮岗进一步常态化，持续提升农村学校办学能力和教学质量。在巩固深化推普工作成果方面，“学前学会普通话”行动惠及43.6万名彝族学前儿童，“童语同音”计划完成师资培训1.6万人次。

刘昌亚表示，下一步，教育部将继续守住底线任务，保持义务教育有保障的主要举措和帮扶政策总体稳定，加强动态监测，推进控辍保学从动态清零向常态清零转变。

【简评】

脱贫家庭辍学学生动态清零是事关民生的重大利好制度措施，本文对从教育部新闻发布会上获得的信息进行重新组织叙述，对此前“清零”的成果进行追述，并引用相关负责人的话语呈现了该措施未来的计划与前景，言语简洁而关键信息已包揽无遗。

二　通讯写作案例

[A]

王崇伦抓豆腐[①]

陈坚发

在中共哈尔滨市委副书记王崇伦办公室的墙壁上，挂着一幅别具一格的哈尔滨市地图。图是用文字标明的，不是什么重要建筑物，而是分布在全市的所有豆腐生产车间。

全国总工会副主席王崇伦是去年8月到哈尔滨兼任市委副书记的。市委分工他负责全市的财贸工作。他就把"抓豆腐"作为自己的一项重要任务。

近十几年来，哈尔滨市群众爱吃的豆腐一直供应短缺。有关部门每年收到许多批评信，而"吃豆腐难"的问题却仍然年复一年地得不到解决。王崇伦一上任，市委第一书记文敏生在向他介绍情况时就建议他先抓好豆腐的生产和供应工作。王崇伦听了介绍，心里激动起来：怎么能让生活在"大豆之乡"的人吃豆腐那么困难！第二天，他就一步跨进了豆腐坊。

整整两个多月，王崇伦清早起来走访豆腐供应站，夜晚出入在各个豆腐生产车间。他一边调查，一边解决豆腐生产和供应中的一个个具体问题。

豆腐生产能力太小，是"吃豆腐难"的一个重要原因。全市29个豆腐生产车间中，有13个车间的锅炉"老掉了牙"，严重影响生产；有一个车间安装着一条效率很低、浪费大豆严重的"豆腐生产自动线"；有的豆腐车间厂房太旧，也影响生产。

王崇伦一一调查清楚后，立即向市委汇报。在市委的支持下，更新了8台旧锅炉，翻修车间厂房的领导小组也在他的过问下成立了起来。他又组织技术人员改装了那条"豆腐生产自动线"。还把一个别的车间改造成生产豆腐的车间。

豆腐的产量上去了。为了提高豆腐质量，王崇伦又和有关部门的同志一起，到车间摸索泡豆、磨浆、过箩、煮浆、点脑、压型等六个生产环节的"优选法"，总结推广了在这方面搞得比较好的南岗豆制品厂的经验，建立了标准化的工艺操作规程和质量检查制度，还组织职工选举出18名生产经验丰富的车间主任，做到每个车间都有两名主任轮流值班，严格把住了质量关。

生产车间布局不合理和供应网点少，是造成豆腐供应紧张的另一个原因。王崇伦与市有关部门的领导同志一起，走街串巷，帮助开办起一个又一个新的豆腐供应点。

今年一月下旬，在市委大楼的会议室里，开了一个别开生面的会。十几名从未迈进过市委大楼的"豆腐匠"，接受王崇伦的邀请，前来座谈豆腐生产的发展前景。王崇伦泡满一杯杯清茶，热情地招待他们。短短几个月里，王崇伦在雾气腾腾、又湿又热的豆腐生产车间里，已和他们中间的许多人交上了朋友。这些做豆腐的师傅在会上提出的一些建议，后来逐步得到落实。全市豆腐行业还提拔了一批豆腐技师。

现在，哈尔滨市平均每人每月吃豆腐量，已居全国各大城市之冠。

【简评】

这是一条出色的人物通讯，发表后曾产生了广泛的社会影响，有几位中央领导同志表扬了王崇伦的实干精神，"王崇伦抓豆腐"一时传为佳话。

它的主要特点有：

---

① 选自《中国优秀通讯选》，新华出版社1985年版。

一是针对性强。这篇稿件发表在这样一个时刻:十一届三中全会以后,许多方面的工作都取得了很大成绩,但另一方面,在转变干部作风,扭转社会风气方面还有许多工作要做,群众对现实还有许多不满意的地方。此文抓住了这方面的问题,通过王崇伦抓豆腐这件事,通过王崇伦这一典型人物来提倡实干精神,针对性极强。

二是缘事显人,主题集中。文章没有面面俱到地写王崇伦担任市委书记后的全面工作,而只集中写他的一件事,即怎样抓全市的豆腐生产,改善哈尔滨市的豆腐供应。通过这一件事来显示人物,是一种典型的缘事显人的写法。王崇伦曾是劳动模范,当时是全国总工会副主席,他到哈尔滨兼任市委副书记,主管财贸工作,要写他,自然有很多事可写。但作者没有把面铺得那么开,克服了有些人物通讯贪多求广、贪大求全、面面俱到,动辄洋洋数千言的弊病,只通过一个典型事件来表现典型人物,展示人物的某个侧面。材料集中、主题集中,给人的印象很深刻。

三是用事实说话,没有什么议论,使报道内容显得客观、真实、可信。

四是语言简明、准确、朴实、清新。

[B]

夜宿车马店①

新华社记者　刘云山

内蒙古自治区土默特右旗今年获得好收成,粮食总产比去年增长二成;油料总产比去年增长七成多。农村的繁荣,给集镇也带来了兴旺。不久前的一个晚上,记者来到这个旗萨拉齐古镇的车马店投宿,生动地感受到了社员们丰收的喜悦。

记者在暮色苍茫中来到车马店的时候,老远就听到里面传出庄户人爽朗的笑声。进店一看,宽敞的院子被进城来卖粮卖油的车辆挤得水泄不通。店堂里灯火通明,满屋子的人拉呱得挺热火。

车马店的老炊事员周二旦一边飞动着菜刀,一边乐呵呵地说:“俺在店里干了十多年,天天跟庄户人打交道。过去庄户人眉头上挽着疙瘩,如今,个个膘得脸上放光。那些年住店的,多数人拿的是红(高粱)黄(玉米)面窝头,舀两碗开水就着吃;现在可不一般了,拿着白面馒头还嫌不顺口,还要到街上买块豆腐割斤肉,打二两白干。人家就图那个美气哩!”

“那算啥美气!”坐在菜案旁的一位叫贾满贵的瘦高个老汉有点不服气地说,“上一次到城来卖公粮,俺把儿媳妇、小孙孙、老姑娘一齐拉了来,饭馆里的烧卖、馅饼、锅魁,娃娃们想吃的都尝遍了。服务员一算账,俺一次掏给他十几块。俺今年一家打了一万斤粮食,八千斤油料,光卖给国家的粮食、油料就是一万斤,进钱三千五百块,那场面才叫美气哩!”

“贾大个子,如今你肚圆了、兜鼓了,可前几年记得你进城拉返销粮时,在店里光吃点窝头。”服务员丁大叔“揭底”了。

这时,来自黄河边上十六股村的青年后生高兴宽接上话茬:“过去队里年年不分红。有次俺爹进城,说要领俺去开开眼。到了街里,一不敢进商店,二不敢进饭店,兜里空空,怕看了眼馋。这回俺进城,一次就卖了三千多斤油料。”说到这里,高兴宽拍拍自己鼓囊囊的上衣口袋。“小伙子买啥好东西了,叫众人看看。”不知谁这么说。高兴宽倒实在,打开一个大大的包袱,里边全是衣服,都是时兴货。

满屋子的人好像都是老熟人,越谈越起劲,越拉越高兴。车马店的火坑似乎也烧得分外热,

① 选自《人民日报》1981年12月12日。

更显得店堂里温暖如春。

【简评】

这是一篇很好的风貌通讯。

它在写作上有以下几个突出的特点：

一是成功地运用了对比手法。文章一共七段，除了第二、七两段，几乎段段有对比。首先，导语一开始就是对比："内蒙古自治区土默特右旗今年获得好收成，粮食总产比去年增长二成；油料总产比去年增长七成多。"第三段中通过老炊事员周二旦的话，做概括对比。"过去庄户人眉头上挽着疙瘩，如今，个个膘得脸上放光"，"那些年住店的，多数拿的是红（高粱）黄（玉米）面窝头，舀两碗开水就着吃；现在可不一般了，拿着白面馒头还嫌不顺口"。第四、五段通过贾满贵的自夸和丁大叔的"揭短"，从"吃"的方面作具体对比。第六段通过青年高兴宽的话，从"穿"和"用"方面对比。过去队里不分红，兜里空空，进城也只是"眼馋"而已，没钱买东西，而现在却可以买大包的"时兴货"。通过这些对比，具体生动地反映了实行责任制以后农村的深刻变化，而且，在对比中，现实的情况叙写较多，过去背景的介绍少而精，更好地、更有力地突出了"新"和"变"。

二是运用了朴实、自然的具有地方色彩的语言。如"满屋子的人拉呱得挺热火"，"眉头上挽着疙瘩"，"个个膘得脸上放光"，"那场面才叫美气哩"，"肚圆了、兜鼓了"，等等。这种语言的运用，增强了文章的形象性、生动性，同时也加强了通讯的亲切感和真实感。

三是直接而强烈的现场感受和印象。风貌通讯的写作有两个方面需要注意，一是必须有记者的实地观察和真见真闻，二是必须有作者的直接感受和现场印象。此文可见出作者的深入实际的采访，文中没有抽象化、概念化的交代和空洞的叙述，多是生动、具体的叙述和描写，读来如临其境、如闻其声，有直接的现场感受和强烈的现场印象。

三　深度报道写作案例

当今孩子最缺少什么？

（1993 年 1 月 4 日，新华社记者朱玉。下摘每段提要）

第 1 段：一位外国教育家看到中国孩子在秋天就穿上比爷爷奶奶的衣服更厚的衣服，深为中国的未来担心。

第 2 段：他的忧虑不无道理。

第 3 段：在内蒙古举办的锻炼野外生存能力的中日少年夏令营，日本孩子名额爆满，中国孩子一个没有。

第 4 段：不少大学新生由家长护送到校。

第 5 段：某香港歌星在北京举行演唱会时，孩子在室内欢乐，父母在寒风中等候。

第 6 段：现实生活中，父母遮挡风雨，孩子过了 18 岁生日还在双亲羽翼下饭来张口的现象比比皆是。

第 7 段：可敬的父母，你的孩子最缺少的是什么？

第 8 段：不妨听听孩子的心里话。

第 9 段：北京 10 所重点中学 60%的学生认为自己经不起挫折。

第 10 段：北京教育学研究会对 1 722 名青少年调查发现，1/3 的中小学生、42.5%的大学生回答说，他们遇到失败打击时承受力“一般”或者“顶不住”。

第 11 段：这是过于优裕的生活环境造成的。一旦孩子在社会上遇到挫折，就会束手无策，心情压抑。杭州市一项调查表明，13.76%的初中学生、18.79%的高中学生和 25.39%的大学生存在心理卫生问题。

第 12 段：北京师范大学一位教授认为，知识水平、驾驭知识的能力和适应社会的能力三者缺一不可。家长应关心子女的意志品质。

第 13 段：要牢记古人关于逆境成才的告诫。

第 14 段：一批事业有成的知识青年得益于当年的艰苦磨炼。

第 15 段：苦难既能埋葬人，也能使人新生，就看如何对待。

第 16 段：全国十佳少先队员边荣唐自幼历尽艰辛，但连年被评为“三好学生”。

第 17 段：他的不幸又何尝不是生活的厚赐？

第 18 段：这里强调的是苦难潜藏的“磨刀石效应”。

第 19 段：日本阳光幼儿园要求孩子们在园中一年四季只穿短裤。

第 20 段：北京一位母亲在公共汽车上谢绝别人为她的五岁女儿让座。

第 21 段：在逆境中艰苦奋斗是一切自立于世界民族之林的民族共同的传统。八旗子弟破落的教训可为前车之鉴。

第 22 段：当中国置身于世界的大舞台时，时代迫使我们在培养人的素质和精神上未雨绸缪。

【简评】

这篇深度报道有以下几个特点：

一是题材的重要性。这篇报道涉及的是当今孩子的成长问题，它是关系到中华民族的成败与兴衰的重大问题。

二是主题的深刻性。记者对所写的题材开掘得相当深刻，对各种现象作了细致入微的观察，采访的面相当广泛。写作中，又善于通过纵横联系对比、引用确切数据与权威论证对主题作透辟的分析，剖析深刻，材料翔实，论证有力。

三是文章条理清晰，层次分明。导语部分用归纳的方法，列举几个各有特色但本质上互有关联的具体事例，用轻松而带有描写性的笔法，勾勒出一幅令人担忧的图景。在第六段中，又对上述事实加以概括，然后提出关键性问题：当今的孩子最缺少什么？使文章内容向主题——当今中国的青少年缺乏意志上的磨炼——过渡。文章接着引述了北京教育研究会的调查结果、杭州的调查结果、心理学家的论证、古圣先贤的告诫、下乡知青的回忆、十佳少年的经历等反复说明生活上的艰苦、意志上的锻炼对青少年成长的重要作用。然后又用“日本阳光幼儿园要求孩子们在园中一年四季只穿短裤”和“北京一位母亲在公共汽车上谢绝别人为她的五岁女儿让座”这两个事例，来证明做父母的应当采取的正确态度。

当然此文也有不足之处。如文章起始部分所用的几个事例，尚欠典型性。实际生活中，部分青少年由于娇生惯养、缺乏锻炼，面对成长中的困难和挫折束手无策的事例，比这几个例子更具典型性;又如文中提及下乡知识青年的部分也不太具体、不太典型,应选择更有说服力和表现力的例子,来论述逆境成长的道理。还有,文章采用散文笔法,虽然较自由,可以灵活运用抒情的表达方式,但有些部分,特别是一些关键的议论,像最后的结尾,如引用权威人士的话来表述,效果会更好。

四　新闻体的思考、讨论与练习

(1) 新闻写作有哪些基本要求?

(2) 为什么说真实是新闻的生命? 你怎样理解新闻的真实性? 如何杜绝失实报道?

(3) 怎样理解新闻的“用事实说话”? 怎样做到“用事实说话”?

(4) 从报刊上找几篇典型的消息,分析其结构形式。

(5) 通讯和消息有哪些区别?

(6) 从报刊上找几篇典型的通讯,分析其写作上的特点。

(7) 下列标题都存在某些问题,请试做修改。

① 一个在奥运会上夺标使用的签满女排名字的
排球成为历史文物

② 人口教育进入中学课堂
我省四所中学开设人口教育课

③ 泄密受贿　罪恶严重　国法不容
张常胜被依法判处死刑立即执行
叶之风被依法判处有期徒刑十七年

④ 中国代表前不久在日内瓦联合国人权委员会议上指出
强权政治和霸权主义是
对民族自决权的最大威胁

(8) 修改以下导语:

① 在山沟工作36年的沈阳军区后勤某仓库主任胡玉臣,不慕功名,不图享受,一心扑在事业上,多次立功受奖,被原沈阳军区后勤部树为“老基层标兵”。考虑到他的身体状况和长期与妻子分居两地,上级多次要将他调往城市部队和机关,他都婉言谢绝。许多人不解地问:“都50多岁的人了,图个啥?”他深情地说:“我什么也不图。我之所以要这样,一是恋这座库,二是恋这群人,三是恋这片山。”

② 本报讯　昨天一场少见的大雾,使上海的主要公共交通陷于困顿达四五个小时。探亲访友的,赶去节日加班的,急病送医的……无数人被“锁”在途中;然而,在迷雾期间,全市没有发生一起交通伤亡事故! 至今日凌晨零时三十分,本市两个隧道口的近

10万人得到疏通,上千辆次汽车、上万辆自行车安全通过,公交、轮渡恢复正常。凌晨一时,在延安东路隧道口忙了好一会儿的倪天增副市长望着公交车有秩序地将乘客一批批送过江,对记者说:"要感谢上海的公安干警、武警、解放军指战员和公交隧道管理所的职工!"

③ 本报讯 欢声笑语之中,一位少先队员向陈沂同志献上一束鲜花。而他,随即把花献给了上海纺织轴承一厂工程师朱巧根。这位利用业余时间为社队工业发展立下汗马功劳的老工程师,昨天(11日)和18位教授、高级工程师、工程师及科技人员一起,受聘担任了罗南公社工业总公司董事。在郊区成立工业总公司董事会,宝山县罗南公社是第一家。

(9) 采写消息、通讯各一篇。

第七章　理　论　体

感觉到了的东西，我们不能立刻理解它，只有理解了的东西才更深刻地感觉它。感觉只解决现象问题，理论才解决本质问题。

——毛泽东

理论体是人们用来分析事理、探求事物的本质和规律、直接表明对事物的认识和看法的实用类文体。社会评论、文艺评论、学术论文等皆属于理论体。理论体写作的核心问题是抽象思维的能力问题，要学会运用辩证思维的方法提出问题、分析问题并解决问题，要遵循逻辑思维的规律，通过实事求是的具体分析和有理有据的充分论证达到“以理服人”。

第一节　理论体概述

一　理论体的界定与作用

（一）理论体的界定

理论体是理论类文体的简称。这类文体与人们常说的“议论文”有着相当密切的关系。为什么我们不用“议论文”这一为人们所熟知的概念，而要用“理论体”这一新的文体概念？作为立足于表达方式而对文章进行分类的产物，“议论文”之类概念虽然揭示了文体的某些特征，但同时也混淆了另一些也许更为本质的特征，比如文学类文体与非文学类文体的本质差异就在这种分法中被完全淹没了。一篇散文，有以记事为主的，有以描写为主的，有以议论为主的，有以抒情为主的，是归入哪一类还是分拆为四类？既然以议论为主要表达方式的就是“议论文”，那么是否涵盖文学文体中以议论为主的散文甚或诗歌？是否包容应用文体中同样以议论为主的关于重大问题的决定、决议？显然，表达方式并不能反映（起码不能独立反映）文体的本质特征。在业已认识到这种分类法的局限性的今天，我们再沿用“议论文”这样的概念就很不合适了。

理论体概念的提出，是综合了诸多文体特征的结果：从思维方式到表达方式，从语体风格到社会功用。也正是从这些方面，我们可对其做出这样的界定：所谓理论体，就是指以抽象思维为主要思维方式，以议论为主要表达方式，以分析事理为旨归，具有强烈的思辨色彩而直接作用于人的思想认识的一类文体，主要有社会评论、文艺评论、学术论文等。

基于此，议论型散文或哲理诗皆明显不属此列，因为其主要思维方式无疑是形象思维；而应用体中那些有关重大问题的决定、决议，尽管也以议论为主，但多的是结论性论断，只直接表明观点，少的是过程性论证，不做多少具体分析，不具备理论体独有的语体风格——强烈的思辨色彩，因而同样不属于理论体。特殊的是杂文，抽象思维与形象思维并重，议论与描写兼用，既有强烈的思辨色彩，又不乏文学的审美意味，它既可归入理论体，也可归入文学体，因为它同时具有两类文体的质的规定性，就像报告文学同时具有新闻体和文学体的双重属性一样。

（二）理论体的作用

1. 对社会传播而言，理论体是判断是非、评析得失、探求真知、直接交流思想的重要载体

如果说新闻体所传播的是于“第一时间”直接取自现实生活的原初形态的感性信息，那么理论体所传播的则是“第二时间”从各种社会现象中抽象出来的知性信息；如果说应用体是应“用”而发，以满足人们日常工作、学习、生活中的实用性表达需求，旨在解决客观问题，那么理论体则是论“理”而发，以帮助人们从感性上升到理性，旨在解决主观认识问题；如果说文学体是人们试图重构并超越现实生活的载体，那么理论体就是用来解析并能动地驾驭现实生活的载体。在诸多信息交流方式中，理论体总是立足于理性思维成果即思想的直接交流，总是旗帜鲜明地阐明对事物的看法，或论是斥非、扶正祛邪，或评析得失、判断正误，或探求真知、澄清真伪，在思想理论建设中发挥着主导和核心作用。

2. 对写作受体而言，理论体是把握事物本质与规律、提高思想认识水平和理论素养的主要媒介

作为写作传播活动的受体，读者对不同文体的接受预期是不一样的：对应用体，人们是带着“应对”心理去阅读的，要弄清作者的实用性意图并根据这意图准备相应的实施性措施，或付诸行动，或做出答复；对新闻体，人们是带着满足“新闻欲”的愿望去阅读的，关注的是又发生了什么事，由此去了解世界，把握社会的脉搏，融入生活的主流；对文学体，人们是全身心放松了去阅读的，期望走进一个全新的艺术世界，去享受审美阅读的情趣，陶冶情操，调节生活，提高文学修养；而对理论体，人们则期待着从中得到理

性的启发和指导，学会透过现象看本质，学会从零散的事实中寻找联系，发现规律，以便更深入地认识事物、把握世界。可以说，直接帮助读者提高思想认识水平和理论素养，是理论体最突出的作用之一。

3. 对写作主体而言，理论体还是锻炼和提高思维能力、直接促进思维智慧的有效工具

任何文体的写作都离不开写作主体的思维能力乃至思维的智慧。思维能力包括对事物的分析与综合能力、抽象与概括能力、比较与鉴别能力。思维能力发展到一定程度，则表现为思维的智慧，体现出善于提出问题的深刻性、解决问题的独创性，以及反应的机敏性和展开的逻辑性。没有这些，作为创造性精神生产活动的写作是无法进行的，连写作原料的价值取舍都想不清楚，遑论其他。另一方面，任何文体的写作，又都能反过来锻炼和提高写作主体的思维能力，促进思维的智慧。因为正是写作，能借助于文字符号使思维的成果固定下来，使得原本像空气一样弥漫无序、难以控制的思维得以清晰、有序、步步深入地进行。但毫无疑问的是，在所有文体的写作中，对思维能力的锻炼与提高最直接最有效的还是理论体的写作，因为始终伴随它的是抽象思维，是系统的分析与综合，是严密的逻辑性。理论体的写作总是面对问题进行的，起点是从各种现象或材料中发现并提出问题，终点是就解决问题提出看法，自始至终都在呼唤着、培育着写作主体分析问题的能力。显然，在这一作用上，在锻炼和促进思维的直接性、贯穿性和持续性上，其他文体是难以比拟的。

二　理论体的特征与分类

（一）理论体的特征

1. 抽象思维的贯穿性

抽象思维是理论体的主要思维方式。换句话说，理论体是完全建立在抽象思维基础上的，尽管其中也会渗进其他思维方式。理论体始终离不开概念、判断、推理等逻辑思维形式的使用，更始终离不开分析与综合、抽象与概括等逻辑思维方法的运用。从问题的发现到本质的揭示，它必须通过具体的分析来展开；从观点的提出到得出结论，它必须进行合乎逻辑的推理和充分的论证，否则就站不住，就不能令人信服。

文学体的思维方式与理论体有质的差别，这是不言而喻的。新闻体则既不同于理论体的抽象思维，也有别于文学体的形象思维，而是介于两者之间的一种具象思维。既然新闻体的立足点是在“报道新近发生的事实”，那就肯定不必依赖概念、判断、推理之类来进行，也无须借助于文学体的艺术想象与联想或典型化手段去展开。但由于其在思维活动中一般也不脱离具体的形象，因而更接近于文学体的思维方式，只是

两者思维中的“具体形象”有虚实之分，故新闻体的思维只是一种“准形象思维”，即“具象思维”。

应用体的思维方式较为复杂，抽象思维与具象思维常常交叉在一起，甚至相当一部分应用体也是以抽象思维为主要思维方式的。但即使如此，区别也还是很明显的，理论体的抽象思维具有贯穿性，一来伴随着理论体写作过程的始终，二来从逻辑形式到逻辑方法都能得到充分的运用；而应用体却缺乏这种贯穿性，它运用概念、判断，却常常舍弃或淡化推理，它离不开抽象、概括，却往往跳过具体分析，因为其出发点是为“用”而发，只要接受对象明了“用”意即可，不必为“何出此意”而多加思考。可见应用体的抽象思维仅仅是一种有限度的、不彻底的抽象思维，特别是弱化了具体分析这一抽象思维的核心，故充其量也只能称之为“准抽象思维”。

抽象思维的贯穿性是理论体最本质的特征，其他特征都是由此派生而来的。

2. 议论方式的系统性

议论，作为最基本的表达方式之一，几乎所有文体都可能用到，但在文学体和新闻体中，议论从来就不是主要表达方式，偶尔用到也大多只是画龙点睛式的两三句点评，不成系统，更无独立性，总是在叙述、描写等基础上进行的。当然，这是就整体而言的，具体文体又当别论，比如近来较为兴盛的文化散文，其议论成分就相当大。但即使大到覆盖全篇，也仍然不能构成一种独立的议论系统，因为它不仅离不开对具体对象的描写与叙述，而且它诉诸读者的是一种文化感怀，本质上其作用方式仍然是文学体的感染，而不是理论体的说服，其表达方式既不必也不能采用系统论证的方式，否则就不合“体”了。

理论体的议论是一种系统的议论，这种系统的议论应具备三个要素：论点、论据和论证。这种议论总要对问题提出明确的主张和看法，这就是论点；论点要让人信服，就得有证明的理由和根据，这就是论据；论据与论点之间的逻辑联系，还得靠论证来揭示，论证就是用论据来证明论点的过程和推理方式。三要素是一个相互联系的动态的系统，其核心是论证而非论点。表面上看，论证及论据都是为论点服务的，实际上离开论证这一沟通论点与论据之间逻辑联系的桥梁，论点与论据就成了互不搭界的孤立的存在，就不能构成一个有机的议论系统了。

任何文体中的议论都不具备理论体的这种系统性，包括应用体中那些以议论为主的文体，因为那种议论的着眼点仍然是“告知”，只是从事情的告知转为观点的告知，只要将主张与看法说明白了就行。即如决定、决议，皆属上级对下级使用的，自有法定权威在，根本用不着广泛搜集论据大加论证。

3. 语体风格的思辨性

理论体所追求的既不是新闻体的以事引人，也不是应用体的以事喻人，更不是文学体的以事感人或以情动人，而是迥异于它们的以理服人。“服”是说服、征服、信服。要让读者接受自己的观点，就得靠有理有据的充分论证去说服读者，靠严密的逻辑性去征服读者，靠实事求是的具体分析让读者信服。旁征博引，从古今中外任一范围抓取相关材料作为论据为我所用；驳难辨析，从正反内外不同角度交叉展开全面议论；理性的判断，强有力的推理，充满思维张力的措辞，不可阻挡的气势，这一切交相融合在一起，呈现出一种强烈的思辨色彩。这种强烈的思辨色彩，正是理论体独有的语体风格，也正是理论体吸引读者的独特魅力所在。

不同的文体具有不同的语体风格，而能够引起阅读快感的恐怕只有文学语体和理论语体。含蓄生动的文学语体自能引起读者审美品味的快感，而思辨语体却能让读者在阅读中产生思想的共鸣效应和感受语言承载力度的快乐体验。应用体与新闻体都倾向于语言表达的简明平实，既缺乏耐人咀嚼的审美意味，也缺少激荡思维的表现力度，当然很难有什么阅读快感了（即使有，也基本上不是来自语言的）。

（二）理论体的分类

同其他文体一样，有不同的标准就有不同的分法。根据论证方式的不同，理论体可分为立论与驳论两大类，其中以证明为目的即以立为主的叫立论，以证伪为目的即以破为主的叫驳论。根据所论内容的不同，则可分为政论、思想评论、新闻评论、经济评论、文艺评论、体育评论等。前一种分法完全符合叶圣陶先生在《作文论》中提出的分类原则，即“一要包举，二要对等，三要正确”，但毕竟太粗了，既不便于学习掌握，也不大实用。后一种分法倒是很细，但第一难以做到“包举”，第二也并不“对等”。比如学术论文，按所论内容就很难给它定位，因为所有方面都在其论及范围；而政论或思想评论与新闻评论之间也存在交叉现象。

因此，有必要换个角度进行分类，使之更科学，更实用。这就是按理论体的理论层次和表现形态，将其分为这样四大类：

(1) 社会评论：这是一种初级形态的理论体，评论对象涉及政治、经济、思想、文化等各种社会现象，面对的读者是社会大众，所追求的不是理论的深度或新度，而是基于已有理论作出的一种是非判断。

(2) 文艺评论：这是一种专业形态的理论体，评论对象仅限于各种文艺现象，面对的读者主要是文艺工作者，兼及社会大众，所追求的是得失判断及理论的实践指导意义（包括创作与鉴赏实践）。

(3) 学术论文：这是一种高级形态的理论体，论及对象同样包括社会的各个方面，但专业性更强，是面向各学科领域进行科学研究和表述研究成果的载体，面对的读者是高层次的学术群体，所追求的是真伪判断，是理论的深度与探索的新度。

(4) 杂文：这是一种边缘形态的理论体，从评论的对象到面对的读者皆与社会评论一致，不同的是它兼有文学体的特征，抽象思维的内核披上了形象思维的外衣，议论与叙述、描写等交叉糅合而变形为一种形象化的议论，刻意追求的是是非判断的说服功能与艺术感染效果的有机统一。

本章只选讲两种代表性的文体，即社会评论与文艺评论。

顺便指出的是，新闻评论是新闻界的一个专用概念，其内涵相当复杂。从所评内容看，就既有政论、思想评论，又有经济、文化、体育等业务方面的评论，甚至还有对新闻作品写作问题的评论。从理论体的分类角度看，前者属于社会评论的范畴，其他则与文艺评论一样，皆属于专业形态的理论体。之所以未将其纳入上述分类范围，正是为了简化和便于把握。

第二节 社会评论

一 社会评论的特征

（一）现实的针对性

社会评论是对各种社会现象中带普遍性的现实问题进行评述和议论的一种文体，具有很强的现实针对性。这种针对性首先体现在对现实问题的及时反应上，它总是紧跟时代的步伐，追踪社会的发展，贴近生活的进程，密切关注现实中迫切需要回答的问题并迅速、及时地做出反应。其次体现在所议问题的普遍性上，如果评论的是偶然现象、个别事物或特殊问题，不具有普遍性或倾向性，不是社会关注或人们迫切需要解决的问题，针对性就无法体现。第三，这种针对性还体现在目标的单一集中上，一篇评论总是致力于集中解决一个问题，围绕一点议深说透，决不“旁枝斜出”，决不企望在一篇中解决很多问题。否则火力分散，贪多嚼不烂，就淡化了针对性，达不到预期的目的。

与之相比，其他理论体在这一点上无法望其项背。学术论文自不必说，即以文艺评论而言，就既可以跟踪最新的文艺现象，也可以评论历史上的文艺现象；倾向性的问题自然该评，个别性的问题也照样可以涉及；一篇中集中谈一个问题的很多，同时涉及几个方面的也不少见，比如一部作品的思想内容与艺术特色，一位作家的创作手法与语言风格等。

（二）褒贬的鲜明性

从逻辑思维的类型来看，社会评论说到底就是一种是非判断。社会评论虽然是就各种社会现象发言的，但其着眼点从来就在主观精神层面，诸如政治倾向、思想认识、价值取向、道德操守等，从来就不在各种社会现象所涉及的具体业务圈子里面纠缠。具体业务问题大多不是是非问题，简单的是非判断非但无效而且有害；而精神层面的问题恰恰就是一个是非问题，不做是非判断才是有害的、违反思维逻辑的。因此，社会评论必须对所论问题明确表明态度，肯定还是否定，提倡还是反对，或褒或贬，都要旗帜鲜明，绝不允许亦是亦非、似是而非、模棱两可、含糊不清。当然，是非问题有时很复杂，是中有非或非中有是者都会出现。社会评论应是其所是、非其所非，这才是彻底的鲜明性；

如果混而不分，一概褒之或贬之，那就不是什么鲜明性，而是简单化。

文艺评论具有专业性，常常涉及艺术方面的问题，诸如艺术构思、形象塑造、意向经营、描写技巧等，这些就显然不是一个是非判断所能解答清楚的，更需要、更有价值的还是艺术分析基础上的得失判断。当然，思想倾向问题也是是非问题，同样需要旗帜鲜明的褒贬态度。而学术论文不仅专业性更强，而且作为学术研究的载体，具有更突出的科学性和探索性，所要求的是全然客观的态度，不是褒与贬所能胜任的。

（三）突出的群众性

社会评论是面向社会大众发表意见的，而不是面向少数人说话，这就使它具有了其他理论体所不具备的特点：突出的群众性。文艺评论首先是面对文艺界人士的，专业性决定了它大小总有个“圈子”；学术论文的接受“圈子”更小，非专业人士难以入内。

正因为如此，社会评论从不在理论上“玩高深”，将社会大众挡在门外，而是着力于表达的深入浅出，把道理讲得通俗易懂。同时，又总是就事论理，就实论虚，绝不探讨纯理论问题，从而给人以理论的实在感和亲近感。否则只能让广大普通读者敬而畏之、敬而远之，其社会价值就要大打折扣。

社会评论的群众性还体现在写作主体上。无论文艺评论还是学术论文，其写作主体都必须具备一定的专业素质，而社会评论的作者却不一定具备这样的素质。从某种意义上说，社会评论可以看作是一种“大家都来评，评给大家看”的理论体。

至于论辩性或说理性，应该说是所有理论体都应具备的，并非社会评论独家所有，这里就不作为其特征了。

二　社会评论的类型

（一）按内容分为政论、思想评论和文化评论

政论是就政治倾向、政治态度等政治问题展开的评论；思想评论是针对思想倾向、思想作风等展开的评论；文化评论则是围绕文化现象和文化问题展开的评论。文化评论以往很少提及，似乎我们面对的不是政治问题就是思想问题，这是不符合实际的。诸如环境保护、社会心理、生活习惯等方面的问题，如果不视为文化问题来展开评论，而是当作思想问题甚至政治问题，那是肯定谈不到点子上，也不会令人信服的。

（二）按表现形式分为专论、短论和杂谈

与短论、杂谈相比，专论理论性更强一点，论证更全面一点，风格更庄重一点，篇幅也相对长一点。短论多为一事一议，就事论理，论证多集中于一点上深入下去，篇幅短小精悍，形式灵活多样。杂谈则多为缘事而发，连类相从，由此及彼拓开，比短论更多一些文学性的点染，可从随笔处“拿来”笔调的灵动，也可从杂文处染上些“杂”味。

(三) 按性质分为赞颂型、针砭型和辨析型

新人新事新风尚,新观念新精神新思想,一切先进或正确的事物都是赞颂型评论关心的对象,以此从正面呼唤、倡导,构筑社会主义精神文明大厦;坏人坏事坏风气,旧观念旧习俗旧思想,一切错误或落后的东西都是针砭型评论关注的对象,以此从反面贬斥、扼制,清除各种不良影响;一切有争议或易误解的事物,所有似是而非的问题,任何貌似公正实则掩盖着另一种倾向的说法,都是辨析型评论特别留意的对象,以此展开透彻的辨析,以澄清思想认识上的混乱。

三 社会评论的写作方法

(一) 善于选题,抓取值得一评的对象

选题是社会评论写作的首要问题。不会选题或选题不合适、无价值,一切都无从谈起。

1. 选题要新:问题新,角度新

选题不新,社会评论应有的现实针对性就会完全丧失。新,首先就体现为所抓问题的新,或者是现实生活中新出现的问题,或者是一直存在着尚未解决现在变得更突出的问题,或者是以前存在过现在又以新的特征出现的问题。比如社会道德的滑坡问题就是个新问题,而腐败问题看上去并不新,但一直存在着尚未解决,那问题就还是新的,就有进一步议论的价值,何况它还不断向新的领域延伸,以新的特征出现,诸如教育腐败、学术腐败、司法腐败等,就无疑更属于新问题了。

其次,选题新还应体现在议论角度的新上。角度就是看问题的出发点,就是议论的切入点,就是展开评论的着力点。同一时期,大家面对同样的新问题,如果没有一个与众不同的新角度,或根本不考虑角度或只满足于一般化的角度,大家“一窝蜂”而上,就难免话题的重复与雷同,那选题就仍然新不起来。角度要新,先得学会从不同的角度去看问题,思路要开阔,同时要善于运用多向思维的方法,从正面、反面、侧面进行多面开掘,从内外、左右、前后进行联系引发,由此才能找到一个属于自己的独特的角度。

2. 选题要准:切中时弊,切进人心

新问题是层出不穷的,并非什么问题都有值得一评的价值,否则社会评论就成了“拾破烂”了。所谓“值得一评的价值”,就是指问题本身具有一定的分量或涵盖面,选这种有价值的问题来评,就叫作“准”。选题不准,问题都是个别性、偶然性、特殊性的问题,那还有什么现实针对性可言?只抓住些“烂芝麻”做文章,那是做不出任何“价值”来的。

选题要准，一是要切中时弊，即所要议论的问题具有一定的普遍性，或表面上并不普遍但实际上隐含着值得引起普遍注意的倾向性苗头；二是要切进人心，就是抓那些广大人民群众所关注的迫切需要解答的问题，或并未普遍关注而一加提醒便能引起广泛共鸣和思考的问题，让人们觉得你说出了他们想说而说不出来的话。这样的选题才有价值，这样的评论才有普遍的教育意义和广泛的认识作用，现实针对性才强。

3. 选题要小：大中取小，小中见大

选题要小，不是指评论要抓的问题小，首选的问题还是大问题，只是要从小的角度切入，所谓“牵一发而动全身”“窥一斑而知全豹”，选题要抓的就是这“一发”或“一斑”，这就叫“大中取小”。大中取小就是大处着眼，小处落笔，就是通常所说的“大题小做”。如果选题过大，是“大中取大”，大来大去，则一来难以把握，不易驾驭，如面面俱到则极易走向空泛，大而无当；二来难于在有限的篇幅里抓住一点深入下去，把问题谈深说透，产生足够的说服力；三来也容易出现“大路货”、雷同化的倾向。

社会评论面对的问题并不都在一个“重量级”上，并非所有的小问题都不能选，都只能排除在外，只要其蕴含着一定的普遍性、倾向性或代表性，或者能反映、折射出大问题，或者与大问题相联系、有关联，那就能谈出大道理来，就是“小题大做”的绝佳选题。所谓“小中见大”，就是指这种“小题大做”的选题。比如领导干部读错字，与腐败问题相比该是小得不值一提了，但就是这样的小问题，如果我们想想为什么他们读错字却长期得不到纠正，就能扯出些极有价值的话题来：诸如领导者对待批评意见的胸怀问题，“为官者讳”的封建意识问题，乃至当权者决定普通人命运的“人治”体制的弊端这样一个政治体制改革中重大而深刻的现实问题。

4. 选题要具备的几个条件

达到上述选题要求，有三个条件：一是要熟悉党的方针政策，把握社会发展的大趋势。这样就等于在思想上画出了一条是非判断的地平线，哪儿有问题冒出这条线，就能及时发现并捕捉住，就能形成抓问题的敏锐感知能力。二是要有社会责任感，关注社会的变革与现实的矛盾。有了这种责任感，才会有抓问题的自觉意识和积极思考的习惯，事不关己、无所用心，问题再多也发现不了。三是要留心生活见闻，放眼新闻报道。问题都在生活当中，不处处留心、不勤于观察思考，问题不会自己跑上门来。而一个人生活圈子毕竟有限，放眼新闻报道等于扩大了我们的生活圈子，因为从中接触到的同样是现实生活中刚发生的事，同样能抓到问题。

（二）重视分析，展开有说服力的论证

1. 必须懂得：评论的出发点是问题而非论点

不少人误将论点当成评论的出发点，这是以往学校教学中以写作成品的静态分析取代写作过程的动态考察，进而片面围绕“三要素”进行议论文写作训练而导致的后果，

实在是谬种流传，害人不浅。

从论点出发，首先违背了认识规律，完全颠倒了客观存在与主观认识的关系。论点作为一种主观认识，如直接以之为出发点，就等于取消了从感性上升到理性的认识过程，就等于承认认识是可以凭空产生的，这实际上是不可能的，结果写作训练中只能是将他人完成的认识径直拿来作为自己的论点，训练的是重复性思维和学舌式表达，想的是别人的想法，说的是别人的话，没有创新和深刻可言。从论点出发，同时还违背了思维规律，抽去了思维的基础，割断了整个思维过程。论点是对事物的一种本质的把握，论点的产生是一个从现象到本质的复杂的思维过程，是评论写作不可逾越的关键的一步，甚至可以说是一篇社会评论成功与否的决定性环节。抛开这一环节，就只能越过问题而在现成的、一般化的论点上去"做"文章，就提不出任何能解决实际问题的有针对性的见解。

评论的出发点是问题而非论点，评论展开的思维过程是"提出问题，分析问题，解决问题"，而不是什么"提出论点，证明论点，得出结论"。这两者不是一一对应、相互一致的。实际上，前者始终围绕问题进行，是一个完整的思维过程；后者仅仅是这一过程中的一个局部阶段，是建立在"问题已得到解决"这一虚假前提下的自证性思维。评论只能从问题出发，首先通过分析问题发现矛盾，这是形成论点的基础；进而分析矛盾的主要方面即找出解决问题的关键，论点由此产生；再将论点放到问题中去分析、证明，使其内涵得到丰富和深化，才能提出新颖而深刻的见解，才能解决问题，也才有足够的说服力。

2. 必须明确：论证只能在分析的基础上进行

单纯论证易导致绝对化和片面性。脱离分析的论证势必走向简单化的线性思维，因为它总是从论点出发去选用对其有利的材料，排斥与之相矛盾的材料，总是按照论点与论据"垂直一致"的要求去组织论证，追求两点一线的直线联系，思维的起点和终点都是统一性，这样回避矛盾得到证明的论点不能解决问题，也没有说服力，而且容易导致绝对化和片面性。因为凡是不利的材料都被排斥在外，这就将论点置于没有矛盾的真空之中，就等于抽去了论点真实性的条件限制，其真实性就成了没有限度的绝对了。"一切向论点看齐"，问题的另一面总是不予顾及，片面性就成了一种必然。要论"逆境成才"，就证之以相同观点的名人名言及古今中外的同类事例，就专一于论证"逆境"为什么有利于"成才""逆境"对"成才"的重大作用，而对同处"逆境"并未"成才"及"顺境"之中照样"成才"的大量现象则视而不见，结果"逆境成才"就成了无条件的了，似乎要"成才"则必处"逆境"，处"逆境"则必能"成才"，这就是线性论证的荒谬结果。

论证必须在分析的基础上进行。分析是辩证思维的基本手段，与线性思维的回避矛盾相反，辩证思维最宝贵的就是矛盾，其特征就在于从追求矛盾开始，通过矛盾分析发现事物的内在联系，找到转化的条件和解决的办法。分析首先不回避与论点相矛盾的材料或现象，由此展开就能析出论点成立的条件即其真实性的限度，有效防止绝对化倾向；其次也不回避论点自身的矛盾，对任何论点都绝不无条件盲从，都要放到矛盾中去分析，从反面加以推敲，由此析出事物的“非中之是”或“是中之非”，排除片面性。只有在这一基础上，才能真正展开有说服力的论证，使论点的内涵更丰富、更切合实际、更经得起推敲。最终所达到的观点与材料的统一，才是真实地反映客观事物本来面目的矛盾的统一、对立的统一，而不是线性思维所得到的那种一厢情愿的、纯而又纯的抽象的统一。

要全面认识分析与论证。必须指出，分析是不能取代论证的，因为论证集中体现了思维形式的规律，评论写作必须遵循这些规律。比如不管你怎样对论点进行分析，或丰富其内涵，或使之深化，都不能使论点出现转移，这就是同一律的要求；也不管你如何分析材料与观点间的矛盾，对“非中之是”与“是中之非”都相应地做出肯定与否定，但总不能同时对同一事物的同一方面既肯定又否定或既不肯定也不否定，这就是矛盾律与排中律的要求。正由于论证严格遵循着这样的要求，在文章中有助于论点的集中、突出和前后一贯，使之获得逻辑上的可靠性，因而论证是无可替代的。

同时，分析也应避免出现两种倾向：一是庸俗化倾向，对有明确内涵的概念也硬性拆成两半，人为造出矛盾的对立面来，比如从“愚公精神”中劈出“盲目蛮干”来，从“拜金主义”中抠出“抓钱光荣”来，以“抽象肯定，具体否定”的做法作似是而非的惊人之谈，结果只能混淆是非，导致混乱。二是简单化倾向，满足于“定案式”的抽象分析，以事物发展的最终结果来否定其现存状态，以“归根到底”的终结性判断排除一切过程性判断，以现成的历史结论回避对现实的具体认知，结果充塞全篇的是空洞的大道理，却不能解决任何具体问题。譬如，“‘老实人吃亏’是一种从个人利益出发的错误思想，从根本上说是不真实的，因为历史发展的规律证明，老实人归根到底是不吃亏的”。这结论自然不错，但作为一种客观存在的“眼前吃亏”问题还要不要解决？又如何解决呢？毫无现实针对性可言。

（三）合理布局，安排好全篇的结构

社会评论没有固定的结构模式，虽然同其他理论体一样，都要体现“提出问题，分析问题，解决问题”这样三个环节，但这只是一种认识过程，并不完全等同于表达过程。写评论既可以从引述评论对象开始，也可以先提出论点即解决问题的办法，还可以一开头就高屋建瓴，来一段演绎或类比再引出问题。开头如此灵活，主体部分的展开就更加丰富多样了。这里举一些常见的结构方式，以资借鉴。

(1) 一事一议、就事论理式：这种结构多用于短论，全文紧扣一个事实或一种现象展开，集中分析事实中蕴含的道理或现象背后的实质，一般只有一个论证层次，既不旁征博引，也不横向扩开，属内敛型结构。

(2) 连类相从、由实论虚式：这种结构是开放型的，视野开阔，从一个由头出发引扩出一组具有类似特征的事物，以量的叠加求质的显现，通过问题的普遍性来显示问题的严重性，再由此上升一步作定性分析，揭示本质与危害。

(3) 正论反推、正反结合式：这种结构方式是最常见、最方便的展开方式，所有评论

体都可用,或先从正面论证自身论点的成立,后从反面论证相反论点的不能成立,或反过来,两相结合,使论点得到双重支撑,既牢固又无片面性。

(4) 解析概念、并列展开式:这种结构方式同样广泛适用,但更得赞颂型或辨析型评论的青睐,它总是先将评论对象抽象为一个概念,再解析这一概念的多方面内涵或外延,一个一个展开,最后综合或引申,使论点内涵丰富,进退有据。

(5) 纵向推进、逐层深入式:这种结构方式在针砭型评论中最为多见,先从开头摆出的现象分析其实质,进而由实质剖析危害,再由危害分析原因并提出对策;而在赞颂型评论中则是从现象到精神再到社会价值与影响。

社会评论的结构方式十分灵活,远不止上述五种。只要从本身议论问题的实际出发,追求最佳的表达效果,有利于把道理讲深讲透,那就是最佳结构。因此,需要的仍然是多向思维,多设计几条展开的思路,就一定会找到最佳结构。

第三节 文艺评论

一 文艺评论的特征

(一) 科学性与艺术性的高度融合

文艺评论是对各种文艺现象进行分析和评价的一种专业形态的理论体,是表述文艺批评成果的载体。文艺批评是一种"科学的审美活动"(《中国大百科全书》),这就决定了文艺评论既是"科学"的,又是"审美"的,是科学性与艺术性的高度融合,这是文艺评论的本质特征。

西方有"一千个读者就有一千个哈姆雷特"的说法,而我国则早就有"仁者见仁,智者见智"一说,这是文艺鉴赏中的正常现象,因为文艺鉴赏是一种个人的审美享受活动,允许有个人的偏爱。而文艺评论就不同了,它本质上是一种理性的认识活动,其职责就在对复杂多义、众说纷纭的文艺现象给予科学的阐述和评价,从普遍性的理论高度判定其成败得失,探寻艺术规律,以指导鉴赏和创作实践。文艺评论的生命就在其科学性,个人的偏爱或直觉不属于科学,"因为个人的'直觉'可能导致仅仅诉诸情感的'鉴赏',导致十足的主观性"[①],而一旦有了主观随意性,它就不能科学地说明任何问题,也就失去存在价值了。

文艺评论的科学性又是建立在艺术性基础上的,它既是一种理性的认识活动,又是一种特殊的审美活动,特殊就特殊在它的评论对象并不是一般的社会现象或哲学、政治、伦理类的纯理论文章,而是以文艺作品为核心的文艺现象,哲学、政治、思想倾

① [美]韦勒克、沃伦,刘象愚等译:《文学理论》,生活·读书·新知三联书店1984年版,第5页。

向等都蕴含在艺术形象之中，有其特殊规律。如果不是按照审美创造的特殊规律即艺术科学的原理去分析文艺作品，而是按照理性思维的普遍规律即一般科学的原理去分析，就不是文艺评论，就毫无科学性可言。换句话说，"有点艺术性，才会有真正的科学性"[①]。因此，文艺评论既需要诉诸情感的鉴赏，又需要进行理性的抽象，没有前者就不能"进入"作品，充分地感知艺术形象，把握隐藏在其中的思想性和艺术性；没有后者就不能"跳出"作品，排除个人情感与偏爱的局限，客观、公正地评价其思想价值和艺术价值。

（二）阐释性与创造性的辩证统一

文艺评论首先要对文艺作品做出客观、准确地阐释，这是科学性的必然要求；但这种阐释并不是一种消极被动的机械反映，而是一种充分发挥评论者主观能动性的创造性活动。阐释性与创造性的辩证统一，这是文艺评论的功能特征。

文艺评论的一大功能是帮助读者读懂作品。一般读者由于受到思想水平与艺术修养等主观条件的制约，在鉴赏作品时往往会碰到诸多障碍，难以进入那一片艺术天地，从而导致对作品的不解、误解、错解，得不到应有的审美享受，因而需要文艺评论的准确阐释。作者想告诉我们什么？是通过什么表现手段告诉我们的？这些手段成功与否？所告诉我们的又有何价值？诸如此类，阐释清楚了，就能将读者带入那片艺术天地，使之能正确理解作品的思想和艺术价值，得到美的享受。但到此为止是不够的，文艺评论不是一份简单的作品阅读说明书，不是与作品一一对应的被动反映的"镜子"，否则就成了跟在作品后面亦步亦趋的附庸，就等于说一部作品只要一篇评论就够了，这显然是荒谬的。在帮助读者读懂"这一个"的同时，文艺评论还应有助于提高他们"普遍需要"的艺术修养和鉴赏能力，更何况它还承担着帮助作者正确认识自身作品以提高创作水平的功能，这就决定了这种阐释绝不是纯被动的注解或注释，而是一种创造性的阐明与阐发。

一部不成功的作品，作者的创作意图常常不能实现或不能完全实现；一部成功的作品，其艺术形象中的客观蕴含常常超出创作者的主观意图；而对高明的创作主体来说，他更会有意识地留下一些供读者想象的空白和意义不确定的艺术空间。这一切，如果离开了评论主体的创造性投入，是不可能得到充分而准确的阐释的。另一方面，评论者评论作品，"同时也在表现他自己，表现他自己的文学观念、审美情趣、人格人品，表现他自己对于现实的时代精神、社会心理、民族文化意识的认识和体验"[②]。正由于这种主体意识的渗透，才会有属于评论主体个人的独特的发现，而所谓创造性的阐释，说到底也就是这样一种发现，从作品中发现读者、作者乃至其他评论者都未注意到的精妙独特之处，从各种文艺现象中发现那些带有规律性的东西。这样才能使作者清楚地看到自身创作的特点和优劣所在而扬长避短不断进取，才能使读者在充分得到审美享受的同

① 唐弢：《关于艺术方法论》，《读书》1987年第9期。

② 鲁枢元：《我所评论的就是我》，《文学自由谈》1985年创刊号。

时，艺术修养与鉴赏能力得到同步提高，才能切实推动整个文艺事业的发展。

当然，这种创造性绝不是对作品的曲解夸大，更不是离开作品的胡乱发挥，而是对作品中潜在意义的一种烛照、阐发与升华，总之，还是紧扣作品的一种阐释。

二 文艺评论的类型

（一）按评论对象分

如果着眼于对象的艺术样式，则文艺评论可分为文学评论、影视评论、戏曲评论、美术评论及乐评、舞评等；如果着眼于对象的涉及范围，则可分为作品论、作家（艺术家）论、流派论、思潮论、文艺史论、批评论等。其中最值得初学者重视的是这样两类：

一是作品论，没有作品，一切文艺现象都将不复存在，因而作品论是评论所有文艺现象的基础，或曰是所有文艺评论的起点，同时也是评论主体开展文艺评论的最重要的基本功。作品论可就一部作品展开，也可拿两部相关作品进行比较，还可围绕一类作品进行综合性研究；既可全面评说作品的思想性和艺术性，也可只评某一点或某个侧面。

二是作家（艺术家）论，这是围绕作家或艺术家的创作道路、创作倾向、艺术追求、个性风格等展开的评论，在整个文艺评论中占有重要的地位，因为它一头连着作品论，一头连着流派论。不管评论哪位作家或艺术家，都必然地要论及他的部分（至少是“部分”）作品；如果评的是创作倾向、审美追求、艺术风格等都相同或相近的一类作家，那就过渡到流派论了。

（二）按评论形式分

有论文体、短论体、札记体、随笔体、书信体、序跋体、对话体，以及由短论体、对话体变化而来的近几年较为常见的笔谈体等。一般评论者最常用的还是前四类。

文艺论文：这是文艺评论的基本形式，一般篇幅较长，内容系统，展开充分，论理透彻，多旁征博引，重资料，重分析，有严密的逻辑性和突出的论辩性，理论性和学术性都很强。

文艺短论：这是一种篇幅短小、内容单一集中的评论样式，其特征是评论视角新，切入角度小，开掘程度深，抓住一点说深说透，且逻辑严密，自成系统，最宜初学者学习运用。

文艺札记：与通常所谓的“读后感”同为一类，是一种心得体会式的评论体。与短论不同，札记一般只用于评论作品，很少涉及其他文艺现象，且不那么讲究系统性，着重于所“感”的独特性，多为要言不烦的评点。

文艺随笔：与文艺漫笔、文艺杂谈同属一类，是一种行文自由、短小活泼的评论体。随笔形式多样，不拘一格，重联想生发，类比引申，多旁敲侧击，顾盼生风，追求的是灵动洒脱的散文笔调和清新活泼的理趣，拒绝一本正经的严整与规范。

（三）按评论性质分

有赏析型、阐释型、评判型、辩驳型等不同类型。

赏析型：文艺作品是其唯一的评论对象，而且还必须是成功之作，重在鉴赏基础上的分析与点拨，似“精明的导游人”（王蒙语）引导读者去领略作品的精妙之处，文字渗透感情，用语讲究文采。

阐释型：评论对象不限于作品，重在具体、准确而充分的解析与发掘，以及由此及彼的联系和理论概括，以抓取对象的本质和规律性的东西，得出理性的认识。就性质而言，这是文艺评论的主要类型。

评判型：侧重于对评论对象的评价和判断，指出其成败得失，揭示其正面意义或负面影响，重在较高理论视角下的定性分析和价值判断。当然，这一切又都建筑在必要的阐释基础上，否则，不管判断是否准确，都难免武断之嫌，都是缺乏说服力的。

辩驳型：或曰争鸣型、探讨型，因不同意他人的阐释或判断而加以辩驳，表明自己的观点。这种评论关键在理清问题的症结，抓住争论的焦点，驳而有据、析而中肯，明辨是非、以理服人。尤须注意尊重他人，平等对话，不意气用事。

三　文艺评论的写作方法

（一）明确标准，掌握方法

这是写好文艺评论的前提。标准不明，难以判断；方法不懂，就等于缺少开锁的钥匙，难以入门。

1. 坚持马克思主义的“美学—历史”标准

标准问题是有历史性和阶级性的，我们所要的是马克思主义的标准，即“美学—历史”标准。这是一条既符合历史唯物主义，又符合艺术科学原理的标准。既然文学艺术说到底都是社会生活的反映，那么我们的评论就不能没有正确的历史观点的观照；而这种反映又完全是通过艺术形象和艺术形式来完成的，因而同时又不能丝毫离开美学的标准。这是一个统一的不可分割的整体，贯彻这一标准的中心环节是美学分析，坚持“美学—历史”标准，就是坚持艺术性和思想性的统一。以之评论文艺作品的思想价值，就是通过美学分析，看其是否真实而艺术地反映了生活的某些本质，在艺术形象的刻画中是否蕴含了正确的思想倾向，诸如在历史上有无进步意义，对现实生活与现实矛盾有无独到而深刻的认识，是否表现了时代前进的要求和历史发展的必然趋势。以之评论作品的艺术价值，就是以融入历史观点的美学分析看其通过艺术形象反映生活、表现思想所达到的完美程度，诸如艺术形象的真实性、生动性与典型性如何，感情因素与艺术感染力的整体效果怎样，艺术形式上是否具有独创性和新颖性（从整体构思到具体的细节设计，从结构安排到表现手法及语言、色彩等手段的运用）。

2. 坚持开放性,实现评论方法的互补与优化

方法不是标准,不是原则问题,人类文艺批评史上产生的一切方法,只要有其合理的因素,都可拿来为我所用。因此在这一点上,我们应取开放的眼光。事实上,文艺作品既然存在着创作方法和艺术风格的多样性,文艺评论也就必然要与之相对应,实行方法的多样化。一般说来,特定的对象总在呼唤着最易破译其艺术奥秘的特定方法,而每一种方法也总在寻求着最易发挥其破译优势的特定对象;另一方面,"一种方法通常只能代表一种研究角度;一种方法与对象的结合,通常只能构成一种特定的研究方位;一种方法对于对象的深入,通常只能达到作品内蕴的某一个层面"①。因而对任何一个评论对象,都可以在选用一种最佳方法的同时辅之以其他方法,进行多角度、多方位、多层次的评论。

因此,我们需要的是各种评论方法的互补与优化,用其所长,避其所短,博采众长,兼容多样,以求得最佳评论效果。比如,用社会学的方法把握文艺与生活的关系,揭示其通过艺术形象反映生活本质的深度和广度;用心理学的方法把握作品与作者的关系,深入精神领域破译其个体心理状态及"集体潜意识"对文艺创作的影响;用形式主义、结构主义的方法解析"文本"即作品本身,在对艺术形式的具体剖析中把握作品的内容;用接受美学的方法把握作品与读者的关系,阐释社会接受心理对文艺创作的影响。此外还有人类学、文化学及比较文学的方法,传统的逻辑方法与现代的科技方法(如数学方法、系统论方法)等等。

(二)研读作品,捕捉特点

这是文艺评论写作的真正起点,不读懂作品,不读出味道、读出想法、读出话题,就无法评论作品和作家及其他文艺现象。

1. 在浏览中捕捉值得一评的对象

文艺作品成千上万,即使你把关注的范围只限定在一个时代、一种体裁上,评论的最初出发点也还是从浏览开始,因为从根本上说并不是所有作品都有值得一评的价值。

浏览的目的就是通过快速阅读对作品形成初步印象或曰第一印象,由此去抓取有评论价值的对象。何谓有评论价值?或者是内涵丰富的成功之作,有说不完的话题;或者是内涵复杂的探索之作,一般人理解困难;或有创新之处,值得阐发倡导;或有倾向性的问题,影响不容忽视。总之,有与众不同之处,有某种特殊性,才能从大量的普通作品中显现出来。当然,这个特殊性,还仅仅是初步感觉到的东西,肤浅、模糊甚至混乱,但作为第一印象却是新鲜而富有增殖力的,即使不那么准确,也足以引发下面的阅读思考。

---

① 李昕:《批评方法的互补与优化》,《人民日报》1987年7月21日。

其实，浏览本身也是有价值的，起码是对宏观创作背景的一种初步了解，而任何评论都少不了这样一个参照系。

2. 在鉴赏性阅读中捕捉独特的感受

捕捉住有关对象后并不能直接进入理性的研读阶段，首先需要的是评论者对作品的感受，就像创作首先是作家对生活的感受一样。缺乏审美感受的评论，必然走向纯理论抽象的境地，枯涩而无味，丧失艺术性的同时也丧失了科学性，缺乏吸引力的同时也缺乏说服力。应该懂得，文艺评论的实践过程总是“以对一定的文学艺术作品的鉴赏和审美为基础，进而对它的内涵和审美方式特点加以阐释和阐明，然后从总体上对它作出判断和评价”①。

鉴赏性阅读不是一次完成的，在这一过程中，评论者应始终是一个“主观热烈的介入者”，而非研读阶段中的“客观冷静的观察者”（鲁枢元语）。要投入感情，融入作品中的世界；要借助想象，丰富、整合作品中的世界；要以自身的生活经验与艺术经验，去体验、感知作品中艺术形象的奥秘；更要留心捕捉在整个鉴赏过程中产生的独特的审美感受，才能与一般读者纯审美感受的鉴赏活动区别开来。这种独特的感受尽管有着强烈的主观感情色彩，但它既为后面的研究性阅读找到了切入点，又是最终导向创造性阐释、产生独到发现的起点。

3. 在研究性阅读中捕捉对象的特殊性

文艺评论所关注、所重视的总是对象的特殊性，如作品思想性与艺术性的特点，作家艺术创作的个性。如果着眼于一般性的东西，洋洋洒洒一大篇，说得再多也不过是一大通不得要领的套话、废话。把握住特殊性，才能认识到对象的本质，进而才能抽象出普遍性的规律，才有所谓创造性。

浏览阶段对特殊性的认识，还完全是模糊含混的、印象式的感性认识，有待于研读阶段的反复咀嚼、细细品味、深入思索，以使之清晰明朗起来，有偏差者矫正之，无偏差者令其更具体、更丰富、更深刻，由此上升到理性认识。而鉴赏中主体的独特性感受与研读中对客体的特殊性把握，则是一种既相互激发，又相互制约的关系。前者一方面具有切入后者的导向功能，一方面又要接受后者的检验。印证一致者，感受会更强烈，切入也更有深度，因而更易迸发出独到发现的火花；印证不一致者，则需剔除与理性认识不符的情感局限，抹去偏离客观的主观色彩，求得特殊性的科学把握。

研读过程需反复多次，还要学会变换角度、变换方法读，如顺着读，倒着读，欣赏着读，挑剔着读，拆散了读，重新组合起来读，打破单一的读法，常常能读出“特殊性”来。当然，无论是研读还是鉴赏，都要勤做笔记，不仅能加深记忆，还能进一步激发思考。

---

① 陈骏涛：《文学批评：多职能的综合》，《文学自由谈》1986年第2期。

（三）搜集信息，确定选题

选题的随意性是文艺评论写作的大敌。选题的实质是评论角度的确定，蕴含着切入的方向、层次、着力点，甚至主要观点与价值预期。不顾这一切，随便定一个论题，即使有前一阶段的特殊性把握与独特性感受为基础，也还因为缺少必要的参照，隐含着若干不确定性。

1. 横向考察同类作品，以确认特殊性的把握

这种横向考察实际上从浏览时就开始了，研读阶段也可穿插进行。事物的特殊性本来就是在与他事物的联系、比较中才看得清楚，如果满足于封闭式研读的特殊性把握，倒常常没有多少把握。

同类作品很多，一般只需选同一时期有一定影响的三五篇作重点考察，若有必要就再找几篇一般翻翻。如果研读阶段已做了必要的考察，可以对此阶段的工作进行简化。

2. 纵向考察相关评论，以验证感受的独特性

自以为是独特性的感受，却可能在前人、他人的评论中已有涉及甚至已充分表达过，因此，这样的考察就十分必要。这种考察宜从近期评论往前推，因为从理论上讲越近越有新发现，也越有可能涉及此前更多评论的观点，这同时也为我们检索不同时期有代表性的评论提供了线索。这种考察大多只需一般性浏览，自身感受是否独特即可得到验证。在此基础上选题，就容易确定属于自己的角度了。

3. 逆向考察创作背景，以“知人论世”定选题

“知人论世”不是到评论行文阶段才需要，首先还是确定选题的必要参照。不“知人论世”，常常会导致选题的盲目性和随意性，对以社会学、心理学等方法进行评论的选题尤其是这样。鲁迅关于论文倘不顾及全篇、人物及其所处的社会状态，是很容易近乎说梦的一段话，是我们都很熟悉的；但我们偏偏忘了，那“近乎说梦”的结果，早在缺乏“知人论世”参照的盲目性选题中就种下种子了。

所谓逆向考察，是指先考察作品所产生的时代，再熟悉作品所反映的生活；先从作者近期（相对于所论作品而言）的生活、心理与创作入手再向前回溯，而不是从他的早期生活与处女作开始，否则事倍功半。

4. 多向比较切入角度，以确定最易出新的选题

经过纵横考察后得以成立的独特性感受与特殊性把握，可直接导致选题的产生。但要确定一个最佳选题，还须进行一番必要的思考。所谓最佳选题，就是指最易出新的选题。这就要考虑两个问题：第一，是不是确有见地，确能评出创见来；第二，是不是确有把握，相关的理论储备与艺术修养都能满足这一选题的展开。前者是需要，后者是可能，两者缺一不可。因此，要将那些独特性的感受与对作品特殊性的把握组合成几个不

同的切入角度,然后从需要与可能的结合上加以考察比较,最佳选题便由此而来。

(四)整体构思,具体展开

选题确定后,便进入构思阶段。文艺评论的写作牵涉面广,没有一个完整的构思,是难以动笔顺利成文的。若硬着头皮写,要么写写停停、难以为继,不得不中途而废;要么勉强成篇,但满篇是结,文气难以贯通,还是失败之作。

1. 围绕选题展开构思

选题的需要是构思的唯一依据。如前所述,选题意味着切入作品的角度与方向,构思就是沿着这一角度与方向去展开,确定主攻的着力点,选择合适的评论方法;选题还蕴含着主要观点与价值预期,构思就是首先将主要观点从独特性感受与特殊性把握的结合中抽象、提炼出来,再考虑如何展开评论以实现其价值预期。

文艺评论的展开有自己的构思轨迹,这就是由"点"到"线"再到"面"。这个"点",就是提炼出来的主要观点,也就是最终的结论,其形式是一个判断——评价的判断;由此出发,去抽取牵动着它的若干条"线",这就是支撑这一判断的所有理由与根据,可放开分别在纵向与横向上抽取;而这些理由与根据又都与作品本身密切关联着,故又要为每一条"线"挂上作品的相关内容,当然只是些索引式的概念或相关标记。这样组合起来就构成完整的"面"了。"点—线—面"的构思是有序而有效的整体构思,最终要形成书面的提纲;而形成书面提纲的过程,又是促进构思深化和完善的过程。

此外,构思还应根据选题的内容确定评论的形式,根据选题的侧重点确定评论的性质,比如是论文体还是短论体,是阐释型还是辩驳型。

2. 根据构思展开全文

在整体构思的框架指导下再动笔,就比较顺畅了。当然,构思的轨迹并不一定就表现为结构的线路,思维过程与表达过程毕竟性质不同。比如评价和判断,既可在开头就推出,也可在最后的结论中才得出来。再如开头,或出示论点,或提出问题,或引述争论的焦点,或说明选题的背景与目的,写法很多,但都是在整体构思的指导下,从方便展开出发的。主体部分也是如此。

行文中要注意的是用语的生动性和分寸感,尤其要注意处理好引述与评论的关系。评论作品总离不开引述,或引述原文,或概括复述作品的有关内容,这样才能做到评有所依,论有所据。但这种引述绝不是随意的摘引或简单的概述,而是完全从评论需要出发的一种符合逻辑的选择,一种蕴含了评论者的独到发现的机智的析取。因此,引述与评论应有机结合,水乳交融,总体上是边引述边评论,夹叙夹议,局部处理上则既可先引后评,也可先评后引。但必须防止两种倾向:一种是以述代评,充塞全篇的是作品概述加原文引述,每段引述后只有一两句感想,最后孤立地概括一下思想内容或艺术特色,实际上并没有评起来;另一种倾向则是空论不证,完全游离于作品之外,自说自话空谈一气,结果自然缺乏说服力。

第四节　理论体案例分析

一　社会评论写作案例

［A］

说“提前完成”①

屈超耘

“提前完成”这话，我们已经听了多少年。同样是这话，有的听来中意，有的听来刺耳，有的叫人听后哭笑不得。

按说，这“提前完成”确是一句好话。一项任务，一项工程，一件事情，本需一年完成的，十个月完成了，无论怎么讲都是好事一桩。因为这里的“提前”，蕴含着参与者的心血和努力。换句话说，由于上自领导、下至所有具体工作人员的忘我劳动，才使得任务、工程提前完成。对于这样的“提前”，我们只能歌颂，只能赞扬，希望在现实生活中越多越好。

但是，我们所接触的“提前完成”，并不都是喜剧，亦并不都是好事。那些所谓的“提前完成”不是所有人员勤奋努力的结果，而是另有其他原因。

有的“提前完成”，是以牺牲工程质量为代价的。近年来，常有这方面的报道：某市郊区有一条河的防洪堤，是“提前完成”的，后来经过检查，那些“提前完成”的段落，是用麦秸、野草代替石料塞进堤心的。某大城市有一座现代化的火车站，它的所谓“提前完成”，是为了配合某个节日“奉命”行事的。虽然表面上于×年×月×日提前完成并向节日献礼了，后来却发生了一连串质量问题。这些质量问题，都是因要“提前完成”而未按原先设计标准办事的。

有的“提前完成”，是一些负责人弄虚作假的产物。比如农事活动上的春种、夏收、秋播、冬修，由于受季节和气候的制约，搞得好也只能稍微提前点，不可能年复一年提前完成。然而我们有些地方政府，每年在总结报告里都说“提前×天完成”。如果把这些地方多年的“提前×天”相加，那么，已经把夏收提前到清明节前后就完成了。实际上，清明时节麦子才拔节哩！

更有一些所谓的“提前完成”，其本身就是一种“天方夜谭”。比如一些地方“提前××天完成”的扫盲、绿化、卫生等等。有的是统计人员在办公室“合理估计”的产物，天知道它的准确系数是多少；有的则是领导班子根据形势“研究”出来的东西。因为这些东西不好检查，他们可以像捏泥人变戏法似的，大小高低由人为之。

那么，为什么会出现这些虚假的“提前完成”？这要从上下两面找原因：上面，一些领导机关官僚主义严重，爱听喜不爱听忧，只信下边报来的数字，谁“提前完成”谁就是英雄；下面，由于一些投机取巧者得到了实际上的好处（提升或奖励），“于无声处”起了示范作用，于是，本来一些老实人也不老实了，向浮华之徒看齐。就这样，上面下面两头齐搞，形成了恶性循环，使得虚假的“提前完成”，像滚雪球一样，一年多似一年，有的地方甚至成了“疫情”。

对于这样一些所谓的“提前完成”，广大人民群众早已痛恨得牙痒痒了，街谈巷议者有之，上书检举者亦有之，都认为此假不打，害国害民。这里，我把一位民间文艺家编的小故事献给大家，

---

①　选自何永康主编：《写作》，南京大学出版社2000年版，第185页。

可见群众情绪之一斑：一天，某人跑到领导机关汇报，说他“提前完成”了任务。领导问：什么事，提前多少天完成？答：我妻子生小孩，提前二百天完成。领导大怒：女人怀孩子，要足月才能生产，怎能提前？某人哈哈大笑说：你既然懂得这个道理，为什么给上级胡乱报“提前完成”呢？

【简评】

这是一篇针砭型评论，所贬斥的是社会上存在的种种虚假的“提前完成”现象。文章的成功首先在这一选题上。选题总是首先从发现问题开始的。对经常听到的“提前完成”，一般人看不到这里有什么问题，而该文作者却以其对现实生活的洞察力，从这句话中听出了不和谐音，发现了矛盾：“同样是这话，有的听来中意，有的听来刺耳，有的叫人听后哭笑不得”，从而提出了一个普遍存在的虚假的“提前完成”问题，这就抓住了一个极有评论价值的选题，既新又准。

其次，该文将评论的出发点放在问题而不是论点上，这就从起点上避免了片面性。从问题出发，就看到了“提前完成”的两个方面，顾及与虚假的“提前完成”相对立的另一方面，即上下齐心努力实干才达到的真实的“提前完成”，并给予了“只能歌颂，只能赞扬，希望在现实生活中越多越好”的充分肯定。这样的开头为主体部分的展开铺平了道路，使文章的评论立于不败之地，这是很值得我们借鉴的。

再次，这篇评论不仅从问题出发，而且始终是通过对问题的具体分析来展开的。首先从工程、农事、扫盲、绿化等工作中的现象剖析“提前完成”的实质，不过是“牺牲质量”“弄虚作假”甚至是“天方夜谭”式的凭空捏造；进而分析出现这些虚假的“提前完成”的原因，指出这是上面的“官僚主义”和下面的“投机取巧者”“两头齐搞”的结果；最后用一则以归谬法构成的“小故事”来进行类比论证，证明这种“提前完成”的荒谬性及其“害国害民”的严重性，以表达广大人民群众的深恶痛绝之情和必须打击的强烈要求。文章在分析中逐层深入，很有说服力。结尾处的类比论证更显示出了作者的一种机智，谐谑的讽刺为严肃的针砭赋予了一种笑的爆炸力，使文章具有了一般社会评论少有的特殊意味，效果甚佳。

［B］ 也谈“治治整人的人”

8 月 21 日夏雨的《治治整人的人》，旨在力求人际关系趋向正常，减少内耗，让人们在安定团结的社会环境中干四化。但文章在没有区分整人的是什么人，被整的是什么人的情况下，提出了被整的人总是受损害，整人的人总是占便宜，从而得出要“治治整人的人”的结论。

我认为笼统地提出“治治整人的人”，会给人一种含混不清的感觉。“整人”从字义上说是为了管束、惩罚、打击等意思，有些违法乱纪的人把正常的批评揭发以至对违法乱纪的处理也叫整人。所以说，“整人”可以是好人整坏人，也可以是坏人整好人。“十年动乱”期间，党和国家的很多优秀干部被整，这可谓是好人挨整。十一届三中全会以后，我们各级党组织按中央的精神，在揭、批、查中，在整党中，对在“文革”中有问题的“三种人”以及有严重错误的人给予处分或清理出党，被处分或清理者也会认为是“挨整”。这几年还进行了清查经济犯罪的斗争，打击刑事犯罪的斗争，但这都是整的坏人，而他们都会说他们挨了“整”。现在我们还要“整治”经济犯罪以及假公营私的“倒爷”等。所以说笼统地提“治治整人的人”容易使人是非不分。一些坏人还会得到“口实”，把正常的党和国家对违法乱纪分子的处理也说是他们挨了整。历史和现实都证明，人类社会总是需要好人整坏人的,这不能看作是"内耗",它是开创前进过程中必然的斗争。

文章还说,"被整的人总是受损害,整人的人总是占便宜"。这个说法也失之于片面,难道"十年动乱"中整人的人都占了便宜吗?如果说他们占了什么便宜的话,也只是得逞于一时。中国有句古话叫"多行不义必自毙",在"十年动乱"中整人的人最终不是被送上了历史的审判台了吗?至于说如今坏人整好人而又总是占便宜的话,那么,党的领导、国家法律和社会正义又起什么作用呢?文章举例说:一位颇有作为的厂长,被整下台,申诉多次,在上级的干预下,13 个月后终于复职了。而他当初的壮志和锐气,也消磨得差不多了。整人者已达到目的,他自己无损一根毫毛。我认为,这个例子不能说明"被整的人总是受损害",这位厂长的复职就是对他被撤职的否定。至于厂长的壮志和锐气,我认为如果他真有党性原则的话,绝不会因为 13 个月的下台就磨掉的。我们党和国家有许多老前辈都有着不同的个人坎坷。小平同志在与"四人帮"的斗争中两次被罢官,但他每次复职后雄风犹在,锐气不减。还有其他老同志在与错误和邪恶做斗争中,因坚持真理而受到过损害,这只是暂时的,事物总是要发展的,社会总是要前进的,这是事物发展的规律。

【简评】

这是一篇辨析型评论,作者针对另一篇评论提出的"要治治整人的人"的观点提出自己的不同看法,认为笼统地提"治治整人的人",会给人一种含混不清、是非不分的感觉。初一看很辩证,立论似更稳妥,其实不然,这种貌似辩证的分析实质是一种庸俗化的机械划分,因为它将"整人"这一有明确内涵的概念硬性拆成了两半。我们的生活中总有那么一些别有用心或有阴暗心理的小人,整天"不谋事,只谋人",或背后诋毁,或打"小报告",或暗算于前,落井下石于后,以踩倒别人往上爬,这就是"整人",其内涵从来就是指制造内耗无事生非的"坏人整好人"。但该文却硬要将"好人整坏人"也纳入"整人"的范围,认为在整党、整治经济犯罪、打击刑事犯罪中被处分、被打击者都会说自己挨了整。他们说挨了整我们就认可这也是在"整人"吗?整个社会有谁将"整治坏人"与"整人"画上等号的?不顾概念的特定内涵,把文字上的牵强附会当成了"辩证",结果反而会导致思想混乱,真正"使人是非不分"。

该文在分析原文关于"被整的人总是受损害,整人的人总是占便宜"这一说法的所谓"片面性"上,也犯有简单化的毛病。整个分析都是一种"定案式"的抽象分析,违反了具体问题具体分析的基本原则。说整人者占便宜"只是得逞于一时",因为"多行不义必自毙";被整者受损害也"只是暂时的",因为"事物总是要发展的,社会总是要前进的,这是事物发展的规律"。这完全是在以现成的历史结论来回避对现实问题的具体认知,以事物发展的最终结果来否定其现存状态,道理冠冕堂皇,就是毫无针对性,不解决任何问题。"得逞于一时"者,就由他"自毙"吧;"暂时的损害"算什么?反正有个"最终"呢!这样的结论能让人接受,令人信服吗?文中还有这样一句话:"至于说如今坏人整好人而又总是占便宜的话,那么,党的领导、国家法律和社会正义又起什么作用呢?"也就是说,有党的领导、国家法律和社会正义,整人者是不会"占便宜"的,这就不仅没有具体分析,而且还暗藏了一顶"帽子":谁要是硬说整人者总是占便宜的话,谁就是在否定"党的领导、国家法律和社会正义"。这就不是在讨论问题,而是在直接"定案",根本谈不上"以理服人"。

二 文艺评论写作案例

[A] 刘四爷的寿宴:《骆驼祥子》微观细节的精心营构①

王 岩

作为老舍先生艺术生涯的"第一炮",《骆驼祥子》通过对一个老北京车夫"三起三落"命运的细腻书写,表现出人之最宝贵的"精神"在旧时代被一点点摧毁的悲剧性和必然性。尤其是,微观细节的精心营构,成就了《骆驼祥子》丰厚的简约,唯有对作品本身的艺术创造力报以深刻同情,方才能引领学生真切体悟小说独有的艺术魅力。鉴于此,在细读文本基础上,笔者发现《骆驼祥子》的大关节并非熟知的"三起三落",而是刘四爷的寿宴。全书为此造势已久,且三个主要人物在此的心理连环错位,真正撑起了人物丰富的性格世界。更重要的是,这一错位促发我们对人性、社会、历史、文化等命题的深沉思考,更加深化了小说的悲剧意蕴。

一、情势营造

所谓情势,是叙事艺术理论的重要范畴。其基本内涵是,积情成势,因势导情。具体而言,它是指"艺术作品中蕴含的那种'泥丸在坡,危哉危哉''箭在弦上,不得不发'的运动态势和发展势头,它以强大的冲力,将作品的'人''物''情''境'不由分说地推向必然的去处"②。可见,情势是人的先天性情与后天遭遇不断融合、相互塑造形成的一种稳定、有力而又微妙的心理结构和情境氛围。其一旦形成,便在无形中笼罩整个故事,规训和模塑人物的言行,且不断强化这一心理结构,最终将情节和人物的命运推向某种必然的结局。如此,人物性格发展的内在逻辑和丰富深邃,可在情势的烛照下得到更深刻揭示。在《骆驼祥子》中,老舍先生便围绕刘四爷的寿宴,精心营造了一个足以辐射全书的情势场。

小说对刘四爷寿宴的讲述自第九章始,至第十四章终,正处于全书中段。在被虎妞勾引之前,祥子遭遇的兵祸和杨家的欺诈均为外力所致,并未动摇"精神"的根底。而这之后,祥子顿觉自己像一只"小虫"被羞愧、畏缩、恶心等情绪缠住。"他不敢再像从前那样自信了",甚至开始觉得不能再"受"拉洋车、缝衣服和捡煤核的生活了,还产生了"到时候还许非此不可"的隐秘心理,祥子的"精神"真正开始溃散。这一持续发酵的情绪,终于在第九章虎妞的"我有啦"一句中喷薄而出,促使他将一切归咎于"倒霉"的"命运",只能"认命",放弃抗争。可见,此时笼罩祥子的已从情绪上的愤懑、不甘心,升级为无可逃遁"命运"大势,他无法选择,失去"自由",只能在恐惧中静候虎妞给他的最后期限——"二十七号"刘四爷的寿辰。

去,还是不去?祥子情绪上看似挣扎,但潜意识中却又清楚只能前去,别无他途,一种悲剧的意蕴开始酝酿。这一情势的形成,除了人物所处大时代的整体气候之外,还有三个重要因素推波助澜,终成不可抗拒之"势"。

其一,虎妞如意算盘以"导势"。虎妞的如意算盘分两步,先是诈孕,套牢祥子,由此再依靠父女之情,循序渐进、软磨硬泡,最终吞下刘四爷的车厂。从常情常理来看,这是完全可行的,甚至也是"非此不可"的。对于失去现实根基且"精神"已溃散的祥子而言,刘四爷家的几十辆车,的确散发出独特的诱惑,诱导祥子的心理天平向这一虚设的未来倾斜。

其二,老马悲苦晚年以"增势"。老马和小马的悲苦昭示了祥子未来的命运,极大增强了情

① 选自《语文建设》2020年第10期。

② 何永康:《文艺鉴赏写作要义》,南京大学出版社2009年版,第194页。

势。老马和小马极大触动了祥子的神经，让他对之前“命运”的理解不再虚空和情绪化，而是得出一个生动准确的结论——“枣核儿”的命。枣核儿尖利、窄小的两头，正与人的幼年、老年对应，幼无人养，老无所依，确是穷人最难熬的日子。只有中间一段，稍为饱满，靠着硬身板儿和傻力气，勉强可以把握自己的命运，这是最快活的日子。老马故事的偶然性，与车夫命运的必然性在此融合，让这一情势从外在氛围，进入祥子的内在心灵，成为自觉的认同。

其三，孙侦探无理敲诈以“成势”。孙侦探的敲诈促使情势最终生成。孙侦探先动之以情，拉近关系，再晓之以理，离间其与曹先生的关系，最后逼之以刑，强取硬夺，这一系列操作让祥子毫无招架之力。这一突发事件，不仅让祥子失去了最后的积蓄，还让他更真切地感受到“枣核儿”命的不可违抗。至此，已是彻底一无所有的祥子，完全畏服于这一情势，他走向刘四爷二十七号的寿宴则成为必然。由此可见，老舍先生为刘四爷的寿宴做足了铺垫，作者着意的并非简单外在因果情节逻辑，而是人物内在心灵对情势的感知。

二、心理错位

孙绍振先生将小说情节的功能概括为三种，即将人物打出常轨、暴露人物的第二心态、造成人物之间的情感错位。其中，艺术地呈现情感错位，亦即心理错位，则是最重要的目标。因为“深层心理的最佳效果却是使在同一情感结构中的人物产生错位，而正是情感的错位，又激发出情感更深层的奥秘，从而推动情节向前发展”①。心理错位，不应是为了戏剧性效果而刻意设计，而是情势推动人物至此后，自然而然且不得不如此。人物本身并不自知，甚至人物之间也因沉浸在各自的心理氛围中而忽略了他人。于是，尽管身处同一情境，却各有所想、各有所为，尖锐的矛盾冲突必然酝酿其间，只待某一契机的触发，便会搅动所有人的命运。小说中，祥子、虎妞和刘四爷在这两章中连环错位，下面分而述之。

(一) 祥子的麻木顺命与主客恍惚

在上述情势的主导下，祥子踏进人和车厂的第一步即明确了自己的定位——“一切就都交给刘家父女”。虎妞悉心安排和催促他勤快跑腿，以讨刘四爷的欢心，刘四爷本来就认为祥子“可靠”，也默认和满意祥子一天的奔忙。于是，祥子潜意识中响着虎妞的算盘，言行上在为寿宴忙碌，同时也符合自己麻木顺命的心理，确是最佳状态。然而，这三种心理是不平衡的，在虎妞的强势推动下，祥子愈加恍惚起来，心理开始错位，分不清是主，还是客了。

早晨，祥子俨然是刘家的人在招呼其他车夫。车友们对祥子和虎妞的关系抱有复杂心思：笑话、羡慕、嫉妒、不服……饭桌上，竟把对刘四爷的气都撒在了祥子身上，这客观上又形成了一种情势，加剧了祥子的恍惚。刘四爷训斥车夫后，“祥子准知道自己不在吃完就滚之列，可是他愿意和大家一块儿吃。一来是早吃完好去干事，二来是显着和气”。这一句话，耐人寻味：吃完就滚，这是普通车夫的待遇，而祥子却“准知道”自己不在其中，凭什么呢？暗示出祥子微妙心态，即不知不觉中，他已把刘家的事当成自己的事，他也快成刘家人了。

再如，当车友们恭维他日后当厂主时，祥子竟然红起脸低声说：“我怎能当厂主?!”这一语言和神态分明暗示：一方面，委婉承认自己已是刘家人；另一方面，他又知道，自己不论资历、能力还不敢妄想成为厂主。这一句话极为精彩，是“心口错位”的典范！正如孙绍振先生所言，“在表层与深层、在心与口的误差中，读者对人物的心灵有了新的领会”②。祥子自己的恍惚与错位，不觉中也刺痛了刘四爷，巧妙构成审视这一错位的又一视角。在刘四爷即将发怒之时，老舍老生笔锋一转，从刘氏父女的直接矛盾中宕开一笔，以刘四爷的视角补了一句，“祥子在棚里坐着呢，人模

---

① 孙绍振：《经典小说解读》，上海教育出版社 2016 年版，第 6 页。

② 孙绍振：《经典小说解读》，上海教育出版社 2016 年版，第 317 页。

狗样的，脸上的疤被灯光照得像块玉石”①。这一句揭示出人物心理之间的连环错位：祥子越是主客恍惚，越是勤快、麻木而又自失，越反衬出虎妞算盘的成功及其得意，也让虎妞丧失对父亲的察言观色，最终必然刺激刘四爷内心的隐痛。可见，这一错位可谓错上加错，却错出了最丰富的心理世界，错出了最高境界的审美效果，堪称神来之笔！

（二）虎妞的因情障目与仓促摊牌

与祥子和刘四爷相比，虎妞心理错位的原因较纯粹，全因一个情字，较少社会历史的内涵。前面分析的情势，在这里对虎妞的作用愈加明显，敲打已久的如意算盘，祥子的积极配合，刘四爷开始的认可，还有对父女骨肉之情的笃信，让虎妞不抱希望都难。然而，也正因为此，让虎妞的心理也出现错位，她只顾及自己的好事，忽略了对刘四爷内心隐痛和微妙态度的观察，一贯精明干练的虎妞竟然完全误判形势和父亲的底线。这一错位彻底撕裂了与刘四爷的父女情，成就了与祥子的夫妻情，强度和落差极大。

这一错位的直接体现，就是虎妞在第十三章中对刘四爷的试探：“其实有祥子这么个干儿子也不坏！看他，一天连个屁也不放，可把事都作了！”②虎妞此刻是多么盼望父亲能答应一声，微笑着点个头也行啊，那事情就成了一多半了。可惜，刘四爷却“想了想”，还是“没搭碴儿”，却来了句“话匣子呢？唱唱！”刘四爷谨慎、不悦的态度一目了然，可是作品中，一贯精明的虎妞竟然没有一丝察觉，依旧沉浸在自己的盘算中。但若将这一错位放在当时的情势中，又是入情入理的，这就是成功的错位。

虎妞的这一错位在其仓促摊牌中持续增强。刘四爷的“没搭碴儿”并未引起虎妞警觉，而是麻木依旧，最终只能在父亲的尖锐攻击中仓促摊牌。当刘四爷直接指出“正弯着腰扫地”的祥子时，虎妞竟然“没想到”，还“哆嗦了一下”，且“脸红起来”。这一反应，生动揭示出她情感错位之深，虎妞这一看似性格单一实则有其内在情感逻辑和人性深度的形象得以饱满起来。所以，虎妞的因情障目，导致他对祥子的一厢情愿，对刘四爷的一再盲视，戳中父亲的隐痛而不自知，最终误判了整个形势，也是个连环错位。

（三）刘四爷的无儿隐恨与冲动使气

刘四爷是悲剧的重要推动者，他之所以如此暴虐无情，也是因为他内心更加深切而又无人理解的错位感，小说对此有细腻揭示。正因为错位之深，才使得刘四爷成为有艺术含量的形象，不应漠视。

膝下无儿的隐恨，是刘四爷心理错位的根源。十四章开头便重点讲述刘四爷与时俱进，懂得“改良”，且经营有方的才干。紧接着，便点出错位的触发点——接连不断的女客和男孩，他便顿觉“自己什么也不缺，只缺个儿子。自己的寿数越大，有儿子的希望便越小，祝寿本是件喜事，可又似乎应落泪”③。这是一位年届古稀的倔强老人，多么真切的情感！其与虎妞和祥子的错位，造成极强的艺术感染力：下文的悲剧不再是一个老恶棍的撒泼任性，而是一个老人因无人体谅心头隐痛的自我疗救、宣泄和失控。这一深度错位，让他“不敢和孩子们亲近，不亲近又觉得自己别扭”，这一心理困境让他的精气神一点点“塌”下去，进而想“闹脾气”，这堪称刘四爷的错位精神现象学。

无人理解的愤懑与使气好面的性格，推动刘四爷的心理错位走向不可收拾的境地。热闹了大半天的寿宴，及至午后，便只剩下吵嚷和疲惫，无人理解的愤懑积压已久，正需要一个发泄口。既然膝下无儿已无法改变，那就更要让自己的一片家业有一个体面的继承者，这一强烈的补偿心

① 老舍：《骆驼祥子》，人民教育出版社2017年版，第123页。
② 老舍：《骆驼祥子》，人民教育出版社2017年版，第116页。
③ 老舍：《骆驼祥子》，人民教育出版社2017年版，第119页。

理让杀伐决断的江湖气占据了主导。而作为“臭拉车的”祥子,怎能有这一资格?简直是对自己的侮辱!于是,一直恍惚在主客之间的祥子,成了刘四爷错位眼光中觊觎他的家产,“来找便宜”的浑小子。终于,不满意的份子钱,点燃了刘四爷的怒火,并迅速波及虎妞,再指出祥子,进入正题。在虎妞和祥子眼里,刘四爷的火也是错位的,烧得太快,让他们开始都困惑不已。祥子呢?也没想到如意算盘这么快就崩盘,只能“低着头扫地”或者“直着脖子咽唾沫”。直到虎妞“我已经有了,祥子的”一句话,将父女二人的错位推向崩溃,父女只剩下伦理操守上的相互攻讦!尤需注意的是,老舍先生还巧妙通过对打牌客人的错位描写,来推动情势升级。父女二人越是吵嚷,牌客们越是认真打牌,以为是寻常斗嘴,便用越来越大的打牌声加以掩盖,形成强烈的心理张力。

总之,祥子、虎妞和刘四爷之间在寿宴上巧妙地构成了一种连环错位的心理关系。祥子恍惚,却又客观上强化了虎妞的如意算盘,并导致她对父亲的麻木;虎妞的自负,直接促成祥子的恍惚,间接加剧父亲的隐痛;刘四爷无儿的失落,则被祝寿气氛掩盖,祥子与虎妞的非正常关系让他一时难以接受,便瞬间喷发,让所有人都措手不及。这些错位就这样合乎情理地扭结在了一起,彼此推动,相互撕扯,形成极强的艺术魅力!

三、悲剧意蕴

刘四爷寿宴的两章,是全书故事情节的转折点,之前祥子的精神裂变到这里趋于定型,而他和虎妞婚后的命运也是从这里衍生开去,堪称整部小说的大关节。此外,这两章还对于我们深化对作品悲剧意蕴的认识也有重要的意义,情势营造和心理错位共同孕育的悲剧意蕴,不仅是对人物悲惨结局的痛心和怜悯,更需要从艺术创造力本身加以窥探。

对《骆驼祥子》悲剧内涵的理解总体上围绕一个中心,即“老舍不止于批判现实社会,也不止于批判传统文明和落后的国民性,他显然在思考城市文明病如何和人性冲突的问题”①。显然,这一结论具有很强的概括力,涉及作品悲剧主题的诸多方面。不论哪一个主题,都是从社会、历史和文化的外在角度,对小说进行透视。但对于中学生而言,这样的总结容易流于概念化层面,缺少直抵人心的力量。换言之,不论何种主题,都需要作家高超的艺术创造力对其加以形象化、情感化、细节化,方能以卓异的感性力量打动人心。我们认为,源于艺术创造力的分析,就是“变被动为主动,不但要善于从艺术的感觉、逻辑中还原出科学的理性的感觉,而且还要看出这种感觉和逻辑表现出人类情感的价值”②。即是说,对艺术魅力的分析,不能仅停留于善恶是非的价值判断层面,一切伟大的作品必然要在人之情感层面,呈现出人更加深厚、复杂甚至难辨的情感状态与可能,激起读者对社会秩序、时代情势、人性内涵的反思。悲剧,作为文艺的高级审美形态,对其的品读更应如此。

笔者认为,《骆驼祥子》的悲剧魅力不仅在于祥子被邪恶的旧时代逐步摧毁、无力反抗的可怜、可叹与悲愤,更在于主要人物之间情感错位带来的纠结博弈,和溃散那一刻的奔突、惊奇和迷惑。正如朱光潜先生所言,“悲剧所表现的,是处于惊奇和迷惑状态中一种积极进取的充沛精神”③。“惊奇和迷惑”感,就是情感错位、扭结到最佳状态,入情入理而又悖情悖理,给人以发现人性奥秘的惊喜感、恐惧感、满足感,只觉悲从中来,却又有沉甸甸的充实,不再畏惧人生的可能性,向死而生。刘四爷寿宴的两章,即达到了这一悲剧境界,也是全书悲剧意蕴的最丰富、厚重处。

孙绍振先生对《三国演义》中赤壁之战艺术魅力有过精湛分析,即“在军事三角中,作者又安排了一个心理三角”,“这使得战争的胜负不取决于军事力量的强弱,甚至也不取决于才智的高

① 钱理群等:《中国现代文学三十年》,北京大学出版社 1998 年版,第 193 页。

② 田崇雪:《对艺术创造力的深刻同情》,《名作欣赏》2001 年 6 期。

③ 朱光潜:《悲剧心理学》,人民文学出版社 1983 年版,第 231 页。

下，而在很大程度上取决于对才能的情绪化反应”，于是，“把斗气看得比生命更重要，这正是把审美价值放在实用价值之上的美学原则”①。这就是源于对作者艺术创造力同情基础上的深刻分析！反观《骆驼祥子》中刘四爷寿宴的两章，可谓异曲同工，小说中三个主要人物也是因为气性委屈，困顿了常人的心智，以至于纷纷错位，连环错位。

祥子是在遭受虎妞欺诈、刘四爷狡诈和孙侦探敲诈之后，憋着一股“认了命”的气性走向寿宴的，对刘氏父女可谓“到底意难平”；虎妞天生的使气任性、刁蛮自私，也让她在寿宴上压着气性，扮乖巧，博欢欣，最后因气性失控，父女决裂；刘四爷本身气性豪狠阴冷，嫌弃祥子的根本原因就是他的江湖气绝不允许有人“来找便宜”，而气不过虎妞的直接原因也是女儿让自己丢面子。所以，不难发现，三个人物之间的矛盾本不至于迅速激化到这一程度，就是因为三人相互之间都在斗气，为了一口气性，争一时长短，无限扩大这一时气性对自己的重要性。如此，气性，的确比爱情是否真挚、父女情是否宝贵、家业如何经营更重要了。显然，这一逻辑已经是情感的逻辑、美学的逻辑，它揭示的是人性的复杂丰富，我们不好明确孰是孰非。因为在那一情势下，三人不约而同选择了这一逻辑，也必然按照这一逻辑行事，这一逻辑推动三人一起向悲剧的终点坠去。虎妞对祥子是真爱吗？祥子对虎妞的依恋、畏服有几分？刘四爷为何如此决绝，父女情也无法弥补这一时的气性吗？此时，我们已淡化了外在的社会历史因素，而只在人性的层面来品味这一悲剧意蕴了。悲剧意蕴唯有进入到这一层面，才具有丰厚、普适性的动情力、同情力，达到了悲剧的最高境界！

综上，笔者从情势营造、心理错位和悲剧意蕴三个角度，依次分析了刘四爷的寿宴在《骆驼祥子》中独特的地位和审美价值，力求从艺术创造力的高度重识这一名著的大关节，更透彻把握作品的艺术魅力。如此，也可以为中学生的整本书阅读提供一个新的教研视角，拓展师生对《骆驼祥子》乃至其他所有名著把握的审美维度，真正获得源自艺术创造力本身的滋养。

【简评】

这是一篇比较规范的学术论文型的文艺评论。作者善于从《骆驼祥子》这部名著中，发现以往被忽略的重要故事情节，把其深藏的重要意义，细致分析出来，从而将这部名著内在的审美价值从一个新的角度揭示出来，让人耳目一新。论文层次非常清晰，层层递进，借用文艺心理学、文艺美学的方法，将三个主要人物，祥子、虎妞、刘四爷各自的特征充分揭示了出来。尤其是，运用了错位法，深刻分析了在寿宴前后，三个人内心巧妙而又深刻的连环错位，从而令人信服地解释了为什么一场寿宴，会导致人物命运如此大的翻转。

这篇文艺评论最大的特点是，选择一个比较小的场景、细节、情节切入，从而俯瞰整本书的前后线索、逻辑关系，具有非常敏锐的视角。这一方法，是文艺评论写作中非常重要而且基本的能力，也就是要能够在阅读文本之后，找到一个合适的切入点，一个论题。在阅读的过程中，要始终坚持比较的眼光，在比较中发现问题，解决问题。此外，这篇文艺评论的语言表达是比较顺畅的，而且很富有文采，不枯燥，这也是文艺评论要力求达到的。

---

① 孙绍振：《经典小说解读》，上海教育出版社 2016 年版，第 240—241 页。

[B]

采莲民歌的新境界

——评《新采莲曲》中的视听艺术

新采莲曲

孙汉洲

南塘荷花映日红，
扁舟一叶任西东。
一千八百年间事，
此处风韵大不同。

弄莲子，风入松，
人力不敌造化功。
笑语喧哗下莲舟，
归去卧听晚寺钟。

采莲，是江南水乡特有的农事活动，也是最能触发文人雅兴的活动之一。与耕种、蚕桑、渔猎等活动相比，采莲，因其泛舟水面的悠然灵动，加之荷花莲叶的掩映多姿，以及水下游鱼莲藕的嬉戏潜藏，而成为一个立体丰富的审美行为，趣味无穷！所以，文学史上便流传着很多采莲曲。汉乐府中的《江南》一曲，便是用如话口语，描绘了江南采莲的悠然之乐，"江南可采莲，莲叶何田田，鱼戏莲叶间。鱼戏莲叶东，鱼戏莲叶西，鱼戏莲叶南，鱼戏莲叶北"。这种近乎机械的重复和面面俱到，却并没有让人觉得枯燥，反而被"莲叶间"的鱼儿引领着"东西南北"神游不已，这就是采莲的魅力，民歌的风味。数百年后，王昌龄则以诗人的格律再次拨动采莲曲，"荷叶罗裙一色裁，芙蓉向脸两边开。乱入池中看不见，闻歌始觉有人来"，蔚为名篇。这里描绘了人比芙蓉花的俏丽采莲女，还抓住了采莲中独特的视听体验——看不见，听得到。是啊，在一片广阔的参差摇曳的绿色中，忽然传来哗啦啦的水声，谁知是何物？然而，伴随继之而起的美妙歌声便知，是采莲女刚乘舟下水，悠悠驶来。这一视听体验的诗意呈现，抓住了采莲的重要审美内蕴，方有如此艺术效果。古往今来，采莲一曲从未休，一直撩动着文人墨客的心弦，人们总是力求在诗歌中描绘自己所见、所闻甚至所想象的采莲胜景，以寄情运思，畅怀遣兴。这首《新采莲曲》便是千载之下，作者融古通今，新的诗兴抒发。

诗分两部分。前四句由实入虚，先勾勒一幅阳光映照下的荷花扁舟图。"任西东"三个字，透露出作者并非为采莲而来，随波泛舟，西荡东悠，赏荷亦可，观叶亦可，处处皆风景。"任"字极有力量，即任意、任性、放任，是一种挣脱束缚后的纵情、纵意、尽兴，奠定了全诗的基调。看，第三句便大开大合，由眼前实景，转换到对"一千八百年间事"的纵览和慨叹。是啊，从汉乐府中的《江南》曲到现在已近两千年，采莲胜景的"风韵"，在人们笔下代代流传，这为作者再添"风韵"，廓清了宏大渺远的历史背景。"此处风韵大不同"，以一种比较之后的自信和豪情，为第一部分作结，也为下一部分做足了铺垫。

第二部分的首句颇为别致，六个字，三字一顿，在形式上就突破七律的规范，与上文的"任"字遥相呼应：不仅诗歌描绘的泛舟是任意的，连诗歌本身的语言结构都可以突破。这一形式背后，可以体会到采莲曲绵延千年的民歌精神！"弄莲子"，完全是口语，"弄"字更值得品味，让人自然联想到名句"云破月来花弄影"。弄，本是一个内涵非常含混，且有点粗野的动词，可以包含很多具体的手部动作，比如剥、采、捏等。然而，如果这里的动作过于具体，就缺少了采莲少女纤纤玉手莲蓬上劳作的那份惬意、自然和娴熟。弄，反正包含了采莲的全过程，究竟怎么弄，无须细描，只呈现弄的情态即可，引人遐想。

“风入松”，则从视觉转入听觉，毕竟，风是看不见的，但是风过万物发出的声音，是可闻的。不妨闭上眼睛一想：一群妙龄少女在船头拨弄莲子，耳畔传来风入松林的飒飒声，莲随手动，松随风摆，少女可能听到此声？不得而知，听不听似乎也无所谓，莲子摆弄着，风吹着，一切顺其自然，又俨然如画，要的就是这份静逸吧。是的，弄莲子与风入松之间，本无必然关联，作者将此视觉和听觉并置，营造了二者之间若有若无、似无还有的奇妙诗意联想，一种意境晕染开来，而且还是视听结合的意境。中国古典诗学一直追求的“意在言外”“羚羊挂角，无迹可求”“透彻玲珑，不可凑泊”，当是此种境界吧！作者在拈出这六个字、两幅景时，内心当有清晰的认知，看，在紧接着的下一句便感叹道：“人力不敌造化功。”是啊，上面的风景不就是自然造化的吗？无人安排，似乎也无人欣赏，自行其是，一切按照生活的步调、自然的规律展开、融合，就是最美的风景。人力怎能致？

如果说，上面两句更像是一幅静态的画面，那么最后两句则完全进入动态的体验，时空在这里突然流动。这一流动，始于听觉感知，笑声、喧哗声、莲舟下水声，声声入耳，一派人间气象。前人描绘的采莲画面，以静为主，荷塘仿佛世外桃源，就算有声音，也多是采莲女的歌声，缺少一点人间烟火气，难免有纤柔之感。而这一句则打破了沉静，也许是莲子都拨弄完了吧，也许是到了归家的时间，刚才的风声被采莲女的欢声笑语取代了，荡漾在一望无际的荷塘之上。这是辛勤劳作之后收获的笑声，这是彼此亲密无间的淳朴嬉闹声，这是归家一刻，点篙拨舟，小船尖尖，划开湖面，撑开莲叶的水波声，哗啦——哗啦——

一个“下”字，与“弄”字，有异曲同工之妙，都是用最简单的词，含蓄、模糊地蕴含了最丰富的诗意。“下”，在这里是名词作动词，其主语是采莲女，但她们采莲本身就在船上，又往何处“下”呢？显然别有深意。这里的“下”，应该不是采莲女下来到莲舟上，而是采莲女划动小舟这样一个动作、瞬间及其整个过程。这个“下”字，获得了很强的动感和画面感，在“笑语喧哗”声中拨动莲舟，省略主语，直接提供环境，在声音中展现动作，用动作补充声音，这是五官感觉新的融通和升华，“喧哗”而又不吵嚷，开拓了广阔的想象空间。荷塘因为有了人声，就不再是一尘不染的仙境，而是生动活泼的人间！

最后一句，书写的对象从外界风景和采莲女，瞬间回到作者自己的观景行为，由外及内，把前面的抒情和画面全都收束到自己内心的感悟，神完气足！尤其值得注意的是，“归去卧听晚寺钟”一句，还是以景结情，描绘的是自己构成的风景和画面，这在古诗词中是极为罕见的！多数以景结情，描绘的是外界的风景，作者置身景外，看得见、摸得到，内涵也较为清晰，所以便于书写，便于将前面的情感融入其中。而将自己作为风景和画面来“结情”，则是大胆的艺术创新，其难度可想而知！那么，作者自己构成了一副什么样的画面呢？

看，采莲女乘舟离去，笑声散去之后，天色将晚，荷塘边的作者也便“归去”了。如此美丽荷塘畔，归去后，又怎能立即入睡呢？白天的美景尚且回味不完，人刚卧下，耳边又传来远处寺庙的钟声，“铛——铛——铛——”，苍古悠扬，飘然不绝，余音绕梁，这不就是一幅画吗？是作者自己身处其中的一幅画，不难想象，作者兴尽归来，高卧榻上，甚至跷起二郎腿，侧耳聆听晚寺钟声，一副知足惬意的样子，如在目前。这里自然让人联想到张继“姑苏城外寒山寺，夜半钟声到客船”的千古名句。悠扬的晚寺钟声，飘过了荷塘，也飘过了历史的天空，一路都是听觉的引领，余味无穷。可见，这首诗升华了传统的采莲民歌，注入了更深广的文化内蕴，名之为“新采莲曲”，不虚也。

【简评】

这是一篇随笔性的文艺评论，评论的对象是当代诗人孙汉洲先生创作的一首带有民歌风味的古体诗。这篇评论没有按照学术论文那样，拟多个小标题，也没有大量的引用，以较为自由、随性的文笔来分析诗歌的审美内蕴，读来非常轻松、亲切。但是，这并不影响评论本身的价值和深度。不难看出，评论者是完全走入了诗歌的内部，用较为充分的诗学理论，深入分析了这首诗歌的艺术特色。更可贵的是，评论者没有被各种机械的理论拖着走，而是先凭借自己对诗歌较为原生态、直接、丰富的阅读感受，找准给自己强烈审美触动的一个个点，进而将其串联起来，获得对整首诗歌更为深刻、全面的理解。这是随笔性文艺评论追求的效果。

三　理论体的思考、讨论与练习

(1) 就下列材料，你能抓取到哪些评论选题？注意对材料的分析，联系社会现实提出问题，思路要开阔，善于从不同角度开掘，先将能想到的选题都列出来，然后再考察选题价值，相互交流、讨论，切实提高确定选题的能力。

材料一：据报道，甘肃东坪乡51岁的农民陈邦顺靠卖血供儿子上大学，4年来共给儿子6.35万元。儿子虽知钱都是父母卖血所得，仍不停地写信要钱：衣服旧了，要200元；生活费没有了，一个月要1000元；想买电脑，已借了1800元……

材料二：大学生中存在很多不正常现象，如找出各种借口逃课或原谅自己的不求进取，谈恋爱连起码的社会公德都不顾，考试作弊屡禁不绝，一清华学生还用硫酸往熊身上泼，想看看结果会怎么样。

材料三：美国联邦教育部公布了1999年度的“总统学习奖”获奖者，其中有18岁的中国女孩王渊。但领奖者必须是美国公民，结果王渊放弃了这个多少人梦寐以求的美国总统奖，她说：“我王渊只有一个中国啊！我不能为了拿一个奖而放弃中国国籍。”

材料四：江苏省兴化市林湖乡40岁的农民成友宝，于2001年被云南大学录取为民俗学专业的研究生。为了这一目标，他苦苦奋斗了20年，一边艰苦劳作，养家糊口，种地之余还要捕黄鳝卖点钱买复习资料；一边顶着周围人“书呆子”的讥笑，躲避着老父亲不解的责备，忍受着妻子的埋怨和最终的离他而去。

材料五：李真，1962年出生，1981年中专毕业，28岁当上河北省领导秘书，此后领导越跟越大，他也青云直上，越升越快，35岁就坐上了河北省国税局的第一把交椅。成为“政治暴发户”的同时也成了“经济暴发户”，到2001年4月被依法逮捕前，先后收受贿赂折合人民币达1051万余元。据调查，李真一无才，二无德，最擅长的是“钻营”。

材料六：19世纪末，美国康奈尔大学曾进行过一次著名的“青蛙实验”。第一次先将一只青蛙扔进一个煮沸的油锅中，结果这只青蛙双腿一蹬，一跃而起，跳出锅外，安然逃生。第二次将青蛙扔进加满清水的锅里，再悄悄加热，不断升温，结果青蛙毫不在意，优哉游哉，等水温上升到青蛙难以忍受时，它已失去了一跃而起的力量，最终葬身锅底。

(2) 生活中我们对"破格"的事听说不少,诸如"破格录取""破格录用""破格晋升""破格提拔"等等。如果对此不做分析,我们就只能看到它们的统一性:都是一样的"破格",即"打破常规"而已,就发现不了问题。你能否像《说"提前完成"》的作者那样,对种种不同的"破格"做具体分析,看看所破的"格"即"常规"是不是一回事,以发现其中的矛盾,提出有价值的问题来?再以《说"破格"》为题,构思出一篇评论的提纲,要体现出评论的深度和辩证性。

(3) 从更高的标准看,《说"提前完成"》一文的原因分析部分还有些欠缺,一是从"上面"往"下面"分析,程序颠倒了,读者不易理解;二是分析仅止于一个层次,未进一步深入,没有找到最本质的原因。所谓原因分析,最简单的方法就是多问几个"为什么"。事物是复杂的,多因一果,一因多果,表层原因后面还有深层原因,原因分析要找的就是那个决定性的原因,这是一篇评论能否达到最大深度、获得最大说服力的关键。比如,就该文中已经分析出来的原因,我们如果再追问一个"为什么",就会接近那个最本质的原因了。试将这一段重写一下,300 字左右,重点练一练分析原因的能力。

(4) 著名导演冯小宁编导摄制的抗战题材影片《紫日》,于 2001 年 11 月在美国夏威夷国际电影节上,获得由美国观众投票选出的最佳影片奖;而在国内天津、上海等地放映给中小学生看时,却出现了令人不可思议的"笑场事件"——当银幕上出现日本鬼子拿一个农妇当靶子绑在树上练刺杀,被捆在柱子上的儿子眼看母亲被一刀刀刺死而凄厉嚎叫的时候,场内的学生竟笑出了声,笑得那样欢快!不仅是中小学生,有些大学生和已走上社会的青年人也表示不理解:"日本兵有可能这样做吗?""我不知道现在拍这样血腥的东西还有什么意义?"事后冯小宁导演气愤地说:"类似的笑场当年鲁迅在电影院也见过,他就是因为周围那些同胞的麻木而弃医从文的!"

这一触目惊心的现象很值得我们深思,究竟是我们的历史教材或历史教学有问题,还是我们的教育出了问题?鲁迅奋斗一生的目标今天是距离我们近了还是远了?面对新的一代麻木的"看客",我们应该做些什么?社会应该做些什么?请你认真阅读上则材料,深入思考一番,确定一个选题写篇评论(注意角度不宜过大)。

(5)《也谈"治治整人的人"》中有一段围绕"一位颇有作为的厂长被整下台"能否说明"被整的人总是受损害"的议论,其论证同样是难以成立的。请分析一下这段议论问题出在哪儿?是论据没找好,还是论证缺乏逻辑性,抑或出发点就错了?这从反面告诉我们一个什么道理?

(6)《也谈"治治整人的人"》开头在引述评论对象时还是善于概括的(只是第二句话还没有说完整),下文是一篇题为《时代需要"团队精神"》的评论的开头,全文 1200 余字,这个开头就占了三分之一。不善于概括评论对象,入题太慢,是初学社会评论写作时的常见病。请你将这个开头改写一下,既要简洁,又要清楚,不超过 150 字。

在获得国家最高科学技术奖以后,王选院士又得到母校北京大学的奖励。在两次颁奖大会上,说起自己取得科研成就的体会时,王选都谈到了"团队精神"。

接受国家的奖励时,王选说:"我能获得国家最高科学技术奖,是国家支持、团队合作的结果，是二十年来坚持不懈的结果。”“一个成功者必然是一个能为别人着想的人，我看到不少个人能力出众的人，就是因为不能团结人，因而很难有大的成就。”

站在北大的领奖台上，王选依然这样讲：“平心而论，我的个人成就远不如同时获奖的黄昆先生。我之所以能够获奖，是因为我领导的团队在报业和印刷业的技术革命中做出了贡献。”他还说：“小学五年级获得的品德优秀生奖是我一生中第一次获奖，也是永生难忘的一个奖励，我由此懂得了团队精神和人品在人生中的重要性。”

这些话令人深思。其实，从战争年代到建设年代，从生产领域到科学领域，我们的每一场胜利，每一项成就，每一次进步，都离不开这种“团队精神”。

(7) 下面这篇习作存在问题颇多，诸如观点与材料不统一，以举例代论证，不善于具体分析等等，这些又正是社会评论习作的通病，值得我们认真对待。请具体分析该文存在的问题，并在此基础上围绕“成功也是失败之母”重新写一篇评论。

有感于“成功是失败之母”

新中国成立初期，有一次毛泽东和周谷城谈话。毛泽东说：“失败是成功之母。”周谷城回答说：“成功也是失败之母。”毛泽东思索了一下，说：“你讲得好！”两人的谈话中富含深刻的哲理，而周谷城的话更能教人回味无穷。

创业过程中的失败并不可怕，只要是有进取心和有创业精神的人，应该而且能够将失败转变成为前进的动力，成为通向成功的基石。然而俗话说得好：“创业容易守业难”，成功的事业不能很好地把握。历史上曾有不少这样的教训：李自成进京后沉迷于酒色，疏于管理，全军上下犹如一盘散沙，以为事业成功可高枕无忧了，终于酿成大错，美好山河转眼消失，历尽千辛万苦换来的“成功”没有能很好地守住，印证了“成功也是失败之母”，只可惜后悔晚矣！

在我们的现代生活中，同样有很多类似的例子。原江西省省长倪献策和原北京市市长陈希同等同是事业有成，人民对其寄予厚望的人物，只因受西方腐朽思想的侵蚀，成为金钱的奴隶，一个被开除公职，一个被送上了人民的审判台。同样，对于一个企业，如果成功后疏于管理，不思进取，必定会在激烈的市场竞争中被淘汰。

我们的国家正处于建设中国特色社会主义的关键时期，尽管取得了很大的成绩、很大的成功，但我们绝不能沾沾自喜、陶醉于现状，那样会毁了我们的国家，我们的民族，而应该振奋精神，争取更大的进步、更大的成功。

(8) 请分析下面一段评论，重点分析作者是如何将审美鉴赏与科学阐释结合起来的。

一部成功的作品，往往在有限的言辞中寄寓着无尽的意思，留下空白，让读者去想象，去补充，这种现象可以用“言内意外”来概括。不妨以杜牧的《秋夕》来说明这一点。“银烛秋光冷画屏，轻罗小扇扑流萤。天阶夜色凉如水，坐看牵牛织女星。”这是写一失意宫女的孤独生活与凄凉的心境的。只看第二句，表面上看很简单，描写了一个宫女正用小扇子扑打飞来飞去的萤火虫，但实际上这个“言内”却寄寓着好几层“意外”：第一，萤火虫一般出没在野草丛生的荒凉之处，如今竟在宫院里飞来飞去，说明宫女生活的凄凉；第二，从扑萤的动作可以想见她的孤独与无聊，借扑萤来消遣那单调难熬的岁月；第三，轻罗小扇象征着她被遗弃的命运，因为扇子本来用于夏天，到秋天就弃置不用了。这些意思字面上都没有，要从"言内"去找，要读者凭自己的感受去补充这"意外"的内容，进行审美的再创造。文学创作应重视"言内意外"这种语言技巧的运用，以激发读者的审美想象，达到言有尽而意无穷的效果。

(9)《曹雪芹写"笑"》的选题对我们很有启发，面对《红楼梦》这样一部文学巨著，竟也可以从这样小的角度切入。请任选古今中外的一部文学名著，抓住自己感受最突出的一个方面确定选题，诸如一个场面的描写，一段对话的描写，一个局部的结构艺术或语言艺术，等等，写一篇 1500 字左右的短论。

(10) 文艺评论必须区分不同对象的艺术形式，针对各自的艺术形式规范去进行艺术分析，这是科学性与艺术性相结合的必然要求。影视剧塑造人物的手段与小说大相径庭，请选择一部根据小说改编的电影并进行两者的比较，确定选题并写出评论提纲。

(11) 我们评论作品，不仅要注意"知人论世"，而且要善于比较。比如，鸣凤的悲剧命运与《家》中的梅和瑞珏的悲剧命运有何异同？这样一比较，我们就能更准确地把握鸣凤形象的特殊价值。试将鸣凤与《红楼梦》中同是婢女出身后乐意"做小"的平儿做比较，探讨鸣凤命运的悲剧性质及其深广的社会内涵。

(12) 白居易的《长恨歌》与洪昇的《长生殿》写的都是唐玄宗与杨贵妃的爱情故事，试比较两者情节处理上的差异，在把握两种体裁不同审美特征的基础上，谈谈如何对诗歌和戏剧文学进行艺术分析。

(13) 以近期的一篇微型小说或散文为评论对象，写一篇1500字以内的评论；或以书信体评论的方式，向你的朋友谈谈你最近读一部中长篇小说的感受，字数同上。

第八章　文　学　体

审美是文学体的首要功能。

文学语言既是文学表达的工具，又是读者进行审美的对象。

第一节　文学体概述

文学体是写作中把情感和思想凝聚在感性的、个别的艺术形象上，让读者从中获得情感的愉悦和共鸣的审美类文体。写作文学体要注意提高形象思维的能力，努力培养艺术感觉，学会观察生活和体验生活，掌握具象化的典型概括方法和意象化的情感表达方法，达到将无形的情感有形化、特征化并以此来感染读者的文学写作境界。

一　文学体的界定与作用

（一）文学体的界定

文学是一种运用语言媒介创造艺术形象、表达思想情感的语言艺术。马克思在《〈政治经济学批判〉导言》中曾指出人类有四种掌握世界的不同方式，这就是“艺术的、宗教的、实践—精神的”和“理论”的。当人们把自己的体力和智慧凝结在生产实践领域，就产生一系列的物质产品（机器、粮食、房屋、服饰等）；当人们把自己的思想和理性作用于各学科的理论研究领域，就形成指导我们生产和生活的各种门类的自然科学和社会科学（数学、物理学、伦理学、政治经济学）；当人们把自己的情绪、情感投入人意识中的各种表象、意象，并用语言来传达这些经过主观审美情感孕育的表象、意象，那么就将产生感染人、满足人的精神需求的文学艺术作品。①

文学写作是人们运用文学语言描叙艺术形象、表达思想情感的一种创造性的审美心智活动。文学作品物化了人的形象思维成果，是一种具有审美价值的精神产品。它是人们在精神生活领域中的一种审美性和创造性的发明。人们在生产实践领域和理论研究领域里，用新闻性的、理论性的以及实用性的语言来表达对生活的某种看法，这是人们的实用写作，它是一种实践性的和理论性的发现。实用写作常常通过从个别到一般或从一般到个别的抽象思维并以告知的方式与读者交流客观的认知性信息。文学写作则常常采用从个别到个别（或个别——般—个别）的思维方式及情感方式与读者交流主客观相结合的审美信息。

（二）文学体的作用

文学写作作为一种高级的、审美的心智活动之所以会发生，是因为文学作者想把他在现实生活中形成的情绪情感和审美体验向读者传达，想把他对现实生活中的人、事、景的认识向读者倾诉与交流，这种文学写作动机在相当大的程度上是为了满足人类对情感价值的自觉追求，于是，文学写作活动逐渐成了一种无现实功利目的的审美创造活动和审美体验活动。但是人们对文学写作侧重于审美这一特性的认识和把握却经历了漫长的历史。

先秦时期的孔子认为“诗可以兴，可以观，可以群，可以怨”，提出文学作品有教化的作用（群、怨）、审美的作用（兴）、认识的作用（观）。汉代的《毛诗序》则注重文学作品的教化作用：“先王以是经夫妇，成孝敬，厚人伦，美教化，移风俗。”这是说，文学作品（诗）具有促进家庭和睦，激发人们尊老爱幼的情感，增强伦理道德观念，净化社会风气，移风易俗的功能。到了近代文论家手里，文学作品更成了“经国之大业，不朽之盛事”，他们把文学作品的作用与“国运民兴”联系在一起。可以说中国古代的文学理论对文学写作的认知功能和教化功能做了相当充分的挖掘和发挥。

文学体确实有认知功能和教化功能，文学写作通过描叙人们没有经历过的生活，通过揭示生活现象所包含的哲理与意蕴，让人们在更阔大的范围和更高的角度认识社会和自然，接受真、善、美的教育，净化心灵，提升道德。然而，文学体的认知功能和教化功能必须通过审美功能来实现。实用写作同样具有认知功能和教化功能，但实用写作不需要通过审美功能来实现认知功能和教化功能。实用写作是根据已有知识对客观事实的一种确认，通过陈述和解释的方式，在理智上说服读者。文学写作则不然，它首先要通过文学语言的描述功能和情感功能来塑造充满主观情感的艺术美的形象，通过这个艺术美的形象，让读者感受和体验到形象美的愉悦，从而在情感上感染读者、打动读者，让读者的经验与文学作品蕴含的情感产生共鸣，令读者在潜移默化或者说在美的享受中学到新的知识、受到深刻的道德教育。

① 宗教的方式是特例，这里姑且不做讨论。

二 文学体的特征与分类

(一) 文学体的特征

1. 鲜活的形象性

艺术创作与理论研究最大的区别就是艺术是通过形象而不是通过概念来反映社会生活、表达思想感情的。引起文学作者的写作冲动和审美关注的,常常是生活中一个性格鲜明的人物形象、一件具体生动的生活事件、一处优美怡人的独特景物……文学作者通过主观心灵的孕育,写进文学文本中的也是一个性格鲜明、命运曲折的人物,一件波澜起伏、趣味横生的事件和一处有着特定光彩和神韵的景物……文学读者通过文学语言感知这些具体的、个别的人物、事件、景物,领悟文学作者在其中寄寓的审美认识和审美情感。人物、事件、景物的具体性和个别性构成了文学体写作的感性特征,这个特征决定了文学体写作的过程既不能从一般的事物本质走向事物的个别现象(即文艺理论界常说的"席勒化"方式),也不能从事物的个别现象走向事物的本质,而是从事物的个别经过写作主体心灵的孕育再走向事物的个别(即文艺理论界常说的"莎士比亚化"方式)。文学写作的对象是个别事物,文学阅读的对象也是个别事物。这个具有了审美价值的"个别"充分地展示着现实世界的感性形态。文学作者的艺术才华就在于他能在确立的具有感性形态的"个别"中发现它的概括性和普遍性。文学作者写的虽然是一个个具体的人,但他能够通过文学体写作活动让这个人概括某一群人;写的虽然是一件件的事,但他能够让这件事代表某一类事;写的虽然是一处处的景物,但他能够让这个个别景物显现众多同样的景物。文学作者就是通过描述、展示人、事、物的感性特征来作用于文学阅读者的各种感官,从而形成读者的审美感觉和审美体验。

2. 丰富的情感性

文学作者因为被生活中的一个个人、一件件事、一处处景所感动,把它们写进文学作品并进一步感动更多人。作为体现作者对客观世界的认知和发现的实用写作,它从观察、分析生活现象和事物现象开始,就努力地排除感情因素的影响,更不会把感情的因素和成分带进写作成品(如实验报告、科研论文中不会有任何主观感情的成分),它是通过诉诸理智的成品来说服读者。文学体刚好相反,文学作者要带着感情观察生活、体验生活,要通过机智巧妙的艺术构思来渲染感情、强化感情,要通过充满情感体验的文学文本来感染读者,实现文学文本的审美功能。

3. 形象的间接性

文学写作使用的媒介是语言,人们在阅读、理解一个个方块汉字后,根据一个个方块汉字的词意和句意来想象、复现文学作者所描述的文学形象。不认识书面文字,或者语言能力比较贫弱的人，既不能从事文学写作，也无法进行文学阅读。文学写作描述的文学形象不是像美术艺术、雕塑艺术、戏剧艺术、影视艺术的形象那样在人们视觉中直观生成，文学形象是在人们的头脑里通过想象间接生成的。这个特征造成了文学体写作的一些局限，也带来了文学体写作独具的艺术优势和特长。因为文学体写作所创造的文学形象是想象的、间接的，这就为文学读者借助自己的知识、经历、情感再现文学形象提供了巨大的创造空间；文学作者可以利用这个特征来组合、提炼含蓄精美的文学语言，供文学阅读者凭此展开丰富的艺术想象，与文学作者共同创造文学的艺术形象。文学体的魅力在相当大的程度上就是由文学语言媒介的这种特性构成的。

（二）文学体的分类

对文学写作的成品进行分类，古今中外均有不同的标准和不同的分类结果。

1. 中国古代的"二分法"

中国古代的人们根据语言是否押韵，把写作的成品区分为韵文和散文两个大类。凡是语言押韵和讲究语言韵律的，一律称为韵文；凡是不分诗行不押韵的文章（无论是历史、哲学、文学领域的）一律称为散文。这种体现古代人最初的文章分类观念的分法，过于笼统，它将文学的和非文学的文章统统归入文学作品内，这样就很难对文学体进行科学、细致的分类研究。

2. 西方古代以来的"三分法"

"三分法"的分类标准是文学写作塑造艺术形象的不同方式。采用叙述人的语言和故事中的人物语言结合起来描述艺术形象，这是叙事类文学写作；叙事类的文学体主要是文学作者通过对自己所认识和体验的外部世界的描述来折射时代生活，如小说、史诗、史传文学等。叙述人直接倾诉自己的情感和言行，这是抒情类文学写作；抒情类文学作品的作者侧重通过对写作主体内部世界的抒写来折射人类的精神状态和情感世界，如抒情散文、抒情诗等。用自身的言行来塑造艺术形象，这是戏剧类文学写作；戏剧体作品主要通过人物的矛盾关系和人物自身的言行来反映人类的情感经验和对生活的认识，如悲剧、喜剧、话剧等。"三分法"的分类标准比较统一并准确地抓住了每一类文学作品的本质特征，但"三分法"没有兼顾到文学作品的形式与外观的特点，也导致了分类过于简单、有些文体出现交叉归类的弊病。

3. 中西方自近现代以来的"四分法"

"四分法"的分类标准相对宽泛。它根据文学写作在形象塑造、体制结构、语言运用、写作方法等方面的不同，将文学写作的成品分为诗歌、小说、散文、戏剧文学。作者在文学写作过程中如果以抒发强烈情感为中心，通过丰富新奇的想象和富有节奏、韵律的语言（并分行排列），集中、精练地反映社会生活，这就是诗歌写作。作者如果以塑造人物为中心，通过描述特定的故事情节和具体的生活环境，深刻地、多方位地反映社会生活，这就是小说写作。散文写作和戏剧文学写作的内涵与外延相对复杂一些。开始人们将一些非诗歌、非小说、非戏剧文学的作品统称为散文，这是文学写作历史上的一个进步，因为将诗歌、小说、散文并举，确实把许多非文学写作的成品排除出去了，有利于对散文写作的艺术规律进行深入探讨。但随着现代生活的发展，在散文这个大类中，杂文、报告文学、史传文学、科普小品等小类纷纷兴起并得到了充分的发展。这时人们排除上述几个小类的成品，把那种以创造情境为中心，通过广泛灵活的选材和情文并茂的构思，用短小精悍的形式来反映社会生活的写作称为散文写作。这就是今天人们所说的狭义的散文写作的内涵。同样，随着现代科学技术的发展，戏剧文学的外延也开始扩展，同是以人物自身言行作为塑造艺术形象的材料，影视文学产生了并获得了前所未有的繁荣与进步。网络文学以不同的写作手段和发表方式出现，并引起了众多文学作者、读者和研究者的关注。

不论文学写作的形态和方式怎么变化，“四分法”所运用的分类标准因为涉及了文学写作成品的本质与外观、内容与方法，它能够准确概括一些文学写作现象，能深入地探讨文学成品的某些写作规律，它的分类原则直到今天仍有广泛的影响，仍然能够成为我们深入研究文学文体现象和文学写作规律的出发点。

第二节 散 文

在西方，散文相对韵文而言，指的是不分诗行、不押韵的文章，包括小说、论文、随笔等。在我国古代，散文是一个很宽泛的概念，是指除韵文以外的所有散体文章。五四新文化运动以后，现代散文蓬勃兴起，散文文体的文学意识增强，散文成为与诗歌、小说、戏剧并称的一种文学体裁。新中国成立以后，特别是新时期以来，随着社会的发展和文学观念的演变，一些原本归属于散文的新闻类、史传类、应用类、议论类文体显示出很强的生命力，逐渐成为有明显特征的独立的文体，从散文这个大家族中分离出来，使得散文的文学性特征日益增强。就目前情况看来，人们普遍认为，散文是一种可以充分利用各种题材，创造性地运用各种文学表现手段，自由地展现主体个性风格，以抒情写意、反映社会生活为主要目的的文学文体。

一 散文的审美特征

散文又称为美文，其审美特征表现在以下几个方面：

（一）散文的本质特征：形神两旺

在当代人的生活中，读一篇精美的散文，犹如观胜景，品美酒，会让人觉得神清气爽，轻松愉快，而又受益匪浅。这就是散文形神两旺的本质美显示出来的艺术魅力。

散文的写作客体是取之不尽的，真可谓是“万物皆备于我”。首先表现在对有形的物质材料的利用上。它不受材料大小的限制,也不必拘泥于时空,它可以展示纷繁复杂的社会人生;也可以描绘一片树叶、一朵小花的美意情致;甚至可以不必论虚实,写幻象、心像;还可以不避重复,同样的事物,可以一写再写。其次表现在对无形的精神材料的利用上。散文是作者灵感的物化,是作者情感涌溢、思维灵动之际的产物,是智慧的结晶。散文中表现出来的智慧来自千百年来人类理性思维的成果。一些议论类散文中所依托的思想根据、理论根据,一些随笔、小品,特别是读书杂感中的史论依据、文论依据等,也来自人类现时创造的精神财富。散文作者都生活在特定的人文时空中,他们各自对人世、人生、自然等所做的理性思考和感性体悟,以及他们所收集的他人的智慧成果,都是宝贵的无形材料。

散文的体式是无拘无束的。充盈的可利用资源,给散文提供了特有的孕育生成的前提条件,而行文的自由,则使散文拥有了非常宽松的生存和发展空间。它可以无拘无束,随心随意,充分展示每一位作者的创造才能,充分利用每一位创作者的智慧潜能,常写常新,显示出其他任何文体都无法比拟的生命活力和永恒魅力。散文的营构艺术是随意的,它具有开放性特征,没有固定的模式规范。它具有兼容性特征,可以兼收并用各种艺术形式和艺术手段,熔各种文体技巧于一炉。它可以借助于小说开阔的构思规模,可以借鉴诗歌的意象转换方式,可以利用电影蒙太奇的组接技术、绘画的构图艺术等等。

(二)散文的气韵特质:见情见性

散文形神俱旺,主客体交相辉映,就会呈现出独特的风采神韵,我们称之为气韵。这是散文最重要的一种内在美质。

首先表现为尽情张扬主体的个性气质。散文强调"以我手写我心",不管是记人叙事,还是抒情言志,不管是对自然景物的灵性透视,还是对社会人生的真切感悟,都是属于"自我"的、"个性"的,是至情至性的真我展示,是散文家人格的诗化表现。这种主体气质具有如下特点:一是呈个性状态。每一个作者都是一个独立的主观世界。这个主观世界的构成因素是复杂的,个人情绪、气质、修养、人生阅历,特定情景下的情绪状态等等,某方面的细微差别和变化都会呈现出不可重复的独特性。这就使得散文展现出写作主体的个性美。二是呈共性状态。虽然览物之情、感事之意是"个性"的,但因其情和意的深刻、典型而具有一种普遍性的意义。使读者在阅读之际产生一种击节叫好的冲动,出现一种情感的共振,或者意识的共鸣。三是个体风韵的趋同性状态。由于作者的风格、用语习惯、题材选用范围等因素,散文表现出一种鲜明的文体神韵。虽然有时候同一个作者的创作在不同时代、不同年龄、不同的生活情景和不同的情绪状态下会呈现出不同风格、风采,但是,成熟的作者的整体风韵呈趋同性状态。

其次表现为描述的客体的生命活力。散文中的表现客体,常常有化腐朽为神奇,点石成金的客观效果,或因描述的精彩而成永恒,或因表现的独特而成绝唱,让后人"眼前有景道不得"。客观外物之所以能获得这样一种生命活力,是作者在对外物的描述中,融进了自身的主观情思,使外物获得了一种内质美。

再次表现为一种写气图貌的行文气势。散文的传情达意，不像诗歌那样凝练、浓缩、点到为止，受韵律、节奏的局限，也不像小说、戏剧那样曲折遮掩，讲究入于情理而又出人意料。它完全是按作者自己的意气、情绪、意图行文的。抒情，则汪洋恣肆，酣畅淋漓。描写，则穷声尽貌，舒卷自如。叙述，则开合纵横，意气为文。记人，不需要完整的故事情节，以展示独特鲜明的个性，而是寥寥几笔，神情毕肖。叙事，不需要精心组织矛盾冲突，写清楚来龙去脉，而是兴之所至，意之所至，运笔如风，各具风采。议论，不需要逻辑推理、小心求证，而是画龙点睛，三言两语之间，便可变平凡为非凡，将文章的审美价值提升到一个更高的层面。这种无拘无束的行文气势，使散文自成气韵。

（三）散文的理趣美质：启心益智

散文，无论以记叙为主，抒情为主，还是以议论为主，都是作者对生活，对人生，对社会，对自然的真切感悟并随之产生的一种情绪和意念的冲动，当至真至性的情思交汇融合时，常常会迸发出智慧的火花，凝聚成理性的思考，闪现出哲理性的思想蕴含，呈现出一种能启人心智的理趣美。

散文的理趣美特质呈以下几种形态：一种是思接千载，探求常理。散文可就事论理，缘事生发，通过对比、类比、联想，或由形而神，或以小示大，思接千载，心游万仞，探求人世、自然、社会的普遍性规律。一种是内省外视，揭示奥秘。散文家在审视自我，体察社会，欣赏自然的过程中，获得某种感悟和才思。这种感悟、才思若具有一定的厚度、力度和深刻度，能揭示出某些为人所未曾知晓、未曾言喻的奥秘，见人之所未见，言人之所未言。作者往往是将深厚理趣蕴含于事、景、物等的描述之中，或渗透，或点化，水到渠成，自然成趣。还有一种是定格瞬间，显示永恒。散文作者总是对寻常事、平凡物有所感，因而有所思，探求自己的感思缘何而生，寻找大千世界与复杂社会、纷繁人生之间的联系，进而有所悟，然后将自己的感悟融入描述的事、物、景之中，将所见所闻的特定时空内的物态、事态定格，使之具有一种永恒的意味。

（四）散文的语体美质：多姿多彩

最能给人以直观美感的，是见情见性的语体。散文的语体是多维度、多层面、个性化的，同时又是具有时代感的，因而散文的语体呈现出多姿多彩的特征。

一种是本色天然，自由率真。崇尚自然天成者，把洗尽铅华、本色天然作为一种语体追求。行文者如诉衷肠，观文者如倾听故友交谈。用不加粉饰装点的平常话语，晶莹透亮如泉水般流淌的清新语调，以率真、朴实来打动读者。

一种是浓墨重彩，金声玉振。本色是美，五彩缤纷、斑斓夺目也是美。浓墨重彩，铺张扬厉，气势如虹，是散文语体营造的另一种境界。文采、声韵的美丽，始终是许多散文作者追求的，也是许多读者所期望的。

本色和艳丽，只是就作者语体风格的大体趋同性而言，并非绝对。常作本色者，也有艳丽之色；常为艳丽者，也有本色之风。作者追求的是语体风格的多姿多彩。

还有一种是标新立异，活跃灵动。或者用新的语言组合方式，造成一种变化多端的灵动效果。用快速的时空转换，跳跃性的叙述语段，省略许多句子成分的简洁浓缩的语句，形成一种脱口而出的随意性口语，轻快自然，婉转灵动，新奇美妙，颇具艺术张力，语境的艺术容量很大。或者以文字的简省，空白的利用，停顿的变换（不守常规）来改变语言节奏、语言旋律，创造一种新的语言律动。利用汉字的形与声、音律与节奏创造各种各样的，既能切合物、景、情，又能充分展示主体的心情意绪和情感激流的艺术节奏，或跌宕起伏，或浏亮自然，或宛转缠绵。或者是妙语连珠，幽默风趣，让你忍俊不禁，让你掩卷品味，让你百看不厌。

二　散文的文体分类

散文是一个“种”文体，在不同时期，从不同角度，按不同标准，可以把散文分成不同类型。按目前散文创作情况，我们依据表达方式和内容的不同，将散文分成记人叙事、写景状物、抒情写意、议论随笔等四大类。

（一）记人叙事类

记人叙事类散文是指以记叙为主要表达方式，以人物、事件为主要表述对象，借记人叙事以抒情写意的散文。其中记人散文以记述作者所熟悉的人物为主，通过记叙与人物有关的事迹来表现人物，表达作者对所记人物的情感、看法、意向等。它可以记一个人，记一个人的一生，一段生命历程，一个侧面，一个细节，一个生活场景。也可以记一组人物，一群人物。叙事散文是以展示事件过程和情景为中心，以事件的发生、发展为线索组织行文的散文。其特点在于：一是有相对完整的事件和事件发生、发展的过程。二是叙事散文叙述的是真实事件。三是叙事散文侧重叙事，行文以事件发展为依据，不集中笔墨写某一个人、某一群人，所涉及的人物比较零散。但并非不写人、不显现人物，而是通过写事来表现人，表现文章题旨，表达作者感情。记人叙事往往是相依相伴的，人靠事来显现，事是人之所为，无论是以记人为主，还是以叙事为主，都是为了写情写意。

（二）写景状物类

写景状物类散文是以描写为主要表达方式，辅之以记叙、抒情、议论、说明等手段，以表现人文环境、自然景观和特定物件为主要内容的散文。与小说、戏剧、影视文学等的虚拟景物、为人造境、为事造境不同，它写的是真景真物。

写景散文是把自然山水、人工场景、民俗风貌当作主要描写对象，写出它们的形声色味、情态特性，充分展示其风采魅力，以实现传递作者情意、吸引人、感染人的阅读目的。或者以对自然的、人工的景观的精确描写见长，实景实写，不隐喻，不象征，一切意义都从描写对象本身的形态中显示出来，几乎看不见作者留下的主观痕迹。或者写感觉化的景物，从主观感觉层面对环境物象进行描写，用作者的特定心境、特别感觉去扫描景物，使景物出现一种主观化、感觉化了的变异。或者写情意化的景物，作者用有情的眼光去观照景物，让景物浸染上作者的主观感情，从而又通过所描述的景物来感染读者。

状物散文是以某一种物件作为表现主体，通过对物件的描摹刻画来为物件传神写貌，从而达到托物寄意的写作目的。这类散文的所写物件很宽泛，可以是自然界的各种生物，也可以是人类世界的各种器物。它可以写一物，也可以数物合写。一般以描形摹态为主，但也可以叙述一些物件的故事，写得有情有态，借此言志述怀。有的以为物件写形写态为主，侧重于表现物件的本原状态，用工笔描画，写出物件的特性特貌，让人长见识，开眼界。有的是寄情寄意地描摹物件，让物件也有情有意，可喜可爱。有的是写人格化的景物，把景物作为一种人格象征体来描写。还有的是理念寄托，通过写物写出对人生、对社会的一种理性体认，可以借物寓理，也可以借物明理。

（三）抒情写意类

抒情写意的散文在内容上强调作者主观情感的抒发，在表现手段上则以抒情为主，并辅之以描写、记叙和议论。这类散文的写作目的就是让读者走进作者营造的情境中，产生不由自主的感动。

第一种是直接抒情写意的。即不依附，或较少依附于写景叙事，即使依附，也是比较虚而不实的，或者是简略的，而主要是直接抒情，让情感不加掩饰地倾泻、流淌。或者是短章短篇，信手写来，将自己特定时刻、特定情境下的特定感受和情绪写下来，将那瞬间感觉、一缕情丝，细细地倾吐出来，有情趣，也有意趣。或是用诗的体式，诗的语言，夹杂散章散句，写得诗味浓郁，韵味悠长。

第二种是依附性抒情散文。即指依附于其他表现手段和表现对象来抒写情感的一类散文。如果说直抒胸臆的散文是以情感抒写的率真直白、酣畅淋漓来感动人、吸引人，那么，依附性抒情散文则是以情韵悠长、蕴涵无穷来感染人、陶冶人的。根据依附手段和依附对象的不同，依附性抒情散文有以下三种：

依附于叙事、记人来抒情。这类散文与记叙类散文的区别在于：一是记叙类散文记人、叙事细腻，可以借鉴小说等文体的技巧做深入细致的刻画，既求传情达意，也求写神写态。叙事抒情散文的记叙相对来说要粗略些，更注重情致。即使描摹形态，也是为了强化主观情感、主体心态，为了达到感染人的目的。二是记叙类散文以记叙为主要表现手段，一般都会铺叙出一个事件发生发展的完整过程，即使是写几件事、几个片段，或写一个人、一群人，它也有一条贯穿始终的叙述线索，能给人一种完整感。而叙事抒情散文则不太在意记叙的完整性、连贯性，全由情绪驱动，围绕主体情感的抒写需要，可以把不相干、无关联的人和事组合起来，全以情绪、意绪的发展为依归。三是记叙类散文虽然也是为了抒写情意，但其情意的表现、表达要含蓄些、隐藏些，显现得疏淡一些。而叙事抒情散文的情意显现则鲜明、强烈、浓厚得多。它往往让强烈的情感伴随着记叙的全过程，或者是边记叙边抒情，还带上适当的议论，或者是用一种饱含情绪的叙述，写出来的是带有强烈主观情感色彩的“情化”“意化”了的人和事。

依附于写景状物来抒情。这类散文构思新颖别致，抒情强烈而又富于感染力。它与写景状物的描述性散文比较，有如下区别：从运用描写这种表达方式的情况来看，它更少客观的、细致的、能真切地摹形写态的描写，而是比较多地运用情绪化的抽象描写，不刻意求真，而更在意景物最切合主体情感的神韵、意象。它更多的是运用渲染、烘托等写意性表现手段。而且其描写对象也不是单纯的客观外物，而常常伴随着对主体心态、情感状态、表情状态等的着力描写。它常常大胆地运用主观性的直接抒情，让抒情贯穿始终，而且渐进渐浓，看得出明显的抒情线索，也能让人感受到强烈的情绪氛围。并且将抒情与议论融合，升华情感，使文章的情趣与意趣交相辉映。

综合性地运用记叙、描写和议论来抒情。在这类散文中，抒情是占主导地位的，但它却可以同时获得激情洋溢、形象鲜明、意蕴深厚的多重艺术效果。这类散文叙事时粗线条勾勒，像雕塑。描写时或者是浓墨重彩，像油画；或者是轻描淡写，像国画。无论记叙、描写，都伴随着抒情进行。而意蕴或是在描述的意象中象征、蕴含，或是与抒情相伴中点化、宣示。

（四）议论随笔类

这是一种用来表现作者思维成果、显示理趣与哲思的散文。

一种是论题类。这类散文强调的是根据感知的事实直接说理，除了事实与逻辑以外，追求的是一种艺术性、形象性的说理效果，它常常运用文学的语言、文学的手段，甚至文学形象来说理，将议论与抒情结合、议论与形象结合，它追求的是用语言唤醒人们的表象记忆，启发人们想象、联想，领悟、理解。与一般的议论文不同，它不用抽象思维方式，不强调论证的严密性、表达的抽象性和概念性。

另一种是随笔杂感类。或者从某个具体现象得到一种感悟，随想随议，发表自己的看法。或者就某个话题，用散文的笔调来表述自己的见识与见解。这种说理并不一定从有针对性的目的出发，也不一定具有普遍性的现实意义，或许是个别的、偶然的事物。

三　散文的写作方法

散文写作首先要确认和追求的就是由情感和立意构成的一种艺术境界，其次是散文的文本构成艺术和表情达意的各种表现技巧。

（一）独到的立意意识

立意是行文的出发点，也是行文的终极目的。所谓立意，就是作者在说明问题、发表见解、明确主张或反映生活现象时，通过文本的全部内容所表现出来的基本思想和写作意图。

1. 散文立意的特点与价值

首先，因为散文的题材散，如果没有丰厚的审美意蕴，就不能充分发挥小题材、小文本的文体优势，让读者在极短的时间内获得尽可能多的审美享受。其次，散文文体的个性化色彩强烈，依情依性流动，而人性则善恶皆备、美丑俱存，立意不当，容易使文本失之低俗，所以散文立意的精彩与否，决定文本境界的尊卑、品位的高低。再次，由于表达的随意，为了避免平庸，则要求散文立意的多样性。最后，因为散文是随感而发、真情真性的，而作者的感、情、性都是来源于时下生活中的所见所闻，这就决定了散文立意具有现时性价值。

2. 散文立意要素的基本构成

立意是写作主体的思维情性与客观外物撞击而迸发出来的智慧和灵感的火花。主、客体本身的强度以及撞击过程的强度，是决定立意强度的基本因素。要想文本立意出奇制胜，首先要注重写作主体本身的强度训练。包括作者的人格品位的提升、志气识见的扩展、价值取向的确定，以及思维敏锐度、深刻度的训练，还有作者的审美水平与审美能力的培养与提高，特定条件下的情绪状态与情感质量，独特的生活境遇与人生体验的深刻度等。其次是写作主体明晰的立意意识的强化。包括写作角色意识：想写、要写、要发现、要寻求寄托物，也包括写作过程中的内在孕育：情感、思维积累等等。再次是写作客体的强度打造。一是对客观外物质量品位的确定：包括其审美特征和美学价值、与主体意旨的契合度、对信息的荷载力、其真实性和必然性程度的确认等。二是对客观外物活力强度的发现与开掘：包括其新颖度、可接受性、普遍性意义等。三是主、客体撞击强度的锤炼，主体对客体的心理调控：包括道德意识、审美意识、理性意识等方面的调控。注意主体与客体的反复撞击、持久思考、深入开掘。

3. 散文的立意方法

立意的形成有多种渠道，有的是偶尔获得的一种灵感，有的是长期酝酿的结果，有的是钻研寻求的发现。无论从哪一种途径获得立意，都要有一个“炼意”的过程。可以多层次求索以求深刻。在感性体验生活，获得灵感、感触的基础上，进行情感化的孕育，将自己的情感融合于触发性物象中，孕育能感动人的意象。然后去粗取精、反复锤炼，由表及里、层层开掘，提炼其具有代表性层面的、普遍性层面的和哲理层面的等各种深刻内涵，升华立意的品位。可以多方位求索以求新颖。对有内涵的触发性物象进行独具慧眼的观照，以小见大；变换角度去思考，变平凡为不平凡；改变思维方式求奇义，就能使立意出奇制胜。

散文立意的方法尽管很多，但是第一步的应该是懂得聚焦，选择一个较小的人、事物、现象、画面、细节作为切入口，进而再逐渐展开。就是说，要从纷繁复杂的生活现象中，精选一个你最熟悉、最打动你的人、事、景等细节，逐步具体展开，充分描写。力求从小切入口中，发现一些被平庸的生活所遮蔽的道理、智慧，或者表现出比日常生活中更加醇厚、深沉的情感，二者必居其一。对于初学者，往往求大、求全，看似丰富，实则蜻蜓点水，看似写到很多事物，实则都没有展开，只是点到为止。这样的散文提供的只是一个一个的标签、符号，都没有深入，是浮在表层了，如何动情？如何说理？这是难以展开的。

(二) 文本的建构方式

散文的营构是一种艺术，或新奇，或精巧，或天然，都是作者的匠心独运，才华展示。现代的散文作者有对传统的承接，但更多的是创新与探索。

1. 精心设计型

第一种是园林建构式。这是从传统的散文营构艺术中蜕变出来的一种结构方式。构思时，追求一种类似我国江南园林建构的审美效果，精心设计开、合、抑、扬、起、承、转、合，力求在有限的篇幅里，写出深邃，写出曲折。第二种是线索串珠式。作者或从审美感知出发，或从审美目的出发，确定一个行文趋向、行文线索，把杂乱的意象、物象连缀起来，称之为线索串珠。其线索或者呈显性状态，可用某个具有象征意义和审美价值的事物，串起一系列人、事、景，铺陈而成散文，也可用时间次第、空间转换为线索；或者呈隐性状态，这是一种不可触摸，只可感悟意会的线索，可能是理念，可能是情意。第三种是情节摹写与拼贴剪辑式。随着现代传媒手段的运用，广播散文、电视散文等形式的出现，散文对小说、戏剧、影视文体的营构艺术的借鉴也越来越明显，情节化、细节化、组接式的运用也越来越频繁。

2. 自然流走型

第一种是行云流水式。精心构思而不显痕迹，自然天成。完全是顺着作者思想感情的发展变化态势。依时依事依物而蜿蜒，信笔而书，娓娓而谈，以才气为文，浑然天成。第二种是意象纷呈与镜头组合式。为了表现现代人的无定型的情绪、微妙的心理体验和意识的流动，当代散文作者创造性地运用各种营构手段，以切合主体情绪意识的宣示。如意识流，如镜头组合，像写心理小说一样来写散文。第三种是散点铺排式。这是一种非逻辑的、发散性思维方式的文体表现，或呈平铺状，或呈立体状。

(三) 行文的表达方式

1. 灵活多变的叙述技巧

无论叙述视角的确定，还是叙述方式、方法的选择，都是一种行文策略的设计。散文写作中，单纯用叙述这一种表达手段行文的情况不多，大都是多种手段综合运用，但叙述手段是散文的主要表现手段。散文的叙述不同于小说、剧本的叙述，它不需要有完整的时空形态，以及人、事、境之间千丝万缕的因果联系。但散文也要通过运用机智巧妙的叙述方式，展示精彩的生活片段，达到抒情写意的目的。

首先是巧妙的视角设置和叙述视角的变换。叙述视角是通过叙述人称的确定来体现的。散文叙述者大都是真实作者，也大都用较稳定的第一人称或第三人称、第二人称完成一个文本的叙述全程。一是将被叙述者拉到叙述者面前，做一种超然于世俗之上的物我交流，达到天人合一的境界。二是叙述者主动站到叙述接受者面前，"我"与"你"

促膝交谈，让“你”在阅读中产生一种无隔阂的亲近感。三是“你”“我”合而为一，将叙述的客观性与写情的主观性糅合在一起，形成一种特殊的艺术张力。有的散文作者有意在一个文本中多次变换叙述人称，使叙述呈现多彩多姿的形态，营造轻松和谐的交流氛围。

其次是叙述方式的确定。叙述的基本特征在于展示一个时间流程，在叙事类的文学文本中，如小说、影视文学等，讲究叙述的完整性、连贯性、曲折性功能。散文的叙述方式相对要灵活、自由、松散得多。散文不以塑造个性化形象为旨归，也不以情节铺设的新颖离奇为目的，常常是情之所至，兴之所至，便是笔墨之所至。常用的叙述方式是由物而起，触类联想，再铺展开去，娓娓道来。也常常有人用到省略叙述、空白叙述、静态叙述、重复叙述以及扩展性叙述等小说、影视文学文体常用的叙述方式。或是围绕一种“心境”，一种“情绪”，用大胆的跳跃、跨越来剪辑、拼贴，构成事件、情景。还有的是用思绪、感受的叠映，场面、景物的交相显现等方式叙述。这些叙述方式的新变与新创，使散文的叙述流程跳荡活泼，灵气飞扬。

再次，叙述技巧的运用。重构事件的时空形态，设定事情发展流向，需要确立适当的叙述方式。而在具体的叙述过程中，如何控制叙述节奏，如何调整叙述的疏密，如何营造特殊的叙事氛围，使之呈现出一种特殊的叙述情调，就需要选用或创造合适的叙述技巧。

一是自叙状，用直白外露的大白话记叙。这种方法有很好的传真效果。二是作纪实性铺陈。着笔大背景下的小生活，写细节，写活写真。三是用“稀释”法。以一点现实事件作影子，用细腻的感受、想象去“稀释”“膨胀”，像写心理小说一样。还有一些夹叙夹喻、夹叙夹议的方法，也使叙述呈现出多种多样的情味和韵味。

2. 丰富多样的描写技巧

散文可以随意地、直接地将日常生活灵巧地转化为艺术形象。这种转化，是借助于多姿多彩的描写方式与描写技巧来实现的。散文描写方式是灵活多样的。

第一种是呈现性的表达目的与再现性的客观化描写。这是一种纯客观的描写方式，和小说的再现性方法差不多，其艺术效果也和小说相同。

第二种是描写对象的客观性与主观化的描写。散文的描写对象是现实生活中的真实存在，无论是人、物、景、境、事，还是转瞬即逝的意绪、心像、幻象，都曾是真真切切的存在和呈现。作者的情感与想象结合在一起，就会使描写对象产生新变，变成一种既富有情趣又具有审美特质的艺术形象。可以用通感、联想等方式进行一种感觉化的描写，不刻意追求形似，而是用自己的心灵去感应天地万物的性情，以主观世界的真实折射出客观世界的真实，或者让描写对象折射出自己的心绪、心态。

第三种是间接性描写。间接描写有三种情况：一是描写笔触不直接指向描写对象，而是通过对描写对象周围的人、景、物的展示，侧面表现。二是通过描绘对象所产生的影响和效果来表现对象。这就是变换角度的间接描写。三是从侧面着笔，布设一种氛围、背景、情调，构成一种组合优势，利用宾位形象烘托主位形象，利用外围信息烘托核心信息，从而产生强烈的审美效应。这种描写方法，具有以宾托主的间接性和以显衬隐的含蓄性。

第四种方式是比较描写。就是将几个描写对象并行展示，或是将同一描写对象的不同情状比照展现，使其特征更突出，效果更显著。

描写技巧的运用也是极为灵活又富于创意的。

一是写真的工描。工描，是中国画的传统技法。用在散文中，就是用细密、逼真的笔法，精雕细刻，无论写人写物，它既写形又写态，纤毫毕现，血肉丰满，以其逼真的形貌体现其内在的神韵，传神达意。它可以浓墨重彩，绘声绘色。它可以借助各种各样的修辞手法，如通感、比拟、夸张等，来充分展示描写对象。

二是简约的白描。白描也是中国画的传统技法，用简单的墨线勾勒，不着颜色。用在散文描述中，不以形似为目的，却期望收到"以形写神"的效果，达到"形神兼备"的境界。白描的特点在于径直、直观、质朴、淡雅，含蕴不尽，富有自然流走的动态性。白描通常不对客观外物做孤立的、静态的全息性展现，而是借重客观事物的运动状态来传神。所以，它常常与叙述相依相伴、相得益彰。

三是极富创造性的细节化、具象化描写。现代散文作者越来越多地借鉴这种细节化手段，艺术地再现生活，以唤起读者的审美直觉，强化读者的感官印象，刺激读者的艺术想象，从而增强散文的情趣、意趣。

四是丰富、自然的语言表达。写散文，需要用到很多细腻、生动的词汇，尽量回避那些人所共知的，很常见的词汇，因为它们已经被口口相传，逐渐失去了本来应有的丰富性。所以，这时候要多选择一些自己的语言，组织语言，哪怕是用口语，也比这些看似有文采的现成的词汇要好！自己选择词汇，要精细、准确，对于你认为重要的景物，要打开的五官感觉，全面投入和感受，描绘它的点滴变化。

五是运用虚拟性想象进行再现性描写，着意于具象化。虚拟精彩的人物刻画，细腻的细节展示，逼真传神的动作、神态、心理、场景描画。像写小说一样，写出艺术的真实性。

3. 多种多样的抒情手段

人们称散文是"'情种'的艺术"。新时期以来，抒情主体的意识逐渐强化，散文开始注重个体情绪，向人的心灵深处开掘。抒情手段既有对传统的继承，也有不断求新求异的探索。

一是运用传统的抒情手段。或是从动情到思索，到意境创造，借用景、物、事，由联想、想象到最后点题、收意。或用托物喻人、渲染气氛、创造意境的方式来抒情写意，充满诗情画意。

二是新创的抒情手段。大体归纳，有这样几种形态：一种是不动声色，引而不发。即将叙述与抒情融为一体，让真情在感觉化了的叙述文字中引而不发，形成一种情感的内力张势。另一种是现象还原式的冷抒情。这是对夸饰性的高强度抒情方式的一种反叛，是追随"后现代派小说""新写实小说"等"现象还原"的写法。用自然主义的手段，写自然自在的现象，写得跟自然本身一样真实，几乎感觉不到作者的情绪，全由读者去品、去想。还有一种是变形感觉，还原梦幻，或用荒诞手段写幻觉、梦境、潜意识，写寓言故事，写得似真似幻，曲折地剖露一种心境。

第三种是内力充盈的直抒胸臆。将诗意的激情与凝重的理性思考融合，以伴随着叙述和描写的直抒胸臆，写出内力充盈的大气磅礴，这是散文抒情在更高层面上的一种回归。

4. 诗化与意化

诗化与意化，是散文创作特有的表现手段，也是散文作者追求的一种艺术境界。散文的诗化、意化大抵呈以下几种状态：

一是用诗性激情写散文，并将诗的技巧引入散文，创造意象、意境。不仅写景状物的散文容易写得具有诗情画意，叙事性散文也同样可以诗化、意化。

二是诗文融合。行文中，将极富意蕴的诗的描画与自由跳动的散文的描绘融合，诗文一体，更添诗意。

三是打破叙述、描写、议论、抒情的局限，用一种全新的语体来创造诗境。

四是将抽象的理念意象化。以景、物等作为理念的载体，而在展示这些载体时，作者常常模糊实境与虚境、有形之境与无形之境的界限，将各种表现手段混合使用，给人以新奇之感。

散文的诗化、意化，是一种灵动的艺术感觉与艺术空间的营造，从传统到新变，人们在诗化的程度、意象的排列组合方式，以及各种技巧运用的融合等方面做了许多探求与变革，不断创造着新的艺术辉煌。

5. 独具匠心的议论方式

议论作为一种表达方式，是以抽象概括的语言对客观事物的本质和内在联系以及作者的态度、主张进行阐释和证明。议论的功能是说理，是为了表现人对社会、自然的认识的真理化，并实现读者对这种真理的认同。散文的议论是伴随着叙述、描写和抒情自然生发出来的一种理性与智性，是一种情趣、情感的升华。从表现形式和艺术效果上讲，有秀拔显露和蕴藉含蓄两大类。

关于秀拔显露类。所谓秀拔显露，就是在关键处一语道破主旨，显得挺拔卓越，精辟警策。其方式有以下几种：一种是画龙点睛式的激活。它一般都是伴随着叙述和描写进行。在记叙了一个事情、一段故事之后，或是在描画了一个场景、一处景物之后，适时点化，开掘出事物、情景的微言大义。可以边形象地描述边简练地议论，边着力地渲染边巧妙地点化。也可以层层铺叙，层层渲染，“卒章显志”。另一种是点铁成金式的升华。这种方法常用于随想随笔式的论说中。在一种看似不经意的闲笔闲聊中，恰到好处地点铁成金，让平凡事显出“非凡”理。还有一种是情理交融的议论。

关于蕴藉含蓄类。所谓蕴藉含蓄，就是将哲理借助于形象化的描绘和含而不露的象征暗示出来。要达此目的，有以下几条途径：

一是作可感可触的形象化议论。避免抽象的理论分析，避免抽象的语言表述，诉诸读者视觉和想象的形象，让哲理变得生动可感。这种形象化议论可以寄寓在生动的故事、场景、物象、细节中，也可以夹叙夹喻、形象设喻的方式委婉点化，使叙述、描写巧妙地转化为议论性的效果。还可以用隐喻等暗示性的篇尾升华，让议论变得简约、形象而富有韵味，使文章显得既有情趣，又有理趣。

二是作含蓄蕴藉式的议论。可以用象征性形象来蕴涵一个深奥的哲理，或者寄寓一种深切的人生感悟。也可以用寓言式的故事暗示，来创造议论的含蓄性效果。

以上两种方式是互相包容、相辅相依的。许多散文的议论是隐中有秀，秀中有隐。隐秀之势，百态千姿，使得散文的议论、散文的哲思越来越受到读者的青睐。

第三节　小　　说

小说是一种以塑造人物为中心，通过描述完整的故事情节和具体的生活环境，形象、深刻、多方位地反映社会生活的叙事性文学体裁。人物、情节和环境三要素构成了完整的小说世界。

一　小说的审美特征

（一）偏重再现的虚构性形象

小说创造的艺术形象的形态首先与现实生活形象的形态有着直接的联系。小说形象是对现实人生的一种实体性和过程性的描述，它以这种实体性、过程性的描述赢得读者的信赖和欣赏。小说的客观描述与诗歌的主观抒情相比，其艺术形象的审美特征明显地偏重于再现。

小说与散文都是创造再现性艺术形象，散文的再现性形象是真实的，小说的再现性形象则是虚构的。客观现实的生活印象必须经过作者主观心灵的文学改造才能成为小说写作的资源。为了在小说形象里完美地表达作者对生活的主观体验和主观理解，小说作者可以将他感受最深的生活形象直接写进小说，也可以为了一个小说主题将众多的生活形象分解后重组为一个新的艺术形象。假如在小说作者的生活经历中没有感受、体验过某种特定的生活形象（如某些科幻小说表现的生活情境），他甚至可以充分运用自己的想象去虚构这一形象。这种分解、重组和虚构的文学加工方式是散文形象不可能具有的。小说形象的“虚构的写实再现性”特征为小说文体的创造提供了无限的艺术空间，也为小说作者艺术才能的发挥提供了宽广的天地。

（二）人物形象是小说形象的核心

在小说偏重于再现的虚构性形象里，人物形象是其中的核心内容。小说文体确定人物形象写作的中心地位经历了两次历史性的质变。中国早期的志怪、志人小说的主角多半是神灵怪异的“神”或“半神半人”；经历了唐宋元明清的发展，小说主角才开始变为达官贵人和平民百姓。西方中世纪后的古典小说《十日谈》的主要特征在于写故事，人物只是一般的类型描写。19 世纪后的现实主义小说出现了成熟的个性鲜明的日常生活的人物典型。20 世纪随着科学技术和心理科学的发展，人物形象的塑造开始走向人的深层心理。小说从写神灵怪异到写人间百态，从侧重写故事情节到突出写故事中的人物及人物的深层心理的历史证明，小说作者常常是把他主观上对生活的感悟和理解通过生动的人物性格和曲折起伏的人物命运含蓄、隐晦地表达出来。

从小说文本的构成要素来看：小说有情节，情节是人物性格形成和人物命运发展的过程；小说有环境，环境是人物展开交往和活动的具体场所。小说的情节与环境是由小说人物衍生出来的两个要素。小说中的主角有时是动物而不是人，但作者的用意是让动物暗寓人的关系和人的性格，因此，动物实际上是人格化了的动物。当代新潮小说中有主要写情绪、写感受的实验小说，这些情绪无论怎么奇特也仍然是人物主体的情绪。小说对读者产生的艺术感染力来自小说人物生动的性格和曲折的命运。小说人物在审美上的这种特征深深地制约着小说写作。

叙事性文学（包括戏剧、影视）一般都是把塑造鲜活的富有概括性的人物形象当作写作的中心任务。然而小说在刻画人物方面有着诗歌、散文、影视不可比拟的优势。它可以多角度、全方位地刻画人物。在抒情诗和抒情散文里，作者只能捕捉和呈示人物某一时刻的心理；在叙事诗和叙事散文里，作者一般是简洁地描述、勾勒人物的片断行为；戏剧和影视主要通过人物语言和动作集中展示人物，并受到艺术时间和空间的限制。而小说作者可以凭借语言的媒介和各种艺术手段，从各个角度全方位地对人物进行动作描写、语言描写、心理描写、肖像描写以及特定的人与人、人与自然的关系组成的环境描写。

（三）完整多变的情节铺叙和细致生动的细节描写

小说人物的形成依靠完整多变的情节铺叙。小说情节是一系列展示小说人物性格的大小事件的连贯有序的艺术组合。小说人物的特定性格决定了小说人物在某个场合必定做出某种事情；读者从事件中的人物行为内容和行为方式中必定也能看出和把握到小说人物的独特性格。小说人物与情节事件的这种互为依靠的联动关系提示我们：小说情节是完成小说人物性格具体化、个性化创造的必备条件。精心设计、提炼的情节可以塑造鲜活的富有典型性的小说人物。比起抒情诗、抒情散文主要使用情感材料，比起叙事诗、叙事散文用片断情节写人，这是明显不同的文学方法。

小说情节还不是小说刻画人物的最小的艺术单位。每个小说情节中的大小事件都由若干个小说细节构成。我们可以从小说刻画人物的最小的艺术单位——细节来探究小说的审美特征。

每个小说情节都由一系列写人细节、事件细节、景物细节等连贯组合。在这些细节中，处于重要位置的是写人的细节。在写人的细节中有核心的动作细节和一般的肖像细节、言语细节的分别。其中核心细节是一篇小说中最重要的艺术细胞。一篇微型小说很可能就是由一个核心细节连接若干个一般细节构成情节主体。一篇(部)小说也是由若干或一系列的核心细节组成情节长链。小说核心细节的质量高低决定小说的成功与否。高质量核心细节具有独特性、概括性、动作性三个具体的审美要求。独特性是指这样的写人细节不仅表现人物的行为内容,而且还鲜明地体现人物的行为方式,他的所作所为表现出其他小说人物难以重复的个性特征。概括性是指这样的独特的写人细节同时具备了典型性的品格,它能概括一批同类的写人细节,让读者举一反三地联想到小说没有写出的其他细节,催动读者运用丰富的想象去探究人物的行为动机。动作性是指这样的细节有比较直观的外在形态,能鲜明有力地凸现人物的动作过程。动作性、概括性、独特性都比较明显的写人细节,便成为情节的核心细节,使整个情节具备写活人物的较强力度,完成诗歌、散文难以完成的全方位、多角度塑造人物的艺术任务。

(四) 小说细节的联结形式和语言呈现方式

小说的核心细节和一般细节在联结为情节整体时有明显的因果脉络和时空线索,它不像诗歌意象那样呈飞宕式联结,也不像散文意象那样呈散跳式联结。小说细节之间的联结隐含着小说作者对生活的因果理解,可以说,小说作者有什么样的主观立意,小说细节就会产生什么样的运动方式和联结方式,有时可能因为叙述的需要,小说作者会忽略和省掉中间某些过程性细节,但小说作者的许多艺术提示和暗示,仍然会使读者在自己的想象中补充出省略的中间细节,从而构成体现生活逻辑和情节逻辑的因果解读。

小说细节的语言呈现方式几乎囊括了语言艺术的所有方法和手段。可以采用描写的方式,将小说细节的内容作细致的空间铺排;也可以采用叙述的方法,将小说细节内容作粗疏的陈述;还可以把描写和叙述有机结合起来,既描写又叙述,既细致又快速地传达细节。不管采用哪一种表达方式,小说的语言必须是细密的、写实的,这与诗歌"精美的概括与变形"、与散文"平实的描述与说明"是完全不同的语感。小说通过这种细密、熨帖的语言来呈现细节,构成了小说细节的逼真性和再现性的审美特征。

二　小说的文体分类

在小说漫长的历史发展过程中,人们曾分别从主题倾向、题材范围以及写作方法等方面给小说分类。比较习惯的方法是依据作品的篇幅和字数,将小说分为微型小说、短篇小说、中篇小说和长篇小说。

(一) 微型小说

篇幅字数在1500字左右、2000字以内的是微型小说。中西方小说最初发轫时的形态就是较为短小的故事。魏晋时期的《搜神记》和《世说新语》,常常用短小的篇幅叙述鬼怪神异及名士轶闻。在当代,随着电子文化的覆盖面日益广泛,人们的文学审美趣味正在发生改变,创作和欣赏微型小说已成了小说艺术普及化、大众化的重要现象。微型小说写作要求选材特别精粹。它常常只写一个场面里的一件事情，或者只写不同场面的由一个物品、细节缩连的一件事情。它注重运用一个高质量的写人细节作为核心情节来生动地刻画人物的某一个方面的性格特征。在叙述方式上，它很讲究用简洁洗练的语言叙述一个完整而有变化的故事，常常在情节的尾部制造意外结局，使整篇作品的立意在短暂的阅读中被读者顿悟和体味。简单实用的情节模型、机智灵巧的构思方法以及快节奏、大信息量的叙述语言，使微型小说成为高校进行文学写作教学和训练的恰当文体。

（二）短篇小说

篇幅字数在2000字以上、30000字以内的是短篇小说。中国唐宋时代的一些优秀话本小说和明清时代蒲松龄的《聊斋志异》及“三言二拍”中的优秀篇章是中国古代短篇小说成熟期的代表。20世纪初俄国的契诃夫、法国的莫泊桑、美国的欧·亨利都以他们短篇小说的典范之作而被誉为世界级短篇小说大师。短篇小说的选材多取生活的横断面，生活事件虽然也是较为单纯的一两件，但事件叙述的时空形态远比微型小说要复杂和丰满。它的人物刻画不一定限于凸现人物的一个性格侧面中的一两个性格元素，而是集中艺术笔墨塑造出性格侧面相对系统、完整的人物个性。它的叙述比较从容充裕，有具体细致的人物生活环境的描写。因为要集中人物的矛盾冲突、有意味地描写人物性格和人物命运，它的艺术构思也形成了自己的艺术规律和写作模型。

（三）中篇小说

篇幅字数在3万字到10万字之间的可称为中篇小说。中篇小说是介于短篇小说和长篇小说之间的文体，同时也兼有短篇小说和长篇小说的一些长处。相对于短篇、微型小说来说，它可以描写有一定历史长度的纵断面生活，可以多角度描写某一个典型形象的性格系统，也可以全方位地叙述某一个小说人物的命运，它有长篇小说“全景式”和“大容量”的特点。相对于长篇小说来说，它又能精练、单纯地概括复杂的纵断面生活，它的人物关系不一定复杂，情节的枝蔓不多，而人物之间的冲突和人物内心的冲突却能得到集中突出的展示，显出了短篇小说特有的凝练和概括。它可以像长篇小说那样从容、细致地展开描写和叙述，也可以像短篇小说那样进行机智的构思和巧妙的布局，显示出趣味盎然的可读性和引人深思的生活底蕴。海明威的《老人与海》、谌容的《人到中年》便是文学史上脍炙人口的中篇典范。

（四）长篇小说

篇幅字数在10万字以上的就是长篇小说。长篇小说反映的纵断面生活比中篇小说更厚实，成功的长篇小说可以塑造多个典型人物。它的情节瑰丽多变、曲折逶迤，具有足够的动人心扉的艺术力量。它的环境描写有特定的区域景物，也有特定的由复杂的人与人关系构成的社会环境。它常常以对社会生活做全面、深刻的反映被称为“史诗”。一个时代的文学成就相当程度上体现在长篇小说的创作上。

三 小说的写作方法

（一）提炼高质量的写人细节

小说作者面临的首要问题就是要善于在生活中发现和捕捉写人的细节。当生活中一些特定的人和事感动了小说作者，促使他产生了用小说的形式来刻画这个特定人物的写作动机时，他对描写对象的体验和理解就不能停留在用抽象的词语来概括人物的性格特征上。小说作者观察、体验生活，其艺术的注意力不仅放在体察人物在"做什么"，而且还放在"怎么做"和"为什么做"上。这样就容易发现和捕捉到描写对象与众不同的具体细节。

生活中并不是处处都有艺术形态很完整的小说细节。小说作者在发现和捕捉到了某个感动他的生活细节后，可以调动小说的形象思维，通过分想、联想和幻想来进一步提炼和衍化这个动人细节。他可以细致地分解细节，把这个动人细节中一些一般性、没有多大意义的枝蔓性的内容分解出去；他可以大胆地通过联想去组合一些新内容，把一般人想不到的其他生活感受和素材，围绕着表达的感受（即最初的小说主题）组合为一个新形态的、功能更多、小说味更强的新细节。小说的核心细节往往就是这样提炼形成的。有了成型的核心写人细节后，就要通过机智巧妙的艺术构思来衍生、发展、完善细节链。小说作者可以充分发挥自己想象、虚构的能力，为已提炼成型的核心细节设置各种各样的情境，然后再想象在那些特定的情境里，细节可能呈现的内容和形态。

（二）设置精致的故事情节

核心细节经过裂变繁殖后出现细节群，小说作者根据小说主题把细节群组合为有序的小说情节。小说人物能否完美地成型，小说能否产生较强的可读性和娱乐性，就看小说作者如何组合细节、设置情节。小说理论发展到今天，已产生了比较成熟的情节模型理论。初学小说写作，可以根据自己对经典小说的体味和欣赏，在小说情节理论的提示下，在自己的大脑中建立一些情节模型，采用一些情节技法，把细节群按照一定的情节模型进行有序组合。当取得了一些成功的小说写作经验后，再来不断地创新，不断地突破原有的情节模型和建立新的情节模型。在这样的小说情节观念指导下，初学者可以留意体味和运用下列情节模型和情节技巧：

1. 折叠与跳移

这两种情节模型主要用于改造和重建叙事情节的时空状态。所谓折叠，是指情节从事件的中间切入，而被切掉的事件的起因、发展等有关细节与后面的情节链有因果联系，它们被巧妙地、天衣无缝地插入情节中，好像被折叠进了小说的情节主体里。这种情节模型主干突出、事件集中、叙述丰满。所谓跳移，是指情节在联接和运行的过程中，某一个重要的情节环节挪移出来放到情节结尾时才快速补出。当重要的情节环节被挪移时形成情节空白，产生了吸引读者注意和思索的情节悬念；当重要的情节环节移置到结尾快速补出时，情节的悬念消释了，读者产生一种阅读震惊和阅读快感。欧·亨利的许多经典小说如《麦琪的礼物》《最后的常春藤叶》等都是这样的情节模型。“杰姆卖掉了心爱的金表后所买的礼物是发梳”，“那挽救了女青年琼西生命的绿藤叶是老画家贝尔门用生命的代价画成”——这些情节的关键环节都是移至小说尾部才快速补出。

2. 省略与延宕

这是从情节组合的环节“用与不用”的角度来构建的情节模型。省略是指在情节的组合过程中，有意省略某些情节部件，制造一定的情节空白，调动读者结合自己的知识、经历来补充它、完善它。这种情节模型可以省略开头，可以省略结尾，还可以省略中间。不管哪一种类型，都是调动读者的艺术想象力来完成小说叙述。延宕刚好相反。某个重要的情节环节不仅不省略，反而要不断地去重复它，通过重复来强调它、突出它，争取给读者留下深刻的阅读印象。能够被重复而延宕的情节环节往往是整个小说中特别富有情节内涵和特征的核心细节。契诃夫的《在钉子上》写下级官员斯特鲁奇科夫带领同事们到自己家过命名日，连续三次碰上自己家墙上的钉子挂着顶头上司的帽子，他们只好连续三次撤退。“三次撤退”就是相同的情节部件连续出现了三次。该省略就省略，该重复就重复，这都是为了突出人物特征、强调小说主旨、诱发读者参与创作的常用的情节模型。

3. 意外与巧合

这是小说作者有意调控情节发展方向、制造特定情节效果的技法与模型。意外是指小说作者有意识地让情节结尾发生180度的相反突转，给读者一个想象不到的意外结局。小说写作上常说的“欧·亨利式”的结尾就是这样的情节模型。它比较讲究结尾突转前的铺垫和渲染，往往从与故事结尾相反的方向去设计情节和选择细节，故意诱发读者的阅读思维从与结尾相反的方向去运行。当然，如果情节铺垫工作未做好，艺术渲染露出了痕迹，让读者看出了小说作者的匠心，那么就不能成功地建立这种情节模型。它的利与弊的可能性同时并存。巧合也是这样，小说作者有意识地将两个互不相关的事情碰撞组合在一起，让它们发生误会与巧合。作者抓住这种巧合安排情节的发展方向、选择或虚构情节链中的细节，或构成悬念，或构成意外与发现，让小说富有趣味盎然的可读性和娱乐性。中国古代短篇小说《蒋兴哥重会珍珠衫》，男主人公在一生的坎坷命运中三次重见一件珍珠衫，这样的巧合正是这种情节模型可供分析的例证。

（三）运用机智的叙述策略

当小说作者通过艺术体察和艺术构思，提炼和完善了小说写人的细节，设置和组合了情节链时，就需要用小说语言来物化和传达这些细节和情节。下列常见的小说叙述策略是实现小说作者的构思意图、增强小说作品的可读性和艺术价值的重要手段。

1. 概括叙述和具体叙述

对人物生平和性格特征做简要介绍和对有很大时间跨度的事件做扼要交代时，需要用概括叙述的策略来快速推进小说情节。但是，如果小说作品总是快速粗疏地概括叙述，小说文体的可读性则无从谈起。具体叙述是夹带细节的小说叙述。若凡的《走出那荒岛》的开篇是这样介绍人物的："孟祥人有点生理缺陷：秃。因此，无冬无夏，他永远戴着帽子。人们记得他 18 岁时由农村老家调来农场，如今已过而立之年。十多个年头中，居然谁也没有见他摘过帽子。那年闹地震，他同许多惊慌失措的人一样从睡梦中惊醒，赤身裸体跑出屋，头上却依旧戴着那顶帽子。"十多年来谁都没有见过男主人公摘过帽子，这是典型的概括叙述；就是闹地震，他赤身裸体跑出屋外时仍然戴着帽子，这是典型的夹带了细节的具体叙述。只有当这样的概括叙述和具体叙述交替出现时，主人公那种因生理缺陷而长久自卑的心理特征，才非常简洁而又直观地得到表现。

2. 夹叙夹议与虚实结合

小说叙述语言的可读性和审美价值的形成与小说叙述者的个性化介入有密切联系。如果小说叙述者在叙述写人的核心细节和叙事的细节群时，把自己个性化的词语和句式、主观化的评价和议论融进叙述语言，或者，小说叙述者把自己独特的感受和体验通过比喻等修辞手法融进叙述语言，就会产生审美功能较强的夹叙夹议和夹叙夹喻的个性化叙述语言，形成与散文平实而有文采的语感的强烈对比，那些精心构思的核心写人细节和系列的小说情节的可读性就会得以充分体现。请留意体味小说家陆文夫在获奖中篇《井》中的一个细节叙述："童少山的老婆叫荷英，并不傻，泼得很，素有小辣椒之称，听完了之后像被胡蜂叮了似的，哇得一声叫起来，哭起来，又哭又叫地向实验室奔去。"在这八个叙述语言模块里，前四个语言模块是夹叙夹议，一边叙述描写对象童少山的老婆的精明和厉害，一边介入叙述者对童少山老婆个性化的主观评价——她有小辣椒那样的泼和辣。接下来的四个语言模块是夹叙夹喻，把童少山老婆哭闹比喻为像被胡蜂叮了似的哭、叫、闹、奔，比喻前的语言模块是虚写的，比喻后的语言模块是描述式的实写，一虚一实的叙述语言非常富有弹性和张力，活泼而又有韵味地显露了叙述者的个性化叙述情趣。

3. 象征叙述与反讽叙述

真正的小说语言在叙述人物细节和情节时并不止于一般的清晰与传神，它更讲究叙述语言的多义与深层，它力图通过创造表层与深层两重叙述信息，扩大小说语言的信息量和文体美感。这就是说，小说语言的表层是一回事，内层又包涵另一回事。如果小说作者叙述了生活中一个没有明确的时间和空间的故事，但故事的深层又能概括不同时代、不同时空的同性质的人和事，这种信息量同向放大、扩展的叙述就叫象征叙述。如果小说写作者表面上很客观地不加褒贬地叙述一些人和事，但他对情节和细节的选择与排列却明确地暗示了他的否定性情感，有时即使是赞扬式的叙述，读者仍然体味出叙述表层语义里的深层的批评意味，这就叫反讽叙述。陈京松的小说《校园多棱镜》里，小说叙述者很严肃很客观地叙述了男主人公深夜像破案一样查找一封情书的作者，但结局误会的消除却让读者体味到了作者对高校中僵化、教条的思维方式和工作方式的无情否定。这就是饶有小说情趣的反讽叙述。

随着小说艺术的深入发展，还有更多、更新的人物创造方法、小说情节模式和小说叙述策略需要我们在小说写作实践和欣赏实践中探索、总结。

第四节 诗 歌

诗歌是一种用丰富新奇的想象和富有节奏、韵律的语言，高度概括地歌唱生活、抒发感情的文学体裁。这种抒情性文体可以说是与人类的语言同时产生的。人类早期的诗歌与音乐、舞蹈三位一体，这个特征深刻地影响了诗歌文体的抒情性和诗歌语言的音乐性的构成。几千年来的诗歌文体经历了从简陋到多样、从单一到复杂的演变轨迹。

一 诗歌的审美特征

（一）集中概括的抒情

诗歌的艺术形象与散文、小说相比，有一种高度的集中与概括的特点。臧克家的《三代》，用六行诗就概括了旧中国农民代代不可改变的悲剧命运。这种集中与概括，要求进入诗歌的人、事、景、物、情必须是典型的、精练的，它们的艺术联结与组合是跳跃的、简约的。它没有了小说形象的逼真性和散文形象的写实性，没有了叙事性文学的那种情节枝蔓和场面环境。诗歌艺术形象的大部分资源来自诗歌作者的主观心灵，是诗歌作者主观感觉的具体化材料，体现了概括生活、超越生活、变形生活的表现性审美特征。

诗歌文体发展的历史证明，诗歌是人类表达、宣泄情感的较好载体。诗歌作者在具体的写作过程中，以能否表达出主观情感为目的来选择和提炼诗歌意象，创立和设置诗歌意境，诗歌语言的种种使用技法也是为了更准确、更细致、更熨帖地抒情达意。离开了人类抒情的动机，诗歌就没有了产生和发展的动力。

诗歌形象抒发的情感从表现形态上看是具体的、个性化的，它直接源于诗歌作者个人的审美体验。但优秀诗歌的审美品质却是在这种个性化的情感里集中概括了人类深层的情感状态和人性深层的情绪体验。不同时代的人们喜欢吟咏李商隐的爱情诗，是因为“相见时难别亦难，东风无力百花残”的诗歌意境概括了人类刻骨铭心的相思、痛断肝肠的离别、生死不渝的忠贞这样的共同的情感体验。诗歌作者抒写的是“小我”的情感，但它走向人类“大我”的境界是诗歌艺术得以永久流传的根本原因。

（二）大胆神奇的想象

诗歌形象传达的情感虽然是概括的、典型的，但它在艺术表现上必定是具体的、形象的，诗歌艺术的关键就是将无形的情感化为有形的意象，将抽象的观念化为生动的具象，把作者的情感形象化。这种形象化是通过具体的诗歌意象实现的。诗歌意境的最小艺术单位就是一个诗歌意象。诗歌意象是作者的意中之象，是客观外界的人、事、景、物、情经过作者情感的孕育而重新创造出来的独特形象，它是一种带上了强烈的主观色彩但又与生活物象截然不同的能在人们头脑中用想象感知的具象。客观性、主观性、独特性、概括性的融合是它的基本特点。着眼于诗歌意象的数量来考察，一首诗可以是以一个意象为主，也可以把多个意象并置。着眼于诗歌意象的性质来考察，意象又可以分为描述性意象和拟喻性意象。描述性意象是作者的情感与客观物象融合时，客观物象大于主观情感的具象，它是作者饱含情感（有时也使用各种修辞方法）对生活的形象做实景描摹，在意象形态上基本不变形。拟喻性意象是作者主观的抽象的情感具象化时产生的意象，它不是感官式的而是心理式的印象，它是作者记忆中的表象在情感的作用下发生的重塑，它超越生活的本相出现了变形。

无论哪一种意象，诗歌作者都需要运用大胆的、神奇的想象把它们组合为特定的诗歌意境。诗歌意象的组合不像小说那样是一种体现因果关系的连贯式组合，也不像散文那样是一种突出作者个性的散跳式的组合。在大胆、神奇的想象作用下，诗歌意象是一种突出作者情感的飞宕式组合。这种飞宕式组合，既没有时间线索串联，也没有空间位置依附，它完全根据作者抒情表意的需要来排列、组合意象。意象与意象之间有巨大的跌幅，意象与意象之间有快速的转换。这种飞宕式的组合形成了特定的诗歌意境。

（三）分行排列与精练优美的语言

诗歌意象在语言呈现方式上更有显著的特征。在语言的外观上，诗歌意象采用了行列的形式来展现。当代诗歌理论总结的诗歌语言的行列方式有：以闻一多的《死水》为代表的九字四顿的“整饬的行列”；以郭沫若的《天上的街市》为代表的或长或短的“参差的行列”；以贺敬之《放声歌唱》为代表的“递进的行列”；以戴望舒的《雨巷》为代表的“回环的行列”。行列的形式产生了诗歌语言特有的节奏感和韵律美。在语言的内涵上，诗歌语言在物化意象时特别讲究精练的内蕴，它要通过大力度的炼字、炼句，以较小的篇幅完美地容纳高度概括的内容。诗歌语言以这样的外观与内涵形成了区别于小说、散文的新奇优美的审美特征。

二　诗歌的文体分类

（一）抒情诗与叙事诗

以诗歌的表现内容和表达方式作标准，诗歌可分为抒情诗和叙事诗。抒情诗是以作者的口吻抒发主观情绪情感的诗体。作者对社会生活作“主观化”和“自我化”的处理，所有的诗歌意象都经过作者心灵的改造而出现个性化的变形，没有完整的人物形象和事件过程，少数人物形象和事件形象也是作者寄寓强烈主观感情的形象片段。抒情诗一般篇幅短小，常常借助主观抒情的艺术手法创造情感强烈的自我形象。抒情诗在历史上形成的基本体式有山水诗、咏物诗、爱情诗、哲理诗等。曹操的《观沧海》、李商隐的《无题》、冰心的《春水》等就是上述抒情诗体式的典范。叙事诗是以叙述者的口吻来刻画人物、叙述事件的诗体。与抒情诗相比，它有较完整的事件情节，采用各种手法描写人物；与小说、戏剧、影视相比，它的情节比较单纯且跳跃性较大，人物性格比较单一，使用的细节较少，叙述语言比较概括并充满激情。叙事诗人“不是在讲说一个故事，而是在歌唱一个故事”①。历史上有定型的叙事诗，其基本体式有史诗、诗剧、一般叙事诗等。古希腊时代的《伊利亚特》、中国古代的《孔雀东南飞》、现代的《王贵与李香香》就是这种诗体的代表。

（二）格律诗与自由诗

以诗歌的表现形式作标准，诗歌可划分为格律诗、自由诗、民歌、散文诗等几类。

格律诗是依据固定的格式和严密的韵脚进行创作的诗体。这种诗体在每首诗的行数、每行诗的字数、某一个诗句的节奏和某一个词的声韵等方面都有不能任意违反的格式和章法。在诗歌诞生的初期，人们为了便于朗诵和吟唱，就通过某些特定的格律来构成诗歌语言的音乐性。在诗歌文体漫长的发展历史中又区分出了古代格律诗和现代格律诗。古代的律诗、绝句以及词、曲就是古代格律诗的具体样式。律诗只有八句，绝句只有四句，它们都受制于固定的平仄韵律，律诗中间的四句两联还需严格对仗。词和曲更有固定的词牌和曲调，虽然诗句长短不一，但平仄格律的要求比律诗和绝句更严格。这些严密的格式形成了诗歌一唱三叹、节奏和谐的音乐性。现代格律诗的形式规范正在探索中。闻一多在20世纪30年代、何其芳在20世纪50年代都曾提出过现代格律诗的形式规范，并且身体力行地付诸创作实践，另有一些作者试验了“同字体”（如九言诗）、“同顿体”（如三行韵式）、“对称体”及“素体”（每行五音步，不押韵）等现代格律诗的形式，但是中国目前还没有产生真正意义上的有影响的现代格律诗。从诗歌文体特定的抒情性和音乐性来说，中国当代诗歌非常需要现代格律诗的充分发育和生长。现代格律诗在借鉴外国格律诗的成功经验和继承中国古代格律诗的优秀传统方面，拥有值得探讨的广阔天地。

自由诗是与格律诗相对而言的。它特指在诗歌语言形式上不受格律限制的较为自由的诗体。每一行诗的字数，每一节诗的划分，每一篇诗的节奏和韵律都没有固定的格式。它一般是根据作者内在情感的起伏变化安排诗歌意象和诗歌语言的节奏旋律。这种不受形式束缚的自由使得它成为当代最流行的一种诗体，并成为诗歌爱好者们比较乐于接受的一种诗体。郭沫若的《天狗》、艾青的《光的赞歌》、舒婷的《致橡树》就是自由诗的优秀之作。

---

① 何其芳：《谈写诗》，《作家谈创作》，花城出版社1981年版，第174页。

（三）民歌与散文诗

民歌是人民群众集体创作并能口口相传的诗歌。民歌的形式生动活泼，它和自由诗一样不受固定样式和格律的拘束。语言具有浓厚的生活味，经常使用比兴和夸张来创造诗歌意象，体现出想象丰富、简洁明快、易记易唱的诗歌风格。

散文诗是近现代才发展起来的兼有抒情诗和抒情散文特点的一种诗体。它是诗的某些表现性元素与散文的某些再现性元素巧妙融合的产物。它采用散文的自由灵活的形式来传达精练内蕴的诗歌意象，虽然不像诗歌那样分行排列和押韵，但它的语言仍然具有内在的节奏感和音乐美。它在艺术手法上多采用暗喻和象征，在几百字的短小篇幅中，把诗情、画意、哲理融为情景交融的诗境。泰戈尔的《新月诗》、鲁迅的《野草》、郭风的《叶笛》都是优秀的散文诗作。

三　诗歌的写作方法

（一）培养发现、捕捉诗歌意象和诗歌灵感的能力

诗歌意境的最小艺术结构单位是一个意象。诗歌的写作常常是从作者对生活中某个人、事、景、物、情产生了独特的诗美体验而获得第一个意象开始的。诗歌创作的灵感就是诗歌作者对情感具象化、主观情志文字化的一种突然顿悟和把握。无形的情绪突然有了有形的形象，抽象的观念突然有了具象，使得诗歌作者的心理结构和语言结构豁然更新。诗歌的写作灵感具有短暂性、突变性和不可重复的特点。长期艰苦的文学修养和积极努力的艺术构思是诗歌写作灵感得以爆发的基础。

诗歌灵感出现后，作者应迅速准确地将灵感体验到的内容意象化；灵感体验意象化后，应及时准确地将意象化为诗语和诗句。这就是诗歌写作“灵感—寻象—寻言”的三阶段。很多人不能完成这个三阶段的创作过程。有的人虽有灵感体验，但未能及时地将体验化为诗歌意象；有的人虽然在脑海里形成了诗歌意象，但不能及时准确地将诗歌意象词语化、文字化，一首诗就只能活跃在作者的脑海里而不能成形。因此，发现诗美，体验诗美，传达诗美是一个诗歌作者应该具备的心理结构和语言能力。这种心理结构和语言能力不是天生的，虽然它与人的诗歌天赋有一定的关系，但主要还是可以通过后天的学习和训练来培养、提高的。初学诗歌写作的人，应反复学习、吟咏优秀诗歌，拒绝功利诱惑，专注地投入感情咀嚼生活，努力培养一种把抽象情感有形化、把内心体验意象化、把内心意象词语化的感受能力和表达能力，使“灵感—寻象—寻言”的诗歌写作三阶段顺利连接和实现。

（二）用新奇精美的语言传达诗歌意象

诗歌写作中用于传达诗歌意象的不是人们日常生活中熟悉的语言，而是一种新奇的精美的变形语言。初学诗歌写作最大的障碍就在于这种诗歌语言能力的贫弱，可以

从下面几条途径来训练、提高诗歌语言的能力。

1. 精选动词

首先是精心锤炼表现意象动态的动词。动态的意象较之静态的意象更能凝聚读者的审美注意。一个诗歌意象往往因一个优美、确切的动词而熠熠生辉。艾青的诗句："雪落在中国的土地上，寒冷在封锁着中国呀。"阮章竞的诗句："层层绿树重重雾，重重高山云断路。"一个"封锁"，一个"断"，使诗歌意象非常生动地立于纸上。

2. 嫁接词语

汉语和其他语言比较起来，词法最自由，词性最不固定。诗歌作者可以利用汉语的这个特点，改变某些诗句中词语的性质，使诗歌意象出现新奇、陌生的形态。台湾诗人洛夫的诗句："左边的鞋印才下午/右边的鞋印已黄昏了。"台湾诗人蓉子的诗句："每回西风走过/总踩痛我思乡的弦。""下午""黄昏"本来是表示时间的名词，在这里嫁接为动词，整个意象便生动活泼起来。蓉子诗句中因有了"走过"，后一句嫁接"踩痛"，意象显得新颖又独特。

3. 一词多义

小说、散文的语言一般为了避免歧义，往往只显示一种意义，而在诗歌语言里，诗歌作者为了制造意象的多义和内涵的丰富，却有意创造一词多义的诗句。张烨的《妙龄时光》这样写道："你又站得远远了/微笑着注视我的琴声/你会永远记住初练的琴声吗/"诗句表层讲"初练的琴声"，但它的另一层含义是"初恋的情声"，一个词明显地隐含着两层不同的意义，显得含蓄多情。

4. 跳跃省略

小说、散文因为侧重再现意象，它们的语言形态比较平实细密，讲究句与句之间清晰的纹路。诗歌语言侧重于表现主观心灵，再加上篇幅限制，它必须借助跳跃和省略，跨越一些过程性的叙述，省略小说、散文语言中一些必不可少的连接语和转折语，创造一种"语不接而意接"的诗歌语言，以此引发诗歌读者丰富的自由联想。

5. 超常组合

精选动词和一词多义是尽可能发挥一个词的多重内容，跳跃省略是从删减某些词的角度来增加内涵。超常组合则是故意违反一般的语言常规，利用汉语词语多变的词性和组合关系，机智地把一些互不相关的词语嵌连成一个诗句。这种嵌连，可以是具象动词与抽象概念相接，可以是不同感官的感觉词语交错，使诗歌意象以陌生的变形的诗句传达出诗歌作者微妙的情感体验。臧克家《春鸟》的诗句："歌声/像煞黑天上的星星/越听越灿烂。"就是典型的例证。

6. 句法多变

这是在诗句的词序和句式上制造新奇陌生的手段。像徐志摩的“轻轻的我走了/正如我轻轻的来”的倒装语序，改变了正常语句形态，以陌生化的效果表达了作者独特的内心感觉。

（三）用丰富神奇的想象组合诗歌意象

诗歌作者在将意象词语化的同时，也要考虑借助想象把一个一个的意象组合为整体的诗歌意象系统。有什么样的诗歌意象系统组合就会产生什么样的诗歌意境，传达出什么样的诗美体验。因为神奇想象的介入，诗歌作者组合意象的方法比其他文学文体的组合方法更自由、更大胆、更出人意料。一般人很难发现的许多意象之间的联系，在诗歌作者独特的主观心灵的观照下奇妙地联结组合为一个艺术结构，产生令人惊奇的诗歌意境。诗歌意象的组合方法千变万化、形态各异，作为诗歌艺术构思的基本规律和基本类型，下列几种主要的组合类型可供诗歌作者借鉴。

1. 并置式组合

邹荻帆一首题为《蕾》的诗歌这样写道：“一个年轻的笑/一股蕴藏的爱/一坛原封的酒/一个未完成的理想/一颗正待燃烧的心/”，诗人一口气并列排出五个意象来描绘花蕾的风姿。诗人把花蕾感觉为“笑”“爱”“酒”“理想”“心”，这是非常独特的诗美体验，当诗人将它们全部并列为一个意象系统时，具象的花蕾与一些抽象的情绪情感连接了，五个意象的并列，突出渲染了对青春的礼赞。这种并置式组合是把表面上看来跳跃很大，一般人认为互不相干的意象，由诗歌作者内在的情感体验将它们联结起来。这种组合方式从意象开始又终于意象，读者几乎不能直接读到诗人隐藏很深的情感，需要透过这些并置的意象系统细心咀嚼其深意。这是现代朦胧诗、意象诗比较常用的组合方法。

2. 交错式组合

交错式组合是诗歌作者有意把完全相反、互相矛盾的意象组合在一起，构成一正一反、一平一奇的意象系统，造成一种出人意料、发人深省的审美效果。这种意象组合方式在中国古诗中十分常见。“朱门酒肉臭，路有冻死骨”（杜甫），“战士军前半死生，美人帐下犹歌舞”（高适）都是典型诗例。在新诗写作中，这种组合方法也很常见。何宜陵的《变迁》这样写道：“田野上的花/被爱她的人/关进珐琅瓶蓝色的围墙/急流中的船/被嬉戏的浪/搁置在金色的沙滩/在一部人间的喜剧里/在一部人间的悲剧里/”，花长在田野与关进花瓶，船的前进与搁浅，这些矛盾的意象交错组合，给人的启迪比一般的陈述更为显豁与深刻。

3. 突反式组合

突反式组合是诗歌作者先从一个核心意象出发，围绕它组合一些层层推进的相似的意象，待诗歌意象充分渲染之后，最后推出一个相反的意象，形成先扬后抑、先虚后实的诗歌情境，而最后一个意象，才是这首诗的真正旨趣。台湾诗人郑愁予的《错误》，先放笔写了一位可爱少女在等"我"重温旧梦的三个意象，但最后一个意象——"我"只是打江南走过的"过客"，这一意外把"美丽的错误"引起的哀怨情绪传达给了读者。这种组合意象的方法有其特殊的审美情趣。

第五节　网络文学

21世纪是网络的世纪，随着电脑的普及和国际互联网的迅猛发展，网络已无声地介入人们日常的工作、生活，成为人们生活构成的一部分。网络在改变人们生活方式的同时，也在改变着人们的思维方式、行动方式。网络文学的存在已成为不争的事实，并且将给传统文学创作带来不小的冲击。

一　网络文学的特点

所谓网络文学，一般是指主要发表在网络上的文学作品。许多文学网站把传统媒体的文学作品电子化后放在网上收藏，这种文学严格来讲并不是真正的网络文学，它只具有文献的意义。充分利用网络的多媒体特点和 Web 交互作用而创作出来的别具一格的文学作品，或者以传统的创作手法为网络而作的与传统文学相对的文学，成为真正意义上的网络文学。

（一）高度的自由化写作

作者隐匿是网络写作的一个显著特征，这是由网络的特性所决定的。网络在空间一维上的宽容性，即网络信息容量的无限性，使得网络文学无须面对传统文学严格而烦琐的审查机制，作品可以避免专业文学编辑的审查和筛选而在网络上以最快的时间传播和流通。公认的传统文学创作必不可少的两种形式——发表和付酬的意义被消解。在网络世界里，发表的园地不再被某些文化精英垄断，每个人都有在网上发言的权利，都可以自由地参与创作和欣赏，没有为稿费而发表作品的职业作家，大多数进入网络写作的人都抱着非功利的、自由的创作心态，他们一般不会署名，或者只署网名，个人通过网络写作只是为了满足自身的体验表达和情感宣泄的需要，可以痛快淋漓、毫不掩饰地书写内心的真实，并获得广泛的交流、理解和认同。网络文学的自我定位并非事业或使命及追求文学的价值，其创作心态更接近于游戏或满足个人的乐趣。

正是因为没有体制束缚、责任负累和生存压力、商业诱惑，网络文学在内容和形式上才会无所顾忌、大胆尝试和自由创新，大众的、民间的、底层的声音被自由地表达，文学进一步走向平民和通俗。网络的特殊形态可以让作者处于无身份、无性别、无年龄之分的状态，所有的人在同一个平面上自由交流而又各自独立。网络提供给文学一块宽敞自由的空间，内容的自由给予文学创作以心灵上的解放。但另一方面，网络文学的自由性特质又决定了它本身具有放纵化、呓语化以及平面化等局限性。

（二）文本的开放性与接受的当下性

罗兰·巴特提出文本的开放性，指的是文本向读者的开放，读者可以加入文本进行再创造。传统的文学创作中，文学作品的完成过程为创作—阅读—接受，作品价值的实现是在读者对作品的创造性阅读中，作者与读者的关系是被接受与接受的关系。伊瑟尔在《文本与读者的交互作用》中指出："文学作品有两极：可将它们称为艺术的和审美的：艺术的一极是作者的文本；审美的一极则是由读者完成的实现"，"文本与读者的结合才形成文学作品"。这种理论假设只有通过开放、自由、宽容和高速传播的网络才具有实现的可能。网络的开放性、交互性使网络文学的创作达到前所未有的全面开放，网络写作者之间、作者与读者之间的界限模糊而且随时变动。作者与读者第一次真正的"亲密接触"，在作品的创作过程中就实现了。

传统文学的结构是封闭的、自我满足的，网络文学作品中的超文本超越了个别作品的局限，众多文本互联为一个大文本结构。超文本的全息辐射功能使得文学作品处于一种动态的无限开放的状态，这种开放性使作品呈现出千姿百态的多样性和丰富性。网络文学的超文本使作品与读者相互沟通，作者可以在网络上对自己的作品进行解说，回答读者的提问，并提供作品的文化背景和创作动机，读者可以直接参与作品的创作，改变作品的主题、情节、结构、人物命运和故事结局。① 一个作者的作品往往会被许多人删改、转贴甚至续写，最终可能成为集体创造的结晶(或大杂烩)。

传统的写作性质在网上被完全改变，写作成为作者与读者的共同劳动："写作的确是私人化的东西，可在某种程度上，它又不再只属于你自己。"②

（三）文本的多媒体艺术表现方式

网络文学是以数字科技为依托而得以形成和发展的，它的文本载体就是数字化符号，经过机读处理转化为可供辨识的文字、图像、声音等。并且随着计算机科学的发展，负载网络作品的人—机界面已经从键盘—屏幕体制发展到超文本的视窗体制，给单一的文学作品增设了多媒体的视听美感效果，形成"文本中的文本"或"文本间的文本"。网络文学写作方式也表现出多媒体艺术展示和网络独有的表达特点。

网络文学的文本结构已经突破了单一文字的平面，开始扩展到声音、图像乃至视频

① 金振邦：《网络文学：新世纪文学的裂变》，《东北师大学报》2001年第1期。
② 路峰主编：《安妮宝贝作品集》，云南人民出版社2003年版，第121页。

方面的立体结构，与多种媒体的感觉通道相连接。除了传统的语言线性叙述之外，网络文学作品中经常嵌入音乐、图片和音像资料，直观材料的介入将传统的平面阅读、再现性想象转向立体化阅读体验。如网络上的诗歌文本已不再是平面的、单色的、无声的、静止的文字排列，它可以是声光变幻的动态画，即通过音乐性、绘画性、意义性来达到形、音、意一体的诗歌境界。多媒体可以从一种媒介流动到另一种媒介，以不同的方式述说同一件事，触动人不同的感官经验。网络文学文本成为一种典型的"观看"式的立体结构文本，传统文学作品情境的想象性和意义的后延性得到弱化。随着电脑技术的发展和作者对多媒体手段的熟练运用，网络文学虚拟真实的能力将进一步提高，从而达到传统文本单一的语言文字无法企及的"真实"。

（四）网络文学语言的"网络化"特征

网络文学作品的篇幅一般比较精短，作品可以成系列地发表、连载，但每一篇的篇幅仍然是短小的。语言节奏快而紧凑，流畅易读，短句多于长句，具有跳跃性的特点。网络文学是传统文学形式和网络传播方式结合的新兴文学现象，在语言运用上具有"网络化"特征。

随着网络文化的产生，新的网络语言开始出现并在网络文学中广泛运用，反映了年轻网民个性开放、自由随意、注重效率、有更多的生活选择和更多的幽默感的时代特性。

网上交际可令作者极大地张扬个性和个人运用语言的特点，语言风格也相应地体现出多样化的特点，庄重的、随意的、严肃的、戏谑的，不一而足。某些专业术语以及表现形式化入文学的语言中，产生生动而新异的语言效果。

二　网络文学的文体分类

网络的开放性和受众的不同需求使网络文学作品的文学品格呈现多层次化，从审美趣味的角度大致可以划分为两大类别：一类是迎合大众阅读兴趣的休闲和通俗文学，包括言情、侠义、恐怖、幻想等作品，其中言情所占比重最大；另外一类作品以追求较高的文学价值为目的，而不仅是以新奇、紧张的情节取悦读者，属于具有较高的艺术水准的纯文学或高雅文学。一些专业作家如刘醒龙、周洁茹等也涉足网络文学创作，周洁茹的《小妖的网》被称为"国内第一部职业作家创作的长篇网络小说"。这些因素增强了网络文学的严肃性，使其向雅化的方向发展。

从发表形式的角度网络文学又可分为三类。一是虽然发表在网络上，只要质量过关，也可以以印刷方式发表的作品；二是虽然可以通过印刷方式发表，却因带有另类色彩而不被印刷媒介接纳的作品；三是依靠电脑和网络技术写就，离开网络就无法生存的作品。

三　网络文学的写作方法

网络文学作为文学领域的一个新兴样式，尽管形态上与传统文学有相当大的差异，但作品本身仍然以其鲜明的文学审美特质吸引着读者，读者对网络文学的欣赏和评判标准与传统文学并无本质上的区别。由单纯追求阅读的快感逐渐转向追求思想性和艺术性的高度是网络文学的必然趋势。因此，网络文学写作者仍然要遵循文学创作的基本规律和方法，具备全面的人文素质、良好的文学修养及熟练的写作技巧。

（一）熟练掌握电脑写作的基本操作方法

网络文学创作与传统文学创作的一个重要区别就是书写媒体的变化，一支笔、一张纸的写作变成电脑键盘的文字输入和屏幕显示的信息表达、传递方式。要想进行网络文学创作，必须首先掌握基本的电脑写作知识和技能，能够比较熟练地进行电子文本的写作和善于处理各种中文信息。文字的随意组合、扩张，信息的复制、剪贴，自由增加补充新的构思内容，删除不合主题的冗余材料，以及跨文本的任意调用等等，都能够刺激、活跃作者的思维，打破传统写作的时空顺序和逻辑顺序。

（二）结合网络媒介技术特质进行创作

借助网络的高速度、大容量、双向性、跨时空等优势来获取各种文字、图片、音像等写作素材，作者可以不必直接参与、观察现场，通过传媒即可收集信息。材料的采集方式也可由传统的做笔记、记卡片改变为电脑直接输入、文件拷贝、网上下载等方式，甚至可以运用电脑程序提供随机性来扩大取材领域，将一些字、词组、句等编成程序输入电脑。有电脑程序的辅助，一个文学新手创作一部情节曲折的小说或一出惊心动魄的戏剧就不是什么难事，因为在事先设计的创作程序中，作者把自己的艺术想象力和文字表现力交给了电脑。虽然这些无法替代内心充满激情的原始创作，但至少随机性产品的全新性和偶然性可以具有写作素材或半成品的价值，通过作者的酝酿和艺术加工就成为丰富的创作意象。

构思方式上，传统文学完全是个人化的艺术思维，网络文学创作可以由首创作者设定某一文学题材框架或文体类型，让网民共同参与，进行群体性艺术构思，然后集中大家的艺术智慧进行创作。例如网络小说或剧本事先可以不必设定情节，甚至是无头无尾，而让欣赏者根据自己的想象将作者提供的片断内容组合成自己想要得到的作品。作者在创作过程中也可以随时通过网络信息校正原来的艺术构思，修改创作思路。

新兴的网络文学孕育了无数的可能，它的最大特征是自由和开放，而这更切近文学创作的内在本质。应当指出的是，目前的网络文学还比较幼稚，它们大多数的表现主题并不具备对社会人生的深刻思考，尚属于快餐型文化的范畴。随着网络文学的日趋成熟，艺术格调低下的作品将会被认真严肃的创作所替代。

第六节 文学体案例分析

一 散文写作案例

［A］ 鹭 鸶[1]

郭沫若

鹭鸶是一首精巧的诗。

色素的配合，身段的大小，一切都很适宜。

白鹤太大而嫌生硬，可不用说，即如粉红的朱鹭或灰色的苍鹭，也觉得大了一些，而且太不寻常了。

然而鹭鸶却因为它的常见，而被人忘却它的美。

那雪白的蓑毛，那全身的流线型结构，那铁色的长喙，那青色的脚，增之一分则嫌长，减之一分则嫌短，素之一忽则嫌白，黛之一忽则嫌黑。

在清水田里时有一只两只站着钓鱼，整个的田便成了一幅嵌在玻璃框里的画面。田的大小好像有心人为鹭鸶设计出的镜匣。

晴天的清晨，每每看见它孤独地站立在小树的绝顶，看来像不是安稳，而它却很悠然。这是别的鸟很难表现的一种嗜好。人们说它在望哨，可它真是在望哨吗？

黄昏的空中偶见鹭鸶在低飞，更是乡居生活中的一种恩惠。那是清澄的形象化，而且具有了生命了。

或许有人会感着美中不足，鹭鸶不会唱歌。但鹭鸶的本身不就是一首很优美的歌吗？——不，歌未免太铿锵了。

鹭鸶实在是一首诗，一首韵在骨子里的散文的诗。

一九四二年十月三十一日

【简评】

本文是一篇精美的咏物寄意的散文。第一，文章显示出一种和谐的意趣美。作者用比照的方式描摹鹭鸶的形、色、态，写出它的和谐、适宜与平常，让人在睹物观形之中获得一种怡神悦目的美感，获得平凡、和谐即是美的领悟。第二，本文还写出了一种情致。鹭鸶亭亭玉立于清水田中，长喙点水，是一幅宁静的画；清晨特立于小树的绝顶，悠然安然，是一幅温馨的画；映着夕阳，在低空旋飞，更是一幅充满生机的清澄的画。清新的文笔传达出如诗如画的情致。第三，也是最重要的一点，作者借鹭鸶的形象寄寓了一种不同流俗的生活情怀，描绘了寓于平凡之中而又出乎平凡之上的人生境界。

---

① 原载 1943 年 2 月 15 日《文艺生活》第 3 卷第 4 期。

[B] 雁 南 归①

习作者

大雁是画中爱物，它能带来美和愉快，也能带来惆怅和凄凉。西汉时期武帝刘彻《秋风歌》曰："秋风起兮白云飞，草木黄落兮雁南归。"看来这个天之骄子也不乏哀愁的。

母亲也是见雁生愁的人。一年中秋节，一家人都在赏月，那天的月亮最圆最亮。忽然，一只孤雁哀鸣，从月下飞过，母亲便大哭起来，思念那离开她三十多年的儿子。……正在等待儿子回来的母亲，默默地嘱托："雁儿，雁儿，托你带个信。"

雁南飞，带来母亲的苦楚，也带来人们的希望！

该回来了吧，秋去春来，南去北归的雁。归回来吧，母亲的儿子——台湾！

【简评】

该文赋予大雁这一物象的情感含意不错，而且能运用联想，放开思路，由雁想到画，想到刘彻的《秋风歌》，并以此扣题；想到母亲见雁思儿，托雁传书；最后升华主题，想到两岸统一。联想比较丰富，也比较合情合理。但联想的各个物象之间缺少有机关联，显得生硬、零散而不和谐。南归的雁与刘彻的哀愁、母亲的悲苦、台湾回归这些物、事如何融合，如何用一种审美意蕴贯穿，是这篇短文首先需要解决的问题。其次是如何将物象变成意象，使寄意之物和寄于物之意都有审美的观感价值，即可观可感，能给人以美的享受，美的愉悦。

可根据评析指出的问题，有针对性地修改这篇短文。

二 小说写作案例

蝗 灾 补 遗②

程天保

牧场遭了蝗灾，告急电话纷纷打来。畜牧局蒋局长决定亲赴灾区，指挥灭蝗救灾工作。临行前，他吩咐秘书准备了一批有关蝗虫的科普读物，以便沿途散发，增强牧场领导、牧工识蝗、防蝗、灭蝗的本领。

喷洒灭蝗药剂的直升飞机尚在检修，蒋局长便抽空翻阅着科普读物："蝗为昆虫纲，种类很多，全世界约有一万余种。我国有三百余种，如飞蝗、意大利蝗、蔗蝗和棉蝗等，都是重要的农林害虫……"他读着、翻着，各种蝗虫的彩色插图中，有肥硕笨重的，轻巧瘦小的，面目凶狠的，灵秀阴柔的……蒋局长眼热心跳，家乡那年遭蝗灾的景象，竟赫然出现眼前：千百万只蝗虫铺天盖地飞来，发出沉闷的嗡嗡声，像一片巨大的飞速旋转的黄云，将阳光死死遮住。骤然，云团扑向大地，嗖嗖嗖，一阵骤雨般的声响，千百万只蝗虫已纷纷扑向农田，无情地吞噬着正待收割的庄稼。十里之地，只听一片嘁嘁喳喳之声，那种仿佛要把整个世界一口吞下的贪婪、残忍、暴戾，令人毛骨悚然。想到这里，蒋局长急忙将书合上，长长地吁了口气。

秘书进来，轻轻喊道："局长。"

---

① 选自李光连：《散文技巧》，中国青年出版社1996年版，第144页。

② 选自郑允钦主编：《世界微型小说经典·中国卷》下卷，百花洲文艺出版社2009年版，第93—94页。

蒋局长拭去额上的冷汗,起身问道:“可以起飞了?”

秘书莞尔一笑:“美食家协会今天有个聚会。”

蒋局长愣了一下。地区美食协会会员大多是些有权势的头面人物,大家轮流做东,巧立名目,吃遍了地区几百家餐馆的南北大菜。蒋局长虽是会员,但因肠胃有病,惧吃惧喝,每次活动,只不过应景而已。现牧场救灾在即,更无心周旋,便发狠道:“我的个爷,牧场就要毁了,还聚什么会!”

秘书软软应道:“不去,怕影响团结。”

“日复一日,年复一年,难道还未吃够喝够?”

“重要的不是吃喝,而是联络感情,交流信息,于公于私,大家相互有个照应。”

蒋局长沉默不语,想清静一下再作决定,然而那些凶猛饕餮的蝗虫却在眼前不停地飞舞,便止不住喃喃道:“可怕! 可怕!”

“局长,几只蝗虫,何必过虑。”秘书宽解着。

“几只蝗虫? 你知道什么!”蒋局长发了脾气,“不是几只,是几百万只! 只要这些家伙咬起来,嚼起来,啃起来,今天飞到这,明天飞到那,就是铁打的江山,也要被吞噬干净!”说到这里,仿佛触动了什么,停一下,遂指着手中的科普读物说道:“你速去协会,将小册子每人赠送一本,就说我要去牧场灭蝗,不能参加,改日再作东邀诸位一聚。”

秘书见局长态度坚决,急携书驱车前往,然一个多钟头过去,仍不见小车回程。蒋局长便急躁起来,心想:“莫非秘书糊涂,也坐席吃了起来?”往昔酒场上热闹景象就渐渐在眼前出现:一张张胖脸、瘦脸、圆脸、方脸、粉脸在得意地笑着,油腻的嘴唇在飞快地闭合,坚硬的牙齿在骄傲地闪光,脖颈的肌肉在不停地抖动……突然一阵刺耳的刹车声传来,蒋局长惊醒,抬头看了看,不满地瞪着秘书。

秘书急忙解释:“领导们说美食家协会也要搞改革开放。准备摆次蝗虫宴,像外国人那样,吃个新鲜,吃个刺激,非要我帮助他们拟份蝗虫菜单不可。”说着便将菜单递上。“协会主席还托付你,飞机返程时带几麻袋蝗虫回来。”

蒋局长向菜单溜了一眼,突然大怒,将菜单撕得粉碎,紧闭嘴唇,走向直升机。秘书看看局长愤怒的背影,不由暗暗跌足叫苦。

然三天过后,协会主席却接到蒋局长的一封亲笔信,声言蝗虫以吃鲜活为宜,现捕现做现吃,才有情趣和风味,邀主席团全体成员去牧场一游。于是协会各头面人物喜不自禁,相约乘机来到牧场。蒋局长便微笑着带美食家向草原走去。

广袤的草原已失去了昔日的繁茂、青葱。鲜花枯萎,鸟儿敛迹,湖水浑黄。残存的草茎在风中瑟瑟抖动,似在唱着一曲生命的挽歌。饥饿的牛羊拖着疲惫的身躯在漫无目的地四处蠕动。倒毙在沟渠的牲畜发出一阵阵恶臭。一些脊背闪着油黑光亮的牧工,正引导羸弱的牛羊向新的草场转移,灰蒙蒙的尘埃雾一般在苍穹下荡漾……

美食家们面面相觑。一个个心悟脸苦,讪笑地看着蒋局长,仿佛在说:“这蝗虫宴是不是就不摆了?”蒋局长视而不见,仍步履沉重地向前走着。前面,还有被蝗虫破坏得更惨更烈的景象……

【简评】

《蝗灾补遗》有两层结构。故事的表层是畜牧局蒋局长要去指挥灭蝗救灾工作,因而不能出席地区美食家协会的聚会;而当美食家协会会员别出心裁要蒋局长带几袋蝗虫回来做蝗虫宴时,蒋局长却以“吃鲜活蝗虫”为名带美食家们参观“蝗灾”的情景。表面上看,这个故事并无太多新奇的色彩,可是,当作者机智地将读者的阅读思路引向作品的深层结构时,当读者领会到那群美食家就像蝗虫一样啃吃国家的“牧场”和“草原”

的隐喻时，一种机智的构思和深邃的立意便豁然突现了。假如没有故事表层内容和深层意蕴的贯通串联，没有用具体的故事象征抽象的意蕴，那么可以说，这篇作品将很难获得艺术的生命。

隐喻和象征的构思方式在微型小说的创作中被经常采用。微型小说为了在小篇幅里追求高质量的立意，常常会出其不意地让具体的、表层的叙述材料超越它自身，灌注进作者机智的主观情感，开掘出作品新颖的内涵。这种构思方式的使用有巧妙的，也有笨拙的。如果作者用明确的叙述标示点破表层材料与深层意蕴的联系，让读者看出了作品的“匠心”和作者的“故意”，就难免笨拙。《蝗灾补遗》的成功之处在于作者并不直接点破表层故事和深层意蕴之间的联系，而是依靠读者自己的想象和体会来创立作品的象征意义。这等于从读者的角度扩展了有限的艺术时空。

这篇作品艺术上的不足在于表层故事的营构上。蒋局长的言行因缺乏个性化的描写而显得有些一般化。隐喻和象征的构思方式不能因有了机智的象征立意而忽略对表层故事的创建。不一般的表层故事与新颖的深层意蕴的结合远胜于一般的表层故事与不一般的深层意蕴的结合。所以，对《蝗灾补遗》来说，如果蒋局长的行为内容与行为方式具有独特鲜明的个性色彩，而作者的叙述方式和叙述语言也更具个性色彩，这篇小说将更加精彩。个性化的叙述方式与个性化的叙述材料的结合，必定造成富有艺术韵味的表层艺术世界。创作隐喻和象征式的微型小说的真正难题，实际上还是在这里。

三　诗歌写作案例

［A］

相信未来[1]

食　指

当蜘蛛网无情地查封了我的炉台/当灰烬的余烟叹息着贫困的悲哀/我依然固执地铺平失望的灰烬/用美丽的雪花写下：相信未来

当我的紫葡萄化为深秋的露水/当我的鲜花依偎在别人的情怀/我依然固执地用凝霜的枯藤/在凄凉的大地上写下：相信未来

我要用手指那涌向天边的排浪/我要用手掌那托起太阳的大海/摇曳着曙光那枝温暖漂亮的笔杆/用孩子的笔体写下：相信未来

我之所以坚定地相信未来/是我相信未来人们的眼睛——/她有拨开历史风尘的睫毛/她有看透岁月篇章的瞳孔

不管人们对于我们腐烂的皮肉/那些迷途的惆怅、失败的痛苦/是寄予感动的热泪、深切的同情/还是给以轻蔑的微笑、辛辣的嘲讽

我坚信人们对于我们的脊骨/那无数次的探索、迷途、失败和成功/一定会给予客观、公正的评定/是的，我焦急地等待着他们的评定

朋友，坚定地相信未来吧/相信不屈不挠的努力/相信战胜死亡的年轻/相信未来，热爱生命

① 选自林莽、刘福春选编：《诗探索金库・食指卷》，作家出版社 1998 年版，第 11—12 页。

【简评】

这首诗的作者郭路生(食指)是一代知青的诗歌代言人。《相信未来》创作于1968年。这首诗表达了那个年代的知识青年透过"假、大、空"的政治术语看到的历史发展的真实,它让那个时代的年轻人体验到了个体意识的觉醒,感受到了摆脱极"左"束缚的青春激情。它靠着真诚和朴素的诗美力量拨动万千青年的心弦。它在诗歌意象的构成上有着大胆、独特的搭配:"灰烬的余烟""凝霜的枯藤""凄凉的大地""摇曳着曙光""孩子的笔体……"这一系列诗歌意象的并置组合给了读者一种强烈的、新鲜的审美刺激。可惜的是,诗歌的最后三节没有将这种诗歌正宗的写作方法贯彻到底,后三节没有了独特、鲜明的诗歌意象,而使用了一些直白的议论,诗歌的审美魅力大打折扣。如果删掉这三节,或者重新提炼一些色彩鲜明的意象来取代那些近似直白的说教,效果可能更好。

[B]　　一　束①

北　岛

在我和世界之间/你是海湾,是帆/是缆绳忠实的两端/你是喷泉,是风/是童年清脆的呼喊

在我和世界之间/你是画框,是窗口/是开满野花的田园/你是呼吸,是床头/是陪伴星星的夜晚

在我和世界之间/你是日历,是罗盘/是暗中滑行的光线/你是履历,是书签/是写在最后的序言

在我和世界之间/你是纱幕,是雾/是映入梦中的灯盏/你是口笛,是无言之歌/是石雕低垂的眼帘

在我和世界之间/你是鸿沟,是池沼/是正在下陷的深渊/你是栅栏,是墙垣/是盾牌上永久的图案

【简评】

这首诗的作者北岛是中国新时期新诗潮的代表人物。诗作由一系列平行并列的意象群联结而成。诗中的"你"是泛指,可以理解为"我"的恋人,也可以理解为"我"的亲人,还可以理解为"我"的朋友。诗歌的上一个意象与下一个意象之间没有必然的联系,这种飞宕式的联结造成了巨大的联想空间与空白。前半部分的意象"海湾""喷泉""画框""夜晚"等比较清新、明丽,而后半部分的意象"纱幕""鸿沟""栅栏""墙垣"等,给人一种疏离、隔膜感,表现了"我"与"你"有着微妙的多重关系,暗示了人生的多元与复杂。

四　网络文学写作案例

[A]　　第一次的亲密接触(节选)②

『好久不见了..你好吗?..』

「痞子..你又吃错药了..我们才分别3个小时而已丫!..:)..」

① 选自洪子程、程光炜编造:《朦胧诗新编》,长江文艺出版社2009年版,第5—6页。

② 下载自网络。

古人有"一日不见,如隔三秋"之叹..如果真是这样的话..

那我们大概有 3 * 365/8 =137 天没见..当然可以算很久了..

「呵:)..痞子..那你想我吗?..」

『A. 想　B. 当然想　C. 不想才怪　D. 想死了　E. 以上皆是..The answer is E..』

「如何想法呢?..」

『A. 望穿秋水不见伊人来　B. 长相思,摧心肝　C.相思泪,成水灾

D. 牛骨骰子镶红豆——刻骨相思　E. 以上皆是.. The answer is still E..』

「呵呵..:)...」

看来她真的也累了..

虽然"呵"是笑声,但此时我却觉得她在打"呵"欠..

「痞子..我们会"见光死"吗?..」

其实网友一旦见了面后,结局通常都很悲惨..

就像阿泰一样..如果不甚满意..就会把她们从好友名单中剔除..

免得日后在线上碰到..触景伤情..所以干脆来个眼不见为净..

如果对方先送 Message 来问好..阿泰就会说要去上课了、要去吃饭了、

要跟朋友去玩了、要去睡觉了...然后手忙脚乱地离线..

这就是所谓的"君子不立于危墙之下"之逃难法..

要不然就会说:"真可惜..难得又遇上你..奈何造化弄人..事与愿违..

现有俗事缠身..不得不走耳..只得洒泪而别..抱憾而归..肝肠寸断矣"..

这就是所谓的"睁眼说瞎话"之逃难法..

「为什么网络和现实总会有那么大的差异呢?..」

因为在网络上,你根本无法看到对方的表情..听到对方的语气..

所以只好将喜怒哀乐用简单的符号表示..

例如笑脸符号就有":)"、"^_^"、":P"、"^O^"..等等。

但如果喜怒哀乐真能用符号表示的话,就不会叫作喜怒哀乐了..

换言之..当对方送来任何一种笑脸符号时,谁又能把握他正在笑呢?..

也许他心里抱着"买卖不成仁义在"的心态,跟你应酬个几句..

因此对陌生的两个人而言,网络有时只能缩短认识的时间而已..

未必能拉近彼此的距离..

「痞子..网络上的我..跟现实的我..会有很大的差异吗?..」

网络就像一层很安全的防护罩,不仅遮蔽了风雨,但同时也挡住了阳光..

隔着这层防护罩去观察一个人,当然会有误差..

但对于你..轻舞姐姐..或是飞扬妹妹..我却没有隔着防护罩看人的感觉..

或者应该说是..你根本没有这层防护罩。

现在你若送来半形符号":)"..我仿佛就能看见你微微扬起的嘴角..

你若送来全形符号"：)"..我仿佛就能看见你满是笑意的眼神..

你若送来"呵"..我仿佛就能听见你那像麦当劳薯条的笑声。

所以网络不仅缩短了我们认识的时间..更拉近了我们之间的距离..

【简评】

蔡智恒的网络小说《第一次的亲密接触》是中国第一篇网络小说,被称为网络小说的"经典之作"。小说讲述了网名为"痞子蔡"和"轻舞飞扬"的一对青年男女凄美动人的

爱情故事。与传统爱情小说不同的是，男女主人公从相识、相恋到悲剧结局的过程始终与“网络”这个特殊的媒介相关，他们在网上认识，通过机智、幽默的交谈而相互产生好感，这段浪漫的爱情因女主人公“轻舞飞扬”不幸患绝症而终结。小说以男主人公第一人称“我”进行叙事，后半部分很大篇幅则是“轻舞飞扬”遗留下来的电子邮件的内容，第一人称“我”叙述了女主人公与男主人公相同而又不同的情感历程，笔触细腻入微，情感真挚动人。

从节选的部分我们可以窥一斑见全豹，感受到网络小说的典型特征，如小说很多谈话内容涉及网络以及网络带给人们的心理、精神上的影响，而主人公的爱情发生更是离不开网络这个重要因素。作品的结构、语言表达形式也具有鲜明的网络特点，自然段的划分不是用传统的开头缩两格的标志，而是用一个“回车”分行隔开，这是网络写作特殊的文本格式。作者具有较好的文学修养，语句简短通俗，清晰流畅，有很强的可读性。叙述语言中混合着丰富的表情符号、数字符号、英语和网络的术语，如“在线上”“离线”“见光死”等，具有非专业作者创作心态的轻松和随意，同时也表现出网络语言的独特和幽默，恰恰是小说开始的幽默带来的欢乐气氛进一步加深了悲剧结局的沉痛。

[B]

黑色心情

佚　名

这几天牙很痛，再加上其他的各种因素，觉得很烦，想把所有的烦人、烦事都忘掉，却做不到，我试着用眼泪去放纵，但它却拥有理智，真的很想忘掉，却始终做不到，因为那段回忆很美、很纯，也很浪漫，但我却不懂得去珍惜，错过了一次又一次上天给我安排的“宿命”，我真心地希望他和我能够快快乐乐地生活，也希望最后有好的结局。

于是每天我都告诉自己要坚强，可每当脑子闲了下来的时候，思想又开始转动，想的只是回到从前，为什么我不能抛开从前的阴影，为什么我不能彻底地忘记，为什么我是那么的固执，我真的不想这样，但不知为什么我的心情总是刻意地压抑着，再没有从前的亢奋、激情与冲动，是我长大了吗？我也不清楚，我也想改变我自己，但这并不容易。我们现在分隔在异地，我设想过一千次与他重逢的情景，傻傻地以为，也许某种缘分可以让我们在同一个城市、街头相遇。

现在说实话，我真的很痛恨我自己，觉得自己活得一点也不洒脱，明明喜欢，却不敢说出口；明明想念，却没有勇气。曾经我以为喜欢一个人就是喜欢，是永恒的，是不变的，那是我太单纯，太傻。要知道好感、喜欢、爱三者是有联系，意义却不尽相同。在经历了这么多事情以后，在这回忆的三年里，我想了很多很多，虽然我的心很疼很疼……变了，一切都变了，如果说时间能够改变一切，那么我想说自己一样能够改变一切，我不愿曾经相遇、相知过，选择淡忘，至少我这样认为，我真的不想这样，一个人，拥有时不知道珍惜，一旦失去，才真正懂得其中的道理，我想这只不过是我年轻时的一段经历，我想还是尽快为它画上一个句号吧，虽然不是什么美好的结局，但这次我真的想彻底地去忘记，我已经被它牵绊了将近三年的时间了，我真的承受不了，也更加承受不起，我也不要再玩这个没有任何可能、任何结局的捉迷藏的游戏了，我决定停止、放手、忘记，但我知道，这是一项很难的任务，我想我能熬过去，相信自己行，自己绝对就能行，好了，以后就不许再提起他们了，也不许想，只要一有这种念头就要立刻打消。最后，我要向过去的三年说一声：“再见！”向曾经给过我欢乐的朋友道一声：“珍重了，朋友！”

【简评】

《黑色心情》这篇短文是文学网站上随处可见的网民的习作之一。作为叙事作品，该文没有一个能够让读者了解的事件过程和人物，作为抒情作品，该文只不过是一种纯粹的失落情绪的宣泄和自顾自的呓语。文章缺乏必要的文学剪裁和构思，内容散乱，没有集中笔力突出文章的写作意图，文字显得粗糙、直白、杂乱无绪，失去了文学作品应有的审美意义。

五 文学体的思考、讨论与练习

(1) 古代、现代、当代散文的内涵是什么？从散文内涵、外延的发展演变中，你能发现文学文体带规律性的发展趋势和散文观念演变的关键吗？

(2) 与小说、诗歌相比，散文形象的性质特点、组构要素和语言呈现方式有哪些不同？请结合鲁迅的散文《从百草园到三味书屋》、小说《故乡》、散文诗《好的故事》具体展开论述。

(3) 联系具体的写作经历(可以是自己的，也可以是别人的)，论述散文写作如何发现、捕捉散文意象和如何组合、表达散文意象。

(4) 人们一般以篇幅字数来划分微型小说、短篇小说、中篇小说和长篇小说，但这四种小说文体在取材方式上有各自不同的规范，请结合具体的作品作简要的归纳。

(5) 小说和散文都要创造接近生活的“再现型形象”，两者之间的差别在哪里？请结合具体的作品加以分析和说明。

(6) 小说写人的细节和情节是如何形成的？生活原型在演变成为小说人物时可以采用哪些典型化写作方法？请结合具体的小说写作事例展开分析。

(7) 阅读微型小说《“ネ”》，分析、思考下列几个问题：① 这篇作品的立意是什么？② 这篇作品的核心写人细节和情节模型的特点是什么？③ 与上述内容相适应，作品采用了什么样的叙述策略来讲述故事？

“ネ”①

陈京松

深夜。中文系支部书记办公室的灯还亮着。石任戴着老花镜，左手捏着一张碎纸片，右手一页一页地翻着学生的德育课作业，将上面的字迹和纸片上的逐一对照，但一无所获。纸片是下午系里搞卫生，石任在垃圾堆里捡到的，上面写着“我爱你”三个字。为了制止学生在校谈恋爱的不良行为，他大会说，小会讲，还找了系里所有与异性接触较多的学生苦口婆心地谈了话。可今天，仍然发现了这块情书残片！

石任凭多年学生工作的经验断定，这一定是毕业班学生所为。他没有毕业班的课，想起手头有几份学生写的入党申请书，便拉开抽屉。他愣住了，难怪眼熟，纸

① 选自《广州文艺》1996年第1期。

片上的笔迹是郭燕的！郭燕是系团支部宣传委员，很听话，是石任发展入党的第一号种子。她怎么会干这种事？他又拿起纸片，发现“我爱你”后面还有半个字“礻”，这很可能是郭燕恋人姓名一个字的偏旁。他找出全系学生的名册，把姓名中带“礻”的全都挑了出来。除去两个女生，还有三人。石任首先排除了赵福民，他是一年级新生，入学刚一个月，与郭燕不相识。祁大为也不可能，个子太矮，而且，情书一般用爱称，不会把姓也挂上，写成“我爱你，祁大为”。看来，嫌疑最大者，当属张礼宾！石任曾亲眼见到，张礼宾把一本书交给郭燕。石任看过电视剧《围城》，受到的最大启发就是，借书是谈恋爱最常用的手段，因为一借一还，就有了两次见面的机会。可是，张礼宾政治上不求上进，连团组织都没有参加。郭燕就是真敢谈恋爱，也不该与他呀！也许郭燕的恋人是外系的？会不会是教师？石任越想越觉得问题严重，他决定，第二天一早，就找郭燕，让她如实交代。

已经十二点了。石任离开办公室，慢慢往家走。在中文系新出的黑板报前，他本能地站下来审查。打头的是一首诗，第一句是：“我爱你，祖国！”石任一眼就看出，这是郭燕的笔迹。

(8) 诗歌的抒情性和音乐性是如何构成和表达的？

(9) 你如何理解诗歌写作中诗人表达的情感既要具体化、个性化，又要概括化、典型化？

(10) 用你熟悉的材料，论述诗歌写作中“灵感—寻象—寻言”三阶段的具体内容及其对诗歌写作初学者的启示。

(11) 从自己阅读范围内选取诗例，说明诗歌写作中锤炼新奇精美的诗语有哪些具体途径。

(12) 认真阅读刘畅园的《哲人说》，分析下列两个问题：① 这首诗的核心意象是什么？② 这首诗是采用什么诗歌手法来组合诗歌意象的？

哲 人 说①

刘畅园

想当年/你将红太阳拉长/围成冠，戴在头上/——你是红透了/——你是亮透了//我不行，我只能是自己/受你的照耀/

看如今/你将红太阳坐在屁股底下/转手，又偷来了月亮的衣裳/——金的是你/——银的也是你//我不行，我只能是自己/受你的照耀//

哲人说：/这就是生活//

① 选自《诗刊》1989年第11期。

后 记

汉语读写能力是21世纪现代职场的核心竞争力。现代大学生的这种职场的核心竞争力并不是天生的、天赋的，它完全可以通过后天的实践训练，通过高等教育有效的课堂、教程的学习来培育和提高。根据这样的基本理念，我们在“十五”期间编写了这本《写作学新教程》；在整个“十一五”期间，这本教材作为“高校写作课程的改革与创新”的重要成果，获得省级优秀教学成果奖，主编刘海涛被评为广东省第四届高校教学名师；历届同学写作课程的学习成果参加两年一次的广东省大学生课外科技学术作品“挑战杯”大赛，收获了省级一等奖2项、二等奖2项、校级奖8项。实践证明，这本《写作学新教程》在教学和教改中是有效的、有成绩的、有教研生命力的。

现在我们总结这本教材的使用和修订情况，觉得“她”在理论与实践的结合中突出训练的系统性和有效性，与中文教学指导委员会在专业规范的阐释中，将写作课程定性为实践类的专业基础课，是吻合的；教材中突出写作主体能力与素养的提高与培育，从心理学、思维学、社会学、艺术学等相邻学科中汲取有用的理论资源，提升了写作教材的学理深度和学术厚度；在应用、理论、新闻、文学等四大类文体的教学与训练中，精选各种典型的文例，既体现了教材的可读性和实用性，又为教师在具体的课堂教学中发挥自己的教改个性提供了较为广阔的空间。

在如今的信息化校园里，建立在“云教育”背景下的“母语读写”课程，“她”遇上前所未有的发展机遇和生长平台。建立在“云”上的写作课程与写作教改，或者换句话说，网络时代的写作教学的那种师生互动、成果分享、过程快乐、能力养成等很多的新教学理念、新学习方式其实在这本《写作学新教程》中已有萌生和表述，不是说我们有所谓的先知先觉，而实际情形是这本教材的编写人员是在新教育理论滋养下成长起来的新一代写作教师，他们这种“云教育背景下的新读写”教改活动，会在教改实践中发展得更充分，效果更明显；会把《写作学新教程》中已经提出的各种新写作理论、新写作技术、新写作平台、新写作文体、新写作方法……不断地实践、试验，不断地修正、提高，把《写作学新教程》的教改成果分享给更多的师生，把写作课程的建设提升到更高水平，创建一门对师生培养现代职场核心竞争力有用的课程，实现写作课程真正的转型与升级。

刘海涛

2021 年 12 月